Wahrnehmungsgeographische Studien zur Regionalentwicklung

Herausgeber: Rainer Krüger
Schriftleitung: Rainer Danielzyk

Bibliotheks- und Informationssystem der Universität Oldenburg
1995

**Wahrnehmungsgeographische Studien
zur Regionalentwicklung**

Heft 13

R. Danielzyk / R. Krüger / B. Schäfer

Ostfriesland:
Leben in einer
„besonderen Welt"

Eine Untersuchung zum Verhältnis
von Alltag, Kultur und Politik
im regionalen Maßstab

bis
Bibliotheks- und Informationssystem der Universität Oldenburg
1995

Die Herstellung dieses Bandes wurde vom Forschungsinstitut Region und Umwelt an der Carl von Ossietzky Universität Oldenburg (FORUM) GmbH finanziell unterstützt.

Verlag/Druck/ Bibliotheks- und Informationssystem
Vertrieb: der Carl von Ossietzky Universität Oldenburg,
Postfach 25 41, 26015 Oldenburg,
Tel.: 0441/798 2261, Telefax: 0441/798 4040

ISBN 3-8142-0502-2

Inhalt

Verzeichnis der Abbildungen 11

Verzeichnis der Tabellen 12

Vorwort 13

1	Einleitung	15
1.1	Sozioökonomische Situation und Entwicklung Ostfrieslands	24
1.2	Image, Regionalbewußtsein, Regionalkultur	36
1.3	Gliederung des Berichtes	43
2	*Forschungsplan und Methodik*	45
2.1	Konzeption einer empirischen sozialgeographischen Studie zur Erforschung der Region Ostfriesland	45
2.2	Realisierter Untersuchungsablauf	52
3	*Ostfriesland in der Wahrnehmung der Bevölkerung - empirische Annäherungen*	63
3.1	Analyse einer Leserbriefdebatte zum Thema "ostfriesische Mentalität und sozioökonomische Randständigkeit Ostfrieslands"	63
3.2	Standardisierte Befragung von Kreisvolkshochschulbesuchern	67
3.3	Gruppengespräch über "typisch Ostfriesisches" mit ostfriesischen Autoren und Autorinnen	68
4	*Zwischenfazit: von der Manifestation eines oberflächlichen Einheitsbewußtseins zu exemplarischen Beschreibungen des Verhältnisses von Bewußtsein und Handeln im Alltag*	73
5	*Ardorf*	75
5.1	Ardorf - Bedingungen und Ausdrucksformen dörflichen Lebens	75
5.1.1	Lebensbedingungen - Daten, Beobachtungen, Interpretationen	75
5.1.2	Das öffentliche und soziale Leben - Wahrnehmungen von In- und Outsidern	86
5.2	Wahrnehmungstypen - Differenzierte und differenzierende Blicke auf Leben und Lebensbedingungen in Ardorf	97

5.2.1	Typ A: "Ich finde so die alte Zeit, noch so von meiner Oma, die ist damals schon '84 gestorben (...). Also die Zeiten fand ich immer ganz schön."	98
5.2.2	Typ B: "(...) das ist also ne kleine Panikmache, was da so in den Zeitungen steht, nich."	100
5.2.3	Typ C: "Ich sag: 'Ich gehe vormittags in die Kirche, Ihr geht nachmittags boßeln; - jedem das Seine, ne.'."	102
5.2.4	Typ D: "Das ist auch so'ne Überlegung, die ich auch wichtig finde, daß man die Infrastruktur natürlich nur erhalten kann, wenn man selber dran teilnimmt."	105
5.3	Lebensbedingungen und Wahrnehmungsmuster im Lichte von Veränderungen - Auslöser, Verläufe und Resultate dreier typischer sozialer Prozesse	107
5.3.1	Neue Akzente im Nachbarschaftsleben	109
5.3.2	Die Gründung und Entwicklung des Heimatvereins	113
5.3.3	Das Dorferneuerungsprogramm	116
5.4	Konturen der Zukunft in den Mustern der Gegenwart - bilanzierender Ausblick	120
6	*Holterfehn*	125
6.1	Holterfehn: eine 160jährige Fehnsiedlung am Rande Ostfrieslands - einleitende Charakterisierung unter wissenschaftlichen und alltagsweltlichen Gesichtspunkten	125
6.2	"Fehntjerleben": zwischen geschichtsträchtigen Wurzeln und modernen Verästelungen - Darstellung grundlegender Merkmale und charakterischer Ausprägungen	132
6.2.1	"Die Fehnmentalität" - Kernelemente individueller und kollektiver Wahrnehmungs- und Lebensmuster	132
6.2.2	Zwischen Familie und "Fehn" - der bipolare Orientierungsrahmen im Licht von individuellen und sozialstrukturellen Modernisierungstendenzen	138
6.3	"Wir heißen Holterfehn und so sollte eigentlich auch das Gesamtbild bleiben." - bilanzierender Ausblick unter der Frage nach Anknüpfungs- und Zielpunkten zukunftsträchtiger Entwicklungsschritte	143
7	*Leer*	147
7.1	Leer: eine ostfriesische Kleinstadt im Wandel - Daten, Beobachtungen, Interpretationen	147

7.1.1	Von Arbeitslosigkeit bis "Kultur- und Jugendzentrum Z" - physiognomische und sozioökonomische Merkmale des Wandels	147
7.1.2	Ein bißchen Stadt im weiten Land - Leer aus der Sicht seiner Bewohner	158
7.2	Die Leeraner: Ostfriesen und Kleinstädter - Darstellungen typischer Wahrnehmungsmuster	164
7.2.1	Wir Ostfriesen, die Ostfriesen - Inhalte und Formen des Regionsbezugs der Befragten	164
7.2.2	Typ A: "Ähm, so genau hab ich mich mit dem Arbeitsmarkt hier nicht befaßt. Das ist natürlich so ne Arbeitslosigkeit, ist glaub ich hier ziemlich hoch ... "	166
7.2.3	Typ B: "In Leer kann man sich wohlfühlen (...), hier Wegziehen kommt definitiv nicht in Frage."	169
7.2.4	Typ C: "Es gibt zwar mehrere öffentliche Kneipen und Kinoprogramm ist ja auch nicht so doll, aber so privat läuft da doch 'ne ganze Menge in so 'ner Kleinstadt."	173
7.2.5	Typ D: "(...) irgendwann ist dann Nüttermoor mit Leer oder Heisfelde zusammen gewachsen. Das wird alles kommen und das muß mit Sicherheit so sein. Nur sollte man zusehen, daß man die Natur berücksichtigt, Grünflächen als Erholungsgebiete beläßt."	177
7.3	Durch "das Tor Ostfrieslands" ins nächste Jahrtausend - zu den Entwicklungsoptionen der Stadt im Lichte von Abwanderungsdruck und "Zukunftswerkstatt"	180
8	*Von Nachbarschaften bis Ostfriesland - vergleichende Bilanzierung der Ortsstudien unter besonderer Berücksichtigung der Frage nach den Konturen und Funktionen der unterschiedlichen sozialräumlichen Bezugsebenen*	183
9	*Die Lebensform "Bauer in Ostfriesland"*	187
9.1	Die Lebensform Bauer: "Bauernblut ist keine Buttermilch, (...) Bauernblut ist grün, daß scheint ganz tief drin zu sitzen."	187
9.2	Ostfriesische Landwirtschaft im Spiegel sozialstatistischer Daten	188
9.3	Selbstwahrnehmung und Zukunftsvorstellungen der Bauern	196
9.3.1	Die Selbstwahrnehmung der Bauern	197

9.3.2	Unter dem Diktat der EG-Agrarpolitik: "Das ist ja eine Zwangswirtschaft."	200
9.3.3	Zukunftsvorstellungen der Bauern	201
9.4	Kontinuität oder Krise der "Lebensform Bauer"?	204
9.5	Regionsspezifische Bezüge der "Lebensform Bauer" in Ostfriesland	205
9.5.1	Selbstverständnis der Bauern vom "Ostfriesisch-sein" und "In-Ostfriesland-sein"	206
9.5.2	Kontrastierung ostfrieslandtypischer Besonderheiten im Vergleich mit der Welt "draußen"	207
9.5.3	Ostfriesland-Bewußtsein als Ausdruck von Krisenwahrnehmung	208
9.5.4	Intraregionale Pointierungen als Widerpart zum Ostfriesland-Bewußtsein?	211
10	*Lebensform Wochenendpendler*	*213*
10.1	Pendeln im verloschenen Rampenlicht - Ausgangspunkte, Strategien und Probleme der wissenschaftlichen Suche nach einer Lebensform	213
10.2	Der Sonderzug nach Stuttgart, das Wohnmobil in Bremen - zur Entwicklung und Zusammensetzung einer Lebensformgruppe	215
10.3	Die Selbstwahrnehmung der Pendler	219
10.3.1	"Freizeit? Freizeit gibs nicht viel, (...) das fällt aus!" - Pendler als "Malocher"	219
10.3.2	"Zu Hause muß man ja meist noch mehr arbeiten (...)." - Pendler als "Häuslebauer"	222
10.3.3	"Ich mach das jetzt 15 oder 16 Jahre insgesamt, ich hab mich dran gewöhnt, dat nützt so nix, muß ja irgendwie weitergehn." - Pendeln als Lebensform	225
10.4	"Jeder ist eben stolz drauf, egal ob ich nun Ostfriese bin oder Bayer" - bilanzierende Bewertung der Untersuchungsergebnisse im Vergleich mit einer bayrischen Pendlerstudie	228

11	*Eigene "Krisenbetroffenheit" als Wahrnehmungsfilter - "Ostfriesland" und der Strukturwandel aus den Perspektiven der untersuchten Lebensformen*	231
12	*Die Vielfalt der Bewußtseinslagen und Alltagsformen als Chance für eine prospektive Regionalentwicklung - exemplarische Hinweise anhand der vergleichenden Bilanzierung der qualitativen Teilstudien*	233
13	*Wahrnehmung der Regionalentwicklung durch "Experten"*	237
13.1	Vergleichende Analyse der Expertenaussagen für Themenfelder	238
13.1.1	Allgemeine Einschätzung der Situation und Entwicklungsperspektiven	238
13.1.2	Auswirkungen der EG-Integration und der deutschen Vereinigung	240
13.1.3	Handlungsorientierungen in Politik und Planung: "...Verbündete suchen"?	245
13.1.4	"Weiche" Standortfaktoren	249
13.1.5	Zukunft der Regionalentwicklung	261
13.1.6	Sonstiges	264
13.2	Expertenperspektiven: "Typische" Wahrnehmungs- und Deutungsmuster	265
14	*Zukunftsperspektiven für Regionalentwicklung und Lebensalltag - Überlegungen zu den Aus- und Wechselwirkungen regionaler Bewußtseinslagen*	271
14.1	Zukunftsperspektiven für Ostfriesland in der Wahrnehmung der Experten	271
14.2	"Geborgenheitsraum in der Modernisierung" - zu den Zukunftspotentialen einer regionstypischen Vorstellung	273
15	*Zwischen Genügsamkeit und Selbstbewußtsein - stilisiertes Ethos oder historisch-gewachsene Tönung einer regionalen Gesellschaft?*	279
15.1	Das Grundmuster: endogener Selbstbehauptungswille	280
15.2	Differenzierungen des Grundmusters: Selbstgenügsamkeit - Selbstbewußtsein	284

16	*Sozialwissenschaftliche Theoriebildung zum Verständnis von Regionalbewußtsein*	291
16.1	Sozialgeographische Debatte um die Entstehung und Bedeutung von Regionalbewußtsein	293
16.2	Sozialer Wandel und Regionalbewußtsein - Plausibilität und Grenzen sozialwissenschaftlicher Theoriebildung	299
16.3	Regionalbewußtsein und Regionalentwicklung	304
17	*Regionalpolitische Strukturen und Entwicklungen*	313
17.1	Regionalpolitische Strukturen	313
17.1.1	Regionale Organisationsformen	314
17.1.2	Subregionale Organisationsformen	317
17.1.3	Bilaterale Organisationsformen	319
17.1.4	"Alternative" Organisationsformen	322
17.2	Absehbare Perspektiven der Regionalentwicklung in Ostfriesland	323
17.3	Regionalpolitische Schlußfolgerungen	328
17.3.1	Bezugsraum	328
17.3.2	Verfahrensweise	331
17.3.3	Inhaltliche Orientierung	334
17.3.4	Dialektik von internen Potentialen und externen Anregungen	340
18	*Schlußbemerkungen: Ambivalenzen der Forschung zu Regionalbewußtsein und Regionalentwicklung*	343
18.1	Regionalbewußtsein als Ausdruck von Partikularismus?	343
18.2	Regionalentwicklung als Modernisierung?	347
Literaturverzeichnis		351

Verzeichnis der Abbildungen

Abb. 1-1: Regionalbewußtsein als Untersuchungskonzept 19
Abb. 1-2: Naturräumliche Gliederung Ostfrieslands und Lage der Untersuchungsgemeinden 21
Abb. 1-3: Wichtige Grenzen, Zentren und Verkehrswege sowie die Untersuchungsgemeinden in Ostfriesland 23
Abb. 2-1: Forschungsplan 54
Abb. 5-1: Einheitsgemeinde Stadt Wittmund 76
Abb. 5-1: Ausschnitt a: Untersuchungsgemeinde Ardorf 77
Abb. 6-1: Einheitsgemeinde Ostrhauderfehn 128
Abb. 6-1: Ausschnitt a: Untersuchungsgemeinde Holterfehn mit Neubausiedlung Flinthörn 129
Abb. 7-1: Untersuchungsgemeinde Stadt Leer 150

Verzeichnis der Tabellen

Tab. 1-1:	Bevölkerungsentwicklung und -dichte in Ostfriesland	22
Tab. 1-2:	Arbeitslosenquoten in den Arbeitsamtsbezirken Leer und Emden 1955 - 1990 (Quoten in %)	30
Tab. 1-3:	Arbeitslosenquoten 1987 bis 1991 in Ostfriesland	30
Tab. 1-4:	Natürliche Bevölkerungsentwicklung 1980 bis 1990 in Ostfriesland	32
Tab. 1-5:	Bevölkerung nach Altersgruppen am 01.01.1991 in Ostfriesland	32
Tab. 1-6:	Beschäftigte in nichtlandwirtschaftlichen Arbeitsstätten nach Wirtschaftsabteilungen 1987 (Indexwerte) in Ostfriesland	34
Tab. 1-7:	Sozialversicherungspflichtig Beschäftigte nach Wirtschaftsabteilungen 1991 (Indexwerte) in Ostfriesland	35
Tab. 1-8:	Gewerbesteueraufbringungskraft 1980 bis 1991 in Ostfriesland	36
Tab. 5-1:	Bevölkerungsentwicklung in der Gemeinde Ardorf	80
Tab. 5-2:	Erwerbstätige nach Wirtschaftsbereichen und Stellung im Beruf	83
Tab. 7-1:	Ausgewählte Daten zur Veränderung des Beschäftigungsprofils bzw. der Wirtschafts- und Arbeitsmarktstruktur der Stadt Leer, 1980 - 91	155
Tab. 9-1:	Größenstruktur landwirtschaftlicher Betriebe 1971 bis 1990 in Niedersachsen	190
Tab. 9-2:	Betriebssystematik auf dem Stand von 1987 in Ostfriesland	193
Tab. 9-3:	Verteilung Sozialökonomischer Betriebstypen auf dem Stand von 1987 in Ostfriesland	194
Tab. 9-4:	Arbeitskräfte in den landwirtschaftlichen Betrieben 1990 für Niedersachsen	195

Vorwort

Das vorliegende Buch ist das Ergebnis eines dreijährigen sozialgeographischen Forschungsprojektes zum Verhältnis von "Regionalbewußtsein" und sozioökonomischem Wandel in Ostfriesland. Es dokumentiert die umfangreichste und anspruchsvollste Studie in einer Reihe von Forschungsvorhaben zum "Regional- und Lokalbewußtsein" in verschiedenen Regionen, die in den letzten Jahren im Arbeitsgebiet Sozialgeographie an der Carl von Ossietzky Universität Oldenburg durchgeführt wurden, die insbesondere durch die alltagswissenschaftliche Orientierung und die Präferenz für qualitative Methoden charakterisiert sind. Die Ergebnisse sind in Kurz- oder Langfassungen in dieser Schriftenreihe dokumentiert.

Unser Interesse für die Region Ostfriesland ging und geht aber über die adäquate wissenschaftliche Erforschung und Darstellung der Formen des (raumbezogenen) Alltagsbewußtseins in der Region hinaus. Denn wir sind an der sozioökonomischen Situation und künftigen Entwicklung Nordwestdeutschlands im allgemeinen und Ostfrieslands im besonderen sehr interessiert. Von daher sind wir in vielfältigen Zusammenhängen, z.B. in der Erwachsenenbildung, der Beratung regionaler Politik und Planung, der anwendungsbezogenen Fremdenverkehrsforschung, engagiert. Eindrücke und Interpretationen, die aus diesen Bezügen zur Region resultieren, sind auch in die vorliegende Darstellung eingegangen. Ein Teil der Ausführungen in der vorliegenden Studie kann daher nur die Form von "Zwischenergebnissen" haben, da diese wie jede andere Region in der heutigen Zeit von kontinuierlichen, bisweilen auch bruchartigen Entwicklungen, etwa in der regionalen Industriestruktur oder der regionalen Strukturförderung, geprägt wird. Gleichwohl gibt es grundlegende Entwicklungsmuster und -charakteristika, die wir im folgenden darzustellen versuchen.

Die skizzierte Form der Bezüge zu unserer Untersuchungsregion mag vor dem Hintergrund positivistischer Erkenntnisideale immer noch befremdlich erscheinen. Wir sehen darin aber eine konkrete Realisierungsform "engagierter Geographie", die zugleich auch eine spezifische Konkretisierung des Selbstverständnisses der Carl von Ossietzky Universität Oldenburg ist, in ihrem und für ihren unmittelbaren Bezugsraum, dem nordwestlichen Niedersachsen, aktiv tätig zu sein.

Der Deutschen Forschungsgemeinschaft ist dafür zu danken, daß sie durch eine umfangreiche Sachbeihilfe über 31 Monate die empirischen Arbeiten in Ostfriesland ermöglicht hat. Die Erarbeitung des Untersuchungskonzeptes wurde vorher durch das Niedersächsische Ministerium für Wissenschaft und Kultur gefördert.

Den vielen Personen, die uns in Ostfriesland unterstützt und beraten haben, und die sich uns vor allem als Interviewpartnerinnen und -partner zur Verfügung gestellt haben, kann an dieser Stelle gar nicht im einzelnen und in angemessener Weise Dank abgestattet werden. Stellvertretend für alle sei daher Frau Waltraut Ennen genannt, die uns als Vorsitzende des Heimatvereins in Ardorf unermüdlich geholfen hat. Vielfältige Unterstützung erhielten wir auch durch verschiedene Institutionen, wofür wir vor allem und stellvertretend der Ostfriesischen Landschaft danken.

Die sehr umfangreichen empirischen Erhebungs- und Auswertungsschritte wären nicht ohne die tatkräftige Mitwirkung vieler Personen möglich gewesen. Zuerst ist dabei Dipl.-Päd. Iris Labinsky zu danken, die über zwei Jahre hinweg engagiert mitgearbeitet und zur Weiterentwicklung der qualitativen empirischen Methoden beigetragen hat. Zudem waren an den empirischen Arbeiten Katharina Engeln, Imme Frahm, Thomas Heimann, Ulrike Pieper, Claudia Röben und Roland Wehkamp sowie die Teilnehmerinnen und Teilnehmer des Seminars "Analyse 'kleiner Lebenswelten' in Ostfriesland" im Fach Geographie der Universität Oldenburg im Wintersemester 1990/91 beteiligt. Die Transkription der Interviews sowie die schriftliche Fassung der verschiedenen Versionen des Endberichts wurde vor allem von Karla Kobbus sowie von Karoline Baumert und Karin Melius-Quaas geleistet, wofür wir hier ausdrücklich sehr danken. Wertvolle Hilfe bei der Korrektur hat Anja Lehmann geleistet. Für die Inhalte der Ergebnisdarstellung sind jedoch allein die Unterzeichner verantwortlich.

Für die sorgfältige Betreuung der Erstellung dieses Buches im Bibliotheks- und Informationssystem der Carl von Ossietzky Universität Oldenburg sei stellvertretend Gisbert Kleinhalz und Barbara Sip gedankt.

Rainer Danielzyk, Rainer Krüger, Benjamin Schäfer

Oldenburg, im September 1994

1 Einleitung

Anliegen der vorliegenden Publikation ist es, die Ergebnisse aus einem sozialgeographischen Forschungsprojekt in die allgemeinen disziplinübergreifenden regionalwissenschaftlichen sowie in die regionalpolitischen Debatten in und um Ostfriesland einzubringen. Die Studie stellt eine überarbeitete Fassung des Forschungsberichtes dar, der Mitte 1993 der Deutschen Forschungsgemeinschaft unter dem Projekttitel "Ostfriesland: Regionalbewußtsein und Lebensformen. Eine Spurensuche nach Gestaltungsperspektiven von Regionalentwicklung und Lebensalltag" vorgelegt wurde. Die textlichen Fassungen der empirischen Fallstudien spiegeln, abgesehen von einzelnen Aktualisierungen, den Forschungsstand von 1992 wider. Die (fach-)theoretischen und regionalpolitischen Überlegungen werden demgegenüber ständig weiterentwickelt und erhielten ihre vorliegende Form im Sommer 1994.

Schon die Konzeption dieses 1989 begonnenen Forschungsprojektes, die bereits gesondert publiziert wurde (Danielzyk/Krüger 1990), ist sowohl regionalwissenschaftlich als auch regionalpolitisch motiviert. Damit ist zum einen das wissenschaftliche Interesse an einer Weiterentwicklung der Ansätze zu einer qualitativen Regionalforschung und an einer empirisch begründeten Differenzierung der sozialgeographischen Diskussion zum "Regionalbewußtsein" angesprochen. Zum anderen kommt das politische Interesse an den gegenwärtigen und zukünftigen Entwicklungsbedingungen und -wegen im nordwestlichen Niedersachsen zum Tragen.[1]

Die erste Phase der sozialgeographischen Diskussion zu Existenz und Erforschungsmöglichkeiten von *"Regionalbewußtsein"*, die Mitte der 80er Jahre begann und durch die eine Vielzahl empirischer Studien angeregt worden ist, wurde bereits von Danielzyk/Krüger (1990, S. 21 ff.) zusam-

---

1 Dieses zeigt sich darüber hinaus in vielfältigem Engagement der Autoren für die Gestaltung einer lebenswerten Zukunft in diesem Raum. In diesem Sinne verstehen wir qualitive Sozialgeographie immer auch als eine "politik-orientierte engagierte Geographie, eine Geographie also, die mit hinreichender Kompetenz zur öffentlichen Auseinandersetzung um die Gestaltung unseres Lebensraumes etwas zu sagen hat" (Boesch 1989, S. 14; in Anlehnung an Bartels 1984).

menfassend dargestellt. Deshalb kann darauf an dieser Stelle verzichtet werden, zumal in Kapitel 16.1 wesentliche Aspekte dieser Diskussion wieder aufgegriffen werden.

Nach wie vor bestimmen zwei unterschiedliche Perspektiven das wissenschaftliche Interesse an "Regionalbewußtsein" (vgl. Danielzyk/Wiegandt 1987, S. 442): die Frage nach dem "Bewußtsein der Zugehörigkeit zu einem bestimmten Raum" (Blotevogel/Heinritz/Popp 1986, S. 104) und die Frage nach räumlichen Differenzierungen soziokultureller Normen, Wahrnehmungsmuster, "Mentalitäten" usw. (vgl. z.B. Werlen 1992). Die sozialgeographische Diskussion zur ersten Untersuchungsperspektive hat durch Beiträge von Pohl (1993), Reuber (1993) und Weichhart (1990/1992) neue, theoretisch fundierte Akzente erhalten. Kerschers (1992) empirische Arbeit zu den Möglichkeiten eines "Identitätsmanagements" ist eine der wenigen der ersten Gruppe zuzurechnenden Studien, die sich auch den möglichen Zusammenhängen zwischen "regionalem Zugehörigkeitsgefühl" und Regionalpolitik widmen. Demgegenüber kommt die zweite Perspektive wesentlich in anwendungsorientierten Arbeiten zum Tragen (vgl. z.B. Meier-Dallach u.a. 1985, IWG 1991). Sie hat vor dem Hintergrund neuer Raumentwicklungstheorien, aber auch wegen der Diskussion um die Wirksamkeit der Regionalpolitik angesichts knapper staatlicher Ressourcen und der politischen Debatte über "mentale Barrieren" beim Strukturwandel in Ostdeutschland, erheblich an Interesse und Aktualität gewonnen. Vor allem auf Seiten der Regionalsoziologie und der Kulturanthropologie ist diesbezüglich in jüngster Zeit verstärktes Engagement zu beobachten (vgl. z. B. Häußermann/Siebel 1993, KWI 1992, Lindner 1993, auch: IWG 1991 u. 1994). Die neueren Forschungs- und Interpretationsansätze zu beiden Perspektiven sollen hier nicht ausführlicher geschildert werden, finden aber bei der Interpretation der Ergebnisse unserer eigenen empirischen Untersuchungen Berücksichtigung.

Unser Interesse an der künftigen *Regionalentwicklung im nordwestlichen Niedersachsen* hat sich, bei Einbeziehung von Überlegungen zur Bedeutung von Regionalkultur und "Regionalbewußtsein" für die Regionalentwicklung und Regionalpolitik, relativ rasch auf *Ostfriesland* konzentriert. Selbst eine erste, nur oberflächliche Annäherung an die Situation dieser Region läßt sehr eindrücklich deutlich werden, daß in offiziellen Selbstdarstellungen von Institutionen und Entscheidungsträgern wie auch in der alltagsweltlichen Kommunikationspraxis die "Besonderheit" der Region und ihrer

Bevölkerung eine große Rolle spielt. Eine nähere Beschäftigung mit Medien, Institutionen, kulturellen Praktiken und der neueren Geschichte unterstützt den Eindruck und verstärkt darüber hinaus die Sympathie für eine Region, die mehr als andere ihre "Eigenständigkeit" bewahrt zu haben scheint. Von daher lag es für uns sehr nahe, beide Motive unserer Forschungsarbeit in der Konzeption eines sozialgeographischen Untersuchungsprojektes unter obigem Titel zu verknüpfen. Im Mittelpunkt unseres Interesses bei der Ausarbeitung eines entsprechenden Forschungsplanes stand der Versuch, Antworten auf zwei *Leitfragen* zu erhalten, die eng mit den oben genannten unterschiedlichen Akzenten der Diskussion um "Regionalbewußtsein" verbunden sind:

- Welche grundlegenden individuellen und kollektiven Muster räumlicher und zeitlicher Orientierungen lassen sich in Ostfriesland feststellen?
- Wie wird mit den tiefgreifenden sozioökonomischen und kulturellen Veränderungen umgegangen?

Zur empirischen Erforschung dieser beiden leitenden Fragestellungen wurde ein komplexes Untersuchungskonzept erarbeitet, das in Kapitel 2.1 erläutert wird. Schon an dieser Stelle ist hervorzuheben, daß das Projekt dem "interpretativen Paradigma" verpflichtet ist. Es basiert auf einem "Konzept des Alltagsbewußtseins", das wesentlich durch die Annahme der "interaktionistischen (Re)Konstruktion von Wirklichkeit" geprägt ist. Folglich bestand eine Hauptaufgabe der empirischen Untersuchungen darin, über "narrative Interviews" sowie mittels weiterer Methoden der qualitativen Sozialforschung, Erkenntnisse darüber zu gewinnen, wie sich "die regionale Wirklichkeit" im Alltagsbewußtsein und in der Lebenspraxis der Bevölkerung darstellt (vgl. 2.1).

Vor dem skizzierten erkenntnistheoretischen Hintergrund ist darauf hinzuweisen, daß die eigenen Forschungsarbeiten nicht - in einem theoretisch stringenten Sinne - von einem "Identitätskonzept" bzw. der Frage nach - personaler/kollektiver - "Identität" geleitet sind. Mit Pohl (1993, S. 31) gehen wir davon aus, daß ein sozialgeographisches Projekt diese komplexe psychologische und soziologische Thematik nicht angemessen bearbeiten kann. Insofern einzelne Ergebnisdarstellungen und -interpretationen aber nicht sinnvoll ohne den Begriff "Identität" zu formulieren sind, sei betont, daß der Bedeutungsgehalt - im Sinne des interpretativen Paradigmas - jeweils aus dem Kontext zu erschließen ist. Sinngleiches gilt für "benachbarte", in der Regionalbewußtseins-Diskussion häufig - unpräzise - gebrauchte Begriffe, wie z.B. "Mentalität".

Abbildung 1-1 stellt in schematisierter Form wesentliche theoretische und methodologische Aspekte dieser Forschungsperspektive dar und läßt zugleich erkennen, daß Regionalbewußtsein[2] - anders als bei den oben zitierten Studien - als Oberbegriff für die in der Region wirksamen Bewußtseinsformen zu verstehen ist. Auf dieser Basis wird zwischen der "Experten-" und der "Bevölkerungsebene" (vgl. 2.1) und daran anschließend jeweils zwischen Bewußtseinsgehalten, die sich auf lokal/regionale Zugehörigkeiten und solchen, die sich auf die modernen Lebensbedingungen und deren Wandel beziehen, unterschieden. In diesem Sinne wird "regionales Alltagsbewußtsein" als der alltagsweltliche Bereich des Regionalbewußtseins definiert und darin als Oberbegriff für das "raumbezogene Alltagsbewußtsein" und die "soziokulturellen Deutungsmuster" definiert. Analoges gilt, wie der Abbildung zu entnehmen ist, für die Expertenebene bzw. den Bereich des "diskursiven" Bewußtseins[3].

Diese mehrstufige Definition ermöglicht zum einen zwischen "praktischen" und "diskursiven" Bewußtseinsformen in der Region zu differenzieren, ohne den Blick auf die Wechselverhältnisse zu verstellen (vgl.a. Aring u.a. 1989, S. 122 ff.). Zum anderen lassen sich auf diese Weise die im engeren Sinne raumbezogenen Bewußtseinsgehalte gesondert nachzeichnen, ohne die Erforschung und Beschreibung des Regionalbewußtseins in Ostfriesland auf diesen Teilaspekt zu reduzieren.

Die Abbildung zeigt nicht nur die unterschiedlichen Facetten des Regionalbewußtseins, sondern symbolisiert - von links nach rechts - auch den grundlegenden empirisch-theoretischen Zugang. Gewissermaßen gegenläufig ist

---

2   Nach der definitorischen Einführung dieses zentralen, in der sozialgeographischen Diskussion mehrdeutigen Begriffes, werden die Anführungszeichen nur noch bei - zitierender - Bezugnahme auf von unserem Verständnis abweichende Bedeutungsgehalte verwendet. Analoges gilt für die im folgenden einzuführenden Kategorien.

3   Es ist hervorzuheben, daß "diskursives" und Expertenbewußtsein einerseits, sowie "praktisches" und Alltagsbewußtsein andererseits, idealtypisch vereinfachend gleichzusetzen sind. Dies scheint für die Skizzierung des konzeptionellen Zugangs hilfreich. Die empirischen Ergebnisse zeigen demgegenüber deutlich, daß sowohl auf der Experten- als auch auf der Bevölkerungsebene "praktische" und "diskursive" Bewußtseinsformen wirksam sind (vgl. bes. 14.).

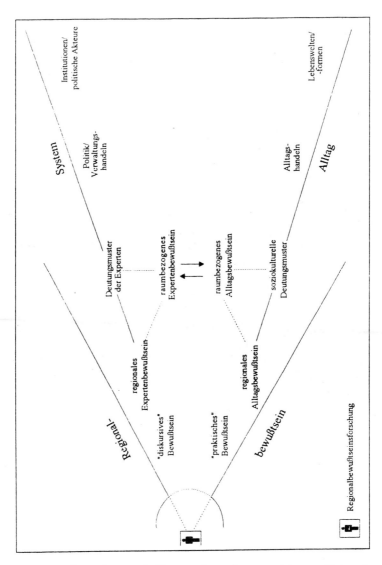

Abb. 1-1: Regionalbewußtsein als Untersuchungskonzept (eigener Entwurf, Umsetzung: T. Heyligers)

darüber hinaus in schematisierter Form zu erkennen, welche systemischen und alltagsweltlichen Faktoren bei der Herausbildung der verschiedenen Bewußtseinsgehalte eine Rolle spielen. Die angedeutete Verschränkung der System- und der Alltagsebene soll drei theoretisch und empirisch relevante Aspekte versinnbildlichen: a) beide Ebenen sind nach Akteuren und Strukturen grundlegd verschieden, stehen aber b) in vielfachem Wechselverhältnis und bilden sich c) in vielfältiger Mischung und Brechung im Regionalbewußtsein ab (vgl.a. Pohl 1993).

Die schematische Darstellung wurde im Kontext unseres Forschungsprojekts über Ostfriesland entwickelt und angewandt, ist aber als vom Prinzip her allgemeingültig zu verstehen. Somit ist gleichermaßen ein Rahmen für die strukturierte Fortführung der Regionalbewußtseins-Diskussion als auch für die Interpretation und Einordnung empirischer Befunde aufgespannt.

Die konkrete (räumliche) Definition der *Untersuchungsregion* basiert auf folgenden Überlegungen: Ostfrieslands Abgrenzung ist vor allem in historischer und kultureller Hinsicht "sachlich eindeutig", da sie über Jahrhunderte historisch gewachsen ist, kontinuierlich in der regionalen Öffentlichkeit herausgestellt wird und sich zugleich in den Zuständigkeitsräumen verschiedener Institutionen widerspiegelt. Es handelt sich dabei um das Gebiet des ehemaligen Regierungsbezirkes Aurich, das heute die Landkreise Aurich, Leer und Wittmund sowie die kreisfreie Stadt Emden umfaßt (vgl. Abb. 1-2 u. 1-3, Tab. 1-1). Dieses Gebiet ist mithin unser Untersuchungsraum. Unabhängig von dieser "offiziellen" Definition des Gebietszuschnittes wird im Laufe der empirischen Forschungen zu klären sein, was konkret mit "Ostfriesland" in den Köpfen der dort lebenden Menschen verknüpft ist.

Eine Untersuchung zum Regionalbewußtsein, die auch die regionalpolitischen Implikationen berücksichtigt, muß sich vorab Klarheit darüber verschaffen, von welchen sozioökonomischen Rahmenbedingungen und historisch-kulturellen Faktoren die Untersuchungsregion beeinflußt worden ist und wird. Daher wird hier zunächst darauf einzugehen sein (vgl. 1.1, 1.2), ehe der Aufbau unserer Ergebnisdarstellung vorgestellt wird (1.3).

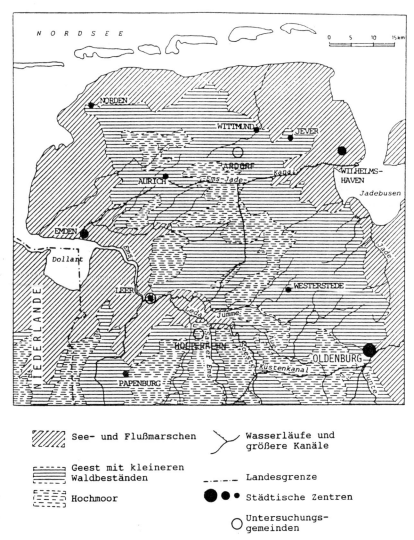

Abb. 1-2: Naturräumliche Gliederung Ostfrieslands und Lage der Untersuchungsgemeinden (Quelle: Bünstorf 1966, S. 16; Kartogr.: B. Zaube, R. Wehkamp)

Tab. 1-1: Bevölkerungsentwicklung und -dichte in Ostfriesland

Gebiet[b]	Einwohnerzahl (abs.) 1970[c]	1987[d]	1991[e]	Bev.dichte (Index)[a] 1991
AUR	159.784	168.281	170.521	52
LER	139.229	143.822	145.344	52
WTM	52.208	52.360	52.827	31
EMD	52.637	50.144	50.735	176
Nds.	7.081.549	7.162.103	7.387.245	61
BRD	60.650.600	61.077.042	63.725.653	100

a) Einwohner je qkm; Index BRD = 100
b) AUR = Landkreis Aurich, LER = Landkreis Leer, WTM = Landkreis Wittmund, EMD = Stadt Emden, Nds. = Land Niedersachsen, BRD = Bundesgebiet, alte Länder
c) Volkszählung am 27.05.
d) Volkszählung am 27.05.
e) Fortschreibung auf Basis Volkszählung 1987 für 1.1.

Quelle: Jung 1992, S. 113

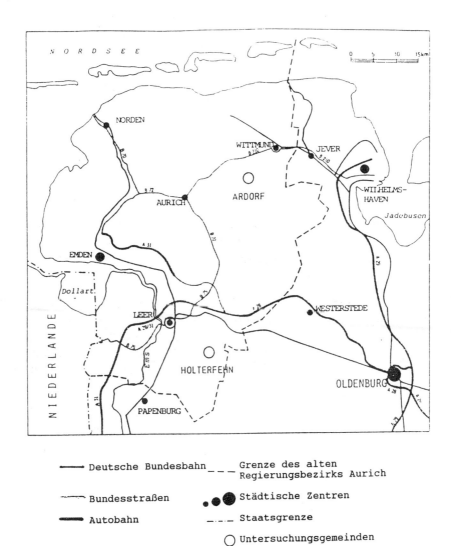

Abb. 1-3: Wichtige Grenzen, Zentren und Verkehrswege sowie die Untersuchungsgemeinden in Ostfriesland (Quelle: Generalkarte, Bl. 3/4; 1990/91; eigener Entwurf; Kartogr.: B. Zaube, R. Wehkamp)

1.1 Sozioökonomische Situation und Entwicklung Ostfrieslands

Die sozioökonomische Situation Ostfrieslands ist durch eine tiefgreifende Strukturschwäche gekennzeichnet, die durch historisch überkommene und aktuelle Faktoren bestimmt ist. Ehe zunächst auf die Geschichte und dann auf die gegenwärtige Situation eingegangen wird, ist eine Vorbemerkung zu den *Bezugsräumen* der relevanten regionalökonomischen Literatur notwendig. Die (wenigen) vorhandenen neueren Arbeiten beziehen sich in der Regel nicht auf Ostfriesland in seinen historischen Grenzen, sondern auf den Bereich der Industrie- und Handelskammer für Ostfriesland und Papenburg (schließt das nördliche Emsland ein; vgl. Krömer 1991) oder auf die gesamte Ostfriesische Halbinsel, d.h. den Raum zwischen Dollart und Jadebusen (vgl. z.B. Huebner u.a. 1991). In den gängigen Regionalstatistiken werden für Veröffentlichungen von Daten und Analysen die Oberbereiche der Bundesraumordnung bzw. die Bundesraumordnungsregionen der laufenden Raumbeobachtung zugrundegelegt. Dabei werden der Region "Ostfriesland" die Stadt Emden und die Landkreise Aurich und Leer, der Region "Wilhelmshaven" die Stadt Wilhelmshaven und die Landkreise Friesland und Wittmund zugeordnet (vgl. z.B. Jung 1992, S. 7). Vielleicht ist darin ein Hinweis darauf zu sehen, daß die historisch überkommene Abgrenzung Ostfrieslands keine regionalwirtschaftlich sinnvolle Raumgliederung bezeichnet. Diese Frage soll hier allerdings nicht weiter untersucht werden.

Ohne hier auf Details der *Wirtschaftsgeschichte* Ostfrieslands eingehen zu können (vgl. dazu z.B. Krömer 1991), seien einige Aspekte der wirtschaftlichen Entwicklung seit Mitte des vergangenen Jahrhunderts skizziert. Während der "preußischen Zeit" (1866 bis zum 1. Weltkrieg)

> "war die Landwirtschaft vorherrschende Erwerbsgrundlage, von der die Hälfte der Bevölkerung Ostfrieslands lebte. Auf der Marsch 'regierte' der bäuerliche Großbetrieb mit (...) deutlicher sozialer Scheidung zwischen den Bauern und den Landarbeitern, auf der Geest (...) kärglicher und ohne derlei akzentuierte Klassenunterschiede. Der Einsatz und die Wirkung des Kunstdüngers verbesserten die Geestböden und ließen die Bauern hier wirtschaftliche Fortschritte machen. - In den Moorkolonien war es zunächst unverändert trostlos, aber die preußische Verwaltung arbeitete energisch an Abhilfe. (...)
> In den Fehnorten ging die Torfproduktion infolge der Konkurrenz der Kohle zurück. Schiffbau und Schiffahrt gerieten allerdings ebenfalls in eine Strukturkrise, weil die eisernen, die hölzernen und die Dampfschiffe die Segelschiffe verdrängten und der Binnenschiffs-

güterverkehr mit der Eisenbahn nicht mehr mithalten konnte. So verloren die Fehntjer mehrere traditionelle Erwerbszweige gleichzeitig" (a.a.O., S. 79 f.).

So wirkte sich unter anderem auf diese Weise die Industrialisierung indirekt auch auf Ostfriesland aus, das aber eindeutig abseits der Schwerpunkte der Industrialisierung im Deutschen Reich lag. Am ehesten entstanden gewisse wirtschaftliche Impulse aufgrund des umfangreichen Aufbaus überregionaler Verkehrswege (vgl. a.a.O., S. 77 ff.; Wiethold 1972, S. 19 ff.), z.B. der Eisenbahnlinie Münster-Emden (schon 1852 - 1856 als Verbindung des Emder Hafens zum Ruhrgebiet gebaut), der Bahnlinie von Bremen über Oldenburg nach Leer und Groningen (1867 - 1876), des Dortmund-Ems-Kanals (auf weiten Strecken eine Kanalisierung der Ems, 1892 - 1899) sowie vieler Straßenverbindungen.

Trotz dieser Maßnahmen und des stürmischen industriellen Wachstums in anderen Regionen Preußens bzw. des Deutschen Reiches, kam es nicht zu einer durchgreifenden Industrialisierung, sondern überwiegend nur zu einer Intensivierung und Expansion regional bereits ansässiger Gewerbe. Allenfalls vereinzelt gab es industrielle Neugründungen, etwa in der Eisenverarbeitung, Papier- und Pappe-Erzeugung. Die Betriebe blieben im Umfang beschränkt und produzierten überwiegend für den regionalen Markt, es handelte sich nicht um (spekulative) Investitionen mit dem Ziel überregionalen Absatzes (vgl. a.a.O., S. 21 ff.). Die Einrichtung von industriellen Produktionen dieser Art wurde durch die abseitige Lage, den Mangel an natürlichen Rohstoffen, das Fehlen eines nahen größeren Absatzmarktes usw. erschwert bzw. verhindert. Trotz dieser Strukturen blieb die allgemeine Industrialisierung nicht ohne Folgen für die regionalen Gewerbebetriebe, denn kostengünstiger produzierende außerregionale Konkurrenzunternehmen konnten die ostfriesischen Betriebe in einigen traditionellen Märkten, insbesondere in der Textilindustrie, im Schiffbau und der Schiffahrt, verdrängen (vgl. a.a.O., S. 22; vgl. auch das o. g. Beispiel der Fehngemeinden). Somit wurde die zaghafte industriell-gewerbliche Expansion im Prozeß der Industrialisierung gleich wieder "gebremst", es kam - paradoxerweise - zu einer erneuten Bedeutungssteigerung der Landwirtschaft bzw. es entstand der Zwang, überregionale Einkommensquellen zu erschließen.

"Dieser Rückzug (auf die Landwirtschaft, d. V.), der typisch für großbäuerliche Gebiete war, trug allerdings für die Erwerbsbevölkerung zunächst durchaus nicht den Charakter eines ökonomischen

Funktionsverlustes oder einer Verarmung einer vorher wohlhabenden Region; denn die Existenzbedingungen waren in der Mitte des 19. Jahrhunderts für die landwirtschaftliche Erwerbsbevölkerung sicherlich besser als für die proletarisierten Schichten der industriellen Gebiete" (a.a.O., S. 25).

Eine gewisse Ausnahme von der hier beschriebenen Entwicklung bildete die Stadt Emden. Die schon in früheren Epochen eine Sonderrolle in Ostfriesland einnehmende Hafenstadt (vgl. z. B. Möhlmann 1988) profitierte besonders vom Ausbau der Verkehrsinfrastruktur sowie von Ausbauten der Schleusen und der Hafenanlagen. Diese

"lösten einen stürmischen Aufschwung des Hafenumschlags und darüber hinaus einen Industrialisierungsschub aus, die aus Emden den industriellen Schwerpunkt der Region werden ließen" (Krömer 1991, S. 80 f.).

Um die Jahrhundertwende expandierten in Emden vor allem Schiffbau und Fischereiwirtschaft, aber es wurde z. B. auch eine Brikettfabrik gegründet. Abgesehen von dieser Sonderrolle Emdens ist aber festzuhalten, daß

"die Gesamtregion (...) zu Beginn des 20. Jahrhunderts noch immer weit weniger industrialisiert war als andere deutsche Bundesstaaten" (a.a.O., S. 83).

In der Zeit zwischen den beiden Weltkriegen änderten sich die grundlegenden Charakteristika der Wirtschaftsstruktur Ostfrieslands nicht. Im Verlauf der verschiedenen Krisen in den 20er und frühen 30er Jahren wurden zahlreiche industrielle und gewerbliche Betriebe geschlossen oder zumindest erheblich verkleinert. Erst die nationalsozialistische Aufrüstungspolitik führte ab Mitte der dreißiger Jahre zu einem erheblichen Rückgang der Arbeitslosigkeit (vgl. a.a.O., S. 90). Bilanzierend läßt sich feststellen, daß Ostfriesland

"im wesentlichen landwirtschaftlich geprägt blieb, die Hafenstädte Emden, Leer (...) waren nur 'industrielle Inseln'" (a.a.O., S. 91).

Auch "zu Beginn der 50er Jahre konnte Ostfriesland noch als agrarische Region bezeichnet werden", was sich z. B. in der sektoralen Verteilung der Erwerbstätigen ausdrückte. Im Regierungsbezirk Aurich waren 1950 49,7% in der Landwirtschaft beschäftigt, in Niedersachsen aber waren es 35,3% und in der BRD 25,5% (Wiethold 1972, S. 35). Der Strukturwandel in der Landwirtschaft mit dem Verlust zahlreicher Arbeitsplätze und die spezifische Bevölkerungsstrukur (hohe Geburtenraten, Zuwanderung von Flüchtlingen) führten zu einer stetig steigenden Nachfrage nach Arbeitsplätzen, die durch die vorhandene wirtschaftliche Basis in den 50er und 60er Jahren nicht hätte befriedigt werden können. Eine eigendynamische industriell-gewerbliche Struktur war ebensowenig wie ein aufnahmefähiger Dienstleistungssektor vorhanden. Die Situation war auch nicht dadurch verändert worden, daß Ostfriesland im Zuge staatlicher Versuche zu einer regionalen Wirtschaftsförderung 1952 zum "Sanierungsgebiet" und später zum "Bundesausbaugebiet" erklärt worden war (Krömer 1991, S. 146).

Da die Entwicklung in Ostfriesland und in anderen Teilregionen des westlichen Niedersachsens mit ähnlichen Strukturen absehbar auf eine Arbeitsmarktkatastrophe hinauszulaufen schien und sich in den 60er Jahren das Verständnis der wirtschaftspolitischen Rolle des Staates erheblich verändert hatte ("Globalsteuerung"), lag es nahe, staatliche Förderpolitik für Problemregionen zu konzipieren (vgl. ausführlich für Niedersachsen Danielzyk/ Wiegandt 1986). In diesem Kontext formulierte ein Gutachten von Prognos (1967) eine Strategie der Förderung von strukturschwachen Regionen durch eine massive Industrialisierung in wenigen Entwicklungszentren. Die Ansiedlung großindustrieller Betriebe der chemischen Industrie, der Atomindustrie usw. in wenigen Zentren mit großen "Arbeitskraftreserven" und niedrigem Lohnniveau sollte positive Auswirkungen auf den Arbeitsmarkt der jeweiligen Region haben. In Ostfriesland sollte Emden diese Rolle eines "regionalen Entwicklungsschwerpunktes" übernehmen, wohl nicht zuletzt deshalb, weil es dort mit den Werften und dem 1964 gegründeten VW-Werk schon einige industrielle Ansätze und eine relativ gute bzw. ausbaufähige Verkehrsinfrastruktur gab (vgl. a.a.O., S. 50).

Dieses Konzept war in der Folgezeit über viele Jahre hinweg für Raumordnung und Regionalpolitik in Niedersachsen, aber auch für die Gemeinschaftsaufgabe "Verbesserung der regionalen Wirtschaftsstruktur" prägend. Dieser förderpolitische Ansatz war insoweit plausibel, als in dieser Phase der Wirtschaftsentwicklung ("Fordismus") in der Bundesrepublik für Fertigungsbetriebe großindustrieller standardisierter Massenproduktion kostengünstige Standorte mit großem Arbeitskräftepotential gesucht wurden. Von daher war dieser förderpolitische Ansatz zwangsläufig "erfolgreich", was sich unter anderem in einer zeitweise extrem niedrigen Arbeitslosigkeit in Ostfriesland ausdrückte.

Durch diese "Nachindustrialisierung" ist die Region wohl erstmals intensiver in globale wirtschaftliche Prozesse integriert worden, allerdings auf eine Abhängigkeit induzierende Weise: Es handelte sich primär um die Ansiedlung abhängiger Zweigwerke mit wenig anspruchsvollen Massenproduktionen, wobei die dispositiven Funktionen der Konzerne, die hochqualifizierte und in der Regel dauerhafte Arbeitsplätze bieten, an den meist in Zentralräumen gelegenen Stammsitzen blieben. So

> "setzen diese Zweigwerke einmal keine Entwicklungsprozesse in Gang, die zu einer Verbesserung der regionalen Standortbedingungen führen; zum anderen bleibt der regionale Multiplikatoreffekt der Ansiedlung gering, da die mit der erweiterten Produktion gestiegenen Aufträge an andere Gewerbe überwiegend in der Verteilungsgewalt der Hauptwerke verbleiben, die vor allem bei differenzierten Ansprüchen Regionen wie Ostfriesland nicht berücksichtigen. Selbst der Multiplikatoreffekt über die Steigerung der Konsumeinkommen ... bleibt durch die gering qualifizierte Beschäftigtenstruktur beschränkt, da die hohen Einkommensgruppen in Produktion und Verwaltung unterrepräsentiert sind" (Wiethold 1972, S. 73).

Weitere problematische Aspekte waren, daß zumindest einige dieser Produktionen bewußt die geringe Umweltbelastung in der Region als Standortfaktor ausnutzten und daß oft sehr kostenintensive Infrastrukturprojekte - als Vorleistung und im Hinblick auf politischen Erwartungsdruck - ohne entsprechende Effekte realisiert wurden (vgl. Tacke 1982, S. 134 f.). Die Schließung zahlreicher Zweigwerke, die Bedrohung und der teilweise Niedergang der regional ansässigen Produktionen durch allgemeine wirtschaftliche Prozesse und die mit beiden Vorgängen in Zusammenhang stehende extreme Verschärfung der Arbeitsmarktprobleme in den 80er Jahren zeigten, daß durch die "Nachindustrialisierung" keine dauerhaft tragfähigen, eigendynamischen Wirtschaftsstrukturen in Ostfriesland geschaffen wurden. Eine gewisse Besserung der Arbeitsmarktsituation in der zweiten Hälfte der achtziger Jahre hatte offenkundig in erster Linie konjunkturelle Gründe.

Ende der 80er, Anfang der 90er Jahre wird Ostfriesland weiterhin zu den Regionen mit den gravierendsten Problemen im Bundesgebiet gerechnet:

> "Die traditionell als 'ländlicher Raum' bezeichneten Regionen weisen eine höchst unterschiedliche Struktur und Entwicklung auf. ... Einige gering verdichtete Regionen haben aus Bundessicht mit besonders herausgehobenen Struktur- und Anpassungsproblemen zu kämpfen.

Diese Regionen liegen in den *alten Ländern* vorwiegend in Teilen Nordwestdeutschlands (Ostfriesland), der Eifel sowie in der Oberpfalz. In den *neuen Ländern* rechnen hierzu weite Teile Nordostdeutschlands, aber auch Regionen östlich und südöstlich von Berlin. In besonderem Maße gilt dies auch für die Grenzregionen zu Polen und zur Tschechischen Republik" (BMBau 1993, S. 7).

Während der empirischen Arbeitsphasen unseres Forschungsprojektes stellte sich die *wirtschaftliche Situation* in Ostfriesland folgendermaßen dar (für aktuellste Entwicklungen vgl. 17.2):

Die *Arbeitslosigkeit*, die zwischenzeitlich fast schon ein legendäres Ausmaß angenommen hatte (vgl. Friedrichs u. a. 1989), lag weiterhin sehr hoch, d.h. durchweg sehr deutlich über Bundes- und Landesdurchschnittswerten, obgleich sich die relative Position der ostfriesischen Arbeitsmärkte gegenüber anderen niedersächsischen Teilregionen um 1990 etwas verbessert hatte (vgl. Jung 1992, S. 127, sowie Tab. 1-2 u. 1-3).[4]

Daher kann es nicht verwundern, daß in einer landesweiten Analyse festgestellt wird:

"Zu den besonderen Problemräumen zählen nach wie vor Ostfriesland, das nordöstliche Niedersachsen sowie der südniedersächsische Raum" (Jung 1992, S. 29).

Zur Struktur der Arbeitslosigkeit ist festzustellen, daß Frauen stärker als Männer von Arbeitslosigkeit bedroht sind, allerdings nicht in einem für Niedersachsen überdurchschnittlichen Ausmaß (vgl. Huebner u.a. 1991, S. 16 ff.). Außerdem gibt es hohe Anteile Arbeitsloser ohne Berufsausbildung und ein überdurchschnittliches Arbeitslosigkeitsrisiko für jüngere Erwerbspersonen. Hingegen ist die Entwicklung bei den älteren Arbeitslosen und bei der Langzeitarbeitslosigkeit positiver als im Landesdurchschnitt. Das wird auf den umfangreichen Einsatz von arbeitsmarktpoliti-

---

4   Ostfriesland wird von den Arbeitsamtsbezirken Emden und Leer erfaßt, wobei zum letzteren Teile des nördlichen Emslandes gehören. Bei den Angaben zu den Arbeitslosenquoten ist zu beachten, daß sich durch eine Anpassung der Berechnungsbasis aufgrund der Ergebnisse der letzten Volkszählung 1987 gerade in ländlichen Regionen ein "Rückgang" ergeben hat (in ostfriesischen Landkreisen zwischen 14,7 und 20,6%); für Details vgl. Jung 1989, S. 27 ff.. Außerdem ist darauf hinzuweisen, daß die Arbeitslosenquoten durch arbeitsmarktpolitische Maßnahmen erheblich abgesenkt wurden und werden, so z. B. im Arbeitsamtsbezirk Leer 1991 um 2,4%; vgl. OZ vom 08.05.92, S. 6!

Tab. 1-2: Arbeitslosenquoten in den Arbeitsamtsbezirken Leer und Emden 1955 - 1990 (Quoten in %)[a]

Jahr	Arbeitsamtsbezirk Emden[b]	Leer	Niedersachsen und Bremen	BRD
1955	17,2	14,6	7,8	5,6
1960	5,5	5,8	1,8	1,3
1965	3,2	2,8	0,9	0,7
1970	3,2	3,7	1,0	0,7
1975	8,5	9,9	5,4	4,7
1980	7,2	7,5	4,7	3,8
1985	19,9	23,0	12,5	9,3
1990	12,3	11,1	9,7	7,2

a) Jahresdurchschnittswerte
b) umfaßt auch das nördliche Emsland
Quelle: Krömer 1991, S. 115

Tab. 1-3: Arbeitslosenquoten 1987 bis 1991 in Ostfriesland [a]

Gebiet[b]	1987 in %	Index	1989 in %	Index	1991 in %	Index
AUR	16,1	181	13,7	173	10,3	163
LER	17,1	192	13,8	175	10,2	162
WTM	17,8	200	14,8	187	11,6	183
EMD	16,1	181	14,9	189	11,7	184
Nds.	10,9	123	10,0	127	8,1	128
BRD	8,9	100	7,9	100	6,3	100

a) Jahresdurchschnitt, Basis Volkszählung 1987
b) s. Tab. 1-1
Quelle: Jung 1992, S. 127

tischen Instrumenten (Arbeitsbeschaffungsmaßnahmen, Fortbildung und Umschulung) in Ostfriesland zurückgeführt, das zeitweise den Status eines besonderen Problemgebietes hatte:

> "Betrachten wir die ABM-Entwicklung in Ostfriesland, so weist Emden über viele Jahre hinweg eine ABM-Quote von etwa 11% - 12%, ja sogar von 16% - 17% auf, das Land Niedersachsen erreicht nur Werte von etwa 6% - 7%" (a.a.O., S. 21).[5]

Das Ausmaß und die Struktur von Arbeitslosigkeit wird allgemein durch das Angebot an Arbeitsplätzen, d. h. die Wirtschaftsstruktur, und durch die Nachfrage nach diesen, die sich vor allem aus Bevölkerungsstruktur und Ausmaß der Erwerbsbeteiligung ergibt, bestimmt. Dabei ist darauf hinzuweisen, daß Ostfriesland immer noch zu den Regionen Niedersachsens mit einer positiven *Bevölkerungsentwicklung* gehört, die nur von wenigen anderen, vorwiegend katholisch geprägten niedersächsischen Landkreisen übertroffen wird. Dadurch weist Ostfriesland auch überdurchschnittliche Anteile jüngerer Bevölkerungsgruppen auf (vgl. Tab. 1-4 u. 1-5).

Ein weiterer latenter Nachfragedruck nach Arbeitsplätzen entsteht auch deshalb, weil die "Erwerbsquote" bei den Frauen in Ostfriesland mit weitem Abstand unter dem Bundesdurchschnitt liegt (Huebner u.a. 1991, S. 7).

Die das Arbeitsangebot bestimmende Wirtschaftsstruktur soll hier insbesondere anhand der sektoralen Verteilung der *sozialversicherungspflichtig Beschäftigten und der Arbeitsstätten* dargestellt werden.[6]

Die hohen Anteile in der Landwirtschaft, im Baugewerbe und in bestimmten Dienstleistungssektoren weisen auf die Strukturschwäche der ostfriesischen Wirtschaft hin. Diese Wirtschaftszweige sind in besonderem Maße von konjunkturellen Entwicklungen und von politischen Entscheidungen

---

5   Die ABM-Quote gibt an, wieviel Prozent der Arbeitslosen in ABM beschäftigt sind.

6   Die Statistik der sozialversicherungspflichtig Beschäftigten ergibt recht aussagefähige Werte, da die Beschäftigten nach dem wirtschaftlichen Schwerpunkt des Betriebes am Betriebsort den verschiedenen Wirtschaftszweigen zugeordnet werden. Diese laufend aktualisierte Statistik unterschätzt allerdings die Beschäftigten in Landwirtschaft und Dienstleistungen, da dort hohe Anteile Selbstständiger und Beamter tätig sind. Eine dazu "alternative" Statistik, die Arbeitsstättenzählung, beruht jedoch auf einmalig erhobenen Daten von 1987 (vgl. Jung 1992, S. 102 ff.).

Tab. 1-4: Natürliche Bevölkerungsentwicklung 1980 bis 1990 in Ostfriesland[a]

Gebiet[b]	je 1.000 Einwohner 1980	1990	Durchschnitt 1980 - 1990
AUR	1,4	2,2	1,3
LER	0,6	1,1	0,9
WTM	0,1	1,0	0,7
EMD	-1,4	1,5	-0,1
Nds.	-1,8	-0,5	-1,7
BRD	-1,5	0,2	-1,1

a) Geborene abzüglich Gestorbene je 1 000 Einwohner
b) s. Tab. 1-1
Quelle: Jung 1992, S. 116

Tab. 1-5: Bevölkerung nach Altersgruppen am 01.01.1991 in Ostfriesland

Gebiet[a]	Bevölkerung nach Altersgruppen im Alter von ... bis unter ... (Anteil in %)		
	0 - 18	18 - 65	65 - ...
AUR	21,3	64,6	14,2
LER	21,5	64,2	14,2
WTM	20,9	64,5	14,6
EMD	18,8	65,3	15,9
Nds.	18,6	65,6	15,9
BRD	18,4	66,4	15,2

a) s. Tab. 1-1
Quelle: Jung 1992, S. 118 f.

abhängig und ihre hohen Anteile von daher nicht gerade Ausdruck einer zukunftssicheren Wirtschaftsstruktur. Dieses gilt zwar nicht generell, aber im speziellen Falle Ostfrieslands auch für das produzierende Gewerbe, das vor allem in Emden überdurchschnittlich vertreten ist. Denn es wird von den ebenfalls langfristig eher krisenanfälligen Branchen Straßenfahrzeugbau und Schiffbau entscheidend geprägt. Trotz positiver Impulse durch günstige Konjunktur Ende der 80er Jahre und des vor allem in Niedersachsen recht ausgeprägten "Boom durch die deutsche Vereinigung" muß Jung (1992, S. 39) bilanzieren, daß "von der Entwicklung der letzten Jahre von den langfristig wachstumsschwächeren Regionen des Landes der Oberweserraum, die Südheide sowie vor allem der Küstenraum am wenigsten profitiert" hätten. Ein Grund dafür könnte die spezifische Wachstumsschwäche des industriellen Sektors in Ostfriesland sein (a.a.O., S. 48).

Tab. 1-6: Beschäftigte in nichtlandwirtschaftlichen Arbeitsstätten nach Wirtschaftsabteilungen 1987 (Indexwerte) in Ostfriesland[a]

Gebiet[b]	Land-, Forstwirt- schaft, Fischerei	Energie-, Wasser- vers., Bergbau	Verarbei- tendes Gewerbe	Bauge- werbe	Handel	Verkehr, Nachrich- tenüber- mittlung	Kreditinsti- tute, Versi- cherungs- gewerbe	Andere Dienst- leistungen	Organis. ohne Erwerbs- zweck	Gebietskör- perschaften, Sozialvs.
AUR	320,3	65,6	40,5	140,4	130,3	78,6	79,2	125,4	123,8	149,9
LER	139,1	49,0	61,1	124,6	135,6	106,8	89,4	98,5	144,0	128,3
WTM	255,8	22,6	38,6	144,5	114,9	71,6	95,6	137,1	150,3	151,3
EMD	29,6	117,7	151,4	54,9	72,9	126,7	60,3	51,3	87,1	103,0
Nds.	148,3	103,0	89,6	105,5	109,0	98,0	96,0	94,4	113,3	113,5
BRD	100,0	100,0	100,0	100,0	100,0	100,0	100,0	100,0	100,0	100,0

a) Anteil der Abteilungen an den Beschäftigten insgesamt, Quelle: Arbeitsstättenzählung 1987, Index BRD (alt) = 100; Bezeichnungen der Wirtschaftsabteilungen abgekürzt
b) s. Tab.1-1
Quelle: Jung 1992, S. 139

Tab. 1-7: Sozialversicherungspflichtig Beschäftigte nach Wirtschaftsabteilungen 1991 (Indexwerte) in Ostfriesland[a]

Gebiet[b]	Land-, Forstwirt-schaft, Fischerei	Energie-, Wasser-vers., Bergbau	Verarbei-tendes Gewerbe	Bauge-werbe	Handel	Verkehr, Nachrich-tenüber-mittlung	Kreditinsti-tute, Versi-cherungs-gewerbe	Sonstige Dienst-leistungen	Organis. ohne Erwerbs-zweck	Gebietskör-perschaften, Sozialvs.
AUR	367,9	40,2	48,0	191,2	120,2	56,8	73,3	120,7	169,4	203,8
LER	251,3	44,1	60,8	148,1	117,3	132,0	88,1	96,3	175,5	206,1
WTM	337,9	25,1	52,3	138,6	96,7	90,9	94,0	130,6	197,5	209,9
EMD	28,4	85,9	149,7	41,1	56,7	110,8	42,5	67,8	76,9	119,5
Nds.	169,8	90,7	94,6	111,3	100,8	90,2	90,1	102,7	92,3	118,7
BRD	100,0	100,0	100,0	100,0	100,0	100,0	100,0	100,0	100,0	100,0

a) Anteil der Abteilungen an den Beschäftigten insgesamt, Quelle: Beschäftigtenstatistik vom 30.06.1991, Index BRD (alt) = 100; Bezeichnungen der Wirtschaftsabteilungen abgekürzt
b) s. Tab.1-1

Quelle: Jung 1992, S. 142

Angesichts der bisherigen Darstellung kann es nicht überraschen, daß auch die Steigerungsraten der *Bruttowertschöpfung* in Ostfriesland nicht ausreichen,

> "um den dort seit Jahrzehnten bestehenden Rückstand wesentlich zu verringern. Hinsichtlich Niveau und Zuwachs der Wirtschaftsleistung bildet Ostfriesland das absolute Schlußlicht, obwohl die Wertschöpfung der Emdener Automobilindustrie rechnerisch darin enthalten ist" (Huebner u.a. 1991, S. 26).

So kann es nicht verwundern, daß auch die *kommunale Finanzkraft* der ostfriesischen Gebietskörperschaften, hier gemessen an der "Gewerbesteueraufbringungskraft", in Niedersachsen nur noch von den Landkreisen Cuxhaven und Gifhorn unterboten wird (vgl. Tab. 1-8 sowie Jung 1992, S. 87).

Tab. 1-8: Gewerbesteueraufbringungskraft 1980 bis 1991 in Ostfriesland

Gewerbesteueraufbringungskraft je Einwohner (Index, Nds. = 100)				
Gebiet[a)]	*1980*	*1987*	*1989*	*1991*
AUR	64	52	53	52
LER	52	51	60	59
WTM	46	44	43	52
EMD	278	145	153	183
Nds.	100	100	100	100

a) s. Tab. 1-1
Quelle: Jung 1992, S. 184

1.2 Image, Regionalbewußtsein, Regionalkultur

Das überregionale, im wesentlichen medial vermittelte *Image Ostfrieslands* ist - außer durch die hohe Arbeitslosigkeit - sehr stark durch die sog. Ostfriesenwitze, das Teetrinken und die Assoziation einer außergewöhnlichen Heimatverbundenheit bestimmt. Die drei letztgenannten Aspekte scheinen wesentliche Gründe dafür zu sein, daß außerhalb der Region, aber auch von der regionalen Bevölkerung selbst, Ostfriesland häufig eine "regionalkulturelle Besonderheit" zugeschrieben wird.

Der wohl populärste Ausdruck dafür sind offenkundig die sog. *Ostfriesenwitze*, deren kommerzielle Verwertung nicht zuletzt die Erfolge des "Komikers" Otto Waalkes erklärt. In den Witzen werden Ostfriesen als primitiv, die Erfordernisse der modernen Industriegesellschaft in einer prämodernen Alltagslogik mißverstehend, bisweilen auch als hintergründig "bauernschlau" dargestellt (vgl. Hirsch 1988). Auf diese Weise werden sie zum Synonym für eine liebenswert-sympathische, oft recht selbstgenügsame Form der Marginalisierung.

Fast ebenso populär wie die Witze dürfte das *Teetrinken* als Ausdruck ostfriesischer Besonderheit sein:

"Jeder ernsthafte Teetrinker wird daher die Ankunft in Ostfriesland wie eine langersehnte Heimkehr empfinden. Das Land wird angenehm flach und übersichtlich, ein frischer Wind kommt vom Meer, die Menschen sind zurückhaltend und höflich. Zwischen Jadebusen und Dollart sitzen sie beisammen, in niedrigen Moorkaten und backsteinroten Ortschaften, einst ein reiches Volk, heute unter den Ärmsten im Bundesgebiet. Der Tee ist ihnen geblieben, und er wird möglichst viermal am Tag genossen" (Groschupf 1991).

Bemerkenswert daran ist, daß sich einzelne aus den Witzen bekannte Eigenschaftszuschreibungen im Bild der ostfriesischen "Tee-Kultur" wiederholen: Marginalisierung, Genügsamkeit, "Vor-Modernität".[7]

Ein dritter wesentlicher Aspekt des Images von Ostfriesland ist die den Ostfriesen zugeschriebene außergewöhnliche *Heimatverbundenheit*. Dieses Phänomen wurde vor allem im Zusammenhang mit dem (offenkundig durch hohe Arbeitslosigkeit erzwungenen) Fernpendeln ostfriesischer Arbeitnehmer in der zweiten Hälfte der achtziger Jahre in überregionalen Medien mehrfach herausgestellt. Die vor allem in der süddeutschen Automobil- und Bauindustrie tätigen ostfriesischen Arbeitskräfte nähmen das entbehrungs-

---

7 Vgl. die instruktive Darstellung der Durchsetzung des Tees als "ostfriesisches Getränk" von Wassenberg 1991, der bilanziert: "Stand am Anfang des Prozesses der Versuch religiös inspirierter Kreise, das alltägliche Alkohol-Trinken zu verdrängen, so läßt sich am Ende meiner Untersuchung eine Kulturform aufzeigen, die von Einheimischen als 'Tee-Kultur' bezeichnet wird" (a.a.O., S. 135 f.). Dort auch der Hinweis, daß im Laufe einer wechselvollen Geschichte die damit verbundenen Umgangsformen zeitweise ausgesprochen oppositionellen Charakter (gegen preußische Herrschaft) hatten (a.a.O., S. 140).

reiche Fernpendeln auf sich, da sie zum Umzug an die Arbeitsorte nicht bereit seien. So lebten sie "wie die Türken aus dem Norden" (Schöps 1987) in ghettoartigen Massenunterkünften, um an jedem Wochenende in die "Heimat" zurückzukehren:

> "Die Daimler-Ostfriesen haken die Werktage ab, als hätten sie keine eigene Bedeutung, sondern seien nur Schritte zum Wochenende" (Kurbjuweit 1987, S. 17).

So ist es durchaus erklärlich, daß das insgesamt recht negative Bild einer, den sich ständig wandelnden Anforderungen gegenwärtiger Wirtschafts- und Gesellschaftsformen nicht gewachsenen Regionsbevölkerung[8] zu einer vor allem Fremden gegenüber eingenommenen Haltung einer "defensiven Identitätspflege/Identitätsverteidigung" (Ostfriesische Landschaft 1987, Teil III, S. 4) führen mußte. Allerdings sei auch nicht verschwiegen, daß dieses Negativimage in recht fragwürdiger Weise nicht nur in der Literaturproduktion (Bücher mit Ostfriesenwitzen u.ä.), sondern gerade auch im Fremdenverkehr ("Ossi-Abitur" u.ä.; vgl. Hasse 1992) recht erfolgreich kommerziell genutzt wird.

Die gerade angesprochene "besondere Heimatverbundenheit", die der ostfriesischen Bevölkerung zugeschrieben wird, schafft die Verknüpfung mit der sozialgeographischen Diskussion um Existenz und Form eines Regionalbewußtseins: Gerade hier müßte diesbezügliche empirische Forschung, insbesondere zur Teilfrage nach "regionalen Zugehörigkeitsgefühlen" (vgl. 1.), besonders sinnvoll und ertragreich sein. Diesen Eindruck bestätigt eine erste explorative sozialgeographische Studie im Landkreis Leer, nach deren Ergebnissen große Teile der Bevölkerung nicht den Wohnort, sondern die "Region Ostfriesland" "als ihre Heimat ansehen" (vgl. Meissner 1986, S. 240 ff.).

In einer umfassenden historischen Analyse macht Schmidt (1992) allerdings darauf aufmerksam, daß einige heute gerne verwendete Konnotationen besonderer "ostfriesischer Regionalidentität" näherer Betrachtung nicht standhalten. So sei es unberechtigt, eine "kulturelle Stammesidentität" mit Ostfriesland zu verknüpfen, da die historische territoriale Gliederung im Gebiet des heutigen nordwestlichen Niedersachsen (Ostfriesland vs. Jever-

---

8   "In der Außenwahrnehmung (ist) das hervorstechende Kennzeichen Ostfrieslands die Rückständigkeit" (Voesgen 1992, S. 196).

land bzw. Oldenburg) ausschließlich auf dynastische Herrschaftsgrenzen zurückzuführen sei:

> "Statt am 'ganzen Friesland' orientierte sich die ostfriesische Regionalidentität, wie sie seit dem 15. Jahrhundert aufwuchs, an der Grafenherrschaft und ihrer Reichweite" (a.a.O., S. 67)

Ebenso sei die Vorstellung einer besonderen demokratischen Tradition Ostfrieslands nicht zu sehr zu betonen, da - trotz der relativen Freiheit von der Herrschaft auswärtiger Herren zu Beginn dieses Jahrtausends ("friesische Freiheit") -

> "jene 'freien Friesen', die sich ... am 'Upstalsboom' trafen, zwar jeweils ihre Landesgemeinden repräsentiert, damit aber noch längst nicht 'Demokratie' nach unserem Verständnis ausgeübt (haben)" (a.a.O., S. 70).

Zudem sei darauf hingewiesen, daß es "natürlich keine eigentlich ostfriesische ... Kultur" gebe (a.a.O., S. 74). In früheren Zeiten habe sich die kulturelle Praxis des "friesischen Häuptlingsadels" an der "allgemeinen europäischen Adelskultur" orientiert, wohingegen für die Sozialstruktur und Alltagskulturen der Bevölkerung die landschaftliche Gliederung wichtiger als die politisch-territoriale Grenzziehung gewesen sei (bäuerliche Autonomie, Reichtum und soziale Polarisierung in der Marsch, selbstversorgender Ackerbau in den Dörfern auf der Geest; vgl. ebd.).[9]

Unabhängig von diesen historisch-kritischen Überlegungen gibt es aber - nicht nur im Selbstverständnis der regionalen Bevölkerung und Eliten - in Ostfriesland eine bemerkenswerte Vielfalt lokaler und regionaler kultureller Ausdrucksformen zu beobachten. Das ist im engen Zusammenhang mit einer fast einzigartigen *regionalen Kulturpolitik* zu sehen, in deren Mittelpunkt die kulturelle Fördertätigkeit der traditionsreichen, rund 400 Jahre alten ostfriesischen Landschaft steht:

> "Die ostfriesische Landschaft führt seit 1976 das erfolgreich laufende Regionalprogramm 'Förderung und Verbesserung der kulturellen Infrastruktur' mit Finanzmitteln des Landes Niedersachsen durch

---

9   Eine genauere Darstellung der vielfältigen ostfriesischen Geschichte kann hier nicht erfolgen; vgl. für eine Zusammenfassung Danielzyk/Krüger (1990, S. 46 ff.), sowie für ausführliche Darlegungen die dort zitierte "offiziöse" Literatur; zu einzelnen Aspekten der lokalen Alltags- und Sozialgeschichte z.B. Hülsewede 1989, Poppinga u.a. 1977, Jörchel 1989, Wojak 1992.

und unterstützt dabei Aktivitäten im gesamten ostfriesischen Raum. Es handelt sich dabei vorrangig um:
- Darstellung der Bildenden Kunst in Ausstellungen und Förderung durch Workshops,
- Förderung der Musik durch Fortbildung und besonders die Betreuung von Festivals und Veranstaltungsreihen,
- Ausbau des Museumswesens,
- Förderung der Regionalsprache und -literatur mit Maßnahmen zu deren Erhaltung und Verbreitung,
- Förderung des Laientheaters und Volkstanzes,
- Mitwirkung bei der Baudenkmalpflege, in besonderer Hinsicht auf den Erhalt des ostfriesischen Gulfhauses,
- Vermittlung von Anregungen für ein landschaftsgebundenes Bauen.

Die Museumsfachstelle der Landschaft betreut den Museumsverbund Ostfriesland, um die ostfriesische Kulturgeschichte an dezentralen Standorten aufeinander abgestimmt zu repräsentieren und für bestimmte Interessenten als Bildungs- und Lernorte anzubieten. In der Ostfriesischen Graphothek stellt die Landschaft der Öffentlichkeit gerahmte Graphik zur Verfügung" (Jelden 1992, S. 57).[10]

Zum Selbstverständnis der Ostfriesischen Landschaft gehört es dabei, gegen die "Gefahr (eines) defensiven Lokalismus der Selbstgenügsamkeit ...regionale Identität offensiv zu pflegen" (Gerdes 1992, S. 188). In diesem Sinne wird "Kulturarbeit (als) Teil von Regionalentwicklung" (a.a.O., S. 186) gesehen. Die außergewöhnliche Form der Förderung regionaler Kultur durch die Ostfriesische Landschaft ist inzwischen zum Vorbild für regionale Kulturpolitik in anderen Regionen und durch eine vergleichende Studie des Europarates ausdrücklich anerkannt worden (vgl. dazu Ostfriesische Landschaft 1987, Rizzardo 1988, Wilke 1985). Teils unabhängig, teils in Zusammenhang mit dieser spezifischen Form regionaler Kulturförderung existieren weitere *lokale und regionale kulturelle Initiativen* und Institutionen, so z.B. die Norddeutsche Orgelakademie auf der Krummhörn, die Folkalterna-

---

10 An dieser Stelle kann es offen bleiben, ob etwa die (zweifellos verdienstvolle) Förderung z.B. der "Regionalsprache" spezifisch ostfriesische Kultur unterstützt, da die plattdeutsche Sprache im gesamten Norddeutschland verbreitet ist. Das würde zumindest teilweise die oben skizzierte Kritik von Schmidt (1992) an der Hypostasierung des regional Besonderen rechtfertigen.

tive Strackholt, die Ländliche Akademie Krummhörn, die "Kunstmeile Leer", die Emder Kunsthalle.[11]

Diese Vielfalt von Aktivitäten wird aus der Sicht von außen als "bemerkenswert" und "unvermutet" beurteilt (so z.B. Lammert 1992, S. 32). Deshalb kann es auch nicht überraschen, daß ein Modellprojekt des Bundesministeriums für Bildung und Wissenschaft und der Kulturpolitischen Gesellschaft zur Erprobung neuer Formen regionaler Kulturförderung und ländlicher Kulturarbeit z.T. in Ostfriesland (Landkreise Aurich und Friesland) durchgeführt wird ("Kultur und Region"; vgl. Lammert 1992, Voesgen 1992).

Die bisherigen Darstellungen haben sich vor allem auf das Außenimage, das Regionalbewußtsein und Ausdrucksformen regionaler Kultur in Ostfriesland bezogen. Dabei ist der - neben dem "regionalen Zugehörigkeitsgefühl" - oben erwähnte zweite Aspekt von Regionalbewußtsein, die regionale Differenzierung soziokultureller Normen, "Mentalitäten" usw. nur indirekt angesprochen worden. Dieser Aspekt ist gerade im Zusammenhang mit Ostfriesland zuletzt umfangreich bundesweit thematisiert worden. In einer ersten umfassenden empirischen Studie hat das Institut für Wirtschaft und Gesellschaft Bonn Ende der achtziger Jahre *regionale Unterschiede von "Mentalitäten"* bzw. *"Wirtschafts- und Arbeitskulturen"* und deren Einfluß auf wirtschaftliche Entwicklungen am Beispiel der Arbeitsamtsbezirke Leer (Ostfriesland) und Balingen (Baden-Württemberg) untersucht (vgl. IWG 1989). Leer wurde wegen seiner zu dieser Zeit außergewöhnlich hohen Arbeitslosenquote ausgesucht. Die vor allem auf dem Einsatz quantitativer, massenstatistischer Methoden beruhenden Ergebnisse lassen sich folgendermaßen zusammenfassen:

> "So legten die *Leeraner* größeren Wert als die Balinger auf intakte Sozialverbände, wie die Familie, den Freundeskreis, die Arbeitskollegen oder die Nachbarn. Im Konfliktfall waren sie eher bereit, materielle Vorteile oder berufliches Fortkommen den Interessen dieser Sozialverbände unterzuordnen. Tendenziell war ihnen die gute Einbindung in ihre soziale Umwelt mindestens ebenso wichtig wie ihre berufliche Karriere. Allerdings fühlten sie sich in ihren Sozial-

---

11 In diesem Zusammenhang ist noch erwähnenswert, daß es in Ostfriesland eine außergewöhnlich reichhaltige "Zeitungslandschaft" mit lokalen Tageszeitungen und einem eigenständigen Monatsmagazin ("Ostfriesland-Magazin") gibt (vgl. dazu auch Strohmann 1991). Allerdings sind in den letzten Jahren auch zwei regionsbezogene Zeitschriften ("Ostfriesland", "Ostfriesland-Journal") eingestellt worden.

verbänden auch wohler und geborgener als die Menschen im Süden, was nicht zuletzt zu ihrer größeren Bodenständigkeit und Heimatverbundenheit beigetragen haben dürfte. Darüber hinaus erfüllten diese Sozialverbände im Arbeitsamtsbezirk Leer wichtige ökonomische Funktionen. Stärker als im Süden befriedigten sie z.B. auf dem Wege von Familien- und Nachbarschaftshilfe Bedürfnisse, die die Leeraner andernfalls durch Erwerbsarbeit hätten befriedigen müssen. Die Menschen im Arbeitsamtsbezirk *Balingen* hingegen betonten die Erwerbsarbeit etwas stärker. Erwerbseinkommen und berufliches Fortkommen waren ihnen wichtiger als den Leeranern. Konflikte zwischen beruflichen und privaten Interessen lösten sie eher zu Lasten der privaten" (Grünewald 1992, S. 21).

Als entscheidende Einflußfaktoren werden (historisch) unterschiedliche Formen des Erbrechtes, der Religion und der staatlichen Politik in beiden Untersuchungsräumen genannt:

"Alle diese Einflüsse förderten im Arbeitsamtsbezirk Balingen individualistischere und als deren Konsequenz erwerbswirtschaftlichere Lebensformen als im Arbeitsamtsbezirk Leer" (ebd.).

Diese Untersuchungsergebnisse könnten in dreifacher Weise interpretiert werden:

Geringer ausgeprägte "erwerbswirtschaftliche Neigung" könnte z.B. zum Anlaß genommen werden, staatliche Förderung "wegen offenkundiger Sinnlosigkeit" zurückzunehmen (in diesem Sinne etwa IWG 1991, S. 121 ff.). Man könnte diese Ergebnisse auch zum Anlaß eines pädagogischen Programmes nehmen, um eine stärkere erwerbswirtschafliche Orientierung zu induzieren. Es könnte aber auch der Schluß gezogen werden, daß hier der materielle Erfolg nicht "bedingungslos" über alle anderen denkbaren Ziele gestellt wird, also die Idee eines "guten Lebens" kulturell tief verankert ist, die als wichtiges Element eines künftigen Leitbildes für eine gleichermaßen ökonomisch sinnvolle wie ökologisch, sozial und kulturell verträgliche Regionalentwicklung zu sehen wäre (vgl. dazu für Ostfriesland Gerdes 1990 sowie allgemein Häußermann 1989, von Gleich 1992). Unabhängig von diesen normativen Überlegungen wären allerdings die Ergebnisse der IWG-Studie zunächst noch aus methodischen Gründen zu hinterfragen. Zum Arbeitsamtsbezirk Leer gehören der ostfriesische Landkreis Leer und das nördliche Emsland. Beide Teilräume sind historisch vor allem konfessionell, aber auch politisch-kulturell sehr unterschiedlich geprägt, so daß die Frage bleibt, welche Aussagekraft eine Untersuchung hat, die interregionale kulturelle Differenzen untersucht, ohne die gravierenden intraregionalen Unterschiede ausreichend zu berücksichtigen.

1.3 Gliederung des Berichtes

Die bisherigen Ausführungen dürften deutlich gemacht haben, daß sich für eine sozialgeographische Studie zu Regionalbewußtsein und Regionalentwicklung, insbesondere für die Untersuchung unserer beiden Leitfragen, Ostfriesland als Untersuchungsraum förmlich "anbietet". Allerdings ist sogar für diesen verhältnismäßig kleinen Untersuchungsraum eine umfassende, allen Aspekten gerecht werdende Studie zu aufwendig.

Die Gliederung der Darstellung der Ergebnisse, die wir mit unseren Untersuchungen gewinnen konnten, soll im folgenden kurz erläutert werden.

Zunächst folgt die Darstellung einer wünschenswerten, "idealen Konzeption" einer entsprechenden Untersuchung vor dem Hintergrund theoretischer und methodischer Überlegungen (2.1). Anschließend wird der "reale Untersuchungsplan" vorgestellt (2.2).

Im folgenden werden die Ergebnisse erster empirischer Annäherungen an die Wahrnehmung Ostfrieslands und seiner "Besonderheiten" aus der Sicht der Bevölkerung dargelegt (3.). Es wird begründet, warum auf diesem Wege nur relativ oberflächliche Ergebnisse zu gewinnen sind und deshalb qualitative Einzelfallstudien sinnvoll erscheinen (4.).

Im anschließenden Hauptteil werden die Ergebnisse von unseren drei "Ortsstudien" in dem Geestdorf Ardorf, in dem auf dem Fehn gelegenen Ort Holterfehn und in der Stadt Leer vorgestellt (5., 6., 7.) . Das folgende Zwischenfazit stellt die ermittelten unterschiedlichen sozialräumlichen Bezugsebenen der Bevölkerung in den drei verschiedenen Orten zusammenfassend dar (8.).

In einem weiteren empirischen Hauptteil werden die Ergebnisse unserer "Lebensformstudien" (Bauern, Pendler) vorgestellt (9., 10.). Daraus können gewisse Folgerungen über Zusammenhänge zwischen lebensformspezifischer Betroffenheit durch den Strukturwandel und dessen spezifische Wahrnehmungsformen gezogen werden (11.). Im anschließenden Zwischenfazit wird die Frage nach einer ersten Bilanzierung aller Orts- und Lebenformstudien im Hinblick auf eine angemessene Form von Regionalpolitik aufgenommen (12.).

Eine weitere umfangreiche empirische Teilstudie galt der Wahrnehmung des regionalen Wandels durch Experten und Akteure der Regionalpolitik (13.).

Die daraus gewonnenen Befunde werden kritisch bilanziert und mit den Ergebnissen der Orts- und Lebensformstudien unter der Frage nach Zukunftsperspektiven in Beziehung gesetzt (14).

Anschließend werden in einem gesonderten Kapitel (15.) regionalgeschichtliche Spuren zum Verständnis des ostfriesischen Regionalbewußtseins aufgenommen. Inwiefern dieses in seinen Ausprägungen und Auswirkungen mit aktuellen sozialgeographischen und sozialwissenschaftlichen Theorien erklärt werden kann, wird in einem folgenden Dreischritt diskutiert (16.).

Aufgabe des vorletzten Kapitels (17.) ist es, vor dem Hintergrund der empirischen Ergebnisse einen bilanzierenden Ausblick auf die Regionalpolitik in Ostfriesland zu geben.

Den Abschluß der Studie bildet eine selbst-kritische Reflexion des Forschungsansatzes, die nicht zuletzt die politisch-normativen Implikationen thematisiert (18.).

Der Umfang der gesamten Ergebnisdarstellung läßt nicht erwarten, daß alle Interessierten den Text vollständig lesen können. Deshalb seien hier *die wichtigsten (Teil-)Kapitel* genannt, deren Lektüre es auch "eiligen Leserinnen und Lesern" erlaubt, Kontext, Untersuchungsgang und Ergebnisse nachzuvollziehen: 2.2, 4, 8, 11, 12, 14 und 17.

2 Forschungsplan und Methodik

In diesem Kapitel soll im ersten Schritt dargestellt werden, wie nach dem gegenwärtigen Diskussionsstand in der sozialgeographischen Regionalforschung eine Studie zu den o.g. Fragestellungen (vgl. 1) nach unserer Auffassung angelegt sein sollte. Es wird mithin ein "idealer Forschungsplan" konzipiert (2.1). Im zweiten Schritt wird das dieser Untersuchung zugrundeliegende Konzept vorgestellt, das nicht zuletzt wegen der begrenzten Ressourcen im Rahmen von Drittmittelforschung in mancher Hinsicht eine Modifikation des idealen Planes darstellt (2.2).

2.1 Konzeption einer empirischen sozialgeographischen Studie zur Erforschung der Region Ostfriesland

Die Skizzierung unserer Forschungsinteressen hat deutlich werden lassen, daß unser Anliegen eine möglichst "ganzheitliche" Erfassung der Situation und Entwicklungen in der Untersuchungsregion Ostfriesland ist. Es geht uns zum einen um das Verständnis der wichtigsten sozioökonomischen und soziokulturellen Aspekte der Regionalentwicklung einschließlich der maßgeblich bestimmenden, allgemeinen systemischen Strukturen wirtschaftlicher, politischer, sozialer usw. Art. Zum anderen ist es unser besonderes Anliegen, die Alltagspraxis und das Alltagsbewußtsein der in der Region lebenden Menschen wahrzunehmen und zu verstehen. Dieser, bisher in der sozialgeographischen Regionalforschung nach wie vor häufig wenig beachtete Aspekt gewinnt nicht nur im allgemeinen Interesse der Vollständigkeit der Darstellung einer Region an Bedeutung. Vielmehr sind Alltagsbewußtsein und Alltagspraxis der regionalen Bevölkerung Faktoren, die den offen sichtbaren "Stand" der regionalen Entwicklung selbst zumindest miterklären können.[1] Darüber hinaus steht außer Zweifel, daß gerade endogen orientierte regionalpolitische Strategien, die die Defizite einer rein extern gesteuerten Regionalpolitik überwinden sollen, Lebenspraxis und Bewußt-

---

1 Vgl. zu diesem bisher vor allem vernachlässigten Themenfeld: Helbrecht u.a. 1991, IWG 1991.

seinsformen der Bevölkerung in einer Region als Ausgangspunkt nehmen müssen.

Anhand dieser Überlegungen wird deutlich, daß "Strukturen" und individuelle Handlungen nicht für sich isoliert zu untersuchen sind, sondern daß die Vermittlung zwischen beiden von entscheidender Bedeutung für unser Untersuchungsziel ist. In der Perspektive des "interpretativen Paradigmas" sind die Formen der intersubjektiven Sinnkonstituierung für die Vermittlung zwischen individuellen Wahrnehmungs- und Handlungsweisen und gesellschaftlichen "Makrostrukturen" maßgeblich. Empirisch faßbar wird diese Vermittlungsinstanz durch die Untersuchung "kollektiver Deutungsmuster":

> "Theoretisch und methodologisch bedeutsam ist als Vermittlungsinstanz von objektiver gesellschaftlicher Realität und individuellem Handeln die Ebene der kollektiv geteilten, objektiven Bedeutungsstrukturen, also die jeweiligen sozialen Deutungsmuster und die von ihnen geleitete Praxis der gesellschaftlichen Subjekte. (...) Die als Deutungsmuster bezeichneten Sinninterpretationen lassen sich als Antworten auf objektive gesellschaftliche Problemlagen begreifen, die auf die Gesellschaftsmitglieder einen Deutungszwang ausüben ..." (Heinze 1987, S. 24).

Diese Form der Konstitution der Untersuchungsthematik ist in der Sozialgeographie inzwischen weithin zustimmungsfähig.[2] In dieser Studie wird sie um ein wesentliches Element erweitert: das "Lebensform"-Konzept, das, unter Rückbezug auf neuere sozialwissenschaftliche Diskussionen, das klassische sozialgeographische Verständnis von Lebensformen bzw. Lebensformgruppen (vgl. z.B. Bobek 1948, Buchholz 1970) erheblich modifiziert (vgl. für Details Danielzyk/Krüger 1990, S. 72-83).

Ausgangspunkt unserer Überlegungen war, daß die räumliche Dimension nicht notwendigerweise die höchste Bedeutung für die Differenzierung des sozialen Lebens und des Alltagsbewußtseins haben muß. Daher ist zur Erforschung von Alltagspraxis und Alltagsbewußtsein in einer Region die räumliche Herangehensweise um eine nicht-räumliche zu ergänzen. Das nicht-räumliche Vorgehen sollte nicht allein an sozialstatistischen Merkmalen (Alter, Geschlecht, Beruf etc.) orientiert sein, da sie ähnlich wie das Merkmal Gemeinde-/Regionszugehörigkeit noch nichts über die Lebensfüh-

---

2 Vgl. Sedlacek 1989 sowie den Überblick über Einzelstudien bei Danielzyk/Krüger 1990, S. 29ff.

rung des jeweiligen Individiums aussagen. Dieses gilt insbesondere angesichts der sozialen Ausdifferenzierung und der Individualisierung der Lebensweisen. Die Zugehörigkeit zu sozialen Großgruppen hat nicht mehr eine eindeutige prägende Wirkung für die Lebensgestaltung.

Deshalb sind also "jenseits von Klasse und Schicht" (Beck 1986) Kriterien für einen adäquaten Zugang zur sozialen Wirklichkeit zu finden. Aus diesem Grunde ist in den letzten Jahren eine Vielzahl empirischer Studien in sozialwissenschaftlichen Nachbardisziplinen entstanden, die unter Leitbegriffen wie "Lebensstil", "Habitus", "Lebensform" u.a. die Untersuchung der Vielfalt der Lebensweisen mit sozialstrukturellen Analysen verbinden. Im Rahmen der gesellschaftlichen Ausdifferenzierung wäre es somit unzureichend, unter "Lebensformen" Sozialgruppierungen zu verstehen, die durch sozialstatistische Merkmale ausreichend beschreibbar sind. Vielmehr wären Lebensformen, die aufgrund ihrer Alltagsrelevanz und Bewußtseinsgehalte als regionaltypisch gelten können, im Untersuchungsgang erst zu entdecken, um danach genauer analysiert werden zu können (vgl. Krüger 1991).

Nach diesen Vorüberlegungen läßt sich skizzieren, wie eine sozialgeographische Untersuchung der Region Ostfriesland - unter den Prämissen des interpretativen Paradigmas und i.S. einer gegenstandsbezogenen Theoriebildung - "idealerweise" konzipiert werden kann (vgl. Danielzyk/Krüger 1990, S. 83-90).

Es lassen sich sechs Betrachtungsebenen unterscheiden:
- sozioökonomische, politische, kulturelle usw. Systemstrukturen und ihre regionalen Ausprägungen (1.);
- Deutungsmuster regionalpolitischer Experten/Akteure (2);
- Regionalkulturen und Bewußtsein von den regionalen Besonderheiten (3);
- Alltagsbewußtsein und Lebensbedingungen in einzelnen Teilregionen bzw. Ortschaften (4);
- Alltagsbewußtsein und Lebensbedingungen in spezifischen, regional bedeutsamen Lebensformen (5);
- Folgerungen für die Regionalpolitik (6).

Zu (1): Welche *sozioökonomischen, politischen und kulturellen Systemstrukturen* sind für Ostfriesland besonders relevant? Welche Ausprägungen weisen sie in der Untersuchungsregion auf?

Zur Beantwortung dieser Frage müßte zunächst die Stellung der Region Ostfriesland innerhalb der wirtschaftlichen Verflechtungen in der Bundesrepublik und in Europa analysiert werden. Dazu sind z.B. die Branchen-, Betriebstypen-, Arbeitsmarkt- und Qualifikationsstrukturen im Verhältnis zu Vergleichsräumen wie Niedersachsen, der BRD etc. darzustellen. Diese Analyse müßte ebenso wie die Einschätzung der Stellung Ostfrieslands im politisch-planerischen System die spezifische Geschichte der Region einbeziehen. Darüberhinaus wäre auf die Eingebundenheit Ostfrieslands in grundlegende kulturelle Modernisierungsprozesse einzugehen und diesbezüglich ein Vergleich mit anderen Peripherregionen oder ebenfalls mit größeren Bezugsräumen wie Niedersachsen und der BRD vorzunehmen.

Zu (2): Wie erklären und bewerten *regionalpolitische Experten* die regionale Situation? Welche Vorstellungen von der künftigen Entwicklung haben sie?

Die Wahrnehmung und Bewertung der Regionalentwicklung Ostfrieslands durch maßgebliche regionalpolitische Experten, die als Akteure auf Landes-, Regional- oder Lokalebene politisch oder planerisch tätig sind bzw. in politikberatenden Einrichtungen und anderen Organisationen arbeiten, sind von Interesse. Denn ihre Einschätzungen bestimmen wesentlich ihre Handlungen in den gegebenen Spielräumen. Außerdem sind im Rahmen von Expertengesprächen Hinweise auf strukturelle Aspekte wie spezifische Engpaßfaktoren oder Potentiale herauszuarbeiten, die sich gerade der konventionellen regionalwissenschaftlichen Analyse entziehen. Aus der Untersuchung der Deutungsmuster und Bewußtseinsformen der Experten sind Folgerungen für regionalpolitische Konzeptionen zu ziehen.

Dabei muß beachtet werden, daß Expertenaussagen keineswegs nur zukunftsorientiert, analytisch und "planungsrational" sind, sondern daß es häufig eine "enge Verbindung zwischen individueller Biographie bzw. subjektiver Alltagsperspektive und den 'rationalen', regionalwissenschaftlichen und planungspolitischen Aussagen der Experten" gibt (Aring u.a. 1989, S. 329).

Zu (3): Welche Manifestationsformen einer spezifischen *Regionalkultur* und eines *Bewußtseins von den regionalen Besonderheiten* lassen sich in Ostfriesland finden?

Die Untersuchung der Fragen nach einer besonderen ostfriesischen Regionalkultur bzw. einem ostfrieslandbezogenem Alltagsbewußtsein dient zwei Zielen: Zum einen wäre zu untersuchen, in welcher Hinsicht sich eine spezifische Regionalkultur bzw. ein Regionalbewußtsein in Ostfriesland abzeichnet und wie sie sich etwa gegenüber anderen Regionen hervorheben. Zum anderen wäre auf diesem Wege eine erste Orientierung über den Zusammenhang von Alltagspraxis und (regionalem) Alltagsbewußtsein möglich (vgl. auch (4) und (5)).

Dabei werden Manifestationsformen von Regionalbewußtsein gesucht, die schon ein gewisses Maß bewußter Auseinandersetzung mit den regionalen Besonderheiten aufweisen. Deshalb bieten sich beispielsweise folgende Untersuchungsgegenstände an: Aktivitäten aus der vielfältigen regionalen Kulturarbeit der Ostfriesischen Landschaft (etwa der "Arbeitskreis ostfriesischer Schriftstellerinnen und Schriftsteller", der gleichsam die Rolle eines "regionalen Gedächtnisses" innehaben könnte); Gruppen und Vereine, die spezifische ostfriesische Sportarten wie z.B. das Boßeln und Klootschießen betreiben; Artikel und Leserbriefdebatten in den regionalen Tageszeitungen zur "Mentalität der Ostfriesen". Sinnvoll wären auch (halbstandardisierte) Befragungen zur Wahrnehmung ostfriesischer Besonderheiten. So könnten etwa auf diese Weise die Aussagen von Teilnehmern regionalkundlich orientierter Bildungsveranstaltungen mit denen einer "Kontrollgruppe" aus Weiterbildungskursen anderer Ausrichtung (z.B. Sprachen) verglichen werden. Zusätzlich kann auch auf vorliegende Untersuchungen zur Regionalkultur zurückgegriffen werden (vgl. Ostfriesische Landschaft 1987, Rizzardo 1988).

Zu (4): Welche Lebensbedingungen, welche Formen von Alltagsbewußtsein und Alltagspraxis lassen sich in den *einzelnen Teilregionen bzw. Ortschaften* Ostfrieslands finden?

Auf dieser Untersuchungsebene geht es, analog zu den beiden Leitfragen des Gesamtprojektes, vor allem um die Beantwortung folgender Fragen: Was sind die grundlegenden "lebensphilosophischen", räumlichen und zeitlichen Orientierungen von Alltagsbewußtsein und Alltagspraxis? Wie wird mit den tiefgreifenden sozioökonomischen und kulturellen Veränderungen der letzten Jahrzehnte umgegangen? Dabei soll die empirische Untersuchung vor allem zeigen, ob sich verschiedene Grundtypen des Alltagsbewußtseins im Hinblick auf die beiden Leitfragen abzeichnen, die für einzelne Ortschaften oder Teilregionen typisch sind. Darüber hinaus ist von Interesse, inwieweit in Alltagsbewußtsein und Alltagspraxis eine regionale, d.h. "ostfriesische" Orientierung relevant ist. Außerdem ist anzustreben, das Geflecht sozialen Lebens und der Kommunikations- und Handlungspraxis an den jeweiligen Orten möglichst komplex darzustellen.

Es ist plausibel, je eine ländliche Siedlung aus den drei bestimmenden Kulturlandschaftstypen Ostfrieslands (Geest, Moor/Fehngebiet, Seemarsch) auszuwählen. Die Einbeziehung städtischer Siedlungsbereiche (in den Mittelzentren) ist von der Sache her aber ebenso geboten, um nicht dem eventuellen Fehlschluß einer einseitig ländlichen Prägung Vorschub zu leisten.

Die wichtigste Untersuchungsmethode ist das narrative Intensivinterview mit Personen aus möglichst verschiedenen sozialen Situationen in den jeweiligen Ortschaften. Diese Interviews sollen den Gesprächspartnern die Möglichkeit zur weitgehend eigenständigen Strukturierung der "Erzählung" geben. Zusätzlich sind Interviews mit lokalen Schlüsselpersonen ("ortsbezogene exponierte Informanten", wie z.B. Ortsvorsteher, Pfarrer) und teilnehmende Beobachtungen etwa bei Ortsfesten, in örtlichen Gaststätten usw. vorzusehen.

Zu (5): Welche Lebensbedingungen, welche Form von Alltagsbewußtsein/ Alltagspraxis lassen sich in spezifischen, regional bedeutsamen *Lebensformen* finden?

Es wurde darauf hingewiesen, daß für Alltagsleben und Alltagsbewußtsein die Teilhabe an verschiedenen "kleinen Lebenswelten", durch die die Zugehörigkeit zu bestimmten Lebensformen ermöglicht wird, besonders prägend ist. Aus diesem Grund sollen Alltagsbewußtsein und Alltagspraxis verschiedener Lebensformen in Ostfriesland ebenfalls unter den schon zur Betrachtungsebene (4) genannten Leitfragen untersucht werden: Was sind die grundlegenden Orientierungen von Alltagsbewußtsein und Alltagspraxis? Wie wird mit den tiefgreifenden sozio-ökonomischen und kulturellen Veränderungen der letzten Jahrzehnte umgegangen? Auch bei dieser Teiluntersuchung ist von Interesse, inwieweit sich in einzelnen Lebensformen Grundtypen des Alltagsbewußtseins abzeichnen. Darüber hinaus ist von Bedeutung, welche Rolle regionale Orientierungen dabei spielen.

Zunächst sollten Lebensformen in Bereichen gesucht und ggf. untersucht werden, die für Ostfriesland eine spezifische Bedeutung haben. Folgende

Beispiele wären hierfür anzuführen: die Landwirtschaft, die für weite Teile der Region immer noch ökonomisch wie sozial sehr prägend ist; das Fernpendeln, das in Ostfriesland eine lange Tradition hat und noch heute weit verbreitet ist, wobei vor allem die Motive für die verbreitete Ablehnung des Umzugs in andere Regionen für die Frage nach einem spezifischen Regionalbewußtsein von besonderem Interesse sind; Leben mit dem Fremdenverkehr, der schon gegenwärtig in Ostfriesland sehr verbreitet ist und möglicherweise in Zukunft noch viel größere Bedeutung haben wird; arbeitslose Jugendliche bzw. Jugendliche mit einer Beschäftigung im "2. Arbeitsmarkt", deren Berufs- und (evtl.) Abwanderungsentscheidungen bedeutende Folgen für die Regionalentwicklung haben; "Frauen auf dem Lande", deren eminente Rolle - aufgrund ihrer verschiedenen bezahlten und unbezahlten Arbeitsleistungen - für die ländliche Entwicklung oft übersehen wird.

Auch bei dieser Teiluntersuchung sind narrative Intensivinterviews die wichtigste Untersuchungsmethode. Darüber hinaus sollen ebenfalls Gespräche mit Personen, die über diese Lebensformen besondere Kenntnisse haben ("exponierte lebensformbezogene Informanten") sowie ggf. teilnehmende Beobachtungen vorgenommen werden.

Zu (6): Welche Folgerungen sind aus der vergleichenden Betrachtung der Ergebnisse aus den verschiedenen Teilstudien für die künftige *Regionalpolitik* zu ziehen?

In einer abschließenden zusammenfassenden Betrachtung sollte versucht werden, Schlußfolgerungen für die künftige Gestaltung der Regionalpolitik in und für Ostfriesland zu formulieren. In diesen Folgerungen müßten sich sowohl die Reflexion der veränderten makrostrukturellen Rahmenbedingungen niederschlagen als auch die Beachtung der spezifischen sozialen und teilräumlichen Kontexte in Ostfriesland deutlich werden.

Die Erläuterungen zu den einzelnen Betrachtungsebenen, insbesondere zu den im Zentrum des Ansatzes stehenden Betrachtungsebenen (4) und (5), haben deutlich gemacht, daß für die hier untersuchte Thematik der umfangreiche Einsatz von Methoden aus dem Bereich qualitativer Sozialforschung unabdingbar ist. Da inzwischen mehrfach in sozialgeographischen Studien die Bedeutung dieser Methoden begründet und konkrete Umsetzungsmöglichkeiten dargestellt wurden[3], kann hier auf ausführliche Darlegungen verzichtet werden. Um den Standort des eigenen Projektes innerhalb der methodologischen Diskussionen präziser zu bestimmen, sind aber an dieser Stelle zwei Aspekte hervorzuheben. Zum einen kommen in dieser Studie, anders als in einigen älteren (z.B. Chai u.a. 1986), auch quantitative Methoden zum Einsatz. Damit begeben wir uns aber nicht auf den von Meier-Dallach (1987) vorgeschlagenen "dritten Weg", der letztlich dem Primat quantitativ gewonnener Ergebnisse verhaftet bleibt (a.a.O., S. 25 ff.).

Das heißt zum anderen, auch die Entscheidungen zum "Methodenmix" basieren auf den "Grundüberzeugungen" qualitativer Forschungsansätze, die sich mit Garz/Kraimer (1991, S. 13) folgendermaßen zusammenfassen lassen:

"1. Der Auffassung, daß eine soziale Konstruktion der Wirklichkeit erfolgt;
2. der Auffassung, daß ein verstehender Zugang zur Wirklichkeit unumgänglich ist;
3. der Auffassung, daß eine fallbezogene Untersuchung mit einer sich daran anschließenden Möglichkeit der Typenbildung zentral ist und
4. der Auffassung, daß der Forscher sich unmittelbar auf die Praxis einlassen muß (die Idee des 'going native')."

2.2 Realisierter Untersuchungsablauf

Die im Verlaufe des Projektes realisierte Vorgehensweise weicht nicht prinzipiell, aber in Details, insbesondere in Zahl und Umfang der durchgeführten Teilstudien, vom "idealen Untersuchungsplan" (vgl. 2.1) ab. Dafür lassen sich zwei wesentliche Gründe angeben: zum einen die Beschränkung des, für die Durchführung empirischer Forschung unerläßlichen, Sachmittelzuschusses der DFG auf einen Zeitraum von insgesamt 33 Monaten (im Vergleich zu ursprünglich beantragten 48 Monaten); zum anderen die trotz aller Erfahrungen mit qualitativer empirischer Sozialforschung und allen Bemühungen um flexible Forschungsplanung unvermeidlichen Unwägbar-

---

3 Vgl. z.B. Aring u.a. 1989, Danielzyk/Wiegandt 1985, Hagen u.a. 1984, Sedlacek 1989; exemplarische Überblicke über den inzwischen sehr ausdifferenzierten Einsatz qualitativer Methoden in verschiedenen sozialwissenschaftlichen Disziplinen finden sich z.B. bei Flick u.a. 1991, Garz/Kraimer 1991.

keiten und Verzögerungen bei der Realisierung einzelner Teilstudien (in diesem Forschungsprojekt gilt das v.a. für die beiden Lebensformstudien, insbesondere für die Teilstudie über Pendler, bei der schon die Ermittlung einfachster Rahmendaten mangels existierenden Materials mehrere Monate Arbeitsaufwand erforderte). Wegen dieser Restriktionen konnten einige Teilstudien im Bereich der Orts- und Lebensformstudien nicht oder nicht im wünschenswerten Umfang durchgeführt werden. Dieses ist angesichts der zentralen Bedeutung dieser Betrachtungsebenen für unseren Ansatz unbefriedigend. Von geringerer Bedeutung ist, daß ursprünglich v.a. für das vierte Untersuchungsjahr geplante empirische Studien zur institutionalisierten Regionalkultur und zu Initiativen im Bereich "eigenständiger" Orts- und Regionalentwicklung in Ostfriesland nicht durchgeführt werden konnten. Für die Beantwortung der zentralen Fragestellungen der Untersuchung muß zumindest als bedauerlich registriert werden, daß mangels einer eigenen Teilstudie zur "Ostfriesischen Landschaft" der wissenschaftlich umstrittenen Frage nach den Möglichkeiten eines "Identitätsmanagements" (vgl. Kerscher 1992 u. 16.1) nicht empirisch nachgegangen werden konnte.

Folgende empirische Teilstudien wurden im Verlauf des Forschungsprojektes durchgeführt (vgl. Abb. 2-1; für Details s. u.):

- Analyse der sozio-ökonomischen Situation in der Region;
- Erhebungen zu Manifestationsformen von "Ostfriesland-Bewußtsein": Auswertung einer Leserbriefdebatte, Befragungen in VHS-Kursen, Gruppendiskussion mit ostfriesischen Autorinnen und Autoren;
- Untersuchung von Lebensbedingungen, Alltagsbewußtsein und Alltagspraxis in ausgewählten Teilräumen/Ortschaften: Ardorf, Holterfehn, Leer;
- Untersuchung von Lebensbedingungen, Alltagsbewußtsein und Alltagspraxis in ausgewählten, regional bedeutsamen Lebensformen: Bauer, Pendler;
- Intensivinterviews mit regionalpolitischen Experten;
- Analyse der Organisationsformen der Regionalpolitik.

Die eigenen empirischen Erhebungen fanden vor allem in dem Zeitraum von Ende 1989 bis Anfang 1992 statt. Die Analyse der sozio-ökonomischen Situation und der regionalpolitischen Organisationsformen wurde Ende 1992 aufgrund verschiedener neuerer Entwicklungen grundlegend überarbeitet und für die vorliegende Publikation ergänzend aktualisiert. Insbesondere Kapitel 17. wurde im Sommer 1994 neugefaßt.

Im folgenden finden sich nun Angaben zur Vorgehensweise innerhalb der einzelnen empirischen Teilstudien für das gesamte Forschungsprojekt. Damit sollen die Ergebnisdarstellungen in den folgenden Kapiteln entlastet werden.

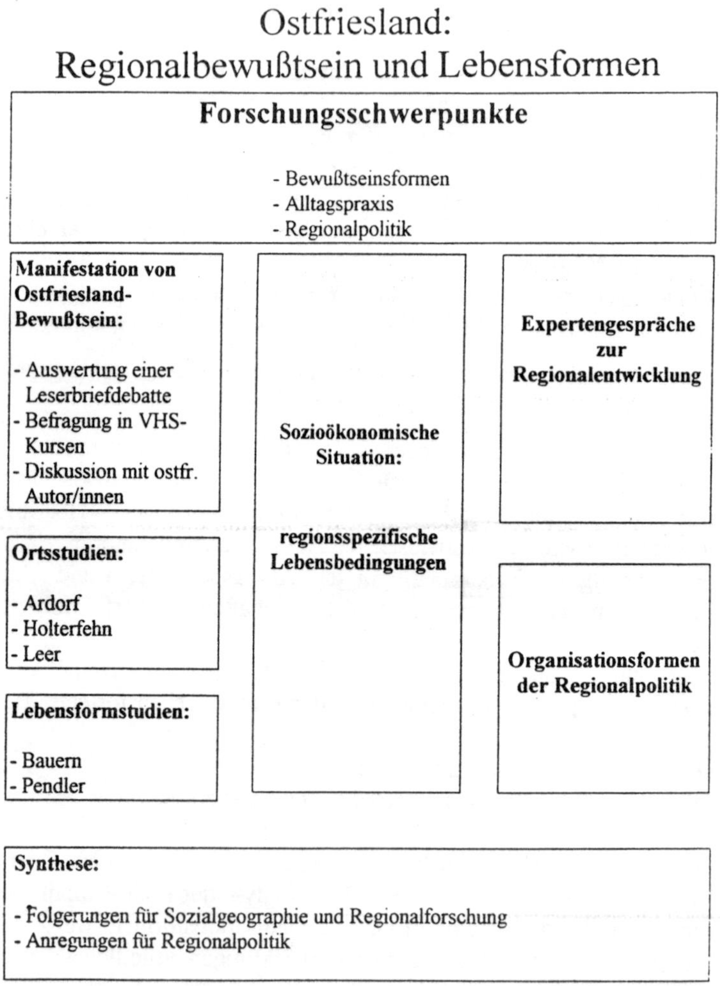

Ostfriesland:
Regionalbewußtsein und Lebensformen

Forschungsschwerpunkte

- Bewußtseinsformen
- Alltagspraxis
- Regionalpolitik

Manifestation von Ostfriesland-Bewußtsein:

- Auswertung einer Leserbriefdebatte
- Befragung in VHS-Kursen
- Diskussion mit ostfr. Autor/innen

Ortsstudien:

- Ardorf
- Holterfehn
- Leer

Lebensformstudien:

- Bauern
- Pendler

Sozioökonomische Situation:

regionsspezifische Lebensbedingungen

Expertengespräche zur Regionalentwicklung

Organisationsformen der Regionalpolitik

Synthese:

- Folgerungen für Sozialgeographie und Regionalforschung
- Anregungen für Regionalpolitik

Abb. 2-1: Forschungsplan

Analyse der sozio-ökonomischen Situation in der Region (vgl. 1., 17.2)

Für diese Teilstudie wurden keine eigenen Erhebungen durchgeführt. Ihre Aussagen beruhen auf der Sekundäranalyse zahlreicher anderer vorliegender Statistiken, Studien und Gutachten (z.B. Huebner u.a. 1991, Jung 1992) sowie auf der kontinuierlichen Auswertung der Berichte in Regionalzeitungen und von einzelnen Institutionen (wie z.B. IHK).

Erhebungen zu Manifestationsformen von "Ostfriesland-Bewußtsein" (vgl. 3.)
Analyse einer Leserbriefdebatte

Am 30.12.1986 wurde im ZDF eine Sendung über pendelnde Arbeitnehmer aus Ostfriesland unter dem Titel "Zurück - lieber heute als morgen" ausgestrahlt. In dieser Sendung äußerte sich ein in Ostfriesland geborener, jetzt in Süddeutschland lebender Unternehmer provokant über die "ostfriesische Mentalität". Die Äußerungen wurden von ihm in einem Leserbrief wiederholt, den der "General-Anzeiger Rhauderfehn" am 24.01.1986 veröffentlichte. Auf diesen "Impuls" wurde in 13 weiteren Leserbriefen und zwei Leitartikeln eingegangen, die Ende Januar/Anfang Februar 1987 an verschiedenen Tagen im "General-Anzeiger" abgedruckt wurden. Die Thematik wurde von der Zeitung Ende des Jahres noch einmal aufgegriffen, indem sie eine öffentliche Diskussion mit dem "Nestbeschmutzer" (General-Anzeiger, 29.12.87) inszenierte. Darauf folgte der Abdruck von zwei Artikeln und zwei weiteren Leserbriefen Ende Dezember 1987/Anfang Januar 1988.

Alle abgedruckten Leserbriefe wurden mit Hilfe von Techniken der qualitativen Inhaltsanalyse in Anlehnung an Mayring (1983) untersucht. Unsere Interpretation der Leserbriefdebatte bezieht sich auf die auf diesem Wege gewonnenen Ergebnisse (vgl. 3.1).

Befragungen in VHS-Kursen

Als ein möglicher explorativer Zugang zu manifesten Elementen von Regionalbewußtsein sollte eine schriftliche Befragung von in Ostfriesland lebenden Menschen aus verschiedenen sozialen Gruppen durchgeführt werden. Es sollte dabei nicht um eine demoskopische, massenstatistisch auswertbare Repräsentativbefragung gehen, sondern um den möglichst unkomplizierten Zugang zu Personen aus unterschiedlichsten Berufs- und Altersgruppen. Dafür schien die Kontaktaufnahme über Volkshochschulkurse - trotz aller einsichtigen methodologischen Bedenken (besonders aktive Bevölkerungsteile etc.) - geeignet. Die Befragung wurde im Semester 1989/II in Kooperation mit der Kreisvolkshochschule Aurich durchgeführt. Eine geplante parallele Befragung über die Volkshochschule Leer kam nicht zustande.

Der in einem Pretest erprobte Fragebogen bestand aus zwei Teilen: Zum einen sollten einige wenige "harte", sozialstatistische Daten über die befragte Person erhoben werden (Wohnort, Geschlecht, Alter, Beruf, Wohndauer in Ostfriesland), zum anderen wurden drei offene Fragen zur Charakterisierung Ostfrieslands gestellt, die mit kürzeren oder längeren schriftlichen Ausführungen beantwortet werden sollten (z.B. Frage 1: "Glauben Sie, daß es typisch Ostfriesisches gibt? Wenn ja, schreiben Sie es bitte auf!").

Die Fragebögen wurden an die Teilnehmer von sechs verschiedenen Kursen der VHS-Hauptstelle in Aurich und einer ländlichen Nebenstelle in Moordorf verteilt. Mangels entsprechenden Angebotes war darunter keine explizit regionalkundliche Veranstaltung. Es handelte sich vielmehr um "typische" VHS-Kurse (Buchführung, Englisch usw.). 66 Fragebögen konnten ausgewertet werden. Die befragten Personen repräsentieren ein breites Alters- und Sozialspektrum; 77 % der Befragten sind in Ostfriesland geboren, 62 % der Antworten stammen von Frauen.

Die Antworten zu den drei offenen Fragen wurden mit Hilfe jeweils gebildeter Kategoriensysteme ausgewertet und anschließend zusammenfassend und vergleichend interpretiert (vgl. 3.2).

Gruppendiskussion mit ostfriesischen Autorinnen und Autoren

Im Dezember 1989 fand eine Gruppendiskussion mit sechs Mitgliedern des "Arbeitskreises ostfriesischer Autorinnen und Autoren" zur "regionalen Identität" statt. Die Auswahl der Gesprächsteilnehmer aus dem Arbeitskreis erfolgte in Zusammenarbeit mit der Mitarbeiterin, die bei der Ostfriesischen Landschaft hauptberuflich für die Förderung und Betreuung der schriftstellerischen Arbeit in Ostfriesland zuständig ist. Das Ziel der Auswahl war es, möglichst Autorinnen und Autoren unterschiedlicher sozialer Herkunft und unterschiedlicher "schriftstellerischer Orientierung" zu versammeln.

Das Gespräch wurde vom Leiter dieses Forschungsprojektes moderiert. Es wurde auf Tonband aufgezeichnet, transskribiert und anschließend sequenzanalytisch ausgewertet. Das Ziel der Aussagen war weniger die Rekonstruktion der Deutungsmuster einzelner Gesprächsteilnehmer als vielmehr die Ermittlung thematischer Schwerpunkte (z.B. Gebrauch plattdeutscher Sprache als Ausdruck von Regionalbewußtsein) sowie der darauf bezogenen Aussagentypen (vgl. 3.3).

Ortstudien
Ardorf (vgl. 5)

Ardorf wurde als auf der Geest gelegene Ortschaft im östlichen Teil Ostfrieslands für die Durchführung einer Ortsstudie ausgewählt. Zur Auswahl und ersten Annäherung wurden zwei Bereisungen der Teilregion vorgenommen sowie fünf Informationsgespräche mit ortskundigen Planern und Journalisten durchgeführt. Das Material, das unseren Interpretationen zugrunde liegt, wurde auf folgende Weisen gewonnen: zwölf Intensivinterviews mit insgesamt 16 Gesprächspartnerinnen und -partnern aus Ardorf; zwei Intensivinterviews mit exponierten ortsbezogenen Informanten aus Ardorf; Recherchen im Stadtarchiv, in der Stadtverwaltung und in einem Planungsbüro. Außerdem wurden teilnehmende Beobachtungen im Rahmen eines dreitägigen Aufenthaltes der Forschungsgruppe in Ardorf sowie bei verschiedenen einzelnen Veranstaltungsbesuchen (Schützenfest, Gottesdienst usw.) durchgeführt.

Bei diesen wie bei allen anderen Dorf- und Lebensformstudien wurden die ein- bis dreistündigen Intensivinterviews, die anhand eines Leitfadens mit dem Ziel der Eigenstrukturierung der Thematik durch die interviewten Personen geführt wurden, auf Tonband aufgezeichnet und anschließend transskribiert. Die Gesprächsprotokolle wurden sequenzanalytisch durch jeweils zwei Personen aus der Forschungsgruppe diskursiv ausgewertet.[4] In einem mehrstufigen Interpretationsprozeß wurden die Interviewaussagen in bezug auf die leitenden Fragen unseres Forschungsprojektes verdichtet. Danach wurde jeweils als Vorbereitung zur Typenbildung versucht, ein "Gesamtbild" der Deutungsmuster der jeweils interviewten Personen zu ermitteln. Die fragespezifischen und die "komplex-ganzheitlichen" Verdichtungen der

---

4 Die Quellenangaben für die Zitate im Rahmen der Ergebnisdarstellungen in den folgenden Kapiteln weisen den Ort und die Gesprächsnummer des jeweiligen transskribierten Interviews aus: z.B. 2A = zweites Gespräch mit Person(en) aus der Ardorfer Bevölkerung, 1A/e = erstes Gespräch mit einem ortsbezogenen exponierten Informanten in Ardorf, 1A/P = Protokoll des ersten Veranstaltungsbesuches bzw. Informationsgespräches in Ardorf.

Aussagen einzelner Personen bildeten dann die Grundlage für unsere Interpretationen zu Alltagspraxis und Alltagsbewußtsein am jeweiligen Ort bzw. in der jeweiligen Lebensform sowie für die Herausarbeitung von "typischen" Wahrnehmungs- und Deutungsmustern im Rahmen der jeweiligen Teilstudie.

Holterfehn (vgl. 6.)

Holterfehn wurde als Beispiel für eine Fehnsiedlung ausgewählt. Es gehört heute zur Gemeinde Ostrhauderfehn und liegt im Landkreis Leer, im südöstlichen Ostfriesland. Zur Auswahl und ersten Annäherung wurden eine Bereisung und fünf Informationsgespräche mit ortskundigen Journalisten, Pastoren usw. durchgeführt. Das empirische Material wurde im Rahmen von 15 Intensivinterviews mit Personen aus der Holterfehner Bevölkerung, von drei Intensivintervies mit exponierten ortsbezogenen Informanten und von teilnehmenden Beobachtungen während eines zwei- und mehrerer eintägiger Aufenthalte gewonnen. Die Auswertung fand in Analogie zu dem im Abschnitt "Ardorf" geschilderten Vorgehen statt.

Leer (vgl. 7.)

Das im Westen Ostfrieslands an der Ems gelegene Leer wurde als städtischer Beispielort ausgewählt. Hier fanden besonders umfangreiche Vorerkundungen und Informationsgespräche statt, da vorab die Frage zu klären war, ob die Gesamtstadt oder ein deutlich abgrenzbarer städtischer Teilraum die räumliche Untersuchungseinheit sein sollte. Unsere erste Absicht war, uns auf einen Stadtteil zu beschränken, da die Komplexität des Geschehens in einer Stadt nur schwer mit den beschränkten Möglichkeiten im Rahmen einer Teilstudie zu erfassen ist. Die Vorerkundung ergab aber, daß aufgrund der Größe bzw. Struktur der Stadt Leer nicht eine klare Stadtteildifferenzierung wie in größeren Städten existiert. Lediglich einige dörflich strukturierte, am Rande gelegene und in den 70er Jahren eingemeindete Ortsteile heben sich ab, welche aber für uns gerade in diesem Zusammenhang nicht von Interesse waren. Daher wurde die ganze Stadt (mit Ausnahme dieser sehr randlich gelegenen eingemeindeten Dörfer) als Untersuchungsraum gewählt. Dieses Vorgehen hatte vor allem Auswirkungen auf die Auswahl der zu interviewenden Personen, die bei dieser Teilstudie nicht nur eine gewisse Vielfalt nach Alter, Geschlecht, sozialer Stellung usw., sondern auch nach Mikrowohnstandort repräsentieren sollten.

Es wurden 13 Intensivinterviews mit Personen aus der Leeraner Bevölkerung sowie drei Intensivinterviews mit exponierten ortsbezogenen Informanten durchgeführt. Im Falle Leers konnte darüber hinaus eine umfangreiche Materialsammlung (von Selbstdarstellungen einzelner Institutionen über geographische Abschlußarbeiten bis hin zu Fachliteratur) angelegt und ausgewertet werden. Außerdem wurde die Berichterstattung der örtlich dominanten Tageszeitung ("Ostfriesen-Zeitung") kontinuierlich verfolgt. Von daher beruht diese Teilstudie auf der umfangreichsten Materialbasis aller Einzeluntersuchungen.

Lebensformstudien
Bauern (vgl. 9.)

Das sozio-ökonomische Geschehen im landwirtschaftlichen Sektor ist, nicht nur in statistischer Hinsicht, immer wieder Gegenstand umfassender wissenschaftlicher Studien unterschiedlicher Ausrichtung. Die spezifische Situation in Ostfriesland, für das keine eigenen aktuellen Studien vorliegen, konnte durch umfangreiche Informationsgespräche mit zuständigen Institutionen und Verbänden erhoben werden.

Für Intensivinterviews wurden acht männliche Vollerwerbslandwirte verschiedenen Alters aus der gesamten Untersuchungsregion (alle Teillandschaften werden repräsentiert) ausgewählt, wovon zwei ökologischen Landbau praktizieren und einer seinen Betrieb vor kurzem aufgegeben hat. Dieses ist zweifellos eine thematische Einengung, die aber geboten erschien. Sowohl die Berücksichtigung von Neben-/Zuerwerbslandwirten als auch die von Frauen in landwirtschaftlichen Betrieben hätte wegen grundsätzlicher Unterschiede eigene Teilstudien, für die keine Mittel zur Verfügung standen, erforderlich gemacht. Die Auswertung der Interviewprotokolle erfolgte prinzipiell in der Weise, wie es unter "Ortsstudien" dargestellt worden ist.

Pendler (vgl. 10.)

Diese Teilstudie erforderte den umfangreichsten Aufwand für Vorbereitungen und Vorerkundungen. Wissenschaftliche Studien, die auch soziale Aspekte des Fernpendelns behandeln, sind extrem selten zu finden. Die vorhandenen Statistiken, die auf der Basis von Volkszählungsdaten beruhen, erwiesen sich für unsere Zwecke als unbrauchbar. Darüber hinaus zeigten erste Recherchen, daß die scheinbar informativen Medienberichte über ostfriesische Fernpendler in der zweiten Hälfte der 80er Jahre in ihren Grundaussagen nicht mehr zutreffend sind. Eine weitere Schwierigkeit bei Forschungen zu diesem Thema besteht darin, daß es dafür praktisch keine spezifisch "zuständigen" Institutionen bzw. Experten gibt.

Zur Erfassung der wichtigsten Aspekte des Fernpendelns wie auch zur Kontaktaufnahme mit potentiell interviewbereiten Personen wurden nahezu 15 Gespräche mit exponierten lebensformbezogenen Informanten geführt (Gewerkschaftsfunktionäre, Arbeitsamtsvertreter, Arbeitgeber usw. sowohl in Ostfriesland als auch während einer Erkundungsreise im Stuttgarter Raum als potentiellem Zielgebiet des Fernpendelns). Als eine besondere Schwierigkeit erwies sich dabei vor allem die Kontaktaufnahme zu Pendlern selbst. Erhaltene Hinweise erwiesen sich oft als unzutreffend. Angesprochene Personen verweigerten in mehr als der Hälfte aller Fälle ein Interview. Diese hohe Verweigerungsquote ist ausgesprochen ungewöhnlich, denn in den anderen Teilstudien waren regelmäßig mehr als 80 % der ausgewählten Personen zu Intensivinterviews bereit. Ein Grund dafür könnte z.B. darin bestehen, daß die "Zeit" der Pendler sowohl am Arbeits- wie auch am Wohnort in der Regel sehr knapp bemessen und strikt durchstrukturiert ist.

Als Resultat dieser umfangreichen Vorarbeiten konnten zwölf Intensivinterviews mit 13 männlichen Gesprächspartnern geführt werden. Diese Gespräche fanden fast alle am Wohnort der interviewten Personen in Ostfriesland statt. Die Gesprächspartner vertreten von Alter, Pendeldauer und Art der Pendelerfahrungen her ein relativ breites Spektrum. An dieser Stelle muß noch darauf hingewiesen werden, daß wir als "Fernpendler" Personen bezeichnen, die regelmäßig und kontinuierlich ihren Hauptarbeitsplatz bei einem Arbeitgeber außerhalb der Region haben und nur während des Wochenendes am Wohnort weilen. Davon abzugrenzen sind die hier nicht näher einbezogenen "Tagespendler" (zur Arbeitsstätte außerhalb der Region wird täglich gependelt) und die "Montagearbeiter" (regelmäßige kontinuierliche Tätigkeit für Firmen mit Sitz in Ostfriesland an Orten außerhalb der Region, was insbesondere im Baugewerbe weit verbreitet ist).

Die Frauen der Pendler wurden nicht berücksichtigt, da es sich hierbei u.E. um eine eigene Lebensform handelt, die eine eigene Teilstudie begründet hätte.

Expertengespräche zur Regionalentwicklung (vgl. 13.)

Eine spezifische Vorerkundung dieser Thematik war nicht erforderlich, da sie selbst Gegenstand unserer Untersuchungen im Rahmen der erst- und letztgenannten Teilstudien ist. Das Kriterium bei der Auswahl der Interviewpartner war, daß diese in einem erkennbaren und relevanten Zusammenhang mit dem regionalpolitischen Geschehen in der Untersuchungsregion stehen sollten - als "Akteure" oder zumindest als "Berater" von Akteuren. In diesem Sinne wurden zehn Intensivinterviews anhand eines Leitfadens mit 14 regionalpolitischen Experten aus Kommunalverwaltung, Bezirks- und Landesregierung, Kammern, Verbänden, Beratungsbüros und anderen regionalpolitisch relevanten Institutionen geführt. (Die Gespräche mit Vertretern von Bezirks- und Landesregierung sowie eines Beratungsbüros fanden außerhalb Ostfrieslands statt.)

Die Auswertung der transskribierten Interviewprotokolle wurde ansatzweise sequenzanalytisch durchgeführt. Das Ziel dieser Vorgehensweise war dabei allerdings, im Sinne eines "thematischen Vergleichs", "typische Äußerungen" der Experten zu einzelnen Sachthemen herauszuarbeiten und einander gegenüber zu stellen. In einem weiteren Schritt sollte dann versucht werden, "Typen" grundlegender Deutungsmuster der Regionalentwicklung und der Regionalpolitik herauszuarbeiten.[5]

Organisationsformen der Regionalpolitik (vgl. 17.)

Das Material für die Teilstudie konnte aufgrund der geschilderten Restriktionen nicht mehr mit den Mitteln des Forschungsprojektes erhoben werden. Im Rahmen diverser beratender, gutachtender und moderierender Tätigkeiten von verschiedenen Mitgliedern der Forschungsgruppe im Kontext verschiedenster Institutionen in Ostfriesland bestand aber vor allem seit Ende 1991 die Möglichkeit, intensiven Einblick in das regionalpolitische Geschehen in Ostfriesland zu erhalten. Auch wenn diese Tätigkeiten nicht als methodisch kontrollierte, teilnehmende Beobachtung konzipiert waren, können die dabei gewonnenen Erkenntnisse doch als Ausgangsbasis für eine Analyse der regionalpolitischen Organisationsformen dienen. Hinzu

---

5 Meuser/Nagel (1991, S. 543) weisen zurecht darauf hin, daß das Experteninterview im Rahmen qualitativer Sozialforschung erstaunlich wenig methodologisch reflektiert worden ist, obgleich es doch "innerhalb der interpretativen Sozialforschung - wenn auch an ihrem Rande - (zu) verorten" sei.

kommen die kontinuierliche Auswertung regionaler Medien und von Selbstdarstellungen verschiedener Institutionen zu dieser Thematik. Zusammengenommen ergibt sich so ein Materialfundus, der eine relativ genaue Darstellung der regionalpolitischen Strukturen in Ostfriesland ermöglicht.

Diese Erläuterungen weisen bereits über die eigentliche empirische Arbeit des Forschungsprojektes hinaus und auf weitere Verbindungen unserer Forschung zur Untersuchungsregion hin. Nach unserem Verständnis von angewandter qualitativer Sozialgeographie kann es nicht ausreichend sein, sich auf die wissenschaftliche Darstellung empirischer Untersuchungsergebnisse zu beschränken. Vielmehr ist es in zweifacher Hinsicht wünschenswert, gewonnene Erkenntnisse in die Untersuchungsregion "zurückzugeben": zum einen als Ausgangspunkt für neue Überlegungen, Vorschläge und Diskussionen zur Regionalentwicklung und Regionalpolitik (vgl. z.B. 16.1) und als Basis für diesbezügliche Aktivitäten der Mitglieder der Forschungsgruppe; zum anderen als "strukturiertes Spiegelbild" für diejenigen Personen und Gruppen, die "Gegenstand" unserer empirischen Forschungen waren (etwa im Rahmen von Vortrags- und Bildungsveranstaltungen, Zeitungsbeiträgen usw.). Diese neue Phase unserer Arbeit hat im Laufe des Jahres 1992 begonnen, weshalb hier noch nicht näher darauf eingegangen werden kann.

3 Ostfriesland in der Wahrnehmung der Bevölkerung - empirische Annäherungen

In der Einleitung wurde dargestellt, daß es offizielle Bemühungen um die Förderung regionaler Kultur und Identität gibt, wenn man u.a. an die Arbeit der Ostfriesischen Landschaft denkt. Hierüber können ebenso Bewußtseinsinhalte über Ostfriesland und seine Menschen vermittelt werden wie über Zuschreibungen, die von "außen" an die Region herangetragen werden.

Die Frage lautet nun aber: wie sehen sich die Menschen, die in Ostfriesland leben, selbst? Gibt es in ihrem Bewußtsein "typisch Ostfriesisches"?

Deswegen wurden in dreifacher Hinsicht als Annäherungen an die Gesamtthematik offenkundige Manifestationsformen von Regionalbewußtsein erhoben:

- durch die Analyse einer Leserbriefdebatte in einer Regionalzeitung zum Zusammenhang von mentalen Eigenschaften und ökonomischer Strukturschwäche;
- durch eine schriftliche Befragung der Teilnehmer von VHS-Kursen in verschiedenen Teilen Ostfrieslands zum gleichen Thema;
- durch eine mehrstündige Gruppendiskussion mit ostfriesischen Heimatschriftstellerinnen und -schriftstellern über Regionalbewußtsein.

3.1 Analyse einer Leserbriefdebatte zum Thema "ostfriesische Mentalität und sozioökonomische Randständigkeit Ostfrieslands"

Mit der Methode der qualitativen Inhaltsanalyse wurde die 1987/88 im "General-Anzeiger" von Rhauderfehn veröffentlichte Leserbriefdebatte analysiert, in der sich Leser und Leserinnen unterschiedlichen Alters und Berufszugehörigkeit mit ostfriesischer Mentalität und sozioökonomischer Randständigkeit auseinandersetzten. Ausgangspunkt der schriftlichen Debatte war ein provokant formulierter Leserbrief eines "Butenostfriesen", eines Ostfriesen also, der nicht mehr in Ostfriesland lebt. Als "stolzer Ostfriese" - wie er sich selbst bezeichnet - kritisierte er mit spitzer Feder die ostfriesische Jugend als "lebensuntüchtig" und "unflexibel" aufgrund elterlicher Fehlerziehung. Ostfriesland werde solange eine "sozioökonomische Randzone" bleiben, "solange nicht Mut, Selbstbewußtsein und Willenskraft die Menschen erfaßt, ihre Zukunft selbst zu gestalten" (LB 1).

Die meisten der daraufhin veröffentlichten Leserbriefe präsentierten sich als Abwehr gegenüber der als Angriff aufgefaßten Kritik. Die eigene Identifikationsbereitschaft als Ostfriesen kommt bei der Mehrzahl der Verfasser insbesondere in der Distanzierung von der Selbsteinschätzung des Butenostfriesen zum Ausdruck. So kritisiert ein junger Mann: "Sie behaupten, sie seien stolz Ostfriese zu sein, ich schäme mich ihres Briefes deswegen."

Das "Ostfriese-sein" verknüpft sich in zahlreichen Briefen mit der Wahrnehmung Ostfrieslands als "Heimat". Der Begriff Heimat steht dabei vorrangig im engen Kontext zur eigenen Familie und dem Freundeskreis. So stellt beispielsweise ein Schüler die Frage: "Wissen Sie, was es heißt, alles zu verlassen, was man liebt, was einem etwas bedeutet". Er könne die Heimat, "(...) in der man Jahre seines Lebens verbrachte" und Eltern und Geschwister nicht verlassen (LB 2).

Diese unter den Lesebriefschreibern häufiger anzutreffende Einstellung macht allerdings deutlich, daß die heimatliche Verbundenheit mit Ostfriesland nicht vor dem Hintergrund eines einheitlichen Bildes von der Region oder weithin gemeinsam gesehener regionaler Besonderheit entwickelt wird. Vielmehr sind es die in die Vergangenheit zurückreichenden sozioökonomischen Zwänge eines strukturschwachen Raumes, die den Einzelnen mit der Entscheidung konfrontieren, ob und wie Ostfriesland-fixiert er seine Heimat definieren kann. Die Betroffenheit darüber drückt sich in den folgenden Belegen aus:

> "Seit jeher sind die Ostfriesen dafür bekannt, daß sie sehr wohl von zu Hause weg können, und denkt dabei an Seeleute und die, die in Saudi-Arabien oder 'wo auch immer' arbeiten." (LB 5).

Dichterisch drückt es ein ehemaliger Seemann so aus: "Heimat Ostfriesland - Arbeitsplatz die ganze Welt. Das ist halt unser Leben und leider unser Los." Er fährt fort: "Vergesse nicht die Heimat, wo deine Wiege stand, wenn man auch in der Ferne 'ne andere fand." (LB 23).

Ein für Ostfriesen bezeichnendes Regionalbewußtsein läßt sich daraus jedoch wohl nicht ableiten. Es erscheint eher auf Auseinandersetzungen und Überlegungen zu verweisen, denen sich Menschen gegenübergestellt sehen, die in ihrem Wohnumfeld keine Chance auf einen qualifizierten Arbeitsplatz haben; eine für sozioökonomisch schwache Regionen typische Situation.

Der hier thematisierte Diskussionszusammenhang läßt sich allerdings in Richtung sogenannter Mentalitätszuschreibungen, also der Attribute, die entweder typisch oder nicht typisch "ostfriesisch" für die dortigen Menschen seien, weiterverfolgen. Die Vorwürfe des, die Leserbriefdebatte auslösenden Butenostfriesen wirkten in der Tat derart provozierend, daß sie eine hitzige Debatte über die Angemessenheit solcher Zuschreibungen auslösten. Sie macht sich u.a. fest an der Charakterisierung der ostfriesischen Jugend als "lebensuntüchtig" und "unflexibel". Die Reaktionen verlaufen einmal auf einer allgemeinen Ebene, d.h. in Ausdehnung auf die gesamte Bevölkerung, beispielsweise wenn der "Lebensuntüchtigkeit" der "Ostfriesenfleiß" gegenübergestellt wird:

> "In Ostfriesland gibt es genug Leute, die durch Fleiß in der Heimat oder anderswo es zu etwas gebracht haben." (LB 4).

Oder, prosaisch ausgedrückt:

> "Wir sagen nicht viel Worte, wir packen fest an; tun gerne unsere Arbeit und stehen unseren Mann." (LB 5).

Die Zitate verdeutlichen, daß sich diese Leserbriefschreiber auf der individuellen Ebene gegen derartige Vorwürfe wenden. Sie bekunden, daß es genügend Beispiele für fleißige Ostfriesen gebe, Ostfriesen also nicht so sind, wie sie abwertend charakterisiert worden sind. Die genannten Beispiele sind jedoch sehr abstrakt. Es wird auf "Leute" verwiesen, die es "zu etwas gebracht haben", ohne sie konkret zu benennen oder gar Kriterien dafür anzugeben, was als Erfolg gewertet wird.

Diese Charakteristik des Ostfriesenfleißes weist starke Parallelen zur inhaltlich kaum zu füllenden und zu belegenden, aber im Volksmund verbreiteten Mentalitätszuschreibung der Deutschen als "fleißige Arbeiter" auf. Sie enthält jedoch keine Spezifika, die auf typisch ostfriesische Bewußtseinsgehalte hindeuten.

Zum anderen wird die Diskussion konkreter und kontroverser geführt, wenn es um die Frage geht, ob die geäußerten Vorwürfe speziell auf die Jugend in Ostfriesland zutreffen. So gibt es bei einigen Leserbriefschreibern sogar Zustimmung zu der Negativskizzierung der Jugendlichen als "ängstlich zusammenkauernd", "lebensuntüchtig in Selbstbemitleidungsrolle". In gleicher Weise urteilen Leserbriefschreiber wenn ein Mangel an "lebensnotwendigen Tugenden" wie "Ausdauer", "Beständigkeit", "Härte", "Flexibilität" und "Tatkraft" vermutet wird. Von der Mehrzahl der Leserbriefschreiber werden die diskriminierenden Attribute allerdings zurückgewiesen: "Faule Jugendliche gibt es nicht nur in Ostfriesland", schreibt eine Mutter von fünf Kindern und ergänzt, daß es viele ostfriesische Jugendliche gibt, die "fleißig, flexibel, anpassungsfähig und verantwortungsbewußt" sind. (LB 13).

Jugendliche selbst gehen in ihren Reaktionen in die Offensive, so beispielsweise mit der Meinung:

"Die Sprüche von Härte und Anpassungsfähigkeit passen in das Klima der Wende. Aus den Worten spricht die Kälte und unsoziale Ideologie der Bonner Rechtskoalition, ihrer wirtschafts-, sozial- und finanzpolitischen Dilettanten" (LB 17).

Deutlich wird, daß sich in Bezug auf den thematisierten Schwerpunkt "ostfriesische Jugend" keine faßbaren Typisierungen spezifischer regionaler Besonderheiten herauskristallisieren. Wie schon in einem Leserbrief zu lesen war: "Faule Jugendliche gibt es nicht nur in Ostfriesland.", so scheinen die Äußerungen eher auf allgemeine, überregional gültige Diskussionen, Meinungen und Einschätzungen zum Thema Jugend zu verweisen. Es geht nicht um typisch ostfriesische Mentalitätszuschreibungen.

In zahlreichen Leserbriefen wird ein Zusammenhang zwischen den die ostfriesischen Jugendlichen diskriminierenden Charakterisierungen und der gegebenen Strukturschwäche der Region gesehen. Sozioökonomische Randständigkeit wird eher undifferenziert als "mißliche Lage" Ostfrieslands, als "schwerer Stand der Ostfriesen früher und heute" oder als individuell greifbare Problemlage gesehen. Aspekte der Ursachen der "mißlichen Lage" werden kaum als ostfrieslandspezifisch hergeleitet, so daß auch hier eher von Wahrnehmungen typischer Eigenschaften räumlicher Strukturschwäche denn ostfriesischer Besonderheiten gesprochen werden kann.

Hinsichtlich zukünftiger Regionalentwicklung wird in den meisten Leserbriefen gegenüber dem Vorwurf mangelnder Mobilität dem Sinne nach so reagiert: "abwandern ist nicht sinnvoll" (LB 18), "Wir wollen hier eine Zukunft haben" (LB 17). Sofern konkrete wirtschaftliche Entwicklungsmöglichkeiten angeschnitten werden, tendieren sie in ihrer Zielsetzung in Richtung einer nachholenden ("verstärkten") Industrialisierung und lassen kein Bewußtsein zur Verknüpfung mit endogenen Potentialen erkennen.

Zusammenfassend zur Leserbriefdebatte läßt sich sagen: Verbreitet sind Gebundenheit und Identifikationsbereitschaft mit Ostfriesland und seinen Menschen. Die Beziehungen zu Ostfriesland bleiben in zweierlei Weise diffus:

- In den widersprüchlichen Wahrnehmungen von und Einstellungen zu ostfriesischer Mentalität und dem Problem ökonomischer Randständigkeit. Hier gibt es keine gemeinsam geteilten Zuschreibungen für "typisch Ostfriesisches".
- Die Identifikation mit Ostfriesland ist an die enge Bindung an soziale Netze von Vertrautheit gebunden, kaum aber an regionale Besonderheiten landschaftlicher, sozioökonomischer oder soziokultureller Prägung.

Die Frage nach kollektiv geteilten Attributen eines ostfriesischen Regionalbewußtseins bleibt also in dieser Teiluntersuchung unbeantwortet.

3.2 Standardisierte Befragung von Kreisvolkshochschulbesuchern

Die zuletzt genannte Frage stand im Zentrum einer schriftlichen Befragung von Kursteilnehmern der Kreisvolkshochschule Aurich und einer ländlichen Außenstelle derselben. Bis auf 2 der 66 befragten Personen bejahten alle die Existenz von "typisch Ostfriesischem" und führten zahlreiche Nennungen auf die entsprechende Frage mit offener Antwortmöglichkeit an.

Trotz unterschiedlichen Alters - zwischen 19 und 79 Jahren - und unterschiedlicher Berufszugehörigkeit gab es große Übereinstimmung hinsichtlich der Nennungen als "typisch Ostfriesisch". Als regionale Besonderheiten wurden "Teetrinken", "Boßeln" (ostfriesische Sportart), "Plattdeutsche Sprache", verschiedene Gerichte der ostfriesischen Küche, naturräumliche Besonderheiten, traditionelle Sitten und Gebräuche (z.B. Bogenmachen, Puppvisit) und verschiedene, z.T. widersprüchliche mentale Eigenschaften ausgewiesen. Die genannte Reihenfolge entspricht in ihrer Abfolge der Häufigkeitsverteilung der Nennungen. Gerade die ersten drei genannten Manifestationen für "typisch Ostfriesisches" zeigen eine hohe sprachliche Einheitlichkeit in der Wahl der Begriffe durch die Befragten.

Zum "Teetrinken" äußerten sich zwei Drittel aller Befragten, die Frauen differenzierter und vorrangig unter dem Aspekt des gemütlichen Beisammenseins, die Männer eher in Betonung des den Alltag gliedernden Teezeremoniells. Erstaunlicherweise werden die ostfriesischen Sportarten

(Boßeln und Klootschießen) häufiger von Frauen angesprochen. Die Bedeutung der plattdeutschen Sprache als ostfrieslandtypischem Element wird stärker von in Ostfriesland Gebürtigen thematisiert. Sie hat bei der Hälfte der Nennungen den Charakter einer alltagssprachlichen Vertrautheit. Auffällig ist schließlich, daß sich die befragten Jugendlichen (unter 25 Jahren) in keinem Fall ostfriesischer Mentalitätszuschreibungen bewußt sind, dafür um so stärker ältere Menschen. Allerdings äußern sich erstaunlich viele Zugezogene zu derartigen mentalen Eigenschaften der Ostfriesen. Dabei ergibt sich die Frage, ob sie sich mit diesen Eigenschaften selber einschließen, ob sie sich bereits mit den Ostfriesen identifizieren oder ob sie noch als Außenstehende über die Ostfriesen urteilen. Interessant ist, daß die beiden Gruppen die gleichen Einordnungen mit gleichen Worten wie Gastfreundlichkeit, Sturheit, Nachbarschaftshilfe, Freiheitsdenken etc. bezeichnen. Unter dem Stichwort "Mentalität" wird fast von der Hälfte der Befragten - mehr Frauen als Männer - der Bedeutungsgehalt "Heimat" angesprochen, oft in der emotional verstärkten Formulierung "meine" Heimat. Die gedanklichen Assoziationen kreisen fast ausschließlich um die verhaltenssichernde Erfahrung der sozialen Kontakte (Familie, Verwandte, Bekannte) oder die Geborgenheit der "vertrauten Umwelt" jenseits der Hektik der Welt draußen.

Zusammenfassend läßt sich zu dieser Teiluntersuchung festhalten: Bei einer thematisch zugespitzten Befragung von in Ostfriesland lebenden Menschen besteht somit eine hohe Bereitschaft, typische, regionsspezifische Zuordnungen zu treffen. Demnach sind also regionsspezifische Gehalte im Bewußtsein verankert bzw. bei direkter Ansprache artikulierbar. Einige Merkmale - wie hier insbesondere das Teetrinken, ostfriesische Sportarten und die plattdeutsche Sprache - werden von einer größeren Anzahl von Menschen zumindest auf der begrifflichen Ebene geteilt. Offen bleibt, ob und inwieweit bei den als ostfrieslandtypisch geltenden Attributen deren Bedeutungsgehalte als übereinstimmende und mit dem Alltagshandeln verwoben zu interpretieren sind.

3.3 Gruppengespräch über "typisch Ostfriesisches" mit ostfriesischen Autoren und Autorinnen

Die im letzten Abschnitt offen gebliebene Frage sollte in einem Gespräch aufgegriffen werden, das in Zusammenarbeit mit der Ostfriesischen Landschaft mit Mitgliedern des Arbeitskreises Ostfriesischer Autoren und Autorinnen geführt wurde. Die intensive zweieinhalbstündige Diskussion mit fünf Mitgliedern des Arbeitskreises läßt sich als lebhaftes Aushandeln von konsensfähigen Beschreibungen regionsspezifischer Eigenheiten charakterisieren. Als Kristallisationspunkt für "typisch Ostfriesisches" wurde die "ostfriesische plattdeutsche Sprache" herausgestellt, die für die Gesprächsteilnehmer auch alltagspraktische Relevanz besitzt. Die Diskussion zeigte jedoch sehr deutlich, daß hinter dem Begriff "plattdeutsche Sprache" keineswegs einheitliche Sinngehalte stehen. So wird die Bedeutung der Regionalsprache sowohl bezüglich des eigenen künstlerischen Schaffens als auch hinsichtlich des Lebens in Ostfriesland unterschiedlich gesehen. Zwei Grundmuster sind charakteristisch:

a) Platt als funktionale Alltagssprache neben dem Hochdeutschen ohne tiefergehende Bedeutung für die Regionalentwicklung: In diesem Grundmuster wird für die eigene Person und alle Ostfriesen die Fähigkeit zum flexiblen Sprachwechsel konstatiert. Bei dem so entstehenden reibungslosen, konfliktfreien Nebeneinander kommt der Regionalsprache keine besondere Rolle und keine eigenständigen Denkstrukturen zu. Dennoch wird der persönliche Einsatz für den Fortbestand des Platts bekundet.

b) Platt als Alltagssprache mit Kultur, Mentalität und Identität tragender Bedeutung und somit wichtig für die Regionalentwicklung: In diesem Grundmuster sind Verbindungen zur Regionalsprache begründet, wie die bewußte Nutzung und Förderung regionaler Sprachkultur im literarischen Schaffen oder eine tiefe Verflechtung der eigenen Identität mit der plattdeutschen Muttersprache. Letzteres drückt sich in folgenden Worten aus:

"Wenn ich Hochdeutsch schreibe, dann bin ich das nicht, das bin ich gar nicht. Aber zu dem Platt, da hab ich ein Verhältnis zu. Auch zu dem, was ich schreibe. Schreibe ich Hochdeutsch, dann ist das fremd." (Protokoll, S. 42, Zeile 27-35).

"Vielleicht liegt das auch daran, weil die Geschichten oder die Figuren, die in dieser Geschichte vorkommen, auch Platt gesprochen haben und auch Ostfriesen sind. Ich kann mir nicht vorstellen, daß ich da in Hochdeutsch drüber schreibe. Das ist persönlich unwahrscheinlich störend." (Protokoll, S. 44, Zeile 17-22).

Mit ebenso prägnanten Formulierungen umreißt ein anderer Vertreter des zweiten Grundmusters den regionsspezifischen Stellenwert des Platts:

> "Es ist einfach so, wenn uns diese Sprache verloren geht, geht uns eben auch ein Stück Kultur verloren und damit auch ein Stück Lebensqualität. Denn Kulturvielfalt ist auch Lebensqualität nach meiner Meinung." (Protokoll, S. 62, Zeile 7-11).
>
> "Ja, weil ich meine, daß in dieser vermassten Welt sowas wie regionale Identität für einen Menschen und für die Entwicklung eines Menschen unheimlich wichtig ist. Zweitens muß er wissen, wo sein zuhause ist. Und sein zuhause kann irgendwo nur in einer Kultur liegen und Kultur drückt sich durch Sprache aus. Und wir haben den Vorteil, daß wir eine eigene Sprache haben mit durchaus eigenständigen Denkstrukturen." (Protokoll, S. 65, Zeile 4-13).

Diese zwei Grundmuster wurden - so läßt sich mit Recht einwenden - anhand von Personen gewonnen, die insofern exponiert sind, als sie sich in ihrem künstlerischen Schaffen mit der plattdeutschen Sprache auseinandersetzen. Eine bedeutungsvolle Alltagsrelevanz der plattdeutschen Sprache für in Ostfriesland lebende Menschen kann vertiefend lediglich in Detailstudien - wie den durchgeführten Ortsstudien - erhoben werden.

Auf der weiteren Suche nach "typisch Ostfriesischem" thematisierten Teilnehmer der Gesprächsrunde insbesondere mentale Eigenheiten wie die "Bodenständigkeit" oder das "Eigenbrödlerische", aber auch Begriffe wie "Ostfriesische Kultur" und bestimmte regionstypische Lebensgewohnheiten. Die diesbezüglichen verallgemeinernden Äußerungen waren jedoch jeweils äußerst umstritten. Differenzierungen seien erforderlich. Einigkeit bestand hingegen bei der Diskussion der sozioökonomischen, politischen und ökologischen Situation Ostfrieslands darüber, daß es weder auf der Ebene der Bevölkerung noch in der Politik solidarisches Handeln gäbe. Die Ursache hierfür wurde von einigen wiederum an mentalen Eigenheiten der Ostfriesen wie dem "Eigenbrödlerischen" festgemacht. Eine Chance für die regionale Entwicklung sei der Aufbau eines "Wir-Bewußtseins", das bisher lediglich unter Butenostfriesen und gegenüber Diskriminierungsversuchen von "außen" existiere.

Zusammenfassend läßt sich für diese Teiluntersuchung festhalten: Für eine erste Spurensuche nach Manifestationsformen von Regionalbewußtsein läßt sich an dieser Stelle erstens eine hohe Identifikationsbereitschaft von gebürtigen Ostfriesen als "Ostfriesen" und mit der Region resümieren. Zweitens besteht bei direkter Befragung eine hohe Bereitschaft, regionsspezifische Zuordnungen zu treffen. Drittens verlieren - im Diskussionsverlauf bemerkbar - Zuschreibungen hinsichtlich der ostfriesischen Kultur, der mentalen

Eigenheiten der Ostfriesen und dem "typisch Ostfriesischen" zunehmend an Substanz, denn hinter einzelnen begrifflich geteilten Zuschreibungen stehen durchaus divergierende Sinngehalte. Inwieweit diese mit spezifischen Alltagsformen korrespondieren, ließ sich nicht schlüssig klären.

4 Zwischenfazit: von der Manifestation eines oberflächlichen Einheitsbewußtseins zu exemplarischen Beschreibungen des Verhältnisses von Bewußtsein und Handeln im Alltag

Wenn man die Einzelergebnisse dieser drei Annäherungsweisen an Manifestationen regionalen Bewußtseins vergleichend betrachtet, lassen sich unter Absehung von Details folgende Zwischenergebnisse festhalten:

- Es gibt eine hohe Identifikationsbereitschaft in fast allen Bevölkerungsgruppen, insbesondere aber bei den gebürtigen "Ostfriesen", mit der Region "Ostfriesland".
- Es gibt ebenso eine hohe Bereitschaft, regionsspezifische Eigenschaften zu definieren: zum einen in mentaler Hinsicht ("bodenständig", "eigenbrödlerisch"), zum anderen im Hinblick auf spezifische Alltagspraktiken (Teetrinken, Boßeln und Klootschießen, Gebrauch der plattdeutschen Sprache).
- Bei näherer Betrachtung (z.B. in der Diskussion mit Autorinnen und Autoren, erst recht bei tiefgründiger "wissenschaftlicher" Auswertung) verlieren die Eigenschaftszuschreibungen kultureller und mentaler Art erheblich an Substanz. Hinter häufig verwendeten Begriffen verbergen sich divergierende Sinngehalte.

Es wird also deutlich, daß die bisherigen Annäherungsversuche, Regionalbewußtsein in Ostfriesland zu entdecken und zu beschreiben, auf der Stufe offener und wenig präzisierter Bewußtseinsgehalte stehenbleiben. Man könnte von einer allgemein verbreiteten Schicht diffuser Assoziationen zu begrifflichen Artikulationen - z.B. Teetrinken - sprechen, von einem "oberflächlichen Einheitsbewußtsein", das dennoch eine vertraute Atmosphäre alltäglicher Verhaltenssicherung andeutet. Will man diesem Wechselverhältnis von Bewußtseinsbildung und Lebensalltag konkreter und tiefgründiger auf die Spur kommen, wird man den Untersuchungsansatz auf die sehr viel differenzierter arbeitende sozialempirische Alltagsforschung lenken müssen. Inwiefern der Weg über die Alltagsforschung auch regionalwissenschaftlich fruchtbar gemacht werden kann, ist in der Einleitung (1.) zusammenfassend, an anderer Stelle ausführlich dargelegt worden (vgl. Danielzyk/Krüger 1990).

Für die anstehende Untersuchung über Ostfriesland ist eine zweifache Vorgehensweise gewählt worden. Einmal sind es exemplarische Lokalstudien, die das Ziel haben, Alltagsbewußtsein über die Dichte eines Lebensgeflechtes einzelner Orte einzufangen. Es ist obendrein aufschlußreich, über solche Ortsstudien räumliche Differenzierungen von Bewußtsein und Lebensweise zwischen den typischen Landschaften Ostfrieslands zu entdecken. Ein zweiter Zugang zu regionalen Bewußtseinsprägungen läßt sich über Lebensformen erschließen. Einerseits geht es um einen Zugang zum Alltagsbewußtsein in der Region, der von seiner Fragestellung her nicht räumlich differenzierend vorgeht, sondern die Bevölkerung Ostfrieslands nach ausgeprägten "sozialen Einheiten" gliedert. Andererseits werden die Lebensformen nicht als einfache Entsprechungen sozialer Großgruppen nach Klasse oder Schicht verstanden. Vielmehr weisen sie - wie ähnliche Begriffe, z.B. Habitus, Lebensstil, Lebensweise - auf die fortgeschrittene soziale Ausdifferenzierung bzw. "Individualisierung" des gesellschaftlichen Lebens unter der Dynamik sozialen Wandels hin. Das Konzept der Lebensformen bezieht sich also auf soziale Gruppenkonstellationen, die sich über je spezifische Verarbeitungen objektiver Lebensbedingungen zu subjektiven Lebensentwürfen definieren.

Der Lebensformansatz, der im Hinblick auf gesellschaftliche Ausdifferenzierungen im urbanen Raum eher als Lebensstildebatte (zusammenfassend Krüger 1991, S. 138 ff.) bekannt ist, ist deshalb fruchtbar, weil er das zentrale Thema des sozialen Wandels im Spannungsfeld von Tradition und Moderne in eine empirisch bearbeitbare Form bringt. Obwohl exemplarisch angelegt, wird bei den Lebensform- wie bei den Lokalstudien der sehr detaillierte Nachvollzug der Gestaltung von Lebensalltag also weniger dazu genutzt, idiographische Miniaturen einzelner Orte oder Lebensschicksale zu erstellen, vielmehr soll die Existenz und Begründung von Regionalbewußtsein unter dem Druck gesellschaftlicher Verhältnisse herausgearbeitet werden.

5 Ardorf

5.1 Ardorf - Bedingungen und Ausdrucksformen dörflichen Lebens

5.1.1 Lebensbedingungen - Daten, Beobachtungen, Interpretationen

Ardorf ist seit der Gemeindereform 1972 eine von 14 Ortschaften, aus denen die "Einheitsgemeinde Stadt Wittmund" besteht. Bis dahin handelte es sich um eine politisch selbständige, relativ finanzstarke Gemeinde, was noch heute in einer Reihe von infrastrukturellen und soziokulturellen Charakteristika fortwirkt (s.u.). Vor diesem Hintergrund werden im folgenden die Bezeichnungen "Ardorf", "Gemeinde" und "Ortschaft" synonym verwendet.

Die Gemeinde Ardorf besteht aus einem Hauptort gleichen Namens sowie folgenden neun Siedlungen mit eigenem Namen: Borgholt, Collrunge, Domhusen, Heglitz, Hohebarg, Neu-Collrunge, Utarp, Webershausen und Wehle. Damit die zweifache Bedeutung des Namens Ardorf nicht zu Mißverständnissen führt, werden für den Hauptort andere Begriffe als für die gesamte Ortschaft (vgl. o.) verwendet: "Hauptort (Ardorf)", "Ortslage (Ardorf)" und "Ortsteil (Ardorf)".

Der Begriff "Hauptort" ist auch als Hinweis darauf zu lesen, daß dem namengebenden Ortsteil aus der Sicht der Politiker und Planer sowie in der Wahrnehmung der Bevölkerung und entsprechend auch in unserem Forschungsprojekt besondere Aufmerksamkeit zukommt. Das kann insofern nicht verwundern, als der Hauptort sich nach Größe, Siedlungsdichte und Infrastrukturausstattung deutlich von den neun anderen Haufen-, Streu- und Reihensiedlungen unterschiedlichen Ursprungs unterscheidet.

Einzig in der Ortslage Ardorf befindet sich eine Kirche. Sie wurde im Mittelalter auf einer Warft errichtet und bildet den südlichen Abschluß des bis in die Mitte des letzten Jahrhunderts als Gemeineigentum genutzten Thees (in etwa: Dorfplatz). Östlich und westlich wird dieser von zwei nicht ganz parallel angelegten Hofreihen begrenzt, die - in der genannten Reihenfolge

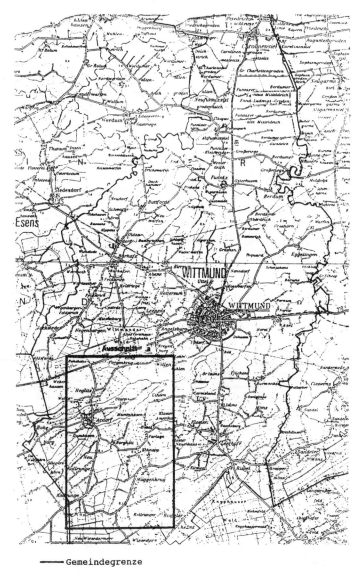

Abb. 5-1: Einheitsgemeinde Stadt Wittmund (Quelle: Regionalkarte 1, Ostfriesland, 1986; Kartogr.: R. Wehkamp)

Ausschnitt a:

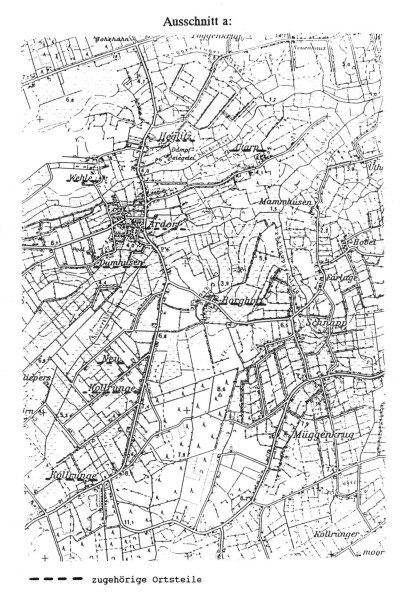

▬ ▬ ▬ ▬ zugehörige Ortsteile

Abb. 5-1: Ausschnitt a: Untersuchungsgemeinde Ardorf (s. Abb. 5-1)

entstanden - als historischer Siedlungskern anzusprechen sind. Der gen Norden auf diesen Bereich der Ortslage gerichtete Blick läßt besonders eindrücklich erfahren, warum im Dorferneuerungsplan die "Verzahnung mit der Landschaft" als schützenswertes und "charakteristisches Merkmal" betont wird (Dorferneuerung Ardorf 1986, S. 55 ff.).Bezogen auf das gesamte, rund 2.500 Hektar umfassende Gemeindegebiet erfährt diese Charakterisierung einen anderen Akzent: Der Großteil der auf der nördlichen ostfriesischen Geest gelegenen Gemarkung ist durch landwirtschaftlich genutzte Flächen (davon rund 70% Grünland) geprägt, die durch Wallhecken (insbesondere im mittleren westlichen Bereich) sowie weitgehend nordöstlich fließende Wasserläufe gegliedert sind. Einige kleine Waldstücke im Nordosten - beispielsweise das ehemalige Burggehölz Borgholt - und ein Forst im Süden sowie rudimentäre Moorreste vervollständigen das Bild dieser facettenreichen Landschaft, in die sich die zehn unterschiedlich strukturierten, aus Einzelhöfen oder Moorkolonistenstellen gewachsenen Siedlungen sowie die dazugehörigen Wege- und Straßennetze einfügen.

Selbst dort, wo sich aufgrund regelhafter Siedlungsmuster entlang gerader Straßen, wie in (Neu-)Collrunge, oder aufgrund vergleichsweise hoher Bebauungsdichte, wie in der Ortslage Ardorf, Siedlungseinheiten wahrnehmen lassen, wirken diese nicht als scharf abgegrenzte Gebilde. Um so weniger ließe sich letzteres für die kleinsten Ortsteile, wie Utarp und Borgholt, konstatieren. Das Gesamtbild der Gemeinde Ardorf ist also durch ineinandergreifende Landschafts- und Siedlungselemente geprägt, wobei erstere weitgehend im Vordergrund stehen.

Gleichwohl ergeben sich beim Blick auf die Karte und den ersten Beobachtungen vor Ort deutliche Anzeichen dafür, daß die Kulturlandschaft der (ehemaligen; vgl. o.) Gemeinde Ardorf nicht nur durch das ineinanderfließende Nebeneinander verschiedener Elemente, sondern auch durch die Spannung zwischen "Kern" und "Rand" bzw. "Zentrum" und "Peripherie" gekennzeichnet ist. So ist ausschließlich der Ortsteil Ardorf mit seinem neu gestalteten Platz südlich der Kirche sowie dem benachbart gelegenen Schulgebäude derart strukturiert, daß man von einer Ortsmitte sprechen kann. Unterstützt wird dieser Befund durch das Vorhandensein einer Reihe von Infrastruktur- und Versorgungseinrichtungen, wie Kindergarten, Post, Frisör, Lebensmittelladen u.a., wenngleich diese nicht alle in der Nähe des Kirchplatzes liegen. Der Hauptort Ardorf ist also als Mittelpunkt der Gemeinde anzusprechen, dessen eigene Siedlungsstruktur von einem erkennbaren Kern über lockere randliche Bebauungsbereiche zur Landschaft hin sich öffnet.

Davon auszunehmen ist lediglich eine Neubausiedlung aus den 1980er Jahren, die zwei bis drei Straßen umfaßt und südwestlich des Ortskerns liegt. Sie ist zwar von letzerem anders als andere Wohngebiete nicht durch eine Verkehrsstraße getrennt, wirkt aber in ihrer Gestaltung und Lage als relativ isolierter Fremdkörper: Bebauung, Bepflanzung und Verkehrswege erinnern den Dimensionen und verwendeten Materialien nach an eine suburbane Wohnsiedlung; eine direkte, visuell und fußläufig wahrnehmbare Verbindung mit der Ortsmitte existiert nicht.

Doch eine kleine Beobachtung legt eine differenziertere Betrachtung nahe: Auf dem in die Siedlung integrierten Spielplatz steht ein Maibaum, so wie man ihn jedes Jahr im Mai an vielen Stellen in Ardorf - und in ganz Ostfriesland - sehen kann. Tatsächlich ist auch unter demographischen Gesichtspunkten eine Verbindungslinie zwischen der Entwicklung Ardorfs und diesem siedlungsstrukturellen "Fremdkörper" festzustellen: In der Mehrzahl der rund 30 Häuser dieser Siedlung, die zum überwiegenden Teil von Familien mit schulpflichtigen Kindern bewohnt werden, lebt mindestens ein Ehepartner, der aus Ardorf oder zumindest der unmittelbaren Umgebung stammt. Dies ist sowohl Ausdruck der Wohnortpräferenzen eines großen Teils der autochthonen Heranwachsenden und Familiengründer als auch Ergebnis entsprechender Baulandpolitik.

Letztere begünstigt die ansässige Bevölkerung in besonderem Maße deshalb, weil in Ardorf das Bau(erwartungs)land extrem knapp ist. Zum einen ist es aus siedlungsstrukturellen und baurechtlichen Gründen nur in wenigen Fällen möglich sowie aus der Perspektive der Dorferneuerungsplanung (vgl. a.a.O., S. 35f.) nicht erwünscht, die innerörtlichen Freiflächen zu bebauen. Vor allem aber wird die Ortslage Ardorf an der Nordseite durch einen militärisch genutzten Flugplatz begrenzt, in dessen 2. Lärmschutzzone sie fast komplett fällt. Damit sind erhebliche Bauauflagen und entsprechende Mehrkosten für die wenigen genehmigten Neubauten sowie gravierende Beschränkungen gegenwärtiger und zukünftiger Siedlungs- und Gewerbeentwicklung verbunden.

Darüber hinaus ist die gesamte Ortschaft dadurch auch insofern problematisch geprägt, als die beiden nordwestlichen Ortsteile Webershausen und Wehle in eine räumlich isolierte Lage geraten sind, und in den letzten Jahrzehnten mehr als 30 Familien aufgrund von Flughafenerweiterungen ihre dortigen Häuser bzw. Höfe verlassen mußten.

In diesem Kontext ist eine der Ursachen für den nicht unerheblichen Bevölkerungsrückgang in den 1950er Jahren sowie für die annähernde Konstanz der entsprechenden Kennziffern in den letzten drei Jahrzehnten zu sehen (vgl. Tab. 5-1).

Tab. 5-1: Bevölkerungsentwicklung in der Gemeinde Ardorf

Jahr	Einwohner
1939	1.218
1950	1.568
1961	1.394
1971	1.415
1980	1.333
1981	1.344
1983	1.338
1984	1.347
1987	*1.426
1990	1.337

* Diese hohe Kennziffer spiegelt eher statistische Unregelmäßigkeiten als reale Entwicklungen
Quellen: 1939-84: Dorferneuerung Ardorf, S. 17; 1987: Volkszählung; 1990: Stadt Wittmund

Um die Gewichtigkeit und Komplexität des Einflusses des Fliegerhorstes auf die Lebens- und Entwicklungsmöglichkeiten Ardorfs zu erfassen, sind weitere Aspekte zu berücksichtigen: die Emissionen (insbes. Lärm; vgl. a. 5.4) und vor allem Verunsicherungen, die aus den Spannungen zwischen konkret projektierten Erweiterungsplänen und sich dagegen richtendem Widerstand - insbesondere in Nachbargemeinden - sowie Schließungsgerüchten angesichts der allgemeinen militärischen Umstrukturierungen resultieren. Die Bedeutung des Militärflughafens für den Ort verbindet sich mit seiner Funktion als größter Arbeitgeber: "(...) viele sind da beschäftigt, dann sagt natürlich keiner was über seinen Arbeitsplatz. (...) jeder denkt sich, was passiert da jetzt wohl, nur nicht so viel drüber reden, nicht." (10 A, S. 9).

Dieses Zitat spiegelt die in der Gemeinde vorherrschende Atmosphäre und Haltung bezüglich dieses Themas und signalisiert Wohlverhalten und Machtlosigkeit gegenüber einer Institution, von der ökonomische Stabilität und Zukunft abzuhängen scheinen, obwohl sie, als an eigenen Kriterien orientierte, dafür keine Verantwortung übernimmt, gleichzeitig aber örtliche Entwicklungsmöglichkeiten beschränkt.

Vor diesem Hintergrund ist es zu verstehen, daß örtliche und regionale Experten, die Erhaltung des "Status Quo" (vgl. 3 A/P) als einzige realistische Chance sehen oder gar ein "sterbendes Dorf" (vgl. 1 A/e) prognostizieren. Dies gelte in besonderem Maße, seit aufgrund der Eingemeindung die aus dem Flughafen resultierenden Einnahmen Ardorf nicht mehr direkt zugute kämen (vgl. a. 6 A).

In vielen unserer Interviewprotokolle finden sich Hinweise darauf, daß die Ardorfer und Ardorferinnen mit der Eingemeindung nicht zufrieden sind, insbesondere weil der größte Teil der öffentlichen Aufmerksamkeit und Gelder in der neuen Einheitsgemeinde auf die 30 Kilometer entfernt liegenden Küstenbadeortschaften sowie auf Wittmund selbst konzentriert werde. Ardorf habe also an Substanz und Gestaltungsspielraum verloren, indem es - entgegen dem eigenen Wunsch, sich mit anderen zu einer "Landgemeinde" zusammenzuschließen (vgl. 1 A/e) - der sehr großflächigen und heterogenen "Einheitsgemeinde Stadt Wittmund" zugeschlagen und dort ins Abseits gedrängt worden sei.

Während von den Ardorfern selbst diese Einschätzung durch die Betonung des eigenständigen kulturellen Dorflebens relativiert wird (vgl. 5.1.2), muß hier auch auf die Ausweisung der Gemeinde als einer von vier Grundschulstandorten sowie auf das Dorferneuerungsprogramm hingewiesen werden (vgl. u.a. 5.3.3). Gleichwohl läßt sich die Behauptung eines innerkommunalen Gefälles bzw. der Abseitslage durch weitere Befunde untermauern: Spätestens seit der Stillegung der Kleinbahn Wittmund-Aurich-Leer vor gut zwei Jahrzehnten muß Ardorf vom ÖPNV als weitgehend abgekoppelt gelten. Die Stadt Wittmund bemüht sich darum, Gewerbeansiedlungen in einem Gebiet etwa zehn Kilometer von Ardorf entfernt zu konzentrieren. In Zusammenhang mit der Baubeschränkung durch den Flughafen bedeutet das, daß erweiterungswillige Betriebe ihre Standorte im Hauptort Ardorf, die größtenteils im nördlichen Bereich liegen, gegen neue im Wittmunder Gewerbegebiet aufgeben müssen.

Auch wenn davon auszugehen ist, daß Entscheidungen über Einstellungen auf dem Fliegerhorst und über Auflagen für das örtliche Gewerbe auch an den sozioökonomischen Interessen Ardorfs orientiert werden, sind in den skizzierten ortsspezifischen externen Einflußfaktoren Verstärker der Tendenzen und Strukturen zu sehen, die die Gemeinde als Opfer des allgemeinen Strukturwandels erscheinen lassen. Zwar pendelten schon 1961 135 Arbeitnehmer bzw. 24% der Erwerbspersonen aus Ardorf aus und nur 55 ein, doch war damals ein quantitativ und qualitativ weit größeres Spektrum an Erwerbsmöglichkeiten in den örtlichen Gewerbe- und Landwirtschaftsbetrieben vorhanden (Landesplanerisches Rahmenprogramm für die Gemeinde Ardorf 1969, S. 1).

Wenngleich Ardorf auch heute noch als landwirtschaftlich geprägte Gemeinde gelten kann, ist es nicht überraschend, daß die allgemeine Entwicklung des Agrarmarktes und der Agrarpolitik in den letzten 30 Jahren zu erheblichen sozioökonomischen und siedlungsstrukturellen Veränderungen geführt hat: Zwischen 1961 und 1987 hat sich die Zahl der landwirtschaftlichen Betriebe auf 104 halbiert (vgl. a.a.O. mit Agrarberichterstattung 1987, S. 1,1). Eine Reihe von un- oder umgenutzten landwirtschaftlichen Gebäuden sowie kürzlich die Aufgabe des letzten Hofes in der Ortslage verweisen auf weitreichende Folgen dieses Prozesses. Weitere Auswirkungen werden deutlich, wenn man die folgenden Angaben zu in der Landwirtschaft Beschäftigten vor dem Hintergrund, daß dies 1961 noch 58% der "am Ort Arbeitenden waren" (Landesplanerisches Rahmenprogramm 1969, S. 1), betrachtet. Im Zusammenhang mit vorstehender Tabelle lassen sich drei bilanzierende Aussagen zur örtlichen Erwerbsstruktur treffen:

1) Obwohl in der Landwirtschaft ein knappes Viertel der Erwerbstätigen beschäftigt ist, stellt sie nur noch Arbeitsplätze für Selbständige und mithelfende Familienangehörige, nicht mehr für Arbeitnehmer im engeren Sinne, zur Verfügung (vgl.a. Dorferneuerung Ardorf, S. 18).

2) Der Flughafen ist ein wichtiger Arbeitgeber für Einwohner Ardorfs, was sich vor allem in den Spalten Nr. 4 und Nr. 6 ("übrige Wirtschaftsbereiche"; "... Soldaten, ...") andeutet.

3) Außer dem einzigen Industrieunternehmen, einem Betonwerk, bietet kaum ein örtlicher Betrieb Arbeitsplätze für mehrere abhängig Beschäftigte.

Tab. 5-2: Erwerbstätige nach Wirtschaftsbereichen und Stellung im Beruf 1987 in Ardorf

	Erwerbstätige	nach Wirtschaftsbereichen				nach Stellung im Beruf		
	insgesamt	Land- und Forstwirtschaft	Produzierendes Gewerbe	Handel, Verkehr und Nachrichtenübertragung	übrige	Selbständige, mithelfende Familienangehörige	Beamte, Richter, Soldaten, Angestellte, Azubis (Kfm./Techn.)	Arbeiter, Auszubildende (Gewerbe)
	1	2	3	4	5	6	7	8
abs.	537*	126	144	76	191	140	168	229
%	23,5	26,8	26,8	14,2	35,6	26,1	31,3	42,6

* Nur 503 Ardorfer (35,3 %) bestreiten ihren "überwiegenden Lebensunterhalt durch Erwerbstätigkeit" (vgl. a.a.O.)

Quelle: Volkszählung 1987

Die Arbeitsmarktrelevanz des örtlichen Gewerbes ist nicht nur gering, sondern weiter im Abnehmen begriffen. Der Überhang an Klein- bzw. Familienbetrieben sowie solchen, die dem ausgeprägt konjunkturabhängigen Baugewerbe zuzurechnen sind (vgl. Dorferneuerung Ardorf, S. 17f.), ist als Indikator der andauernden Nichtbewältigung des allgemeinen Strukturwandels zu interpretieren. Zwar gelang es beispielsweise einer Familie, in den fünfziger Jahren durch die schrittweise Umwandlung ihrer Schmiede in eine Tankstelle und Kfz-Werkstatt einen frühzeitigen Modernisierungsschritt zu vollziehen. Doch insgesamt ist für die letzten 30 Jahre eine Entwicklung zu konstatieren, die durch Arbeitsplatzverluste und Betriebsstillegungen in den überkommenen Bereichen gekennzeichnet war, beispielsweise wurden die einzige Ziegelei sowie die Molkerei geschlossen und eine Schmiede aufgegeben. Dem standen nur vereinzelte Existenzgründungen im Dienstleistungsbereich, z.B. eine Massagepraxis und ein Planungsbüro gegenüber, wobei letzteres wieder abgewandert ist.

Bezüglich der Versorgungseinrichtungen drängt sich beim Rundgang durch den Ort der Eindruck auf, Zeuge des unaufhaltsamen Niedergangs eines elementaren Aspektes dörflichen Lebens zu sein: Leere oder zugemauerte Schaufenster und verblaßte, fragmentierte Schriftzüge erinnern an Läden und Werkstätten, die ehedem zur Existenzsicherung, Versorgung und sicher auch Kommunikation dienten. Die (noch) existierenden Betriebe wirken nach Angebotspräsentation und -palette zu einem nicht unerheblichen Teil so anachronistisch, daß ihr längerfristiges Überleben nicht vorstellbar erscheint:

> "Und es ist überall gleich, Aldi hat das Monopol, und nach Aldi geht man einkaufen. Im allgemeinen. Und kleine, kleine Sachen holt man dann noch aus'm Dorf. Ja, und die kleinen Sachen, davon kann ein Geschäft nicht existieren. Wenn es eine alte Familie ist, so wie es bei dieser Familie ist, dann geht das, (...) aber wenn er (ein potentieller neuer Inhaber - d. Verf.) jetzt neu anfängt und muß da die hohen Mieten zahlen, ich weiß nicht, ob das noch läuft." (2 A/e, S. 30 f.).

Sieht man von den wenigen Ardorfern und Ardorferinnen ab, die aufgrund ihrer Immobilität oder bewußter Entscheidung häufiger im Ort einkaufen, deckt sich obige Darstellung voll mit unseren Befunden. Die Prognose der zitierten örtlichen Funktionsträgerin kann in ihrer aktuellen Brisanz kaum überschätzt werden, da zur Zeit einige Betriebsinhaber in der Situation stehen, (bald) aus Altersgründen aufhören zu müssen, ohne in der Familie einen Nachfolger zu finden. Ohne die Entwicklungsabsichten und -chancen der Versorgungseinrichtungen im einzelnen abschätzen zu können, ist festzuhalten, daß nur sehr Weniges zu beobachten ist, was als Hinweis auf getätigte oder geplante Investitionen im gewerblichen Bereich gelten kann.

Besonders hervorgehoben sei in diesem Zusammenhang, daß es - abgesehen von einem überregional bekannten Restaurant - weder private noch gewerbliche Angebote gibt, die der Fremdenverkehrswirtschaft dienen (könnten) (vgl. 5.4), wodurch sich Ardorf von etlichen umliegenden Gemeinden unterscheidet, in denen man zumindest häufiger auf Hinweisschilder für Ferienzimmer/-wohnungen stößt.

Es ist allerdings zu berücksichtigen, daß offensichtlich von Seiten der öffentlichen Hand in den letzten Jahren erhebliche Anstrengungen unternommen wurden, Ardorf lebensfähig zu halten und insbesondere den Hauptort aufzuwerten. So fallen - außer der bereits erwähnten Neugestaltung des Dorfplatzes - die zentral gelegene Grundschule mit angeschlossenem Kindergarten, Sportflächen und -einrichtungen sowie das nordwestlich der Kirche gelegene, umgebaute Feuerwehrhaus auf. Ferner sind die Kinder- und Jugendbibliothek sowie der kürzlich eröffnete Jugendraum in diesem Zusammenhang zu erwähnen.

Darüber hinaus zeigt das Erscheinungsbild Ardorfs viele Facetten, die sich als Hinweise auf ein großes Interesse an bzw. Identifikation mit der unmittelbaren Wohnumgebung, dem Ortsteil und/oder ganz Ardorf verstehen lassen: Der private und öffentliche Raum ist und wird permanent unter funktionalen, ästhetischen und symbolischen Gesichtspunkten gepflegt und gestaltet.

Darin ist ein Gegengewicht zu den beschriebenen Symptomen des Verfalls zu sehen, das aber wiederum in sich durch eine erhebliche Spannung geprägt ist. Denn einerseits sind vor allem die öffentlichen, kollektiven Gestaltungsmaßnahmen - insbesondere im Rahmen der Dorferneuerung (vgl. 5.3.3) - auf eine bewahrende Fortentwicklung im Rahmen des historisch gewachsenen Siedlungs- und Kulturlandschaftsbildes orientiert. Andererseits wirken viele Produkte privater Verschönerungsbemühungen, wie Aluminiumhaustüren, Betonzäune, Tujen u.ä., im kleinen ebenso als Fremdkörper wie die erwähnte Neubausiedlung im großen.

So ist am Ende dieses Teilkapitels festzustellen, daß Siedlungs-, Infra- und Wirtschaftsstruktur Ardorfs in ihrer spezifischen Vielfältigkeit die polaren

Spannungen zwischen "Kern" und "Rand" (vgl. o.), zwischen Niedergang und Erneuerung sowie zwischen externen und internen Einflußfaktoren widerspiegeln.

Im folgenden wird zu zeigen sein, daß das private und öffentliche Leben gleichfalls zwischen diesen Polen zu verorten ist bzw. verschiedene Lebensäußerungen und soziale Entwicklungen aus den Spannungen zwischen diesen zu verstehen sind.

5.1.2 Das öffentliche und soziale Leben - Wahrnehmungen von In- und Outsidern

"Es wird sehr viel auf die Beine gestellt in Ardorf, nich. Es ist ja oft so, wenn man von außen (von der Stadt Wittmund - d.Verf.) aufdiktiert bekommt, das und das, und man hat Ardorf praktisch so als *Randlage* (als politisch und wirtschaftlich benachteiligter Ortsteil - d.Verf.) gesehen, dann entwickelt sich in der Nachbarschaft und in der Dorfgemeinschaft ein sehr gutes Zusammengehörigkeitsgefühl, und dieses Zusammengehörigkeitsgefühl, was das Vereinsleben anbetrifft und was das Feiern anbelangt, das ist *sehr groß* in Ardorf, nich." (1 A/e, S. 12 - Hervorh.i.Orig.).

Dieser Interviewausschnitt ist insofern besonders geeignet, dieses Teilkapitel einzuleiten, da darin ein Spannungsverhältnis zwischen der externen Beschränkung von und dem internen Wunsch nach Eigenständigkeit (vgl. 5.1.1) angedeutet wird, aus dem "das Vereinsleben" und "Zusammengehörigkeitsgefühl" in Ardorf ihre dynamische Intensität gewinnen. Außerdem verweisen die von dem zitierten örtlichen Funktionsträger verwendeten Begriffe "Nachbarschaft", "Vereinsleben" und "Dorfgemeinschaft" darauf, daß es notwendig ist, unterschiedliche Ebenen und Zusammenhänge sozialen Lebens und kollektiver Identifikationen zu unterscheiden, um nicht leichtfertig das Klischee "*der Dorfgemeinschaft*" zu reproduzieren.

Schon eine kurze Betrachtung "*des Vereinslebens*" läßt unschwer erkennen, daß selbiges, und damit wesentliche sozialkommunikative Strukturen und Inhalte in Ardorf, Nivellierungs- *und* Polarisierungstendenzen aufweisen. Letztere resultieren aus dem Aufeinandertreffen unterschiedlicher Zugehörigkeiten (zu Ortsteilen, Vereinen, Altersgruppen, ...) und damit verbundenen Bedürfnissen, Pflichten und Ansichten.

Die folgende Skizze des "*Schützenwesens*", die mit einigen im Rahmen der Feldforschung protokollierten Beobachtungen auf dem Collrunger Schützenfest im Mai 1990 eingeleitet wird, mag obige Aussage nachvollziehbar werden lassen.

Ein Hauptereignis des dreitägigen Festes war der Schützenball am Samstagabend, in dessen Rahmen der neue König inthronisiert wurde. Der Erwerb eines "Tanzbandes" für DM 6,-- am Eingang des eigens aufgebauten Festzeltes war Voraussetzung, um der Zeremonie beiwohnen und an Geselligkeit und Tanz teilnehmen zu können. Jedesmal, wenn die kleine Kapelle eine ihrer vielen Pausen beendete, füllte sich die Tanzfläche mit Paaren, die sich mit überwiegend ernsten Gesichtern langsam nach der Musik bewegten. Zu Beginn der nächsten Pause führten die Herren die Damen an den Tisch zurück, wie sie sie zur Tanzfläche geführt hatten. Zwei, drei jüngere Paare fielen durch etwas mehr Schwung und Fröhlichkeit auf; doch vor allem zwei Frauen brachten einen "Farbtupfer" in dieses einförmige Bild, indem sie nicht uniformiert waren und überdies miteinander tanzten.

Die Tanzfläche befand sich in der Mitte des Zeltes und trennte damit zwei Bereiche, in denen an langen Biertischen gegessen, getrunken und gesprochen wurde. Der eine Bereich war, was die Uniformen unschwer erkennen ließen, komplett vom gastgebenden Verein belegt, während im anderen, trotz der direkten Nähe zum Tresen, viele Tische unbesetzt blieben. Erst im Laufe des Abends kamen hier noch einige Personen dazu, insbesondere eine Gruppe junger Leute, die offensichtlich dem Verein zumindest nahestanden. Recht lautstark albernd warteten sie auf die offizielle Amtsübergabe, vor allem um sich vom neuen Jungkönig einige Runden spendieren lassen zu können.

Den auf der Tanzfläche mit einer gewissen Feierlichkeit und vielen festgelegten und spontanen Ausrufen vollzogenen Wechsel des Königshauses verfolgte diese Gruppe junger Leute, ohne von ihrem Platz aus etwas sehen zu können, mit Scherzen, Gebrüll und Applaus. Insgesamt entstand der Eindruck, daß die komplette und korrekte Umsetzung der Zeremonie für alle unverzichtbar ist, ohne daß sie vollkommen ernst genommen würde.

Der gleiche Eindruck ergab sich am nächsten Mittag beim Aufmarsch der Schützen anläßlich der Begrüßung der befreundeten Schützenvereine. In diesem Fall wurde das völlige Sicheinlassen auf das traditionsreiche Ereignis für die Marschierenden und insbesondere für die Zuschauer noch dadurch erschwert, daß hundert Meter entfernt gerade zwei Unfallfahrzeuge abtransportiert wurden. Die Mehrheit der Zuschauer schenkte ihre Aufmerksamkeit fast ausschließlich diesem Ereignis, während die aktiv Beteiligten ihren jeweiligen Pflichten in der Begrüßungszeremonie nachkamen. Das hohe Maß an einheitlicher Regelhaftigkeit wurde von einigen durch das Mitführen von Kindern oder durch hypermodische Accessoires bzw. eine auffallend "wilde" Haarpracht in Kombination mit der jeweiligen Vereinsuniform durchbrochen. Darüber hinaus war zu beobachten, daß einige, vornehmlich junge Leute und Mütter mit Kindern sich zwischen den wenigen Imbiß- und Spielbuden vor dem Festzelt aufhielten, ohne dem Umzug besondere Beachtung zu schenken.

Die skizzierten Umgangsweisen mit den traditionsreichen Zeremonien und die Tatsache, daß das Festzelt am Ballabend bei weitem nicht voll war, widerlegen nicht die hohe Bedeutung, die gerade die Schützenvereine und -feste für das Leben im Dorf haben. Gleichwohl spiegeln sich darin Veränderungen in den Bedürfnislagen der örtlichen Bevölkerung, die teilweise mit neueren *Entwicklungen im "Vereinsleben"* korrespondieren (vgl. a. 5.3).

So formuliert ein Gesprächspartner, nachdem er über unterschiedliche Interessen sportlich und vereinstraditionell orientierter Schützen raisoniert hat:

"... die (Schützenvereine - d.Verf.) sind so'n bißchen im Umbruch, aber ich würde generell nicht so sagen, daß das Vereinsleben hier in Ardorf nun weiter runtergeht." (12 A, S. 27).

Im gleichen Gespräch hatte zuvor ein Jungerwachsener über seine Erfahrungen in der *Bogenabteilung* des Schützenvereins berichtet, die 1989 im Rahmen des Schützenfestes unter dem Vereinsdach gegründet worden sei und sich trotz teilweiser erheblicher Unstimmigkeiten auf absehbare Zeit aus organisatorisch-taktischen Gründen nicht vom "Mutterverein" lösen und selbständig machen könne:

"Also, wollen mal so sagen, (in der Bogenabteilung ist - d.Verf.) ne ganz *andere* Schicht Mensch als im Verein, also keine direkten Vereinsmenschen sind das. Schützenverein ist ja immer so, das sind ja Vereinsmenschen. Die richtig: Also, das ist mein Verein ...(...), und hier ist eben so: dat sind meine Freunde, so einfach ist das. Wir haben bloß das gleiche Hobby und dat wird von den Anderen hier nicht so akzeptiert." (12 A, S. 25 - Hervorh.i.Orig.).

Folgendes Zitat aus dem Interview mit einem älteren Ehepaar, das vor rund 15 Jahren trotz des Unwillens männlicher Traditionalisten die Gründung einer *Damenriege* mitinitiiert habe, in der die Frau heute noch schieße, läßt das Neben- und Gegeneinander eigenständiger Vereine auf Ortsteilebene als eine weitere der im örtlichen Vereinsleben wirksamen Polarisierungstendenzen sichtbar werden:

"Wir haben zwei Schützenvereine hier. Direkt Ardorf und Heglitz ... wir sind (trotz Umzug nach Ardorf vor rund 20 Jahren - d.Verf.) im Heglitzer Verein geblieben(...). Wenn wir jetzt die Heglitzer Jacken anhaben, ne, und die Ardorfer, dann kennen die sich nicht." (2 A, S. 6f.).

Aus anderen Interviews läßt sich ergänzen, daß vor allem die vier örtlichen Gast- und Vereinswirte aus den Ortsteilen Ardorf, Collrunge, Heglitz und Webershausen das Zusammengehen einzelner Vereine verhindert hätten.

Die wiedergegebenen Beobachtungen und Interviewausschnitte dürften erkennen lassen, daß innerhalb und zwischen den vier örtlichen Schützenvereinen erhebliche Konkurrenzverhältnisse bestehen. Gleichwohl haben sie einzeln und gemeinsam - als "*Schützenwesen*" - einen dominierenden Einfluß auf die Gestaltung und Wahrnehmung des Lebens in Ardorf.

Zum Ausdruck kommt dies nicht zuletzt darin, daß die traditionellen Termine für die einzelnen Schützenfeste innerhalb Ardorfs sowohl untereinander abgestimmt sind als auch sonstige Planungen beeinflussen, indem sie in der Regel von den Ausrichtern anderer Feiern und Veranstaltungen als "ausgebucht" akzeptiert werden. Ein Grund für das relativ erfolgreiche Bemühen der Schützenvereine, das öffentliche Dorfleben in vertrauten Bahnen zu halten, ist in dem Fehlen direkter "Konkurrenz" zu sehen.

Die beiden *Boßel- und Klootschießervereine* können gewissermaßen als jahreszeitliches Gegenstück der Schützenvereine betrachtet werden. Beide saisonal sich abwechselnden Vereinstypen sind unter lokalhistorischen, regionalkulturellen und sozialkommunikativen Aspekten von großer Bedeutung. Während sich das bei vielen - vornehmlich älteren - Ardorfern auch daran zeigt, daß sie zumindest via passiver Mitgliedschaft dem Boßeln und Schießen verbunden sind, finden die Boßelvereine bei der jüngeren Generation wesentlich mehr Anhänger als die Schützenvereine.

Hier kommt unter anderem die Kritik an den Verkrustungs- und Überalterungstendenzen in den Schützenvereinen (vgl.o.) zum Tragen. Ein weiterer Grund dürfte in dem sportlicheren Image des Boßelns und Klootschießens liegen, das sich sowohl über die Teilnahme der Vereine an überregionalen - oder gar internationalen - Wettkämpfen (vgl. Augustin/Johannsen 1978 u.

OZ v. 08.04.92, S. 4) als auch über die unübersehbare Ausübung dieser Sportart im öffentlichen Raum vermittelt.

An letztgenanntem Aspekt machen sich potentiell konflikthafte *Wahrnehmungsdifferenzen* fest, die nicht nur den Facettenreichtum des örtlichen Boßelsports veranschaulichen, sondern wiederum strukturelle Reibungsflächen im - organisierten - öffentlichen und sozialen Leben erkennen lassen:

- Ein älterer Funktionsträger:

    "(...) wenn Sie mal durch Ardorf fahren, *jeden Sonntag* und jeden Sonnabendnachmittag, dann sehn Sie die (boßelnden Gruppen - d.Verf.). Wir haben da ja so diese berühmten Boßelstrecken (...), die auch überregional von allen benutzt wird. Da ist Ardorf (...) so ungefähr *Mittelpunkt* mit von Ostfriesland, was das Boßeln und Klootschießen anbelangt." (1 A/e, S. 11f. - Hervorh.i.Orig.).

- Eine Abiturientin:

    "Das ist, das kann man als Sport richtig ansehen (...), das verstehn einige Leute nicht, aber dadurch laß ich mich nicht von abbringen. Ich zieh das als Sport durch und wenn ich feiern gehn will, *dann geh ich feiern*, (...), das (Boßeln - d.Verf.) wir durch Hobby-Boßler (...), ist das sehr in Verruf geraten, daß es eigentlich nur ne Schluckerei ist." (5 A, S. 36).

Indem das erste Zitat "*das Boßeln*" ohne nähere Differenzierungen als positives Charakteristikum Ardorfs hervorhebt, steht es in einem Spannungsverhältnis zu den eindeutig wertenden Unterscheidungen der anschließend Zitierten. Es scheint eine Konfliktlinie auf, auf die wir in der Beschäftigung mit den Wahrnehmungen der örtlichen Bevölkerung bezüglich des Vereins- und Soziallebens (vgl. o.: "Schützenwesen"; u.: "Nachbarschaft") immer wieder gestoßen sind: traditionell geregelte, alkoholzentrierte Geselligkeit vs. interessen- und bedürfnisorientierte gemeinsame Aktivitäten.

Der vor sechs Jahren gegründete *Heimatverein* (vgl. a. 5.3.2) versucht, die zwischen diesen beiden pointiert formulierten Polen liegende Spannbreite weitgehend abzudecken. So hat er sich zur Aufgabe gemacht, die "Belange der Heimatpflege" und die "kulturelle Entwicklung Ardorfs" zu fördern (Heimatverein: Satzung, § 2,1). Indem diese Ziele aber nicht nur in einem Arbeitskreis zur Ortsgeschichte oder in einer plattdeutschen Theatergruppe, sondern auch durch kleinere Feiern sowie - mit zunehmender überörtlicher Publikumswirksamkeit - durch die jährliche Ausrichtung eines mehrtägigen

"Erntefestes" verfolgt werden, gelingt es dem Heimatverein tatsächlich, unterschiedliche sozialkommunikative Bedürfnisse und inhaltliche Anliegen zu bündeln.

Exemplarisch kommt dies in der Einladung zum 6. *Erntefest* (1991) zum Ausdruck, die neben dem Ball mit Krönung und Tombola folgende Angebote offeriert: 'Gottesdienst, Erntekorso mit thematisch orientiert geschmückten Fahrzeugen, Autoausstellung, Kinderbelustigung, Ausstellung: Gärtnerei-Produkte und Gartengestaltung, Laternenumzug des Kindergartens' (Heimatverein: 6. Erntefest; leicht verändert - d.Verf.).

In der Vielfalt des genannten Programmes ist ein Resultat des Engagements und Zusammenwirkens verschiedener Personen, Gruppen und Vereine, die teilweise aus benachbarten Gemeinden kommen, zu sehen (vgl.a. AH 23.09.86). Eine Broschüre über "dit und dat in Hoch und Platt" im "Heimatdorf", die der Heimatverein 1989 erstellt hat, weckt den Eindruck, daß die angesprochene Zusammenarbeit auf der Basis kontinuierlichen und abgestimmten Neben- und Miteinanders erfolgt, da Adressen und Termine fast aller Gruppen und Vereine in Ardorf dort abgedruckt sind (vgl. Heimatverein: Ardorf).

Aus der Sicht des Heimatvereins stellt sich allerdings das eigene Bemühen um Abstimmung und - sachbezogene - Zusammenführung von Interessen und Gruppen aus den verschiedenen Ortsteilen als mühsamer Prozeß des (Um)werbens dar, in dem viele Rückschläge einzustecken seien. So wurde beispielsweise auf der Jahreshauptversammlung 1987 bedauert, "daß ein Angebot an Vereine, Organisationen usw., sich am Erntedankfest zu beteiligen, außer von der Freiwilligen Feuerwehr und den Landfrauen nicht angenommen wurde." (AH 24.03.87, S. 3). Ein Vorstandsmitglied berichtete uns sogar, daß in jüngster Zeit der fest terminierte jährliche Liederabend sowie andere in der genannten Broschüre angekündigte Veranstaltungen bei der Planung anderer Feste im Dorf nicht respektiert worden seien. - "Da hab ich gesagt: 'Jetzt ist Schluß!' (...) unsere Gemeinde ist zu klein. Man kann nicht zwei Feste in einem Dorf machen, das geht nicht." (2 A/e, S. 18 f.).

In dem zuletzt besprochenen Themenkomplex deuten sich zwei *Prinzipien des Heimatvereins* an, an denen orientiert er versucht, sich von den traditionellen Vereinen abzuheben und zugleich auf die Einstellungen der Einwohner sowie auf die Lebensbedingungen in Ardorf einzuwirken:

- Ardorf sei eine Einheit aus vielen Ortsteilen, die in die Vereinsarbeit einzubinden seien (vgl.z.B. AH 27.12.89, S. 3); weshalb beispielsweise die Versammlungen und Veranstaltungen des Vereins im Wechsel in verschiedenen örtlichen Gaststätten durchgeführt werden.
- "Im Dorf ist jeder gleich!" (6 A/P); weshalb beispielsweise - anders als bei den Schützenfesten erfolgreich - versucht wird, über günstige Preise sowie den Verzicht auf Uniformen und sonstige Zugehörigkeitssymbole Ausgrenzungen und Grüppchenbildung zu vermeiden.

Abgeschlossen werden soll die charakterisierende Darstellung des *Vereinslebens* mit den Worten einer aus einer Nachbargemeinde zugezogenen Frau mittleren Alters, die stellvertretend für die Aussagen einer Anzahl unserer Gesprächspartner stehen können:

> "Es gibt ja auch einen Schützenverein, das gibt hier Feuerwehr, das sind die Vereine hier, die Gruppen hier, die so zusammen feiern und eh irgendwas machen. Der Heimatverein ist so'n bißchen anders (...), da ist mal dies Erntefest (...). Das ist eigentlich ganz schön und ist sehr dörflich, nich. (...) Aber diese Schützenvereine (...) das geht also zurück. (...) es gibt auch noch viele Einwohner, die das noch mitmachen, die im Schützenverein sind und auch diese Uniformen auch haben und die ganz toll feiern und das auch gut finden, nich. (...) aber das ist nich unser Fall dann, nich." (8 A, S. 9 f.).

Indem dieses Zitat sich auf besonders gewichtige Aspekte des Vereinsleben konzentriert, entwirft es ein charakteristisches Bild, in dem allerdings viele Facetten nicht sichtbar werden. Darum muß hier noch daraufhingewiesen werden, daß es eine größere Zahl von Gruppen gibt, die weniger als die beschriebenen Vereine ins Auge fallen, weil sie erst relativ kurz bestehen und nur ganz spezielle Interessensgruppen ansprechen: der Fußballverein, der Singkreis des Landfrauenvereins, die Turngemeinschaft Ardorf mit diversen Untergruppen, der Tischtennisverein sowie Handarbeits- oder Eltern-Kind-Kreise und weitere.

Ein anderer, sehr wichtiger Bereich des örtlichen Soziallebens ist die *Nachbarschaft*. Antagonismen, die auch das Vereinsleben beeinflussen, wie Interessen- kontra Regelorientierung, kommen hier in besonderer Weise zum Tragen, weil die Bewohner in vielen Straßen Ardorfs fast unausweichlich gezwungen scheinen, sich den Anforderungen der Nachbarschaft zu stellen:

"Noch mal bezogen auf Nachbarschaft an sich, man muß also auch Dinge tolerieren, die man mitunter selber eigentlich nicht so gut findet, ne, wie das so in der Runde gemacht werden soll oder so, wenn ein Fest geplant wird, und so eine Sache, die doch ne große Rolle spielt, ist so der Alkoholgenuß bei solchen Feiern und das ist auch mitunter etwas, was einem nicht so ganz so toll gefällt. (...) Ja, im Grunde .. da trinken wir auch unsere Biere oder unsern Schnaps oder so, wo man fast zu gezwungen wird dann. Das ist aber auch in den letzten Jahren, denk ich so, wenn Leute dabei sind, die das tatsächlich nicht wollen, ist es nich so, wie's vielleicht vor 10 Jahren war oder sowas, daß da so richtig, so'n bißchen Terror aufgebaut wird oder sowas, ne also, daß man so nun 'n ganz Verrückter ist, wenn man gar nichts trinken will oder sowas. Das war am Anfang so, als wir hierher zogen, da haben sie schon versucht, uns da flach zu legen, (...) auf dieser Straße, (in der jetzigen Nachbarschaft -d.Verf.) das sind alles auch so'n bißchen ältere Leute, die sind so, mehr so 50, 60 im Durchschnitt und das war wohl bis vor einigen Jahren, und da war aber auch das Problem des Alkoholtrinkens, daß sie da ein-, zwei-, dreimal in heftigen Streit gekommen sind miteinander und dann hat sich das aber über 'ne gewisse Zeit bißchen bereinigt wieder, und sie hatten dann für sich entschieden, daß sie so also diese wilden Feiern nicht mehr veranstalten wollen, um dieser Sache aus dem Weg zu gehen." (7 A, S. 5 f.)

Diese ausführliche Wiedergabe der Schilderungen eines vor Jahren freiwillig zugezogenen Familienvaters, der innerhalb Ardorfs zweimal das Haus und damit die Nachbarschaft gewechselt hat, seien ergänzt durch seine Erfahrungen mit dem "Neujahrslauf", um einen pointierten Eindruck davon zu vermitteln, wie weit "soziale Rituale" in die Wahrnehmung und Gestaltung des persönlichen Lebens hineinreichen können:

"Das (der Neujahrslauf - d.Verf.) ist dann auch so'n Ritual. Man geht los und trinkt erstmal, reihum, in jedem Haus, und im letzten ißt man. Und manche Leute machen's auch im ersten essen und gehn dann weiter, das ist natürlich etwas schlauer, wenn man das sorum macht. Aber wenn das Silvester sowieso schon oft so wüst ist, dann ist das natürlich schon 'ne Marter für uns gewesen, (...). Dann haben wir das vielleicht einmal mitgemacht und dann sind wir eigentlich immer grundsätzlich weggefahren Silvester. Das ist also .. uns gefällts nich so sehr, die Ostfriesen finden es dann eben dann doch teilweise sehr gut, und es gehört für die halt mit dazu." (7A, S. 7 f.)

Die Zusammenstellung der Interviewausschnitte wird dem Zitierten insofern nicht gerecht, als sie die Ambivalenz seiner Wahrnehmung von Nachbarschaft nicht hinreichend widerspiegelt: Er und seine Frau bemühen sich - wie auch einige unserer anderen Gesprächspartner - nicht nur durch akzeptierende Anpassung, sondern auch durch aktive Mitgestaltung um befriedigende Nachbarschaftskontakte, auch wenn sie vielen überkommenen Verhaltensmustern und -regeln eher kritisch gegenüberstehen (vgl. a. 5.3.1).

Die bisherigen Ausführungen implizieren die These, daß Nachbarschaft in Ardorf als eine fest verankerte soziale Institution zu betrachten ist, die durch ihre Ausstrahlung von Zwang, Selbstverständlichkeit und Faszination einen unumgehbaren Bezugsrahmen für die meisten Bewohner und Bewohnerinnen darstellt. Um diese These nachvollziehbar zu machen, erscheint es notwendig, im folgenden das Verständnis von Nachbarschaft herauszuarbeiten. Denn:

> "(...) es ist sehr schwierig hier, was überhaupt so Nachbarschaft, was man darunter versteht, also das ist meistens nur eine Straße. Das haben wir auch erst mit der Zeit so mitgekriegt, ne." (8 A, S. 12).

In ähnlicher Weise wurde uns in einigen Interviews erklärt, daß Nachbarschaften grundsätzlich klar abgegrenzt seien. Damit korrespondiert zum einen der zwangsläufige Wechsel der Nachbarschaft - mit entsprechender Verlagerung des sozialen Kontaktschwerpunktes - bei Umzug (vgl.o.). Zum anderen seien schon Nachbarschaften - via informeller Gespräche - geteilt worden, wenn sie sich etwa durch Neubau zu sehr vergrößert hätten.

Der Sinn dieser klaren Grenzziehungen erschließt sich unmittelbar aus den traditionellen Aufgaben der Nachbarschaft insbesondere in Zusammenhang mit besonderen Familienfesten und -ereignissen. Da beispielsweise zu unterschiedlichen Anlässen, wie Einzügen, Hochzeiten, Silberhochzeiten, Geburten, Bögen gebunden oder sonstiger symbolträchtiger Haus- und Gartenschmuck gefertigt werden, was Organisation und Vorbereitungszeit voraussetzt, gebe es Aufgabenteilungen, durch die jeder in Abhängigkeit von Ereignis, genauem Wohnstandort und Geschlecht mal hauptverantwortlich, mal helfend in die Pflicht genommen werde. Am Rande sei bemerkt, daß die gemeinsamen Vorbereitungsabende durchaus nicht nur als Pflicht, sondern auch als Kür wahrgenommen, das heißt in fröhlicher Geselligkeit verbracht werden.

> "Ja, das ist ja eigentlich auch schon die Vorfreude auf's Fest, ne." (11 A, S. 9).

Eine besondere Konnotation hat die angesprochene Aufgabenteilung im Zusammenhang mit Todesfällen. Hier sind die Nachbarn in einer festgelegten Reihenfolge für das "Ansagen", das mündliche Weitertragen der Todesnachricht, sowie für das Tragen des Sarges verantwortlich. Für diese traditionelle Form praktizierter Solidarität gilt nach der Auffassung vieler unserer Gesprächspartner das gleiche wie für Nachbarschaft insgesamt:

"Der Zusammenhalt war früher schöner." (2 A, S. 7).

Wohingegen andere betonen:

"Und hilfsbereit sind sie (die Nachbarn - d.Verf.) ja sehr. Das ist auf dem Land eben so." (11 A, S. 8).

Diese beiden Aussagen sind nicht als Widerspruch im eigentlichen Sinne zu interpretieren. Denn sie spiegeln die Unterschiedlichkeit individueller Wahrnehmungen und die Heterogenität des örtlichen Sozialgefüges. Außerdem stehen sie beide dem Pol "Erneuerung" gegenüber und betonen damit die vorherrschenden Beharrungstendenzen (vgl.a. 5.1.1 u. 5.3).

Das Festhalten an liebgewonnenen Vorstellungen und/oder Verhaltensweisen läßt sich auch sehr gut an der Wahrnehmung der *Gaststätten als kommunikative Treffpunkte* beobachten:

"Man kennt hier jeden., (...), man kann sich mal irgendwo inne Gaststätte setzen und mal ein Bier trinken, kann sich mit denen unterhalten (...)." (10 A, S. 14).

Während sich ein Großteil unserer Gesprächspartner weitgehend auf diese Art der Wahrnehmung beschränkt, werden realiter die zitierten Kommunikationsmöglichkeiten meistens nur von relativ wenigen Stammgästen genutzt. Diese kommen zum Teil mehrmals täglich, so daß beispielsweise in einer alten Gaststätte in der Ortschaft Ardorf morgens, nachmittags und abends weitgehend identische Szenen zu beobachten sind, die ihre Dynamik vor allem aus dem Kommen und Gehen von - meist einzelnen - Gästen beziehen: An dem L-förmigen Tresen sitzen zwei, drei, manchmal auch sechs oder acht Männer. Sie schweigen, machen Trinkspiele mit kleinen Schnapsflaschen, in deren Deckeln (Glücks-)Zahlen eingestanzt sind, trinken - jeder in seinem Rhythmus - Bier, machen Scherze, tauschen Neuigkeiten aus. Ab und zu verlassen einzelne relativ unvermittelt die Kneipe, beispielsweise wenn sie davon ausgehen können, daß zu Hause das Essen auf dem Tisch steht.

Wenn, was selten der Fall ist, außer der sehr betagten Wirtin Frauen anwesend sind, sitzen diese gemeinsam an einem Tisch - im Rücken der Männer. In diesen Situationen kommt es immer wieder vor, daß die Kommunikation, als Austausch von - Plattdeutsch gesprochenen - stichelnden Scherzen und kurzen Bemerkungen, quer durch den ganzen Saal geführt wird. Dabei nimmt die Wirtin häufig - wie auch bei den Tresengesprächen - eine teilweise ernsthafte, teilweise scherzende Vermittlerrolle ein, indem sie zum einen gegen zu grobe Scherze protestiert und zum anderen Richtigstellung bzw. korrekte Wiedergabe von Informationen über andere Dorfbewohner einfordert.

Die Wirtin selbst machte uns nachdrücklich ihre grundsätzliche Haltung deutlich, indem sie mit stolzer, vielsagender Geste auf ein Schild über der Tür hinwies:

> "Supp dieh vull
> und frät dieh dick
> und holl diehn Muhl
> von Politik."

Als Motto der Kneipenbesucher und des Lebens in Ardorf läßt sich dieser Vers vor dem Hintergrund verstehen, daß Partei-Politik von der Ortsbevölkerung als konflikthaft und inadäquat beurteilt und von daher im eigenen Reden und Handeln - z.T. explizit - weitgehend ausgeklammert wird. Demgemäß sind die skizzierten Kommunikationssituationen gekennzeichnet durch Themen, die sich auch ohne parteipolitische Stellungnahmen ansprechen lassen: personenzentrierter "Klatsch", Geld, Preise, Sport, Freizeitangebote und -einrichtungen u.ä.. Die Gefahr des Aufkommens von Konflikten ist durch schnelle Themenwechsel (s.o.) sehr gering.

Unsere Anwesenheit stimulierte zu Fragen und Bemerkungen beispielsweise zu unserer Herkunft sowie zum Zusammenhang von Region und Trinkgewohnheiten. Doch so wenig wie es dadurch zu längeren Gesprächen kam, so wenig hatten wir den Eindruck, störend auf routinierte Kommunikationssituationen einzuwirken. Ein kleines Ereignis vor dem Kneipenfenster genügte, die Aufmerksamkeit aller auf sich zu ziehen: "De Pastoor!" - Die Pastorin fuhr mit dem Auto vor und lud einen Sack Schafwolle ein.

Vertrautheit, Oberflächlichkeit, Regelhaftigkeit und Beharrung sind, so sollte deutlich geworden sein, einige wichtige Aspekte, die das öffentliche und soziale Leben charakterisieren. Die Wiedergabe eines Dialoges zu

Beginn unseres zweiten Besuches in o.g. Gaststätte, mag - unsere bisherigen Schilderungen abschließend - die Gültigkeit dieser Begriffe auch für Begegnungen zwischen der Ortsbevölkerung und Besuchern sichtbar machen:

Wir:	"Moin, moin!"
Gäste:	"Moin, moin!"
Wirtin:	"Ihr seid ja schon wieder da! Habt Ihr schon wieder Durst?!"
Ein Forscher:	"Ja! Die Herren hier ja auch!"
Ein Gast:	"Anders kann man's ja hier nicht aushalten!"

Hier sollten wir dem letzten Satz des Gastes besondere Aufmerksamkeit schenken. Denn indem dieser aussagt, daß potentielle Unzufriedenheit und Kritikbereitschaft kein Grund sei, die vertraute Lebensführung und -umgebung aufzugeben, spiegelt er eine gemeinsame Grundhaltung der Ardorfer und Ardorferinnen: selbstverständliches Arrangement und Identifikation mit dem Leben im Dorf. Während hierin eine wichtige Grundlage für das kontinuierliche "Funktionieren" des Lebens im Dorf zu sehen ist, läßt die folgende Darstellung der aus qualitativen Einzelfall- und vergleichenden Auswertungen gewonnenen Wahrnehmungstypen Differenzen erkennen, aus denen produktive und destruktive Störungen des - scheinbar - stabilen Systems überkommener Regeln und Muster erwachsen (können).

5.2 Wahrnehmungstypen - Differenzierte und differenzierende Blicke auf Leben und Lebensbedingungen in Ardorf

In den vorangegangenen Darstellungen unterschiedlicher Bereiche und Ausdrucksformen des öffentlichen und sozialen Lebens wurde vor allem der aus Innen- und Außenperspektive hervortretende Gesamteindruck einer relativ lebendigen, weitgehend konfliktfreien Dorfgemeinschaft illustriert. Doch schon dabei deutete sich an, daß der allgemein geteilte, gewissermaßen selbstverständliche Wunsch nach Integration in ein funktionierendes Gemeinschaftsleben einerseits mit unterschiedlichen Inhalten gefüllt sein kann und andererseits für viele Ardorfer zumindest punktuell in einem Spannungsverhältnis zu anderen individuellen Bedürfnissen und Interessen steht.

Folglich gilt es nun - nicht zuletzt in dem Bemühen, Motoren und Blockaden prospektiver Entwicklungen aufzuspüren - über die Hereinnahme individueller Perspektiven ein differenziertes Bild "der Dorfgemeinschaft" bzw. vom Leben in Ardorf zu erhalten. Zu diesem Zwecke sollen im folgenden vier aus den Interviewprotokollen generierte *Typen* vorgestellt werden, die charakteristische Muster der *Wahrnehmung* des Lebens und seiner Bedingungen repräsentieren.

5.2.1 Typ A: "Ich finde so die alte Zeit, noch so von meiner Oma, die ist damals schon '84 gestorben (...). Also die Zeiten fand ich immer ganz schön."

Typ A soll der "*Nostalgiker*" heißen, da seine Wahrnehmungen wesentlich an vergangenen, schöneren Zeiten orientiert sind. Während sich dies in der Überschrift eher allgemein ausdrückt, vermittelt folgendes Zitat neben dem "zeitlichen" auch einen wichtigen inhaltlichen Bezugspunkt dieses Wahrnehmungsmusters:

> "Aber ich finde das Zusammenhalt, was so vor 15 Jahren war, ist nicht mehr - und 20 Jahren kann man sagen, ne." (2 A, S. 20).

In diesem Sinne wird in den hier zusammengeordneten Interviews immer wieder festgestellt und bedauert, daß das Gemeinschaftsleben ("Zusammenhalt") - insbesondere das nachbarschaftliche - erhebliche quantitative und qualitative Einbußen erlitten habe.

Dafür werden vor allem folgende Ursachen genannt: Einzug der Technik (Heizungs- und Sanitärinstallationen, Haushaltsgeräte, Unterhaltungselektronik und Autos) in jeden Haushalt, Todesfälle in der Nachbarschaft, Zuzüge neuer Menschen sowie das "allgemeine Gehetze". All diese Aspekte werden als selbstverständliche, aber ungeliebte Zeiterscheinungen hingenommen, die man häufig sogar wie automatisch in das eigene Verhalten einbaue: "Man macht das ja selbst schon mit" (2A, S. 11) - das Gehetze sowie die Freizeitplanung mittels Fernsehprogrammen.

"Früher" war das Leben im Dorf/auf dem Lande also geselliger und stärker von gegenseitiger Hilfeleistung geprägt. Es war aber auch, wie alle Repräsentanten dieses Typs betonen, "härter". Trotzdem werden die technischen Erleichterungen und die institutionalisierte soziale Absicherung des modernen Lebens keinesfalls einhellig begrüßt. Denn "härter" bedeutet für Typ A nicht "schlimmer", sondern "einfacher", "überschaubarer", "gemütlicher", "uriger" etc..

In wenigen Fällen wird das Leid erahnbar, das mit den geschilderten Erlebnissen in Armut, Kälte und autoritären Strukturen verbunden gewesen sein muß, doch zum Thema oder gar Problem wird es nie. Nein, umgekehrt: "Aber wie gut das ist, wenn man arm groß wird, ne. Das ist irgendwie besser (als heute - d. Verf.)." (3 A, S. 15).

In der Regel hat diese Orientierung am "besseren Früher" gewissermaßen die Funktion eines Tagtraumes, in den man vor der unfreundlichen Gegenwart fliehen kann. Darüber hinaus liefert "das Früher" häufig Wertorientierungen, die der individuellen Lebensgestaltung, der Beurteilung anderer, aber auch den in Einzelfällen formulierten Lösungsvorschlägen für soziale oder ökonomische Mißstände zugrundeliegen: "Ich gehöre nicht zu den Grünen, aber die haben sehr, sehr viele Sachen, die man beachten sollte und wieder drauf *zurückgehen* sollte, um einen guten Menschenstand auch wieder zu kriegen." (6 A, S. 23 - Hervorh. d.Verf.).

Die verbreitet positive Einstellung zu "richtiger" - d.h. meist körperlicher und handwerklicher - Arbeit, mittels derer man sich selbst, wie es "früher" üblich gewesen sei, die eigene Existenz aufgebaut habe, ist ein deutliches Indiz für die genannte Wertorientierung. Zumal häufig heutiges Arbeitsverhalten als negatives Gegenbeispiel dargestellt wird. Sei es, daß die Arbeit, wie auf dem Fliegerhorst, selbst als überflüssig, weil unproduktiv bewertet wird; sei es, daß die beobachteten nachbarlichen Hoferben "unfähig" seien, den an sich tragfähigen Betrieb richtig zu führen, oder daß der Tankstellenpächter nicht den "richtigen" Umgang mit den Kunden pflege.

So wie in den Interviewpassagen, auf die hier rekurriert wurde, die "Schuld" für "Mißstände" meist beim Einzelnen und nicht in gesellschaftlichen Zusammenhängen gesehen wird, neigt dieser Typ dazu, auch prospektive Veränderungen der Tatkraft und dem Engagement einzelner Personen zuzuschreiben: "Dafür hat (... die Pastorin - d.Verf.) auch gesorgt, haben wir ja so'n Dorfplatz gekriegt (...)." (3 A, S. 30). Dieses kurze Zitat läßt zwei für den "Nostalgiker" charakteristische Merkmale erahnen, die sich durch umfangreiche Interviewpassagen belegen ließen:

- Ausführungen von Vertretern dieses Typs zu aktuellen Entwicklungen außerhalb des unmittelbar privat-alltäglichen Bereichs sind häufig durch vage, eher kommentierende als informierende Formulierungen gekennzeichnet und beinhalten in vergleichsweise großer Anzahl sachlich falsche Angaben.

- Trotz seiner ausgeprägten Beharrungstendenzen steht der Nostalgiker Neuerungen nicht grundsätzlich ablehnend gegenüber. Vielmehr kann er ihnen neutral oder gar positiv begegnen, soweit sie - weil als äußerlich - nicht als (Zer)Störung des Vertrauten wahrgenommen werden.

Zusammenfassend läßt sich dieser Typ, dessen Repräsentanten übrigens 58 Jahre und älter sind, mit folgendem Bild charakterisieren: Er sitzt - mit den wenigen verbliebenen vertrauten Menschen - in seinem Wohnzimmer und schaut durch ein kleines Sprossenfenster aus seinen Kindertagen hinaus in die Welt, während diese über das Fernsehgerät zu ihm hereinkommt.

Theoretisch gewendet: Wahrnehmungstyp A weist in besonderer Intensität Merkmale auf, die "das Alltagsbewußtsein" allgemein kennzeichnen: Selektivität, Fraglosigkeit, Stabilität.

5.2.2 Typ B: "(...) das ist also ne kleine Panikmache, was da so in den Zeitungen steht, nich."

Zwar war die in der Überschrift zitierte Interviewaussage auf die vorschnellen Berichte über eine mögliche Schließung des Fliegerhorstes (vgl. 5.1.1) bezogen, doch mögen folgende Zitate deutlich machen, daß Typ B, der *"Beschöniger"*, vor dem Hintergrund seines tendenziell statischen und idealisierenden Bildes von Ardorf bzw. Ostfriesland generell dazu neigt, Probleme und Verunsicherungen externen Personen bzw. Faktoren zuzuschreiben:

- "Hier, hier lebt man (...) mit der sogenannten Arbeitslosigkeit, mit der Strukturschwäche dieses Raumes, mit dem miesen Bruttosozialprodukt, das sind ja alles statistische Zahlen, lebt man phantastisch in Ostfriesland und da leidet keiner oder kaum einer." (9 A, S. 24).
- "(...) *Überwiegend* kamen diese Demonstranten (gegen die Erweiterungspläne des Fliegerhorstes - d. Verf.) von außerhalb (...), viele Grüne aus Aurich und Emden, Leer und Hannover und wo die alle herkommen und haben hier die Leute verrückt gemacht." (10 A, S. 10 - Hervorh.i.Orig.).

In den bisherigen Zitaten deutet sich als grundlegendes Kennzeichen des beschönigenden Wahrnehmungsmusters die Polarisation zwischen "positivem Hier" und "negativem Dort/Anderen" an. Beides verdient eine nähere Betrachtung:

- "Mit diesen Problemen, die in anderen Regionen, in Ballungszentren zu kleinen Katastrophen führen, da lebt man hier gut mit, weil das Zusammenleben in der Gemeinschaft des Dorfes und auch innerhalb der Familie funktioniert." (9 A, S. 24).
- Von Zwangsversteigerungen aufgrund unangemessener Kalkulation beim Eigenheimbau seien eigentlich nur die betroffen, die nicht "aus Ardorf kommen oder auch keine direkten Ostfriesen sind. Das ist mir schon aufgefallen, daß die doch einen ganz andern Lebensstil haben, als wir hier selber." (10 A, S. 17).

Vor dem Hintergrund der zitierten und vieler anderer Interviewausschnitte ist festzuhalten, daß mit dem positiv wahrgenommen "Hier" und "Wir", als Synonyme für "Ardorf", "Ostfriesland und "ländlicher Raum", der eigene Lebensraum und -stil als kollektiv auf einer "Mesoebene" verankert und abgegrenzt gesehen wird. Die Abgrenzung vom "negativen Anderen" geht also einher mit dem Sich-Eingebettet-Fühlen in einen größeren Zusammenhang.

Doch auch innerhalb desselben kann es zu Differenzierungen kommen, wenn es als notwendig wahrgenommen wird, Abweichungen des eigenen Standpunktes oder der eigenen Biographie vom kollektiv geteilten Muster zu legitimieren. So begründet beispielsweise ein (in der Umgebung gebürtiger) Befragter seine größere Affinität zu spontanen Feten und Kneipentouren als zum örtlichen Vereinsleben damit, daß er "Zugereister" sei, was er übrigens nach 20 Jahren immer noch merke. - "Also dies Wort Zugereister, das verstehen Sie nun bitte nicht falsch: Also ich kann da gut mit leben, und meine Mitmenschen sicherlich auch, aber (...)" (9 A, S. 12).

Was sich im letzten Absatz nur andeutet, wird in der Zusammenschau unterschiedlicher Einlassungen zum je persönlichen Leben als Charakteristikum dieses Typs deutlich: Die Wahrnehmung von problematischen Aspekten der eigenen Biographie gleicht einem Balanceakt, der es ermöglicht, die eigene Rolle im Dorf und deren Genese zu akzeptieren oder gar positiv als etwas besonderes wahrzunehmen, ohne daß dadurch das Zugehörigkeitsgefühl in Frage gestellt würde.

Auch hier soll der skizzierte Typ mit einem Bild zusammenfassend charakterisiert und damit gleichzeitig eine pointierte Gegenüberstellung mit dem "Nostalgiker" (vgl. 5.2.1) ermöglicht werden: Der "Beschöniger" betrachtet alles durch eine Brille, die im Nahbereich nur rosarotes, in der Ferne nur dunkelgraues Sehen ermöglicht.

5.2.3 Typ C: "Ich sag: 'Ich gehe vormittags in die Kirche, ihr geht nachmittags boßeln; - jedem das Seine, ne.'."

Die zitatförmige Überschrift wirft einerseits ein charakteristisches Licht auf den nun vorzustellenden Typ, insofern dessen Repräsentanten orientiert an eigenen Vorlieben und Bedürfnissen klare Unterschiede zwischen sich und anderen, wie Nachbarn, Ardorfern, "Ur"-Ostfriesen, wahrnehmen und postulieren. Andererseits ist in diesem Fall der Versuch, mittels einer pointierten Überschrift "des Pudels Kern" zu transportieren, besonders problematisch, da es hier Wahrnehmungen zu einem typischen Muster zusammenzufassen gilt, die sich gerade durch die herausragende Stellung individueller Selektivität ähneln. Um beides zu spiegeln soll Wahrnehmungstyp C "bedürfnisorientierter Pragmatiker" heißen.

Im folgenden ist zu zeigen, daß differenzierende und differenzierte Wahrnehmungen von Vertretern dieses Typs sich nach konkreten Ausdrucksformen, Bezugsrahmen und Handlungsimplikationen voneinander unterscheiden, gleichwohl aber alle das gleiche Grundmuster erkennen lassen: Die Wahrnehmung "der Außenwelt" wird strukturiert durch das Selbstbild sowie die eigenen Wünsche und Einstellungen; gleichzeitig wird die Selbstwahrnehmung (als Oberbegriff für die drei zuletzt genannten) an der "Fremdwahrnehmung" profiliert.

(Diese theoretisch allgemeingültige Wechselbeziehung muß hier besonders betont werden, da sie beim "bedürfnisorientierten Pragmatiker" gegenüber den anderen drei Typen in besonderer Weise zum Tragen kommt; nicht zuletzt indem diese Befragten häufig und intensiv ihren Standort innerhalb konkreter oder abstrakter "Kollektive" thematisieren.)

- "Ich bin ja selbst eigentlich Ostfriese, aber ich bin nicht so ein Urostfriese! (...) ich mein doch, daß wir (sie und ihr Mann - d.Verf.) etwas offener, ein bißchen neuzeitlicher schon sind. Und da gibt es halt in Ostfriesland doch noch ländliche Bereiche, wo wirklich jetzt so *eine* Gegend oder Ortschaft und *da* spielt sich alles ab, der Blickwinkel ist auch nicht sehr viel größer. (...) man findet das schön und gut, aber man ist, man lebt selbst nicht mehr so." (8 A, S. 27f. - Hervorh.i.Orig.).

- Eine Frau, die spätestens seit ihre Kinder "groß" sind, ihre Rolle als Hausfrau und Mutter nicht mehr als erfüllend erlebt, kommentiert den kürzlich erfolgten Wechsel von gelegentlichen Aushilfsengagements zur Festanstellung folgendermaßen: "Ich bin wirklich froh, daß ich das jetzt gekriegt habe. Irgendwie sieht man sich ja dann der Tag ist ganz anders ausgefüllt, ne. (...) Obwohl hier die Nachbarschaft, da wird doch anders darüber geredet. Die denken doch anders, die sagen immer: 'Du kannst doch besser zu Hause bleiben.' Die sind auch nicht mehr so aktiv, ne. Auch mehr so, wie ich es früher auch war." (11 A, S. 22).

Führt man sich außer diesen einige Zitate vor Augen, die individuelle Abgrenzungen vom traditionellen Vereinsleben widerspiegeln (vgl. 5.1.2; insbes. 5 A, 8 A, 12 A - "Freunde", Sportler, Individualisten vs. "richtige Vereinsmenschen"), wird deutlich, daß Typ C dazu tendiert, sich selbst als "neuzeitlicher", "offener" und entwicklungsfähiger als die meisten anderen Menschen in seinem lokalen/regionalen Bezugsrahmen wahrzunehmen. Allerdings ist damit, wie die Überschrift schon andeutet, in der Regel keine explizite Herabwürdigung oder Mißachtung anderer bzw. traditioneller Einstellungen und Lebensstile verbunden: Zum einen gönnt und läßt dieser Typ "jedem das Seine", - zumindest soweit dadurch nicht die eigenen Entfaltungsmöglichkeiten spürbar beschränkt werden -, zum anderen läßt er keine Ambitionen erkennen, seine in der Region und ihrer Soziokultur liegenden Wurzeln zu leugnen oder gar zu kappen. Etwas anders gewendet: Vor dem Hintergrund tendenziell wohlwollender Akzeptanz des Gegebenen ist der "bedürfnisorientierte Pragmatiker" bereit und in der Lage, Kritik zu üben. Dies kommt auch in der aktiven Seite der Wahrnehmung, in seinen Handlungen zum Ausdruck: Stets ist die Inwertsetzung oder Verteidigung von Freiräumen und Möglichkeiten zur Befriedigung individueller Bedürfnisse und Interessen das Ziel. "Zufälle", allgemeine "Trends", die dörflichen Kommunikations- und Sozialstrukturen sowie die je individuelle Lebens- und Familiensituation werden dabei als Rahmenbedingungen und teilweise als Handlungsgrundlagen wahrgenommen.

In den Teilkapiteln 5.1.2 und 5.3.1 sind einige Initiativen dieses Typs zur selektiven Umgestaltung des Vereins- und Nachbarschaftslebens dargestellt. Dies ergänzend mögen die folgenden Beispiele einen Eindruck von der

Bandbreite der Handlungsmöglichkeiten im Rahmen des skizzierten Wahrnehmungsmusters vermitteln:
- "Seit einem halben Jahr spielen wir Gitarre. (...) Da war mal eine Diakonin bei uns, bei einer Kirchenvorstandssitzung, und hat auch gleich mit Gitarre mit uns gesungen, und also ich fand das ganz toll. Da sag ich so: 'Können wir das nicht mal lernen?!'. 'Ja, wenn Sie Lust hätten,' sagt se, 'ich würd mich gerne zur Verfügung stellen.'. Ja, das war im März, und da hatten wir auch gleich 7 Frauen, die interessiert waren." (11 A, S. 11f.).
- "Wir (sie und ihr Mann - d.Verf.) haben kürzlich überlegt, daß man vielleicht das Haus verkauft, (...), und daß man dann eventuell, das ist meine Meinung, doch in Wittmund bauen würde. (...) Also im Moment reicht hier alles aus. Aber ich seh das eigentlich kommen, wenn die Kinder älter werden (...). Hier muß man halt, hab ich ja schon erzählt, immer selbst die Initiative ergreifen (was sie mehrfach getan habe, als beispielsweise die Kinder Schwimm- oder Tennisunterricht bekommen sollten - d.Verf.). Und *da* (in Wittmund - d.Verf.) wird eigentlich alles so angeboten." (8 A, S. 24).
- "Das (regelmäßige Besuche und Kontakte der in einem Ortsteil lebenden Befragten im Hauptort Ardorf - d.Verf.) ging bis zu der Konfirmandenzeit, das sind so die meisten Erinnerungen, die ich so an Ardorf speziell habe. Anschließend bin ich dann nach Wittmund gegangen (...). Wittmund ist an sich ne ziemlich tote Stadt, abends ist auch in der Fußgängerzone nicht so viel los (...). Da kann man besser nach Aurich fahren. (...). Ich halt mich ziemlich viel in der Nähe von Aurich auf, weil mein Freund dort auch wohnt, dann ist es nicht mehr so weit." (5 A, S. 45 u. 6).

Es sollte deutlich geworden sein, daß der "bedürfnisorientierte Pragmatiker" sich gegenüber den beiden bisher vorgestellten Typen durch größere Flexibilität und Mobilität(sbereitschaft) auszeichnet. Seine Wahrnehmungen werden weder durch zeitliche (das "Früher" des "Nostalgikers") noch sozialräumliche (das "Hier" des "Beschönigers") Grenzen, sondern durch individuelle Bedürfnisse und Einstellungen strukturiert. Aus dieser Perspektive ist auch er an einem funktionierenden Gemeinschaftsleben interessiert. Das heißt, "die Dorfgemeinschaft" - in Einzelfällen ergänzt oder teilweise ersetzt durch andere soziale Bezugssysteme - wird nicht als Selbstzweck mit Eigenwert, sondern als Rahmen zur Gestaltung des persönlichen Lebens gesehen: "Dorfgemeinschaft heißt eigentlich, daß man sich hier eigentlich sehr gut kennt und weiß, andere Leute haben auch bestimmte Interessen (...), und dann spricht man die einfach an: 'Habt Ihr nicht Lust?'" (8 A, S. 2 u. 4).

Vor diesem Hintergrund ist es auch zu verstehen, daß in den hier zugrundegelegten Interviews in der Regel nur solche Aspekte des Lebens und der Lebensbedingungen in Ardorf bzw. in der Region zur Sprache kommen, die als unmittelbar relevant für das je persönliche Leben wahrgenommen werden. Eine gewisse Sonderrolle nehmen dabei lediglich Ausführungen ein, die einen atmosphärischen Gesamteindruck wiedergeben. Gerade auch in diesen Zusammenhängen wird deutlich, daß die Mobilitätsbereitschaft dieses Typs dort ihre Grenzen hat, wo der subjektiv vertraute Rahmen verlassen werden müßte:

"Ich möchte schon gerne in Ostfriesland bleiben, auch wenn ich das Abi jetzt hab und denn natürlich auch zur Diskussion stünde, ob ich studiere oder nicht. Ich glaube, ich würde es erstmal nicht tun, weil ich wahnsinnig ungern hier weggehe. Wenn ich jetzt auch vorher sag, man hat Probleme irgendwo hinzukommen oder es ist stellenweise tote Hose, aber das Land zieht einen doch schon an." (5 A, S. 8).

Um auch von diesem relativ komplexen Wahrnehmungstyp einen bildhaften Gesamteindruck zu behalten, schlagen wir vor, sich einen Fotografen vorzustellen, der gleichzeitig Selbst- und Fremdbilder gewinnt, indem er sein Objektiv auf einen Spiegel richtet, worin er sich und "seine Umgebung" sehen kann.

5.2.4 Typ D: "Das ist auch so'ne Überlegung, die ich auch wichtig finde, daß man die Infrastruktur natürlich nur erhalten kann, wenn man selber dran teilnimmt."

Dieser Typ soll der *"Reformer"* heißen. Denn, wie die Überschrift schon andeutet, generiert sich sein Bild von Ardorf nicht nur über unmittelbare Eindrücke und Erlebnisse, sondern auch über abstrahierende Überlegungen. Das schlägt sich auch in klar formulierten Vorstellungen über ortsspezifische Handlungs*muster* und Macht*strukturen* sowie über Wechselbeziehungen zwischen eigenem Leben, Dorf und Gesellschaft nieder.

Hierfür mag die im folgenden stark gekürzt wiedergegebene Interviewpassage ein eindrücklicher Beleg sein, indem sie sich facettenreich auf ein sonst weitgehend tabuisiertes Thema (vgl.a. 5.1.1 u. 5.2.2) bezieht:

"Und dort kam eben die Idee aus'm Auricher Raum, daß das 'ne Alternative wäre auch für den Flugplatz hier, daß man auch so'n Regionalflugplatz baut, wobei nie diese 500 Arbeitsplätze für Zivilbeschäftigte aufgefangen werden könnten. Aber es wäre zumindest 'nen Einstieg. Was sich für unsere Gegend auch anbietet sind ja Industriebetriebe, die auf regenerative Energiedinge zurückgreifen - so'ne Windenergiefabrik (...). Wenn man an die Arbeitsbereiche auf dem Flugplatz denkt, so Elektrotechnikberufe und solche Dinge, wären da sicher solche Möglichkeiten (...). Das würde aber auch bedeuten, daß die Bundesregierung nicht einfach sagt: 'Wir machen Schluß ...!'. (...) Also wenn ich halt meinen Arbeitsplatz da habe und Soldat bin und das auch wichtig finde, laß ich mich nicht unbedingt auf so'n Gespräch ein. Womit ich ja dann in etwa kundtun würde, daß es eventuell für mich auch 'ne Alternative sein könnte, wenn dicht gemacht und was anderes gemacht würde. (...) Bei den Politikern (vor Ort - d.Verf.) würde ich unterstellen, daß es eher Bequemlichkeit ist (...). Also wenn ich mich dahin stelle: 'Der muß bleiben!', dann hab ich die Leute hinter mir und krieg meine Wählerstimmen, im Gegensatz zum Anderen, wo ich mit 'ner Idee komme und vielleicht in der Luft zerrissen werde (....)." (7 A, S. 42 f.).

Dieser Interviewausschnitt wurde auch deshalb ausgewählt, weil beispielsweise auf das Nachbarschafts- oder Vereinsleben bezogene Passagen die Unterschiede zwischen diesem Typ und dem "bedürfnisorientierten Pragmatiker" nicht hinreichend hätten deutlich werden lassen: In diesen Bereichen tendieren beide, an eigenen Bedürfnissen und Einstellungen orientiert, zu einer Gratwanderung zwischen Rückzug und Partizipation mit reformerischen Impulsen (vgl. 5.1.2; insbes. 7 A u. 5.2.3); wobei beim "Reformer" die Option, sich per Umzug ganz zu entziehen, stärker ausgeprägt ist.

Gleichwohl engagiert sich dieser Typ in besonderer Weise im öffentlichen und sozialen Leben Ardorfs. Die Leitmotive ergeben sich dabei aus persönlichen Bedürfnissen und/oder übergeordneten politischen Vorstellungen. Da in Teilkapitel 5.3.2 am Beispiel der Gründung des Heimatvereins nachzulesen ist, wie dieses reflektierende Wahrnehmungsmuster in - politisch-reformerisches - Handeln umschlägt, soll auf diesen Aspekt hier nicht näher eingegangen werden.

Auch wenn alle vier Typenbeschreibungen als synthetisierende Zusammenfassungen und nicht als detailgenaue Abbildungen individueller Wahrnehmungsmuster zu lesen sind, somit also höchstens annäherungsweise mit sozialstatistischen Daten in Verbindung gebracht werden können, ist in diesem Fall darauf hinzuweisen, daß sich nur ein Befragter, ein nicht-ostfriesischer, zugezogener Akademiker relativ eindeutig als "Reformer" einordnen läßt. Aus diesem Befund resultierende Fragen nach Voraussetzungen und Folgen solcher Wahrnehmungsformen werden im Zusammenhang mit Entwicklungen in Ardorf (5.3) sowie in den interpretierenden Bilanzen (z.b. 5.4, 11. u. 12.) noch zur Sprache kommen.

In diesem Abschnitt ist abschließend festzuhalten, daß dem hier skizzierten Wahrnehmungsmuster - trotz seiner geringen quantitativ-empirischen Basis - aus zwei Gründen eine besondere Bedeutung zukommt:

- Es ist - im Gegensatz zu den anderen - nicht durch eindeutige Fixpunkte, wie "Früher", "Hier", "Ich", begrenzt.
- Eine solche reformorientierte, reflektierende Wahrnehmung unterschiedlicher Facetten des individuellen und sozialen Lebens in ihrer wechselseitigen Abhängigkeit legt - im Falle von Widersprüchen oder Spannungen - die Suche nach Lösungen und damit nach politischem Handeln nahe.- In diesem Sinne ist das Zitat in der Überschrift folgendermaßen fortzusetzen: "So denk ich schon, daß wir (durch unser Verhalten - d.Verf.) auch die andern Leute ein bißchen ermuntern, daß man das (Einkaufen in den örtlichen Läden - d. Verf.) ruhig macht." (7 A, S. 37).

5.3 Lebensbedingungen und Wahrnehmungsmuster im Lichte von Veränderungen - Auslöser, Verläufe und Resultate dreier typischer sozialer Prozesse

In den beiden ersten Teilkapiteln dieses Berichtes über unsere Untersuchungen in Ardorf wurde gewissermaßen eine Momentaufnahme des dortigen Lebens aus verschiedenen Wahrnehmungsperspektiven gezeichnet. Gleichwohl sind Ansatzpunkte für reale und denkbare Entwicklungen erkennbar geworden. So ist es offensichtlich, daß die Einwohner, deren Wahrnehmungen im wesentlichen Muster C oder D entsprechen, dazu tendieren, sich für bestimmte Bedürfnisse und Anliegen einzusetzen und somit Veränderungen zu initiieren. Auch dürfte ersichtlich geworden sein, daß - trotz der wirksamen Beharrungs- und Harmonisierungstendenzen - in dem Aufeinandertreffen diskrepanter Wahrnehmungstypen oder konfligierender interner und externer Interessen Konflikt- und damit Entwicklungspotential liegt.

Zwar scheinen in dieser Auflistung sowie in den zugrundeliegenden Textpassagen politische Dimensionen auf, doch *Dorfpolitik* im engeren Sinne blieb bisher ausgeklammert. Da diese Ebene des örtlichen Lebens bei der folgenden Auseinandersetzung mit unterschiedlich gelagerten Entwicklungen aus der jüngsten Geschichte Ardorfs ins Blickfeld rückt, ohne als gesondertes Thema behandelt zu werden, sind an dieser Stelle einige methodische und inhaltliche Hinweise zu geben.

In Teilkapitel 5.1.2 wurde bereits herausgearbeitet, daß *politische Parteien* im öffentlichen und sozialen Leben Ardorfs keine nennenswerte Rolle spielen. Dieser Befund ist hier in zweifacher Hinsicht zu differenzieren:

- In parteipolitischen Kategorien betrachtet ist, als atmosphärischer Gesamteindruck sowie aufgrund der öffentlichen Selbstdarstellung der drei (heute: zwei) in den Wittmunder Stadtrat gewählten Ortsvertreter, ein Hang zur "Großen Koalition" zu konstatieren. Dabei hat die konservative Seite nach Wahlergebnissen und vorherrschenden Werthaltungen traditionell ein größeres Gewicht. "DIE GRÜNEN" und entsprechende Einstellungen werden weitgehend kompromißlos abgelehnt.
- Folgendes Zitat spiegelt eine verbreitete, mal kritische, mal akzeptierende Einschätzung der örtlichen Machtstrukturen und der damit verbundenen individuellen Handlungsspielräume: "Also ein Mann kann ganz Ardorf führen hier." (6 A, S. 30). Im Laufe des Untersuchungsganges stellte sich heraus, daß es sich bei dieser Formulierung nur um eine leichte Überpointierung handelt. Zwar war schnell ersichtlich, daß politisches Geschehen und Klima in Ardorf wesentlich durch einige wenige Personen geprägt werden, die diverse Ämter innehaben, doch die informellen, hierarchischen Vernetzungen zwischen den örtlichen Funktionsträgern sowie die verdeckten, aber weitreichenden Einflußmöglichkeiten einzelner Personen oder "Clans" auf die Besetzung und Ausgestaltung unterschiedlicher Funktionen wurden erst schrittweise erkennbar.

Aufgrund ihrer gewichtigen und vor allem besonderen Rolle in den dörflichen Sozialstrukturen werden *örtliche Funktionsträger* in unserer Untersuchung als "exponierte ortsbezogene Informanten" (vgl. 2.1) angesprochen. So fungierten einige exponierte Ardorfer für uns als Schlüsselpersonen, indem sie uns durch diverse Gespräche und zwei sehr ausführliche Interviews Kontakte, Informationen sowie persönliche und ortspolitische Einschätzungen vermittelten. Die so erhobenen Wahrnehmungen in der für die anderen Interviews praktizierten Weise (vgl. 5.2) zu Mustern zu verdichten bzw. zu typisieren, wäre aus grundsätzlichen (vgl. 5.1) und induktiv gewonnenen Erkenntnissen nicht sinnvoll gewesen. Gleichwohl sei die Anmerkung erlaubt, daß im gemeinten Personenkreis Spezifika der Typen A und C stark ausgeprägt sind.

Die bisherigen Hinweise mögen plausibel machen, daß im Rahmen dieses Forschungsprojektes die örtlichen Politik- und Machtstrukturen weder in ihrer Komplexität präzise abgebildet noch über die Herausarbeitung von Wahrnehmungs- oder Handlungsmuster adäquat erfaßt und dargestellt werden können. Um aber trotzdem zu einer angemessenen Einschätzung der Dorfpolitik kommen zu können, befassen wir uns im folgenden mit drei unterschiedlich gelagerten Veränderungsprozessen: Während im ersten Fall erkennbar wird, daß auch weitreichende Entwicklungen im Rahmen von - entsprechenden - Nachbarschaften quasi unterhalb der dorfpolitisch dominierenden Interessen und Handlungszusammenhänge sich abspielen (5.3.1), kommen diese in der Entwicklungsgeschichte des Heimatvereins erkennbar zum Tragen (5.3.2). Im dritten Fall hingegen, bei der Dorferneuerung (5.3.3), stellen externe politische und planerische Faktoren zentrale Einflußgrößen dar. Schon diese einleitende Gegenüberstellung zeigt, daß der Einfluß "der politischen Ortsgrößen" (vgl. 5.3.2) nicht so dominierend ist, daß sich über sie alle realen und potentiellen Entwicklungsansätze und -verläufe erschließen ließen. Darüber hinaus wird deutlich werden, daß sich örtliche Entwicklungen nach Hauptakteuren und -motiven sowie nach räumlicher und sozialer Reichweite unterscheiden lassen, letzlich aber alle in ähnlicher Weise charakterisierbar sind.

5.3.1 Neue Akzente im Nachbarschaftsleben

Wie wir schon gesehen haben, kommt "der Nachbarschaft" nach wie vor eine große Bedeutung für die Gestaltung des individuellen und sozialen Lebens in Ardorf zu. Zwar beklagen einige, und wünschen andere, daß das nachbarschaftliche Netz loser werde (vgl. 5.1.2 und 5.2.1; insbes. 7 A), doch der folgende Blick in die Neubausiedlung (vgl. 5.1.1) mag exemplarisch deutlich machen: dieses Netz löst sich nicht auf, sondern wächst mit Ardorf und verändert sich mit seinen Einwohnern.

So läßt sich zum einen feststellen, daß die einzelnen Straßen der Neubausiedlung als den überkommenen Grundregeln entsprechende Nachbarschaften (vgl. 5.1.2) verstanden und gelebt werden. Zum anderen haben sich fast alle Haushalte der Siedlung in einer "Spielplatzgemeinschaft" zusammengeschlossen. Auf beide sich überlagernden Varianten sozialer Beziehungsgefüge im bzw. in Abhängigkeit vom engeren Wohnumfeld soll im folgenden eingegangen werden.

In hiesigem Zusammenhang sind die Schilderungen des *Nachbarschaftslebens* einer seit Beginn in der Siedlung Wohnenden besonders bemerkenswert, da in ihnen dessen Entstehung und Entwicklung - im konkreten Fall und als allgemeine "soziale Institution" - als Resultat des Zusammenwirkens einer Vielzahl unterschiedlicher Faktoren, die nur teilweise analytisch klar trennbar sind, erkennbar wird:

> "Unsers war eigentlich mit eines der ersten Häuser hier, ne. Also die beiden Häuser auf der andern Seite standen schon, obwohl die ja zur andern Straße eigentlich gehören, und zu denen haben wir eigentlich einen sehr guten Kontakt, das andere ist dann später erst gewachsen, ne. Obwohl man hier, es ist sehr schwierig hier, was überhaupt so Nachbarschaft, was man darunter versteht, also das ist meistens immer nur eine Straße. Das haben wir auch erst mit der Zeit so mitgekriegt, ne. Da haben wir dann auch anfangs so mit'm Richten und so, dann wir haben einfach so die Leute dahinten son paar Häuser, wo wir immer den Kontakt hatten, so eingeladen. Und dann ham wir später erfahren, daß das wohl nicht ganz richtig war, ne. Weil hier die Straße dazugehört, das wird schon ein bißchen eng gesehn, nich. Bei uns ist das immer so, daß wir eigentlich mehr Kontakt zu unsern Gartennachbarn, die vorne an der Straße wohnen, haben, uns eigentlich näher stehn als die andern, die dahinten (am Ende unserer Straße - d. Verf.) wohnen, und für uns sind das auch nur so Nachbarn. Aber man will ja dann auch nichts verkehrt machen und da muß man dann ein bißchen aufpassen." (8 A, S. 12 f.).

Pointierend interpretiert besagt dieser Interviewausschnitt, daß schon vor der Errichtung der Häuser nicht nur die Grundstücksgrößen und Straßenverläufe, sondern auch die Grenzen der - weitgehend fraglos zu konstituierenden - Nachbarschaften feststanden. Die Aufgabe der neuen Bewohner war und ist es, diesen gegebenen Rahmen mit Leben zu füllen:

"Ja, also man fühlt sich schon etwas verpflichtet, wir haben also vor 2 Jahren unsere hölzerne Hochzeit gefeiert. Obwohl wir wollten feiern, so nicht. Nun haben wir aber auch eine sehr große Familie und Bekanntenkreis und da wurds auch schon fast zuviel, aber die Nachbarn durften wir auf *keinen Fall* auslassen, nich. (...) Aber wir wollen natürlich auch trotzdem ein gutes Verhältnis behalten, aber so auf ganz engen Kontakt und häufiges Feiern, häufiges Zusammenkommen legen wir eigentlich nicht so ganz großen Wert .. Obwohl ich selbst diejenige war, die dies Maibaumfest veranstaltet hat, aber ich denk dann eigentlich auch immer wieder, es muß mal was kommen, nich. Oder es ist eine sehr *junge* Siedlung, alles junge Familien mit Kindern, und es kann nicht angehn, daß überhaupt nichts läuft, ne. Und dann, es *reden* auch alle davon und würden es gut finden, und keiner packt es an, ne. Und naja, da hab ich das eben vor 2 Jahren einfach mal gemacht, ich hatte so Zettelchen, ne Einladung einfach gemalt und das klappte also sehr gut. Es haben alle mitgeholfen, wir haben den Maibaum aufgestellt, war sehr gut." (8 A, S. 13 f. - Hervorh. i. Orig.).

Im Vergleich mit den Ausführungen in Abschnitt 5.1.2 zeigt sich hier deutlich, daß in den "jungen" wie in den "alten" Nachbarschaften die gleichen Regeln und Mechanismen wirksam sind. Diese Feststellung verliert auch dadurch nicht ihre Gültigkeit, daß das angesprochene Maibaumfest anders als traditionell üblich, das heißt tagsüber und eher kinder- als alkoholorientiert, gestaltet wurde. Punktuell lassen sich in vielen Nachbarschaften Modifizierungen überkommener Gepflogenheiten beobachten.

Ein Bruch mit den überkommenen Mustern deutet sich aber in der folgenden Fortsetzung der obigen Interviewpassage an, womit wir gleichzeitig zum zweiten Thema, der "*Spielplatzgemeinschaft*", geführt werden:

"(...) also zum Spielplatz, zur Spielplatzgemeinschaft gehört auch hinten noch die Straße dazu, und die hatten wir dann auch angesprochen, die haben aber vorher schon einen eigenen Maibaum gehabt, also so wies schon früher so war. Und da sind jetzt dies Jahr also zwei Paare dazu gekommen, die jetzt lieber bei uns das mitmachen wollen, die das (traditionelle Feiern - d. Verf.) also auch nicht mehr so gern mögen." (8 A, S. 15f).

Entgegen den bisher dargelegten Befunden erscheinen hier Nachbarschaften, überspitzt formuliert, als konkurrierende Parteien, die räumliche Grenzen überwindend und an spezifischen Inhalten und Formen orientiert sich gegenseitig "Mitglieder" abwerben. Eine genaue Betrachtung führt jedoch zu der Erkenntnis, daß es zwar innerhalb und zwischen den Nachbarschaften in der Neubausiedlung eine tendenziell konflikthafte Gleichzeitigkeit diskrepanter Bedürfnisse und Gepflogenheiten gibt, woraus aber in der Regel kein offensives Konkurrenzverhalten resultiert. Vielmehr geht es den Akteuren, wie der zitierten Maifeier-Initiatorin, eher darum, im Interesse gelingender Feste den Kreis der Einzuladenden je nach Anlaß unterschiedlich abgrenzen zu können. Während bezüglich verschiedener - eher familiärer - Anlässe häufiger das Bedürfnis geäußert wird, neben der Familie nur "die nächsten Nachbarn" einladen zu wollen (vgl. 5.1.2), war es in hiesigem Beispiel für die Organisatoren der Maifeier offensichtlich naheliegend und wünschenswert dieses Fest auf dem Spielplatz *und* im Rahmen der Spielplatzgemeinschaft durchzuführen.

Somit ist annäherungsweise schon deutlich geworden, daß es sich um einen interessengeleiteten, aber inhaltlich gestaltbaren Zusammenschluß der Einwohner der Siedlung handelt, der die Nachbarschaften überspannt. Entstanden ist diese Gemeinschaft aber unabhängig von letzteren:

> "Das ist unser Spielplatz hier, den haben wir in Eigeninitiative errichtet. Aber aus dem Grunde, weil die Erschließungskosten eben mehr wurden. Als wir damals hier bauten, wurde uns zugesagt, einschließlich der Erschließungskosten und es würden keine zusätzlichen Kosten auf uns zukommen, und dann kriegten wir dann eines Tages doch Bescheid von der Stadt, daß wir eben so und soviel nachzahlen sollten, und es wurde eben damit begründet, daß noch der Spielplatz gebaut werden sollte und die Straßenbeleuchtung errichtet werden sollte. Dann haben wir uns alle zusammen getan und haben wir gesagt, das möchtn wir nicht (...) und dann haben wir das einfach durchgesetzt und haben den Spielplatz in Eigeninitiative gebaut. Dann haben wir uns sonnabends getroffen und haben das hier errichtet. Und *dazu* gehört dies ganze Bebauungsgebiet, eben halt die andere Straße auch." (8 A, S. 16).

Zwei Aspekte sind hier als besonders bedeutsam festzuhalten: a) "Wir" umfaßt alle, die vor gut 10 Jahren in dem ausgewiesenen Bebauungsgebiet ein Eigenheim errichtet und bezogen haben; b) zumindest latent vorhandene Solidarität aufgrund vergleichbarer Lebenssituationen (vgl. o.) mündete durch das geschilderte Verhalten der Kommunalverwaltung in eine gemeinsame Abwehrhaltung, aus der gemeinsam die organisierte - partielle - Aneignung des Wohnumfeldes entwickelt wurde. In organisierter Ehrenamtlichkeit und Selbsthilfe führt die Gemeinschaft die Pflege und Instandhaltung des Spielplatzes fort.

Während es nicht verwundert zu hören, daß diese Arbeit nicht immer reibungslos verlaufe und einige Haushalte gar nicht mehr daran beteiligt seien, verdient an dieser Stelle folgende Beobachtung herausgestellt zu werden: In Interviewaussagen zur Spielplatzgemeinschaft sind immer wieder Formulierungen zu finden, die den oben ähnlich formulierten Eindruck entstehen lassen, daß es sich hier um eine pragmatische Koalition zweier konkurrierender Nachbarschaften und nicht um den Zusammenschluß einzelner Haushalte handele. So läßt sich bilanzierend festhalten, daß auch in der Neubausiedlung die Wahrnehmung des standortgebundenen sozialen Lebens wesentlich durch die jeweilige Nachbarschaft und deren Grenzen geprägt ist. Gleichzeitig aber liegen in dem größeren, nicht durch Traditionen geregelten Zusammenschluß, das heißt in der Spielplatzgemeinschaft, Potentiale zur Veränderung von Nachbarschaft im konkreten und allgemeinen. Anders formuliert: Zwar war unter anderem aufgrund der regelorientierten Erwartungen aus, an die Siedlung angrenzenden, Nachbarschaften sowie vieler, die dort bauten, die Entwicklung dieser sozialen Beziehungsgefüge in überkommener Form ein quasi zwangsläufiger Prozeß. Gleichwohl eröffnet die parallel entstandene und bestehende Spielplatzgemeinschaft als solche und als potentiell alternative Variante nachbarschaftlichen Lebens neue individuelle Freiräume sowie Perspektiven für eine stärker bedürfnis- und interessenorientierte Gestaltung sozial-kommunikativer Bezüge.

Das geschilderte Beispiel zeigt also, daß unterhalb bzw. außerhalb der Ebene "der Dorfpolitik" Erneuerungsprozesse in Gang gesetzt werden können, diese aber in ihrer Reichweite und Geschwindigkeit durch eine Reihe von sozialstrukturellen Faktoren begrenzt werden.

5.3.2 Die Gründung und Entwicklung des Heimatvereins

In der Gründungsgeschichte des Heimatvereins spielen verschiedene Aspekte eine Rolle, die an anderer Stelle schon zur Sprache kamen: der Wunsch nach mehr Eigenständigkeit innerhalb der Einheitsgemeinde Stadt Wittmund (vgl. 5.1.1); die Vermeidung offener, partei- oder interessenpolitisch orientierter Konflikte (vgl. 5.1.2); die ausgeprägten Beharrungs- und Bewahrungstendenzen (vgl. 5.1.2, 5.2.1 und 5.2.2) sowie die Ambitionen des "Reformers", planvoll auf die Gestaltung der Lebensbedingungen in Ardorf Einfluß zu nehmen (vgl. 5.2.4 u.u.). Schon in dieser unvollständigen Auflistung deutet sich an, daß die in 5.1.2 beschriebenen aktuellen Bemühungen des Heimatvereins, der Fragmentierung "der Dorfgemeinschaft" infolge sich ausdifferenzierender, konkurrierender Bedürfnisse entgegenzusteuern, zumindest teilweise auf die eigene durch polare Spannungen geprägte Gründungsgeschichte zurückzuführen sind: Geschichte, innere Struktur und Aktivitäten des Heimatvereins betrachtend, drängt sich das Bild von einem Notpflaster auf einer klaffenden Wunde auf, die so zwar geschützt und zusammengehalten wird, was aber nicht kurzfristig und zwangsläufig zur Heilung führen muß.

Die Lektüre der folgenden Zitate von verschiedenen Beteiligten mag obiges Bild verständlich werden lassen, wobei neben den Inhalten dem Nebeneinander von polarisierenden und diffus-nivellierenden Formulierungen besondere Aufmerksamkeit geschenkt werden sollte:

"(...) dann wollte man in Ardorf einen Bürgerverein gründen. Dann hat ein gewisser Mann, der auch das politische Leben in Ardorf mit aufgebaut hat, (...): 'Wenn die jetzt einen Bürgerverein wollen, dann müssen wir schnell den Heimatverein machen, damit wir diesen Bürgerverein unterdrücken können!'. (...) Der Bürgerverein hatte sich eigentlich zur Aufgabe gesetzt, die ganze Entwicklung von Ardorf zu beeinflussen. Und er (der o.g. Mann - d. Verf.) hatte noch eine führende Position, fühlte sich wohl etwas eingedrängt. (...) Er hat dann auch ein paar Vorgespräche geführt, hat ein paar eingeladen, die nach seiner Nase natürlich waren, um einen Heimatverein auf die Beine zu bringen. Das war echt ein kleines Tauziehen, das hat sich ungefähr ein halbes Jahr hingezogen. Dann haben diese Mitglieder, die damals 'n Bürgerverein wollten, gesagt: 'Naja, im Heimatverein können wir ja auch etwas machen.'." (2 A/e, S. 1 f.).

"Hatte damals so'n bißchen die Idee, sowas wie'n Bürgerverein zu gründen. Das wurde von den politischen Ortsgrößen recht flott mitbekommen. Und dann ist der sehr offensiv und sehr geschickt auch vorgegangen und hat dann eigentlich, kurz bevor dieser gegründet werden sollte, 'n Heimatverein ins Leben gerufen. Und das bedeutete dann, daß man entweder da bei dem Heimatverein mitmacht oder daß man eben diesen Gegenverein, der es dann ja wäre, auch gründen würde. Und das war denn doch sehr unglücklich. Man hätte von Anfang an so einen Zwist auch in diesen Bereich gebracht. Und da hab ich mich entschieden mit den anderen Leuten, mit denen wir das so ein bißchen überlegt hatten, doch diesen Heimatverein zu unterstützen, zumal er ins seiner Satzung so Dinge hat wie: Wir wollen uns zum Wohl der Ardorfer Bürger einsetzen." (7 A, S. 33).

Während zunächst die Gründung des Heimatvereins sich als abwehrende Reaktion auf eine einzelne initiatorische Aktion darstellt, deutet sich in den zuletzt zitierten Sätzen schon an, daß die Entwicklung des Vereins von der Vorgeschichte bis heute als andauerndes Wechselspiel konträrer Kräfte und somit - analytisch - als prozeßhafte Synthese von These und Antithese zu verstehen ist: Veränderung versus Bewahrung und vice versa.

So habe ein Motiv zur geplanten Gründung eines Bürgervereins in der Überzeugung gelegen, daß aufgrund der gegebenen strukturellen und personalen Bedingungen Ardorfer Interessen nicht nachhaltig genug gegenüber der Stadt Wittmund vertreten würden, zu diesem Zweck also neue Wege beschritten werden müßten. Die folgenden Ergänzungen der obigen Interviewpassagen lassen die Fortdauer des antithetischen Zusammenwirkens erkennen:

"Natürlich kommen wir nicht viel weiter, weil das Ganze (u.a. die Aufarbeitung der Ortsgeschichte - d. Verf.) blockiert wird. Teils vom Vorstand, ist ja mit'm Hinterhalt Bürgerverein, und 'n paar sind im Heimatverein. Und was der Heimatverein durchbringen will, versucht der Bürgerverein zu unterdrücken, und natürlich umgekehrt dasselbe." (2 A/e, S. 4f.).

"Aber es ist schwierig, im Heimatverein in dieser Richtung was zu bewirken. Also mit dem Fluglärm oder (...), daß man sich mal zusammensetzt und überlegt, was könnten wir hier eigentlich machen und wie kriegen wir das durchgesetzt. Und das ist im Heimatverein, das hat sich über Jahre herausgestellt, doch schwierig. Also da steht bei sehr vielen Volkstanz und plattdeutsche Sprache im Vordergrund und, daß wir uns darum bemühen sollen und nicht so um Dinge, wo wir angeblich unsere drei Ratsherren ja nun haben (...)." (7 A, S. 33 f.).

Gerade weil die letzten beiden Zitate den Eindruck nahelegen, daß die Arbeit des Heimatvereins durch interne Spannungen erheblich behindert wird, ist an dieser Stelle nochmals (vgl. a. 5.1.2) darauf hinzuweisen, daß insgesamt eine Zunahme der Anzahl und des Spektrums der Aktivitäten zu verzeichnen ist.

Dies liegt in den immer wieder neuen Anstrengungen der Funktionäre begründet, ein einheitliches, ansprechendes Bild vom Verein zu vermitteln. Daß dieses insgesamt stärker von traditionsorientierten Färbungen geprägt ist, spiegelt sich schon in dem Protokoll der Gründungsversammlung und Namensfindung:

"(...) stellt er (der Sitzungsleiter - d. Verf.) den Namen des zu gründenden Vereins offen zur Diskussion. Er regt (...) an, den Verein

Heimatverein Ardorf zu nennen. Hierauf macht N.N. den Vorschlag, nach Vorbild des Bürgervereins Carolinensiel (...) den Verein (...) Bürger- und Heimatverein Ardorf zu nennen. Dieser Vorschlag findet in der nun folgenden Diskussion keinen Anklang, und die Anwesenden beschließen einstimmig, daß der Verein "Heimatverein Ardorf" genannt wird." (Heimatverein: 08.05.1985, S. 2).

Einige Initiativen erwachsen gleichzeitig gerade aus den internen Querelen um die eigentlichen Aufgaben des Heimatvereins. Solche werden häufig von einzelnen Funktionsträgern in informeller Kooperation mit anderen Einwohnern Ardorfs gestartet, dann aber aufgrund des oben angesprochenen Einheitsstrebens formal in die Arbeit des Vereins integriert. Diesbezüglich gibt es neuerdings, das ist hier anzumerken, Überlegungen, aus finanztechnischen o.ä. Gründen einzelne Gruppen "auszulagern".

Ist der Verein damit dabei, sich zu "professionalisieren"? Deuten sich so neue Möglichkeiten der internen Konfliktregelung an? Sowohl die Beantwortung dieser Fragen als auch eine detailliertere Untersuchung der einzelnen Wirkfaktoren und -mechanismen ist hier unter anderem deshalb nicht möglich, weil dazu Handlungen und Biographien einzelner Personen in den Mittelpunkt gerückt werden müßten, wodurch eine anonymisierte Darstellung überhaupt nicht mehr zu gewährleisten wäre. Doch auch ohne die Hinzufügung weiterer Details läßt dieses Teilkapitel im Kontext des Gesamtberichtes deutlich erkennen, daß und inwieweit die Geschichte des Heimatvereins ein einmaliger, aber durch - nicht nur für die Ebene "der Dorfpolitik" - typische Aspekte gekennzeichneter Prozeß ist: scheinen vertraute Lebensmuster gefährdet, wird im Wechselspiel verschiedener Akteure so viel wie nötig und so wenig wie möglich verändert.

5.3.3 Das Dorferneuerungsprogramm

Von 1985 bis 1991/92 wurde in Ardorf im Rahmen bzw. als "i-Punkt" (vgl. AH v. 16.03.1988) der noch früher begonnenen Flurneuordnung ein umfangreiches Dorferneuerungsprogramm durchgeführt. Unter der Federführung eines privaten Planungsbüros sowie maßgeblicher Beteiligung des Amtes für Agrarstruktur und der Stadt Wittmund wurde ein Dorferneuerungsplan erarbeitet (Dorferneuerung Ardorf u.u.). In diesem sind auf der Basis einer "Bestandsanalyse" "Entwicklungsziele und Problemlösungen anschaulich und allgemein verständlich dargestellt". Damit wurde die Absicht verfolgt, den Politikern und Bürgern einen längerfristig nutzbaren

Orientierungsrahmen zur "Beurteilung städtebaulicher Fragen" sowie "förderungswürdiger Maßnahmen" an die Hand zu geben (a.a.O., S. 3). Zunächst stellte der Plan die notwendige Voraussetzung für die staatliche Finanzierung bzw. Bezuschußung von Dorferneuerungsmaßnahmen dar (vgl. a.a.O., S. 2).

Den umfangreichen Ausführungen ist folgende Zielformulierung auf der Grundlage des Flurbereinigungsgesetzes vorangestellt: "Förderung der Landesentwicklung entsprechend den Grundsätzen der Raumordnung und Landesplanung" (a.a.O., S. 1). Die damit verbundenen Entwicklungsvorstellungen lassen sich so verstehen, daß für die Grundlagen des dörflichen Lebens planvoll das erreicht werden sollte, was die beiden zuvor skizzierten Entwicklungen in Teilbereichen eher beiläufig bewirkt haben: Bewahrung durch Erneuerung (vgl. a.a.O., S. 2). Aus unserer Forschungsperspektive kann es nicht darum gehen, abschließend zu beurteilen, ob die Durchführung des Programms diesem Leitziel soweit als möglich entsprach. Doch verdienen aus unserem eher soziokulturellen als planungswissenschaftlichem Untersuchungsinteresse heraus - neben den diesbezüglichen Hinweisen in 5.1.1 - folgende Aspekte an dieser Stelle festgehalten zu werden:

- Der weitaus größte Teil der durchgeführten Maßnahmen konzentrierte sich auf den Kernort Ardorf, wodurch das Gefälle zu den anderen Ortsteilen zum Ausdruck kommt und verstärkt wird.
- Umgestaltungen von Gebäuden, Straßen, Plätzen und Gärten erfolgten weitgehend auf der Folie eines als typisch definierten Orts- bzw. Landschaftsbildes (vgl. a.a.O., S. 57 ff.), so daß funktionale, ästhetische und traditionelle Präferenzen der Einwohner häufig nicht zur Geltung kamen.
- Die meisten unserer Gesprächspartner zeigten sich insgesamt zufrieden mit den Ergebnissen des Dorferneuerungsprogrammes und gleichzeitig wenig informiert über den Verlauf.
- Nicht allein steht eine örtliche Funktionsträgerin mit ihrer - kritischen - Interpretation, daß nur "das Dorfbild" bzw. "Äußerlichkeiten" verändert worden seien (vgl. 4 A/P).
- Ergänzend zu den drei letzten Spiegelstrichen ist folgende Zeitungsüberschrift zu lesen, zumal sie aus der Endphase des Dorferneuerungsprogrammes datiert: "Ardorfs Wunsch nach einem eigenen Dorfgemeinschaftshaus wird lauter." (AH v. 08.02.90). Weder wurde der gegenüber der Kirche liegende, fürs Erntefest genutzte (vgl. 5.1.2) Hof ent-

sprechend umgewidmet noch wurden in sonstiger Weise Vereins- und Gruppenräume geschaffen.

- Neben den Umgestaltungen vor allem von Straßen und Plätzen durch die öffentliche Hand, seien (bis August 1990) von 60-70 privaten Bauherren die Möglichkeiten zur bezuschußten Renovierung ihrer Liegenschaften genutzt worden (vgl. 3 A/P).

Vor dem Hintergrund dieser Einschätzungen interessiert vor allem die Frage nach dem Verlauf der Dorferneuerung bzw. durch welche Personen und Faktoren er im wesentlichen bestimmt wurde. Denn nach Abschluß des Programmes und unserer empirischen Untersuchungen läßt sich festhalten: Zwar waren im Verfahren (vgl. u.) Möglichkeiten zur Einflußnahme und individuellen Teilhabe gegeben. Auch wurde in journalistischen und politischen Äußerungen das - "basisdemokratische" - Engagement der Ardorfer betont (vgl. z.B. 1 A/P u.u.). Doch hatten die meisten unserer Gesprächspartner keineswegs den Eindruck, in einen kooperativen Entscheidungs- und Entwicklungsprozeß einbezogen zu sein. Obwohl sie darüber hinaus Verfahren und Ergebnisse zumindest teilweise kritisch kommentierten, läßt sich gegenüber dem Gesamtresultat eine weithin geteilte positive Grundhaltung beobachten: von Akzeptanz über Stolz bis Identifikation.

Die Beteiligung der Einwohner an der Erstellung des Dorferneuerungsplanes war im Rahmen einer anstoßenden und einer abschließenden Bürgerversammlung sowie über einen Arbeitskreis möglich, der insgesamt viermal offiziell tagte (vgl. Dorferneuerung Ardorf, S. 116 ff.):

"(...) und zwar wurden da 3,4 oder 5 Mann - wieviel waren wir? - ausgewählt und wir muß-, konnten, wurden dann abends eingeladen zu dieser, zu diesen Versammlungen." (6 A, S. 25).

Offiziell bestand der Arbeitskreis aus acht Personen, von denen eine als Fachmann und Vertreter der Stadt Wittmund teilnahm. Wie in diesem Zitat finden sich auch in anderen Unterlagen Hinweise darauf, daß einige Mitglieder des Gremiums faktisch (durch Nichtteilnahme) und/oder in der Wahrnehmung der dominierenden Akteure kaum eine Rolle spielten (vgl. a. 5 A/P).

Darüber hinaus klingt in den zitierten Versuchen, passende Begriffe zu finden, die relativ verbreitete, als plausibel zu erachtende Einschätzung an, daß der Mitsprache- und Mitentscheidungsspielraum des Arbeitskreises aufgrund der externen planerischen, politischen und finanziellen Vorgaben sehr gering gewesen sei. Es ist umgekehrt ebenso nicht erkennbar, daß die - gewählten - Ardorfer versucht hätten, sich gemeinsam eine Position zu erarbeiten und nachhaltig zu vertreten.

Abgesehen von der Bedeutung planungsrechtlicher u.ä. Faktoren ist dieser Doppelbefund auf das spezifische Zusammenwirken der vier unterschiedlichen "Gruppen" zurückzuführen:

- Seitens der verantwortlichen *externen Fachleute* (vgl. o.) ging es nicht darum, eine gleichberechtigte Zusammenarbeit mit der Bevölkerung zu erreichen: "Über eine Gestaltungssatzung für den Ardorfer Ortskern wurde im Arbeitskreis diskutiert. Es wurde mehrheitlich festgestellt, daß eine solche Satzung jedoch nicht notwendig ist, da die Diskussion um die Dorferneuerung in Ardorf sehr positiv geführt wird und *man somit auf den guten Willen der Ardorfer Bevölkerung hoffen kann.*" (Dorferneuerung Ardorf, S. 77; Hervorh. d. Verf.).
- Ein offizieller, einflußreicher *Repräsentant Ardorfs* und Mitglied des Arbeitskreises hat hier wie auch in anderen Zusammenhängen (vgl. 5.3.2) offensichtlich wesentlich dazu beigetragen, Konflikte derart zu kanalisieren, daß die Dorferneuerung in externen und internen abschließenden Bilanzierungen als Erfolg sowie als Ausdruck und Gewinn "der Dorfgemeinschaft" gesehen werden kann (vgl. z.B. 1 A/P; 5 A/P; AH v. 16.03.88).
- Andere *aktive Ardorfer* haben auf formellen und informellen Wegen Interessen artikuliert sowie versucht, zumindest die konkrete Umsetzung von Dorferneuerungsmaßnahmen, wie z.B. die Materialauswahl, zu beeinflussen. Zweifelsohne ist dies in Einzelfällen gelungen wie auch einige konkrete Wünsche aus der Bevölkerung im Dorferneuerungsplan schriftlich fixiert wurden. Gleichwohl kann es als gesichert gelten, daß gegen die "Allianz" der Akteure der ersten beiden Kategorien nichts durchgesetzt wurde (vgl. z.B. 6 A; 7 A; 4 A/P; 5 A/P). Und: Letztlich hatte auch hier wieder das Bemühen, tiefgreifende Konflikte zu vermeiden, erheblichen Einfluß. So befindet ein Arbeitskreismitglied nach seitenlanger, z.T. sehr schwerwiegender Kritik die Dorferneuerung als insgesamt "wirklich gut" (6 A, S. 29).
- Die Mehrheit der Ardorfer stand offensichtlich dem laufenden Verfahren so gegenüber wie es den Wahrnehmungsmustern A und B (vgl. 5.2.1 und 5.2.2) entspricht: passiv, distanziert, wohlwollend. Aus einer etwas

anderen Perspektive: Die Dorferneuerung führte kaum zu Modifizierungen vorhandener Wahrnehmungsmuster.

Im Kontext der sonstigen Befunde ist hier zu bilanzieren: Wie die zuvor skizzierten Entwicklungen hat auch das Dorferneuerungsprogramm zu verändernden Weiterentwicklung vorhandener Facetten des Lebens und der Lebensbedingungen in Ardorf geführt. Allerdings ist in diesem Fall das wesentliche Resultat in der architektonischen und mentalen Restaurierung des Bildes vom intakten Dorf bzw. der selbstbewußt-zufriedenen Dorfgemeinschaft zu sehen. Prospektive Impulse für Veränderungen der überkommenen Politikformen, Kommunikationsmuster und Sozialstrukturen sind trotz der formalen Partizipationschancen und dem basisdemokratischen Anspruch (vgl. o.) aus dem Dorferneuerungsprogramm nicht erwachsen.

Insofern bleibt der Eindruck, daß diese Entscheidung, obwohl sie oberhalb "der dorfpolitischen Ebene" initiiert wurde, auch deren Strukturen verfestigt hat. Unbenommen davon könnten sozioökonomische Neuerungen, beispielsweise im Bereich Fremdenverkehr, von den Ergebnissen der Dorferneuerung ausgehen.

5.4 Konturen der Zukunft in den Mustern der Gegenwart - bilanzierender Ausblick

Eine der beiden Leitfragen unserer Untersuchung ist die nach dem Umgang mit Veränderungen bzw. nach realen und potentiellen *Entwicklungsmöglichkeiten* und *-hemmnissen*. Aus dieser Perspektive ist festzustellen, daß die Untersuchungsgemeinde Erneuerungs- und Beharrungstendenzen aufweist, wobei letztere überwiegen.

Die sozioökonomischen Strukturen sind derart gelagert, daß nur durch grundlegende Umsteuerungen der Diagnose bzw. Prognose eines "sterbenden Dorfes" (vgl. 5.1.1) die Legitimation entzogen werden könnte. Derartigen Umsteuerungen stehen politische und planungsrechtliche, siedlungsstrukturelle und demographische (vgl. bis hier 5.1.1) sowie sozialpsychologische und soziokulturelle (vgl. 5.1.2; 5.2 u. 5.3) Momente entgegen. Hier sollen insbesondere die beiden letztgenannten interessieren, da in der Überwindung der mit ihnen angesprochenen Beharrungstendenzen in "der Dorfgemeinschaft" der zentrale Schlüssel für eine Aktivierung zugunsten von Entwicklungen liegt, die an den örtlichen Potentialen anknüpfen. Ohne die

Bedeutung formaler und materieller Hemmnisse zu ignorieren, läßt sich aus dieser Perspektive fragen, ob nicht ungenutzte Nischen zu entdecken und wirtschaftlich zu nutzen wären. Angeregt von entsprechenden Aktivitäten in anderen Teilen Ostfrieslands und vergleichbaren Regionen lassen sich beispielsweise die Möglichkeiten einer örtlichen Fremdenverkehrsentwicklung sondieren. Dabei könnte von folgenden Anhaltspunkten ausgegangen werden: a) Die touristische Nachfrage im ostfriesischen Binnenland nimmt insgsamt zu; b) Wohneigentum und Bausubstanz würden es ohne großen Aufwand möglich machen, eine Reihe von Ferienunterkünften einzurichten; c) Dorfbild, Kulturlandschaft sowie Infrastruktur- und Freizeitangebot weisen etliche touristische Attraktivitätspotentiale auf.

Aus der Sicht der Dorferneuerungsplaner fallen diese potentiellen Anknüpfungspunkte aus folgendem Grund nicht ins Gewicht: "Die Präsenz des Flughafens und dessen Lärmemission verhindern u.a. auch eine mögliche Fremdenverkehrsentwicklung." (Dorferneuerung Ardorf 1986, S. 16). Zwar ist es nicht von der Hand zu weisen, daß auch diese Entwicklungsmöglichkeit "im Schatten des Flughafens" liegt, gleichwohl zeigt das Zitat bestenfalls "die halbe Wahrheit". Denn erstens läßt sich an verschiedenen Orten Ostfrieslands beobachten, was einer unserer Interviewpartner für eine Nachbargemeinde konstatiert: Fluglärm allein verhindert touristische Nachfrage nicht (vgl. 10 A). Zweitens, und das wiegt hier besonders schwer, ist aus unseren Interviewprotokollen deutlich zu erkennen, daß die Ardorfer einer möglichen fremdenverkehrlichen Entwicklung zögernd bis ablehnend gegenüberstehen.

Gerade weil sich hier wiederum die vorherrschende Tendenz niederschlägt, Veränderungsdruck so lange zu ignorieren bis er unausweichlich scheint (vgl. z.B. 5.3.2), kann es nicht verwundern, daß die Initiative eines Aktivisten des Heimatvereins, Fremdenverkehr in Ardorf zum Gesprächsthema zu machen, noch nicht sehr weit gediehen ist. Gleichwohl sind trotz diesbezüglicher interner Meinungsverschiedenheiten Anzeichen dafür zu beobachten, daß sich - analog zu anderen Prozessen (vgl. 5.3.2) - hieraus ein neues offizielles Arbeitsgebiet des Vereins entwickeln könnte.

Zweifelsohne wäre das ein vorteilhafter Impuls für eine etwaige Inwertsetzung vorfindlicher Tourismuspotentiale. Auf Grund unserer Befunde läßt sich aber prognostizieren, daß eine spürbare Fremdenverkehrsentwicklung am wahrscheinlichsten durch einzelne Vorreiter initiiert werden kann. Wären diese beobachtbar erfolgreich, würden andere nachziehen. Doch auch im Falle derartiger Resultate sind auf diesem Wege kurz- und mittelfristig keine nachhaltigen Erfolge zu erwarten. Denn zum einen ist die Vermarktung privater Ferienunterkünfte ohne Einbindung in ein Netz von Anbietern und Angeboten erheblich erschwert. Zum anderen weisen unsere Befunde eine geringe "Risikobereitschaft" in der Ardorfer Bevölkerung aus, was mit dem Überwiegen der Wahrnehmungsmuster A und B (vgl. 5.2.1 u. 5.2.2) in Zusammenhang steht.

Im Rahmen der gegebenen "materiellen" Bedingungen ist neben der Entwicklung des Fremdenverkehrs die Initiierung neuer Produktions- und Vermarktungsformen in Landwirtschaft und Handwerk als Möglichkeit wirtschaftlicher Diversifizierung und Stabilisierung zu sehen. Doch während bezüglich des Fremdenverkehrs von ein bis zwei Vermietern und im Umfeld des Heimatvereins (vgl. o.) erste zaghafte Schritte zu beobachten sind, sind in den beiden anderen Wirtschaftsbereichen keinerlei Ansätze für prospektive Umorientierungen zu erkennen. Differenzierter formuliert: Zwar ist zum Beispiel in der Landwirtschaft eine gewisse Aufgeschlossenheit gegenüber technischen Neuerungen, nicht aber beispielsweise für die Umstellung auf "biologische" Produktionsverfahren zu erkennen (vgl. z.B. 12 A).

So läßt sich pointiert festhalten, daß die Ardorfer eher auf einen Ausbau oder - als Modifizierung dieser Haltung - eine zivile Umnutzung des Militärflughafens hoffen, als nach kleinteiligen Entwicklungsstrategien zu suchen.

Diese Haltung ist im Kontext zu verstehen mit der Ablehnung "grüner Ansichten" (vgl. 5.3) sowie dem Wechselverhältnis zwischen der geringen Ausprägung individuellen "Unternehmergeistes" auf der einen und den starken Nivellierungs- und Beharrungstendenzen "der Dorfgemeinschaft" (vgl. 5.1.2 u. 5.3) auf der anderen Seite.

Als ein Fazit der vorliegenden Untersuchung läßt sich "die Dorfgemeinschaft" unter der Frage nach den Auswirkungen und Gestaltungsmöglichkeiten sozialen und ökonomischen Wandels folgendermaßen interpretieren: Sie erfüllt als "Modernisierungshelfer" wichtige Kompensationsfunktionen, indem sie von erfahrenen Verlusten und Gefährdungen ablenkt durch die Bewahrung des erlebbaren Bildes vom intakten Dorf (vgl. insbes. 5.3.3).

Zugleich erschweren ihre Strukturen die Initiativen und Aktivierung einzelner Personen und Teilgruppen.

Auch für die zweite uns interessierende Betrachtungsebene, die *räumlichen Orientierungen*, läßt sich ein maßgeblicher Einfluß "der Dorfgemeinschaft" feststellen. Das wird unter anderem daran deutlich, daß seit der Eingemeindung das Verhältnis zur Stadt Wittmund eher durch Mißtrauen und Ablehnung sowie die Betonung (ehemaliger) Selbständigkeit als durch Akzeptanz und den Versuch der konstruktiven Teilhabe geprägt ist (vgl. 5.1.1 u. 5.3.1). Zwar stellt es für die meisten Ardorfer eine kaum nennenswerte Selbstverständlichkeit dar, beruflich und privat regelmäßig Angebote und Einrichtungen in Wittmund - wie auch in anderen Orten im Umkreis von rund 20 Kilometern - zu nutzen, doch ist darin eher ein Beleg für das Vorherrschen konsumtiv pragmatischer Anpassung als für Mobilität im Sinne von Engagement und Flexibilität zu sehen (vgl. a. 5.1.1 u. 8 A; 2 A; 5 A).

Diese Teilstudie abschließend läßt sich bilanzieren: "Ardorf tut sich mit allem, was neu anfängt, sehr, sehr schwer!" (2 A/P). Tiefgreifende Veränderungen "aus eigener Kraft" sind aufgrund der beschriebenen sozialkulturellen und -ökonomischen Charakteristika nicht zu erwarten. Doch das soziale Beziehungsgefüge und das Interesse an dessen Erhaltung erzwingen und ermöglichen Entwicklungsschritte im Sinne *bewahrender Erneuerung*, sofern der Veränderungsdruck durch konfligierende Wahrnehmungsmuster und Bedürfnisse sowie insbesondere durch "externe" Faktoren, wie Zugezogene, politische Vorgaben und ökonomische Prozesse, unausweichlich scheint.

6 *Holterfehn*

6.1 Holterfehn: eine 160jährige Fehnsiedlung am Rande Ostfrieslands - einleitende Charakterisierung unter wissenschaftlichen und alltagsweltlichen Gesichtspunkten

Im Jahre 1829 wurde damit begonnen, östlich von der - später eingemeindeten - Siedlung Holtermoor unter dem Namen Holterfehn eine nicht von Unternehmern, sondern seitens der Preußischen Regierung initiierte Moorkultivierung ins Werk zu setzen. Wie - teilweise schon Jahrzehnte zuvor - an anderen Orten in den Hochmoorgebieten des Nordseeküstenraumes, schufen sich die ausgewählten "Fehntjer" neuen Lebensraum, indem sie durch die Anlage von Kanälen das Moor entwässerten und schiffbar machten, Siedlungsstellen (Kolonate) einrichteten und bewirtschafteten sowie Schiffe bauten. So entstanden Kulturlandschaftsräume, die noch heute beim Blick auf eine topographische Ostfrieslandkarte, aufgrund der das Bild beherrschenden geradlinigen Wasserläufe bzw. die daran angelehnten Struktur der Fehnsiedlungen, sofort ins Auge fallen.

Die folgende Beschreibung in den Worten eines aus der gut zehn Kilometer entfernten Kreisstadt Leer zugezogenen Holterfehner Funktionsträgers mag einen ersten anschaulichen Eindruck von der Siedlungsgestalt und ihren sozialen Implikationen geben:

> "Dadurch, daß eben diese Fehnstraßen so unheimlich lang sind, bildet sich so'n richtig schöner, runder Dorfmittelpunkt eigentlich nicht. Also so was wie ein Dorfplatz und so weiter, das gibt es eben einfach nicht. Es gibt zwar sicherlich, in so einem Laden, die Dorfzeitung sozusagen, die laufende Dorfzeitung, indem also da immer wieder jemand ist, der dann auch das Neueste von hier und da weiß. Aber das ist ja überall das Gleiche. Also hier ist es auch so, daß die einzelnen Straßen für sich oder die einzelnen Wieken für sich eigene Gruppen sind. Also hier die Schulstraße oder die Holterfehner Straße oder die Nordstraße oder so, das sind eigene Cliquen. Da kennt man sich untereinander; also es gibt sogar Familien, die also das hingekriegt haben, daß eben Kinder und Enkelkinder und Onkel und Tanten und so alle an der gleichen Wieke wohnen, (...) Sicher haben die dann irgendwo noch eine Tante ganz woanders in Holterfehn oder Ostrhauderfehn aber es gibt so'n bißchen son'n Klüngel. Und das

liegt, denke ich, auch wieder mit daran, daß früher diese Fehngrundstücke so angelegt waren, daß immer noch für Nachkommen ein Bauplatz da war." (1 H/e, S. 17)

Um Mißverständnisse zu vermeiden, ist in Anknüpfung an die letzte Aussage des Interviewzitats daraufhinzuweisen, daß die Kolonate in Holterfehn ursprünglich jeweils knapp drei Hektar umfaßten. Auf die Melioration und Bewirtschaftung dieser Fläche waren die Fehntjerfamilien angewiesen, um ihre eigene Existenz zu sichern. Aus dem historischen Umstand des Vorherrschens der Subsistenzproduktion ist es zu verstehen, daß die Landwirtschaft sich nicht zu einem relevanten Erwerbszweig entwickelte bzw. in ihrer sozioökonomischen Bedeutung weiter zurückgeht.

In obigem Zitat ist schon angedeutet, daß ein erheblicher Anteil der historischen Siedlungsstellen heute mit zwei bis drei Wohnhäusern bebaut ist. Durch Grundstücksteilung und Lückenbebauung haben sich viele Familien die Möglichkeit geschaffen, entweder nach Generationen getrennt als Nachbarn zu leben oder - in selteneren Fällen - die eigene Finanzlage zu verbessern. Allerdings waren und sind derartige Bauwünsche des öfteren nicht durchsetzbar, da das gegenwärtige Bau- und Planungsrecht verdichteten Neubausiedlungen gegenüber einzelnen Bauvorhaben - "im Außenbereich" - den Vorzug gibt.

Die Gemeinde Ostrhauderfehn, der Holterfehn seit 1970 zugehört, betreibt seit Jahren eine aktive Bauland- und Ansiedlungspolitik. In diesem Rahmen ist in den Jahren ab 1977 auf der Grenze zwischen unserer Untersuchungsgemeinde und dem Hauptort die Wohnsiedlung "Flinthörn" entstanden. Nicht zuletzt, um die Erschließungskosten möglichst gering zu halten, wurde eine nach Verdichtungsgrad und Straßenführung für diesen Kulturlandschaftsraum untypische Siedlungsstruktur geschaffen (vgl. a. Abb. 6-1):

"Aber das ist Haus an Haus. Das ist echt nichts mehr an Land. (...) Und das finde ich echt schade, daß das hier so verbaut wird. Das hier, das ist eben son ländliches Gebiet und wo eben nur vereinzelt Häuser stehen, und so kennt man das auch und jetzt wird alles zugebaut." (14 H, S. 30).

In dieser kritischen Stellungnahme einer 17jährigen kommt das Empfinden vieler Einwohner zum Tragen, daß ihr gewohnter Lebensrahmen durch extern geprägte "Modernisierungsschübe" und insbesondere durch die vollzogenen und absehbaren Ausweisungen von Bauland sowie die damit zusammenhängende Zuwanderung aus Nachbargemeinden und vor allem aus Nordrhein-Westfalen zunehmend überformt oder gar grundsätzlich gefährdet werde:

- "Also sie können heute schon sagen, jedes dritte, vierte Haus wohnt jemand, der zum Beispiel kein Plattdeutsch mehr spricht." (1 H, S. 10).
- "Ich möchte anundfürsich Holterfehn lieber so'n bißchen diese Ruhe und das so'n bißchen erhalten in der Art, wie es so gewesen ist. Keine großen Neubaugebiete, lieber die Besiedlung entlang der vorhandenen Verkehrswege, den Kindergarten natürlich, das ist mein großes Anliegen, den hierher zu bekommen. Vielleicht auch wieder mal, wenn sich irgendwo ein kleinerer Handwerksbetrieb noch ansiedeln könnte. Aber ich möchte die Ruhe und Beschaulichkeit, wie wir sie hier so gehabt haben, ein bißchen erhalten wissen." (2 H/e, S. 23).

Da es sich bei der zuletzt zitierten ortsbezogenen exponierten Informantin um eine Frau im Rentenalter handelt, könnte man davon ausgehen, daß mit den Begriffen "Beschaulichkeit" und "Ruhe" die Zeit charakterisiert wird, in der das Siedlungsbild der meisten Fehngemeinden noch nicht den Stempel der allgemeinen Planungs- und Modernisierungseuphorie in den 50er bis 70er Jahren aufgedrückt bekommen hatte: Wasserläufe und Wege wurden durch geteerte Straßen, fehntypische Klapp- durch ubiquitäre Betonbrücken ersetzt.

Auch bei der Betrachtung der letzten zwei Jahrzehnte fällt es nicht schwer, die Diagnose verlorengegangener oder zumindest nachlassender Ruhe nachzuvollziehen, sofern man die gesamte Einheitsgemeinde mit ihren Ortsteilen Idafehn, Langholt, Holterfehn, Ostrhauderfehn und Potshausen (Abb. 6-1) in Blick nimmt.[1] In diesem Kontext ist auf den bemerkenswerten Umstand hinzuweisen, daß der Ortsteil Idafehn - schon im Vorfeld der Konstitution der Einheitsgemeinde - in den 70er Jahren der Gemeinde Ostrhauderfehn angegliedert wurde und seitdem nicht mehr dem oldenburgischen Landkreis Cloppenburg, sondern dem ostfriesischen Landkreis Leer zugehörig ist. Die Einwohnerzahl der Einheitsgemeinde hat von 7.300 in 1974

---

1   Diese Bezugseinheit ist auch insofern zwingende Grundlage für eine an Daten orientierte Charakterisierung, als es für den Ortsteil Holterfehn keine gesonderten statistischen Ausweisungen gibt (vgl. a. Müller 1991).

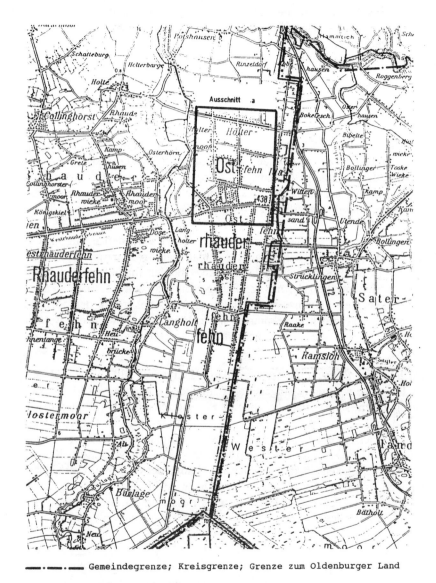

Abb. 6-1: Einheitsgemeinde Ostrhauderfehn (Quelle: Regionalkarte 1, Ostfriesland, 1986; Kartogr.: R. Wehkamp)

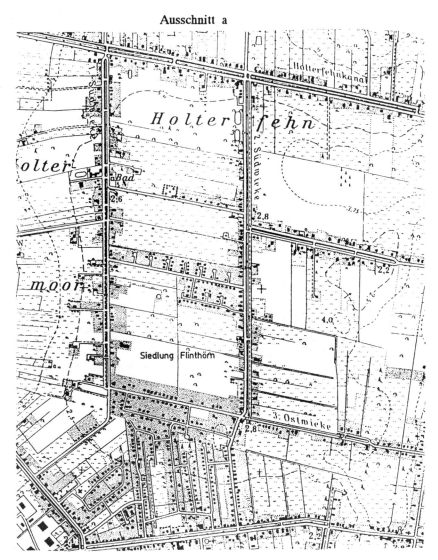

Abb. 6-1 Ausschnitt a: Untersuchungsgemeinde Holterfehn mit Neubausiedlung Flinthörn (s. Abb. 6-1)

auf 8.715 in 1991 um knapp 20% zugenommen. Die Gewerbeentwicklung weist durch ein neues Gewerbegebiet im Hauptort, Firmenumsiedlungen, -neugründungen und -erweiterungen sowie die Zunahme der Beschäftigtenzahl von 636 in 1970 auf 1.560 in 1991 eine beachtliche Dynamik auf (vgl. OZ v. 25.01.1992, S. 7). Mit der Anlage und dem Ausbau des Idasees zu einer Camping- und Freizeitanlage wurde ein unübersehbarer Schritt zur Entwicklung des Fremdenverkehrssektors unternommen. Die niedersächsische Landesregierung verfolgt mit einem umfangreichen "Fehnprogramm" das Ziel, durch eine Reihe von Neu-, Wiederaufbau- und Rückbaumaßnahmen die Fehnkultur abschnittsweise wieder erfahrbar und damit für eine weitere Fremdenverkehrsentwicklung nutzbar zu machen. -

"Ja, und das ist zuletzt son Prestigekampf jetzt zwischen den einzelnen (politischen - d.Verf.) Gemeinden. Früher haben sie sich gegenseitig übertroffen im Zuwerfen der Kanäle und jetzt wollen sie das alte Fehnbild wieder erhalten oder teilweise erneuern. (...) Dann ist Ostrhauderfehn, als Hauptgemeinde (innerhalb der Einheitsgemeinde - d.Verf.) ziehen sie natürlich mehr Geld (Fördermittel - d.Verf.) zu sich als diese ganzen kleinen eingemeindeten Ortschaften." (4 H, S. 8).

Zwar führt eine Teilstreckenvariante der im Mai '92 eingeweihten "Deutschen Fehnroute" durch Holterfehn, doch so wie die oben beschriebenen Entwicklungen sich in anderen Ortsteilen abspielen, sind in Holterfehn zumindest bisher noch keine größeren Investititionen im Rahmen des Fehnprogramms getätigt worden. Auch bezogen auf Versorgung und Verkehr ist festzustellen, daß der Ausbau der entsprechenden Infrastruktur vornehmlich im Hauptort Ostrhauderfehn vollzogen wird. In Holterfehn hingegen werden nach einhelliger Auffassung beispielsweise auch die verbliebenen zwei von ehemals fünf Lebensmittelgeschäften in absehbarer Zeit schließen müssen. Somit sind im wesentlichen nur noch die Poststelle, ein Hotel-Restaurant, die Grundschule, die Kirche samt neuem Gemeindehaus sowie die Bemühungen um einen eigenen Kindergarten (vgl. o: Zit. 2 H/e) - statt der anstehenden Erweiterung in Ostrhauderfehn - als "handfeste" Indizien dafür zu sehen, daß in Holterfehn noch nicht die "Ruhe" einer reinen "Schlafgemeinde" eingekehrt ist. Mit anderen Worten: Entgegen den Befürchtungen der zitierten Holterfehner-Mandatsträgerin scheint dieser Ortsteil - abgesehen von der Siedlung Flinthörn in seinem südlichen "Grenzgebiet" - weniger durch unangepaßte Modernisierungswellen als vielmehr durch eine seit Jahrzehnten sich verschärfende Strukturschwäche in seiner Kontinuität gefährdet. Aus diesem Begründungszusammenhang wurde schon 1970 freiwillig die politische Selbständigkeit aufgegeben. Abgesehen von der dadurch ermöglichten Erhaltung des Grundschulstandortes Holterfehn/-moor, wurden und werden infolge der Eingemeindung ein Großteil der kommunal verfügbaren Ressourcen genutzt, um den Hauptort Ostrhauderfehn zum Mittelpunkt einer zunehmend monozentrischen Einheitsgemeinde zu entwickeln.

Zwar wird von unseren Gesprächspartnern in Holterfehn gelegentlich der Verlust fußläufiger Einkaufsmöglichkeiten bedauert oder kritisch auf das Fehlen eines ÖPNV-Angebotes hingewiesen. Doch nicht zuletzt aus der Erfahrung selbstverständlich gewordener individueller Mobilität prägen nicht die Verluste im eigenen Ortsteil, sondern die zunehmende Quantität und Qualität von erreichbaren Versorgungseinrichtungen die Bevölkerungsurteile über die Funktionalität und Attraktivität der vorfindlichen Lebensbedingungen: "Das Zentrum" Ostrhauderfehn, wird gerne genutzt, aber man ist froh, dessen Schattenseiten, wie umfangreiche Baumaßnahmen und hohes Verkehrsaufkommen, nicht in der eigenen Wohnumgebung in Holterfehn zu haben.

Diese weitgehend geteilte Grundhaltung der Holterfehntjer ist nicht zuletzt in Zusammenhang mit der allgemeinen Gebräuchlichkeit folgender Redewendung zu sehen, in der die räumlichen und auch soziokulturellen Konturen der - identitätstiftenden - Alltagswelt aufscheinen: "hier auf dem Fehn" (vgl. 3.2.2). Alltagspraktische Ausdrucksformen dieser administrative Grenzen überschreitenden Orientierung lassen sich nicht nur bezüglich der Versorgung, sondern auch in den Bereichen Ausbildung und Arbeit sowie Freizeit in großem Umfang feststellen:

> "Man hat ja heute viel mehr Gelegenheit auch, (...) und auch diese kulturellen Sachen und was sonst so an Freizeit angeboten wird, das ist ja heute dermaßen groß, auch hier bei uns auf dem Land, daß man der Stadtbevölkerung eigentlich ja nicht mehr viel nachsteht." (3 H, S. 1).

Bevor im nächsten Teilkapitel herauszuarbeiten sein wird, inwiefern dieser relativ offene Bezug zum "Fehn" bzw. "Land" durch traditions- und/oder nahraumgebundene Orientierungen begleitet und begrenzt wird, ist hier noch auf eine weitere spezifische Form von Mobilität und Flexibilität hinzuweisen:

"Ich sag, im Moment, wenn man eine Stelle jetzt haben will, eine Arbeit, dann kriegt man auch Arbeit. Wenn nicht unbedingt, sag ich jetzt, in Ostrhauderfehn, aber denn in der Umgebung. Wenn denn Leer oder Papenburg. Und wenn das noch nicht klappen sollt, auf Montage kriegst du auf alle Fälle eine Arbeit. Die suchen ständig welche." (13 H, S. 16).

Ein wesentlicher sozialkultureller Erfahrungshintergrund der zitierten Einschätzung liegt in dem Sachverhalt, daß das Berufs- und Bildungspendeln von jeher eine erhebliche Rolle in Holterfehn spielt. Waren bis weit in dieses Jahrhundert hinein ein großer Teil der männlichen Bevölkerung häufig als Binnen- und auch als Seeschiffer unterwegs, stellt seit den fünfziger Jahren - in phasenweise schwankenden Quantitäten - neben dem täglichen Pendeln in einem Umkreis von bis zu 80/100 Kilometern das wöchentliche Pendeln zu (Montage)Arbeitsplätzen in Berlin, Stuttgart oder Nordrhein-Westfalen einen wesentlichen Ausdruck und Einflußfaktor des örtlichen Lebens dar. Es muß aber betont werden, daß auch bei Jugendlichen die Tendenz vorherrscht, die Berufswahl stärker an den regionalen Möglichkeiten und Gepflogenheiten als an individuellen Neigungen zu orientieren. Ferner ist darauf hinzuweisen, daß der "Schwarzarbeit" oder "Schattenwirtschaft" eine nicht unerhebliche Bedeutung bei der Kompensation von Arbeitslosigkeit zukommt.

Diese beobachtbaren, wenn auch zumindest für Holterfehn statistisch nicht erfaßten (vgl. Anm. 1) sozialstrukturellen Merkmale korrespondieren mit Konventionen sowie typischen Wahrnehmungsmustern. Diese sollen im folgenden Teilkapitel näher beleuchtet werden, allerdings - im Unterschied zu der Vorgehensweise in den anderen Ortsstudien - nicht über die Darstellung von Typen, da dies aufgrund der spezifischen Wahrnehmungskonturen nicht aussagekräftig zu bewerkstelligen wäre (vgl. bes. 6.2.2).

6.2 "Fehntjerleben": zwischen geschichtsträchtigen Wurzeln und modernen Verästelungen - Darstellung grundlegender Merkmale und charakterischer Ausprägungen

6.2.1 "Die Fehnmentalität" - Kernelemente individueller und kollektiver Wahrnehmungs- und Lebensmuster

Von außen betrachtet weist die regionstypische Fehnkultur in der Untersuchungsgemeinde nur noch eine geringe Alltagsrelevanz auf. Gleichwohl sind die Lebens- und Wahrnehmungsmuster der Bevölkerung nicht unerheblich durch Attribute gekennzeichnet, die Zusammenhänge mit den spezifischen Bedingungen des früheren Fehntjerlebens sowie mit dem Kulturlandschaftsraum erkennen lassen. Zumindest eine örtliche Funktionsträgerin verwendet hierfür den Begriff "Fehnmentalität", womit sie übrigens auf eine kollektive Orientierung verweist, die wichtiger sei, als ein irgendwie geartetes "ostfriesisches Bewußtsein" (2H/P, S. 2).

Schon im Vorfeld einer näheren inhaltlichen Bestimmung läßt sich diese Einschätzung aufgrund unserer Befunde zumindest insoweit stützen, als diese die subregionale Nahumgebung, das "Hier auf dem Fehn", als wesentliche oder gar dominierende sozialräumliche Bezugsebene ausweisen. Während einige gebürtige Holterfehner explizite Unterscheidungen zwischen ihrem alltäglichen und identitätstiftenden Bezugsraum und dem ursprünglichen Ostfriesland, das in etwa zwischen Aurich und der Küste verortet wird, treffen, speist sich bei anderen das Bild von Ostfriesland offensichtlich durch die alltägliche Wahrnehmung des vertrauten Fehngebietes. Diese Perspektive schlägt sich häufig in dem synonymen Gebrauch der Begriffe "Fehn", "ländlicher Raum" und "Ostfriesland" bzw. in ununterschiedenen verbalen Selbstpräsentationen als "Fehntjer" und "Ostfriese" nieder. Doch im Konkreten ist - zumindest für die gebürtigen Holterfehntjer - der Bezug zum "Hier auf dem Fehn" ausschlaggebend:

"Ich könnt mir auch schon *nicht* vorstellen, daß ich jetzt zum anderen Teil von Ostfriesland ziehen würde, zum Beispiel Richtung Emden oder Aurich oder so." (1 H, S. 39).

Mehrere - insbesondere exponierte - Gesprächspartner charakterisieren die "fehntypische" Mentalität sinngleich wie der im folgenden Zitierte. Doch nur dieser sieht die Wurzeln der besonderen Leistungsorientierung in den Jahrzehnten der grundlegenden und aufholenden Modernisierung der über 100 Jahre wenig veränderten Fehnsiedlungen:

"Maßstab ist eigentlich immer noch so der Aufbauwille der 50er und 60er Jahre: 'Also wir haben auch mit nichts angefangen und haben schwer gearbeitet und haben damals im Moor gearbeitet und das hat eben dazu geführt, daß wir das und das uns jetzt leisten können und so sollen die man auch erst anfangen.' (...) Mit eigenen Händen ein eigenes Haus bauen, mit viel Eigenleistung. Und wer das kann und gemacht hat, der gilt was." (1 H/e, S. 14).

In Anknüpfung an das Zitat soll "der Fehnmentalität" unter vier Stichworten nachgespürt werden: "Bodenständigkeit", Arbeitslosgikeit, Nachbarschaften und Zuzüge. Die befragten - insbesondere die gebürtigen - Holterfehner attestieren sich selbst eine ausgeprägte *Bodenständigkeit*:

> "Das ist sowieso in dieser Gegend so, daß die Leute sehr bodenständig sind, so das sind wenige, die den Absprung ganz schaffen, die also hier wegziehen und dann auch da bleiben wo sie dann hingezogen sind. Viele, oder die meisten, über kurz oder lang triffst du die immer wieder hier. (...) weil es irgendwie doch hier aufgewachsen, da hängt man doch irgendwie dran. Weil es hier auch noch nicht so schnellebig ist, wie in der Stadt, also als Kind auch, man lernt hier noch irgendwie alles richtig kennen. (...) Man ist verwurzelter, als als wenn man in der Stadt aufwächst." (4 H, S. 2).

Hier wird nicht explizit auf "die Fehnmentalität" im obigen Sinne rekuriert, sondern die sozialisationsbedingte Bindung an einen spezifischen Lebensrythmus betont. Nimmt man aber, als einen exemplarischen Beleg, folgende Interviewaussage hinzu, läßt sich unschwer die Einschätzung einer örtlichen Funktionsträgerin nachvollziehen, daß Intensität und Handlungswirksamkeit individueller Bodenständigkeit wesentlich vom Grad ortsgebundener familiärer und materieller Verflechtungen abhängen:

> "Meine Eltern haben selbst ein Geschäft und dann hab ich natürlich, wies dann so war, eben dort im Geschäft mitgearbeitet bis zu meiner Heirat, und dann hat man so die ganze Entwicklung mitgemacht hier in Holterfehn, nich, wie das alles so ist." (3 H. S. 1).

Vor diesem Hintergrund läßt sich "die Bodenständigkeit" als ein Aspekt "der Fehnmentalität" und ihres Fortwirkens begreifen, indem sie zugleich eine Voraussetzung und ein Resultat des für typisch erklärten und - weitgehend familienbezogenen - gelebten "Aufbauwillens" (vgl. o.: Zit. 1 H/e) ist. Dieser stellt sich in den Augen eines Zugezogenen folgendermaßen dar:

> "Und bauwütig ist man ja hier. (...) Wichtig ist das, was da ist, was man präsentieren kann: mit schönen Vorgarten und gutem Auto. Das ist es denn aber auch schon. Wie leider für viele junge Leute hier auch die Hochzeit *das* Oberdingen ist. Das ist also der entscheidende Abschnitt des Lebens." (2 H, S. 19).

Diese Einschätzung korrespondiert mit unserem Befund, daß die individuellen und kollektiven Leistungserwartungen kaum in unternehmerische Aktivitäten münden. *Berufsarbeit* wird nicht unter Selbstverwirklichungsansprüchen, sondern als Mittel zu oben charakterisiertem Zweck wahrgenommen. Damit verbindet sich - in traditioneller Fehntjersicht - eine hohe Anpassungsbereitschaft bzw. -notwendigkeit:

> "N' Jahr kannst wohl biet Düvel warken! Das heißt, du mußt, wenn du was hast, festhalten an deiner Arbeit!" (5 H, S. 32).

Die Kehrseite dieser grundlegenden Orientierung liegt darin, daß *Arbeitslosigkeit* in Holterfehn nicht kommunizierbar ist bzw. nicht als soziales Problem anerkannt wird (vgl. a. 3.1, insbes. Zit. 13H). Dies muß umso mehr verwundern als - insbesondere zu Beginn der 80er Jahre - die zunehmende Arbeitslosigkeit zwei unübersehbare Phänomene bewirkte: a) Eine Reihe von Familien mußten - wie auch in anderen Orten der Region - aufgrund des plötzlichen Fehlens eines Arbeitseinkommens ihre nicht abbezahlten Häuser verkaufen. b) Viele Männer begannen damals weit außerhalb Ostfrieslands als Fernpendler zu arbeiten, um nicht erwerbslos zu sein.

Während "b" für eine sozial anerkannte, gewissermaßen selbstverständliche "Problemlösung" steht (vgl. a. 10.), können nach übereinstimmenden Aussagen verschiedener Gesprächspartner nur einzelne Personen aufgrund ihrer bisherigen und/oder derzeitigen Leistungen, auch in Form von Schwarzarbeit, offen zu ihrer Erwerbslosigkeit stehen, ohne um ihre soziale Anerkennung fürchten zu müssen. Wo dies nicht der Fall ist, sei in Einzelfällen nach außen der Anschein geregelter Berufstätigkeit aufrechterhalten worden. Vor diesem Hintergrund kann es kaum verwundern, daß es trotz einiger dementsprechender Bemühungen keinen Arbeitslosentreffpunkt in Holterfehn gibt (vgl. 3 H/P).

Selbst wenn man davon ausgeht, daß Arbeitslosigkeit in Deutschland generell eher als je individuelles Problem wahrgenommen bzw. verdrängt wird (vgl. a. 7), ist für die Untersuchungsgemeinde ein besonders krasses Mißverhältnis zwischen dem Grad der Betroffenheit und Bedrohung durch Erwerbslosigkeit einerseits und dem Umfang und der Intensität der sozialen und öffentlichen Reaktionsformen andererseits zu konstatieren. Im weiteren finden sich deutliche Hinweise, daß dies nicht nur vor dem Hintergrund "der Fehnmentalität", sondern auch im Zusammenhang mit dem Zuschnitt der beiden wesentlichen sozialen Handlungsrahmen zu sehen ist.

Eine erste Vorstellung von der - traditionellen - Bedeutung von *Nachbarschaft* in Holterfehn läßt sich aus dem von einer älteren Gesprächspartnerin formulierten (aus dem Plattdeutschen übersetzten) Motto gewinnen: "ein guter Nachbar ist besser als ein weiter Freund." (2 H/e, S. 12). Denn "wenn man daran denkt, daß zum Beispiel ob es nun beim Dreschen war oder beim Kartoffelroden, oder ob die Kuh gekalbt hat, was immer war, da war man doch vermehrt auf den Nachbarn angewiesen." (a.a.o.). - Ein entfernt wohnender Freund könnte in solchen Situationen nicht kurzfristig Hilfe leisten.

Auch wenn heute die angesprochene Art des Aufeinanderangewiesenseins kaum noch eine Rolle spielt, fällt doch auf, daß die Holterfehner - anders als die Ardorfer - Nachbarschaft in erster Linie unter funktionalen und erst dann unter sozialkommunikativen Aspekten betrachten. Sei es die wechselseitige Hilfe beim Hausbau oder die selbstverständliche Unterstützung im Alltag:

"Und auch wenn sonst was ist, wenn man irgendwas hat oder irgendwas braucht. Man ruft eben an, und die sind in null-komma-nichts da." (1 H, S. 4).

Derartige Interaktionsformen sind als fraglose Dimensionen der Alltagswelt nur vor dem Hintergrund einer ausgeprägten Kontinuität und Homogenität des nachbarschaftlichen Sozialgefüges denkbar. Zwar wird als besondere Qualität des Lebens in Holterfehn durchgängig betont: "man kennt seine Nachbarn noch" (z.B.: 13 H, S. 23), doch wirft die folgende Aussage ein genaueres Licht auf die heutige Situation:

"Wir haben da auch nicht unbedingt so viel Kontakt zu jedem Nachbarn hier, ist klar. Früher war das auch noch mehr. Jetzt ist das auch schon weniger geworden, weil hier auch Leute hergezogen sind." (a.a.O.).

Abgesehen davon, daß das Nachlassen von Intensität und Fraglosigkeit des Nachbarschaftslebens auch als normaler Modernisierungseffekt gesehen und mehr oder weniger bedauert wird bzw. zu sehen ist, kommt in Holterfehn den in den letzten 10-15 Jahren *Zugezogenen* in diesem Kontext tatsächlich eine ursächliche Bedeutung zu. Sofern durch Lückenbebauung oder Hauskauf Ortsfremde gewissermaßen in bestehende Nachbarschaftsterrains eingedrungen sind, hat dies offensichtlich in einigen Fällen zu einer Definitionsverschiebung geführt: "Nachbar" ist nicht mehr automatisch, wer in räumlicher Nähe wohnt, sondern mit wem man über gewachsene nachbarschaftliche und gegebenenfalls familiäre Kontakte verbunden ist. Hinzu kommen Abstufungen des nachbarschaftlichen Interaktionsradius, die ebenfalls häufig nur schwer genau rekonstruierbar sind:

> "Wir haben zum Beispiel noch eine Trägergemeinschaft. Bei ner Beerdigung. Einer ist dafür verantwortlich, der geht von Haus zu Haus hier. Und zwar geht das von hier weg, hier runter und auch da, Nachbarn noch und *nicht die Neuen mehr*. (...) Neujahrswünschen ist *nur in kleinerem Rahmen*, während hier bei Beerdigung und so weiter die ganze T...straße hier hoch und auch noch'n Teil von der N...straße, aber auf der andern Seite nicht." (3 H/2, S. 16 f. - Hervorh. d. Verf.).

Die bisherigen Darstellungen differenzierend ist hervorzuheben, daß *Zuziehende* in der Regel von den Nachbarn mit den üblichen Bräuchen, wie einem den Eingang schmückenden Bogen, willkommen geheißen werden. Doch:

> "Da sind die Leute auch also, auch relativ brutal so, wenn irgendwo neue Leute hinziehen, dann müssen die sich auch son bißchen selbst drum kümmern, daß die so ihre Nachbarn kennenlernen. Die Leute gehen nicht unbedingt dann auf die Neuen zu, sondern die müssen auch son bißchen auch selbst aus sich rauskommen. Also, bei uns da in der Nähe da wohnen welche, die kamen aus Köln, die haben also zu niemandem Kontakt, die haben sich gleich eingekapselt, die wolltn in Ruhe gelassen werden, und so leben sie jetzt auch. Die sind also, ich könnt so nicht leben, vielleicht in der Stadt wohl, aber nicht auf dem Land. Irgendwie sind die deplaziert hier, weil das hier ganz anders gehandhabt wird." (4 H, S. 11).

Selbst eine vor gut 20 Jahren aus einer ebenfalls im Landkreis Leer gelegenen Gemeinde zugezogene Frau fühlt sich in Holterfehn nicht wirklich heimisch:

> "Man ist hier fremd, man kennt die Leute nicht. Die Einheimischen, die kennen sich wohl. Aber unsereins, man kennt sich hier wohl in der Nachbarschaft aus. (...) wenn man keinen aus der Familie kennt oder irgendwie was, denn kriegste das nicht zusammen, weil man hier nicht aufgewachsen ist." (9 H, S. 28 u. 30).

Die Distanz zwischen "Zugehörigen" und "Einheimischen" wird also beiderseitig dort erlebt und verfestigt, wo die Unterschiedlichkeit von Erfahrungen und orientierenden Werten zu Wahrnehmungs- und Handlungsmustern führen, die nicht bruchlos ineinandergreifen. Nicht zuletzt hieraus ist es zu erklären, daß die Bemühungen innerhalb des Neubau- und Zuzugsgebiets Flinthörn unter teilweisem Rückgriff auf lokale Bräuche formell organisierte Nachbarschaften aufzubauen, eher kritisch als wohlwollend betrachtet werden. Abgesehen davon, daß bei solchen "gewollten Ritualen" offensichtlich "die Souveränität des Gewachsenen" vermißt wird (vgl. z.B. 4 H, S. 10), stören sich "die Einheimischen" daran, daß "die Zugezogenen" nachbarschaftliche Bräuche in einer Weise zelebrieren, die die funktionalen Wurzeln hinter bloßem Feiern und Trinken verschwinden läßt (vgl. z.B. 6 H/P, S. 2):

> "Da in der Siedlung, die laufen vormittags schon zum Tee nacheinander hin, die Nachbarn. Trinken Tee zusammen und sowas. Das haben wir hier überhaupt nicht." (9 H, S. 39).

Die bisherigen Ausführungen bilanzierend läßt sich feststellen, daß "die Fehnmentalität" bzw. die beschriebenen Werte und Konventionen die Wahrnehmungs- und Lebensmuster der Einheimischen konturieren und damit zugleich einen prägenden Faktor des örtlichen sozialkulturellen Milieus darstellen. Zugleich ist aber deutlich geworden, daß durch die erheblichen Veränderungen der sozioökonomischen Lebensbedingungen sowie durch den Zuzug von Angehörigen unterschiedlicher Bevölkerungsgruppen - trotz gegenteiliger Darstellungen einiger Gesprächspartner - nicht mehr von einer konsistent-homogenen Sozialstruktur gesprochen werden kann. Über die bisher angesprochenen Differenzierungen und Heterogenisierungen - beispielsweise von räumlichen und inhaltlichen Konturen von Nachbarschaften - hinaus, verbindet sich damit eine Pluralisierung oder gar Individualisierung der Bewußtseinslagen und Alltagsformen. Darauf geht der nächste Abschnitt näher ein.

6.2.2 Zwischen Familie und "Fehn" - der bipolare Orientierungsrahmen im Licht von individuellen und sozialstrukturellen Modernisierungstendenzen

Wie bereits angedeutet, vollziehen sich die individuellen Ausdifferenzierungen der Grundformen von Bewußtsein und Alltag im Rahmen einer weitgehend geteilten bipolaren Sozialraumorientierung: Wohnumfeld und Familie - "auf dem Fehn".

Zwar stellen Familie, Eigentum und unmittelbares Wohnumfeld für alle Befragten grundlegende Bezugspunkte bzw. individuelle Refugien dar. Auch die Tendenz, dies als unveränderlichen "Schonraum in der Modernisierung" zu sehen und zu wünschen, ist fast durchgängig auszumachen. Doch die je individuellen Bindungen an diese sozialräumliche Bezugsebene schlagen sich in unterschiedlichen Ausdrucksformen und Auswirkungen nieder. Biographische Eckdaten, wie Alter und Wohndauer bzw. Herkunft, sind wichtige Einflußfaktoren. So macht beispielsweise eine 17jährige gebürtige Holterfehnerin deutlich, daß für sie die (Groß)Familie ein quasi multifunktionaler, - zumindest bisher noch - unverzichtbarer Rahmen für den Verlauf des eigenen Lebens ist; - die auch ihre Umweltwahrnehmung prägt:

> "Das meine ich so mit dem Zusammengehörigkeitsgefühl. Das ist hier in Holterfehn ziemlich stark so. Zur rechten Seite hin ist alles Familie. Das sind alles Verwandte von meiner Mutter. (...) Vor allen Dingen ist das auch schön so, mit der Familie hat man auch viel zu tun, weil wohnen eben dicht beieinander. (...) wir sind hauptsächlich so in der Familie zusammen. So gesehen mit den Nachbarn haben wir nicht so viel zu tun. (...)
> Und das war echt ein ziemlicher Zufall, daß ich die Stelle gekriegt hab. Also unser Chef geht ziemlich danach, und es ist ja auch oft so: 'Oh, ja, ja, das ist die Tochter davon. - Ja, die sind ja eigentlich 'ne ganz ordentliche Familie'." (14 H, S. 16 f. u. 23).

Ein junger Mann hingegen, der ebenfalls in Holterfehn aufgewachsen ist, zwischenzeitlich aber in einer niedersächsischen Großstadt und dann - aus pragmatischen Erwägungen - wieder bei seinen Eltern gewohnt hat und nunmehr in einem anderen Ortsteil Ostrhauderfehns lebt, läßt eine insgesamt ambivalente Haltung zum - traditionellen - Nachbarschaftsleben erkennen, die im Kern von Eingebundensein in gewachsene "Verwandschafts-, eh Nachbarschaftsverhältnisse" (4 H, S. 10) getragen wird:

> "Nachbarschaft ist hervorragend, also in dieser Gegend, also es ist erstaunlich, daß hier weiß eigentlich jeder über jeden Bescheid. (...) Das ist bei uns Jugendlichen also nich mehr so der Fall, mich interessiert das auch nicht so, wer jetzt mit wem da mal verheiratet gewesen ist. Aber das hat, glaub ich auch, son bißchen Zusammenhalt geschaffen, daß jeder über jeden Bescheid weiß. Man kann ja halt nicht mehr so ungezwungen, so anonym leben wie in der Stadt, das ist klar. Aber es ist andererseits auch ganz nett, daß man wirklich mal zu Nachbarn gehen kann (...), unter den Nachbarn da wird nich großartig geklingelt, da geht man hinten rin und klopft vielleicht noch, und dann ist gut. Das ist auch irgendwie ganz nett so. (...) Damals in H., da kanntest noch nicht mal deinen Nächsten, und das

hat mich doch ein bißchen irritiert, ich glaube deswegen kommen auch viele Leute immer wieder hierher zurück." (4 H, S. 9-11).

Die vergleichende Betrachtung der beiden skizzierten Sichtweisen und ihres jeweiligen biographischen Backrounds zeigt, daß die Einbindung in das sozialräumliche Wohnumfeld mal eher als begrenzender Rahmen und im andern Fall als - im Prinzip unverzichtbare - für die individuelle Lebensgestaltung nutzbare Basis wahrgenommen wird. Damit ist schon die gesamte Bandbreite der diesbezüglich Wahrnehmungsmuster der einheimischen Bevölkerung abgebildet.

Insofern sie relativ schmal ist, das heißt nicht über die Grenzen des familiären bzw. nachbarschaftlichen Sozial- und Wertesystems hinausgeht, muß der Einschätzung eines Zugezogenen Plausibilität zugesprochen werden: Er beschreibt "das Verhältnis zwischen Eltern, Haus und Kindern" als starr, weil "man ist konfliktscheu". (2 H, S. 17).

Auch "das Hier auf dem Fehn" wird von allen einheimischen Gesprächspartnern als nicht zu hinterfragender sozialräumlicher Kontext der individuellen und kollektiven Lebensgeschichte wahrgenommen und geschätzt. Über diese identität- und verhaltenssichernde Funktion hinaus, öffnet der relative Facettenreichtum des heutigen Fehngebietes aber zugleich unterschiedliche Möglichkeiten zu moderner Lebensgestaltung.

Die einen nutzen das Fehngebiet und insbesondere "das Zentrum" Ostrhauderfehn als Orte konsumtiver Teilhabe an modernem (klein)städtischen Leben, um sich dann wieder in ihr heimisches Refugium zurückzuziehen (vgl. z.B. 3 H, S. 11). Bei anderen erstreckt sich das eigene soziale Netz, das an verwandschaftlichen und freundschaftlichen Beziehungen sowie wesentlich an persönlichen Interessen orientiert ist über einen Umkreis von 10 und mehr Kilometern Durchmesser. Dabei ist besonders bemerkenswert, daß angrenzende Oldenburger Fehngemeinden genauso wie Orte auf Geestrücken oder in Flußmarschen in den mit "Hier auf dem Fehn" bezeichneten Aktionsradius einbezogen sind. Zwar werden historisch und konfessionell begründete kulturelle Unterschiede zu den benachbarten Oldenburgern bzw. Strücklingern wahrgenommen, doch diese hindern die "beweglicheren" - meist eher jüngeren - Holterfehner nicht, beispielsweise dem dortigen Tennisverein beizutreten.

An dieser Stelle ist allerdings in zweierlei Hinsicht einschränkend daraufhinzuweisen, daß der größte Teil der Gruppenaktivitäten im sportlichen und kulturellen Bereich ausdrücklich mit bezug auf die ehemals selbständige Gemeinde organisiert wird: in dieser Hinsicht spielt Holterfehn also eine Rolle als sozialräumliche Bezugsebene wodurch sowohl die Bipolarität der Grundorientierung als auch die Offenheit des Fehnbezugs relativiert werden. Doch umgekehrt lassen viele Vereine und Gruppen eine schrittweise Öffnung insbesondere gegenüber dem Hauptort Ostrhauderfehn erkennen, wobei dies mal eher agierenden, mal eher - auf veränderte Nachfrage - reagierenden Charakter hat (vgl. z.B. 3 H/P; 4 H/P u. 1 H).

Insofern es aber für alle Einwohner Holterfehns - schon aufgrund der strukturellen Gegebenheiten - selbstverständlich ist, sich alltäglich in einem mehr oder weniger großen Umkreis zu bewegen, werden gravierende Unterschiede von Wahrnehmungsmustern erst unter der Leitfrage nach dem Umgang mit Veränderungen erkennbar. Während die einen lediglich nach individuellen Wegen innerhalb der vermeintlich unbeeinflußbaren Strukturen und Entwicklungen suchen, bemühen sich andere, auf die Lebensbedingungen Einfluß zu nehmen. So engagieren sich beispielsweise einige junge Leute, die in verschiedenen Orten "auf dem Fehn" wohnen, im Rahmen des zu diesem Zweck gegründeten Vereins "Fehntjer Jugend e.V." für die Einrichtung und Bewirtschaftung eines Partyraumes *in Holterfehn* (vgl. z.B. 13 H).

Eine ähnliche Bandbreite von beharrender Anpassung bis zur reflektierten Betonung von Gestaltungs- und Entwicklungsnotwendigkeit lassen die Ausführungen im Zusammenhang mit der Thematisierung des "Fehnprogramms" (vgl. 3.1) erkennen. Die verschiedenen Perspektiven basieren allerdings auf einer gemeinsamen ambivalenten Grundposition:

> "Ja, im Prinzip finde ich das gut, daß sie das jetzt machen, sieht auch gut aus im Ort, wenn die Klappbrücken stehen. Andererseits ist das auch wieder weggeschmissenes Geld da. (...) Aber im Prinzip finde ich das doch gut, weil dadurch wird der Ort ja doch irgendwie aufgelockert, dadurch wird ja doch alles irgendwie schöner (...)." (13 H, S. 19).

Einige gehen davon aus, daß durch die vereinheitlichenden Modernisierungsprozesse "das Fehntypische" ohnehin verloren gehe (z.B. 14 H, S. 31 u. 38). Andere, die wiederum den gegenüberliegenden Eckpunkt der Skala repräsentieren, sehen die Überwindung der "kleinkarierten", kurzfristig orientierten Politikmuster und die Entwicklung eines innovativen Gesamtkonzepts als Voraussetzungen für die gewünschte Erhaltung bzw. zeitgemäße Entwicklung der Fehnlandschaft als angenehmen Lebensraum "mit eigenem Charakter". (z.B. 4 H, S. 8 u. 12).

So unterschiedlich solche Einschätzungen sind, so ähnlich sind sie sich - über den Bezug "zum Fehn" hinaus -, wenn man sie den vergleichbaren Ergebnissen aus Ardorf gegenüberstellt: Weder wird "das bessere Früher" zurückgewünscht, wie es für "den Nostalgiker" typisch ist, noch wird in Manier "des Beschönigers" gesellschaftliche Modernisierung als anderweitig verortete bzw. fernzuhaltende Bedrohung erlebt. Lediglich das unmittelbare Wohnumfeld soll, wie oben ausgeführt, als "Schonraum in der Modernisierung" erhalten bleiben.

Aus unterschiedlichen Blickrichtungen wurde immer wieder deutlich, daß die Wahrnehmungsmuster der Holterfehner wesentlich durch kollektive Grundorientierungen geprägt sind. In dem dadurch vorgegebenen Rahmen gibt es Ausdifferenzierungen, die allerdings so stark an jeweils individuelle Faktoren gekoppelt sind, daß eine Verdichtung zu aussagekräftigen Wahrnehmungstypen kaum möglich ist. Mit anderen Worten: Der größte Teil der Befragten aus dieser Untersuchungsgemeinde ist den C-Typen aus den beiden anderen Ortsstudien verwandt (vgl. "der bedürfnisorientierte Pragmatiker" in 5. u. "der kleinstädtische Ostfriese" in 7.). Das heißt unter einer eher "inhaltlichen" als "formalen" Perspektive: Ob vornehmlich konsumtiv oder reflektiv und/oder politisch aktiv nimmt jeder im Rahmen seiner individuellen Möglichkeiten und Interessen - selektiv - an den modernen Entwicklungen "auf dem Fehn" teil.

Dies gilt auch und in besonderem Maße für die von außerhalb des Fehngebietes Zugezogenen. Allerdings ist bei diesen die angesprochene Individualisierung der Wahrnehmungs- und Lebensmuster noch ausgeprägter, da sie nicht in den gleichen sozialräumlichen Kontexten sozialisiert sind. Alltagspraktisch spielen Wohnumfeld und "Fehn" auch bei den Angehörigen "dieser Gruppe" eine nicht unerhebliche Rolle, doch sind diese Bindungen offensichtlich kaum identitätstiftend.

Besonders bemerkenswert ist, daß Holterfehn selbst eine wesentliche Bezugsgröße für einige Zugezogene darstellt. Nicht nur, daß diese insgesamt begrifflich eindeutiger zwischen Ostrhauderfehn und Holterfehn unterscheiden. Außerdem sind wichtige Entwicklungen des Holterfehntjer Vereinslebens auf das Engagement von Neubürgern zurückzuführen.

Ferner unterscheiden sich deren Wahrnehmungsmuster von denen der Einheimischen durch die stärkere Orientierung an Ostfriesland und "am Dorf":

> "Was mir nen bißchen fehlt ist so vom Ort her son richtiger Ortskern, sagen wir mal ne Ansiedlung eines Dorfes, wie es früher geschah, mit einem Dorfplatz (...). Also ich bin einer, der durchaus Ostfriesland, oder beschränken sie das meinetwegen auf Holterfehn, als Heimat sieht." (1 H, S. 2 u. 5).

Doch:

> "Wenn ich die Möglichkeit hätte, unter gleichen Voraussetzungen mein Geld zu verdienen, würd ich wahrscheinlich wegziehen." (1 H, S. 5).

6.3 "Wir heißen Holterfehn und so sollte eigentlich auch das Gesamtbild bleiben." - bilanzierender Ausblick unter der Frage nach Anknüpfungs- und Zielpunkten zukunftsträchtiger Entwicklungsschritte

Das als Überschrift verwendete Zitat belegt neuerlich, daß Holterfehn, das heißt das unmittelbare Wohnumfeld der Befragten, als "Schonraum in der Modernisierung" wahrgenommen und gewünscht wird. Diese Perspektive ist gekoppelt mit der weitgehend vollzogenen akzeptierenden Anpassung an die durch die Eingemeindung veränderten Rahmenbedingungen:

> "Damals hieß es: 'Uns Gemeen'. Damals mußten das (Kanalreinigung, Wegeinstandsetzung u.ä. - d.Verf.) ja die Anwohner leisten. Die wußten das von alleine, das steht an. (...) Während das heute heißt: 'die Gemeinde und der Bürgermeister'. Das ist etwas, was meines Erachtens ausdrückt, daß die Nähe zur Verwaltung und die Gemeinsamkeit nicht mehr so da ist." (2 H/e, S. 6).

Diese Einschätzung einer Mandatsträgerin wird untermauert durch unsere Befunde der allgemeinen bipolaren Sozialraumorientierung sowie der relativ starken Tendenzen zu individuellen, konsumtiven Lebensformen (vgl. 6.2.2).

Auch wenn es im Rahmen des Vereinslebens noch klare Abgrenzungen gegenüber benachbarten Ortsteilen gibt, dürften die Bemühungen - insbesondere seitens einiger Zugezogener -, "das Dorf" als politisch gestaltbare soziale Einheit (wieder) zu beleben (vgl. z.B. 8 H), kaum auf erfolgsversprechende Resonanz stoßen. Zwar wird in der Formulierung "wir heißen Holterfehn" durchaus eine identitätstiftende Abgrenzung erkennbar, doch verbindet sich diese kaum mit der Vorstellung von konkurrierenden Gebietskörperschaften.

Die Prosperiät des Hauptortes Ostrhauderfehn wird geschätzt und nicht beneidet. Politische Konflikte werden fast ausschließlich zwischen der Einheitsgemeinde bzw. ihrer Verwaltungsspitze und benachbarten Gebietskörperschaften gesehen. Darin kommt sowohl eine nüchterne Zurkenntnisnahme der tatsächlichen administrativen Strukturen zum Ausdruck als auch eine verbreitete Tendenz, das unmittelbare Umfeld weitgehend frei von - politischen - Konflikten zu halten (vgl. z.B. 2 H/e, S. 25 u. 6.2.2), ohne auf Kritik an "schwachsinnigen" Entscheidungen (vgl. z.B. 14 H, S. 26) und Entwicklungen verzichten zu müssen.

Auf der Suche nach Anknüpfungspunkten für zukünftige Entwicklungsschritte sind die in Teilkapitel 6.2.2 angesprochenen Wahrnehmungsmuster zu vergegenwärtigen, in denen sich solche Kritik mit konzeptionellen Vorstellungen und/oder konkreten Aktivitäten verbindet. Selbst wenn diese lediglich auf gruppenspezifische Bedürfnisse zielen, wie im Fall des Partyraumes, sowie ebenfalls von dem Wunsch begleitet sind, einen "Schonraum in der Modernisierung" zu erhalten, zeichnen sich hierin die prospektiven Potentiale des Bezugs "zum Fehn" ab: in dieser allgemeinen sozialräumlichen Orientierung (vgl. 6.2.1) liegen bisher nur teilweise genutzte Chancen, im individuellen Leben *und* politischen Gestalten lokal- und/oder traditionsverhaftete Engstirnigkeit zu überwinden, ohne einem maßlosen Modernisierungswahn zu verfallen. Anders formuliert: Sowohl aus der vorherrschenden Mischung aus kollektivgebundener Bodenständigkeit einerseits und individueller Modernisierungsoffenheit andererseits als auch aus dem Aufbrechen abgeschotteter Milieus durch den Zuzug "Fremder" ergibt sich eine "Gleichzeitigkeit des Ungleichzeitigen", aus der Impulse für verändernde Schritte in der Lebens- und Politikgestaltung erwachsen können.

Doch nicht nur das Fehlen eines politischen Entwicklungskonzepts für das Fehngebiet, sondern vor allem auch die starken Tendenzen, sich an Konventionen einerseits und eigenen Bedürfnissen andererseits zu orientieren, bzw. sich bequem im - vermeintlich - gegebenen Rahmen einzurichten, stehen einer durchschlagenden Aktivierung der genannten Potentiale im Weg:

> "I: Dann hätte ich noch eine Frage: was würden Sie sich für die Zukunft für diese Gegend, diese Region wünschen?

F: Gar nichts.
I: Hhmm
F: Das Ruhe und Frieden bleibt.
I: Hhmm
F: So wie wirs jetzt haben ist es gut, ne. Joah. Hauptsache man bleibt gesund. Und man, ich will mal so sagen, gute Nachbarschaft, wir verstehen uns auch alle gegenseitig und in Not und Tod steht einer dem andern bei, hilft einer dem anderen. Das ist von Urzeit so Sitte, und das ist auf dem Land immer so gewesen, und das bleibt auch so."

7 Leer

7.1 Leer: eine ostfriesische Kleinstadt im Wandel - Daten, Beobachtungen, Interpretationen

7.1.1 Von Arbeitslosigkeit bis "Kultur- und Jugendzentrum Z" - physiognomische und sozioökonomische Merkmale des Wandels

Leer, das seit 1823 die Stadtrechte innehat und Sitz des gleichnamigen Kreises ist, liegt auf bzw. am Rande der südwestlichen Spitze der ostfriesischen Geest. Während sich das Stadtgebiet ursprünglich auf das Dreieck zwischen dem östlichen Ems- und dem nördlichen Ledaufer beschränkte, erstreckt es sich heute über beide Flüsse hinaus. Es umfaßt seit der Gebiets- und Verwaltungsreform vom 1.1.1973 eine Fläche von rund 70 Quadratkilometern, auf der zur Zeit gut 31.000 Einwohner leben. Somit weist Leer mit 446 Einwohnern pro Quadratkilometer einen Verdichtungsgrad auf, der deutlich über den entsprechenden Werten für Ostfriesland sowie für andere niedersächsische Städte dieser Größenordnung liegt (vgl. Jung 1992, S. 189).

Die zitierte Datenzusammenstellung weist allerdings für das vergangene Jahrzehnt einen Verlust von 1.252 Einwohnern aus. Damit nimmt Leer bezüglich der Bevölkerungsentwicklung nach absoluten und relativen Werten den letzten Platz unter den - im Durchschnitt wachsenden - niedersächsischen Städten zwischen 30- und 40.000 Einwohnern ein (vgl. a.a.O., S. 190 f.). Bemerkenswert ist in diesem Zusammenhang, daß zwar zum einen rund vier Fünftel dieses negativen Saldos auf die natürliche Bevölkerungsentwicklung zurückzuführen sind (vgl. a.a.O., S. 192 f.). Zum anderen aber ist der eindeutig unterdurchschnittliche Anteil der 25- bzw. 30- bis 55jährigen an der Leeraner Gesamtbevölkerung (vgl. a.a.O., S. 194 f.) als Indiz für die Bedeutung von - arbeitsmarkt- und biographiebedingter - Abwanderung zu sehen (vgl. a. 7.1.2).

Schon der erste Blick auf eine Karte vom Leeraner Stadtgebiet läßt ein facettenreiches Erscheinungsbild bzw. kleinräumig differierende Siedlungsstrukturen erkennen. Den Bereich mit der erkennbar höchsten Verdichtung bildet der historisch gewachsene Stadtkern, der aufgrund der ihn begrenzenden Flüsse sowie des nur die Südflanke aussparenden Straßen- bzw. "Stadtrings" als relativ abgeschlossene Einheit wirkt. Lediglich die ehemals selbständigen Ortsteile Heisfelde im Norden und Loga im Nordosten sind mit diesem ursprünglich städtischen Siedlungsbereich gewissermaßen zusammengewachsen. Neben zwei Bundesstraßen, die in Gestalt und Funktion ihrer Bebauungen den Übergang von dörflichen Haupt- zu städtischen Ausfallstraßen repräsentieren, stellt sich dieser Siedlungszusammenhang durch "suburbane" Einfamilienhaussiedlungen her. Einige andere Ortsteile hingegen, wie Bingum jenseits der Ems oder Nüttermoor im Norden des Stadtgebietes, lassen aufgrund ihrer Lagen und ihrer relativ klar abgegrenzten, Sportanlagen und andere Infrastruktureinrichtungen umfassenden, Siedlungsbereiche nicht unmittelbar die Zugehörigkeit zu Leer erkennen. Vielmehr wirken sie als konturierende Kerne in den weiten Teilen des Stadtgebietes, in denen Wasserläufe und Freiflächen, nicht aber Bebauung das Landschaftsbild prägen. Letzteres ist vor allem für die Flußmarschengebiete im Süden und in der westlichen Hälfte des Stadtgebietes zu konstatieren. Allerdings wird die Weite dieser Gebiete durch kreuzende Verkehrswege durchbrochen: sternförmig auf den Stadtkern zulaufende Straßen mit teilweise überörtlicher/-regionaler Bedeutung, das den Stadtnorden zergliedernde, jüngst fertiggestellte Teilstück der Autobahn 28 sowie die Süd-Nord und Richtung Osten verlaufenden Eisenbahnlinien.

Betrachtet man diese, das Stadtgebiet querenden und gliedernden Verkehrswege auf einer großräumigeren Karte, wird schnell ersichtlich, daß Leer sich nicht nur durch vergleichsweise gute Erreichbarkeit zu Wasser, Schiene und Straße auszeichnet, sondern auch im Verkehr zwischen den Niederlanden, der Nordseeküste, den Hansestädten und dem Ruhrgebiet eine wichtige Knotenfunktion einnimmt. Aktuell stabilisiert wird diese Funktion durch die schrittweise Vervollständigung der Autobahnanbindungen insbesondere in Nord-Süd-Richtung (A 31), wobei der Abzweig Richtung Groningen - ähnlich wie beim Schienennetz - südlich des Stadtgebietes liegt.[1] Historisch gewachsen ist sie aus der geographischen Lage, die in der

---

1 Hierin ist ein sinnfälliges Symbol dafür zu sehen, daß die Stadt Leer nicht unabhängig von der Region betrachtet und entwickelt werden kann.

häufig gebrauchten Leeraner Selbsttitulierung als "das Tor Ostfrieslands" charakterisiert wird.

Dieser "Titel" ist auch insofern plausibel, als Leer aus der Perspektive der Schiffahrt und des Küstenschutzes einen wichtigen Übergangspunkt zwischen Nordseeküste und Binnenland einnimmt. Sinnfällig dokumentiert wird dies durch kilometerlange Deiche, das vor vier Jahrzehnten errichtete Leda-Sperrwerk sowie den Hafen, wo traditionell See- und Binnenumschlag abgewickelt werden.

> "Charakteristisch für die Stadt sind die Wasserschleife des Hafens und die wassernahen Zonen der Innenstadt mit dem Rathaus und den markanten Kirchen über den engen Zeilen älterer Kaufmanns- und Bürgerhäuser. Die Stadt Leer hat deshalb bereits 1972 ein Sanierungsgebiet förmlich nach dem Städtebauförderungsgesetz festgelegt. (...) Durch den Bau der Fußgängerzone, der Verkehrsberuhigung der Brunnen- und Rathausstraße, Umgestaltung des Marktplatzes, Schaffung des Ernst-Reuter-Platzes und die Gestaltung der Uferpromenade wurden Maßnahmen getroffen, daß Leer auch als Einkaufsstadt attraktiv ist." (Leer 1987/88, S. 4 f.).

Das heißt, in den letzten zwanzig Jahren wurden und werden insbesondere im Bereich der historischen Altstadt umfangreiche Sanierungs- und Baumaßnahmen durchgeführt, die über ihre positiven Auswirkungen auf Bauwirtschaft und Stadtbild sowohl dem Arbeitsmarkt und der Wirtschaft im Leeraner Raum unmittelbar zugute kamen als auch zu mittel- und langfristig wirksamen Impulsen für die Entwicklung des örtlichen Fremdenverkehrs- und Einzelhandelsgewerbes führten.

Die damit angesprochene Ausstrahlung und Attraktivität der Leeraner Innenstadt mag - über obiges Zitat hinaus - durch zwei unterschiedliche Zeugnisse veranschaulicht werden:

- Mit DM 13.731 pro Einwohner weist Leer den mit großem Abstand höchsten Einzelhandelsumsatz unter den Gemeinden mit mehr als 10.000 Einwohnern im Bezirk der zuständigen Industrie- und Handelskammer auf (IHK 1991, S. 86).
- "Eine Altstadt mit lauter Giebelhäuschen, zum Ausgehen feingemacht und mit den passenden Gassen. (...) 'Kaffee ist fertig' steht draußen vor einem Lokal, und da muß man sich hinsetzen. (...) Viele Kaufläden und etwas Kulturbetrieb, die nötigen Bildungsstätten sowie eine Fußgängerzone, in der es manchmal ganz hektisch zugeht." (Schöps 1987, S. 128).

150

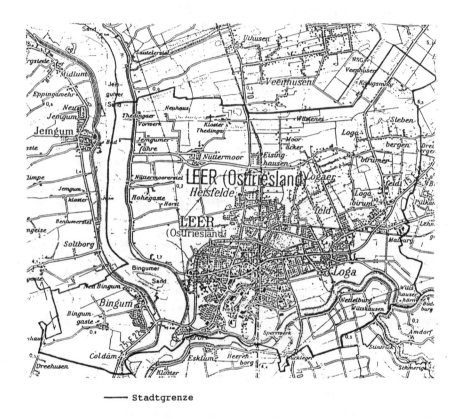

——— Stadtgrenze

Abb. 7-1: Untersuchungsgemeinde Stadt Leer (Quelle: Regionalkarte 1, Ostfriesland, 1986; Kartogr.: R. Wehkamp)

Doch weder diese positiven Befunde noch die weitgehend geteilte Zufriedenheit der Leeraner mit ihrer sanierten Altstadt (vgl. 7.1.2) dürfen zu der Fehlannahme führen, daß dieses großangelegte Stadtentwicklungsprojekt reibungslos verlaufen sei. Vielmehr war noch in den 60er Jahren geplant, größere Teile der historischen Bausubstanz dem Leitbild einer "modernen" autogerechten Stadt zu opfern. Es ist wesentlich dem Druck einer Bürgerinitiative geschuldet, daß anstelle der Realisierung dieser Konzepte 1972 die Erhaltung und Aufwertung des Stadtkerns durch ein umfangreiches Sanierungsverfahren beschlossen wurde. Dem folgte eine umfangreiche Planungsphase, die durch konflikthafte Auseinandersetzungen um die richtige Mischung von Erhalt und Neubau, Wohnen und Gewerbe sowie Freiflächen und Bebauung letztlich zu den heute sichtbaren Lösungen führte.

Doch nicht nur die Brüche in der Sanierungsgeschichte, sondern auch strukturelle Stadtentwicklungsprobleme werden dem Blick des Flanierenden durch die überzeugend-anheimelnde Gestalt und Atmosphäre der Altstadt-Fassaden vorenthalten. Gerade um dies zu problematisieren, wählte Schöps den oben auszugsweise zitierten Zugang zum eigentlichen Anliegen seines SPIEGEL-Artikels:

"Die Frage ist nur: Wie läßt sich in Leer bloß noch leben? Denn in dieser Ortschaft, die sich so herzeigt, als sei sie wie jede andere oder vielleicht noch ein bißchen netter, gibt es mehr Arbeitslose als irgendwo sonst in der Bundesrepublik." (a.a.O.).

Tatsächlich hatte Leer damals die "Spitzenreiterposition" bezüglich der bundesdeutschen Arbeitslosenquoten inne. Damit gelangte diese Stadt quasi stellvertretend für den gleichnamigen Arbeitsamtsbezirk, der seit Jahrzehnten durch vergleichsweise hohe, saisonal ausgeprägt schwankende Arbeitslosenraten gekennzeichnet ist,[2] endgültig als "Hochburg der Arbeitslosigkeit" zu "trauriger Berühmtheit". Der konkrete Anlaß für die oben zitierte Reportage lag in der Zuspitzung der sozioökonomischen Lage durch das im Mai 1987 überraschend eingeleitete Konkursverfahren der Jansen-Werft.

Bundesweite Aufmerksamkeit insbesondere bei Politikern, Gewerkschaftern und Journalisten erregte dieses Ereignis nicht so sehr, weil es sich um den größten privaten Arbeitgeber in Leer handelte, sondern vielmehr weil auf Druck der 460köpfigen Belegschaft und insbesondere auch der betroffenen Ehefrauen sowohl die Versteigerung verzögert und teilweise verhindert wurde als auch eine Reihe von abfedernden Maßnahmen politisch durchgesetzt und kurzfristig durch haushalts- und verfahrenstechnische Sonderregelungen realisiert wurden. So machten ca. 300 Werftmitarbeiter von der

---

2 Aufgrund dieses persistenten Strukturmerkmals wählte das IWG Leer als "Negativ-Fall" für eine auf zwei Beispielregionen konzentrierte Pilotstudie für das Forschungsprogramm "Wirtschafts- und arbeitskulturelle Unterschiede in Deutschland" aus (vgl. IWG 1989, 1991).

eigens geschaffenen Möglichkeit zur Umschulung bei minimaler Lohneinbuße Gebrauch.

Zwar können wir im Rahmen dieser Teilstudie keine hinreichenden Aussagen dazu treffen, warum gerade damals "die Leeraner sich selbst überwunden haben." (Schöps 1987, S. 142), doch lassen sich unter dem Stichwort "Zukunftswerkstatt Jansen-Werft" Facetten der jüngeren Stadt- und Regionalentwicklung in Blick nehmen, an denen sich - unserem Forschungsinteresse entsprechend - Bedingungen und Möglichkeiten zukunftsträchtiger Ansätze aufzeigen lassen.[3]

Nach dem definitiven Verkauf der Werft und der Versteigerung der Maschinen begann die Belegschaft im November 1988 in 12 Arbeitsgruppen die eigene Situation sowie Bedarf, Ressourcen und vor allem Handlungsmöglichkeiten in Stadt und Region zu diskutieren. Strukturiert und forciert durch den (ehemaligen) Betriebsrat, die IG-Metall und die neu gegründete "Interessengemeinschaft Arbeit und Ausbildung in der Wirtschaftsregion Leer e.V." führte dieser Diskussionsprozeß letztlich zu sieben konkreten Projektvorhaben, von denen die folgenden vier mit Unterstützung von Politik, Arbeitsverwaltung und regionalen Institutionen in der Folgezeit in Angriff genommen wurden: a) Entwicklung eines Windkraftanlagen-Prototyps durch in der Umschulung befindliche ehemalige Werftmitarbeiter; b) Nachbau eines regionstypischen historischen Schiffes (Tjalk) durch bis zu 17 schwer vermittelbare, über ABM-Mittel entlohnte Arbeitslose; c) Aufbau eines "experimentellen Handwerkerhofes" in Zusammenarbeit mit einer benachbarten Heimvolkshochschule und Gemeinde; d) Gründung der Gesellschaft für Produktion und Dienstleistungen mbH, die bis zur angestrebten eigenen Produktionsfähigkeit Arbeitnehmer zu tariflichen Bedingungen an Werften verleiht.

Auch wenn die Realisierung einiger Pläne schon in der Anfangsphase steckenblieb und mit den tatsächlich umgesetzten Projekten nur ein Bruchteil der intendierten Ziele erreicht werden konnte, muß ein Fazit keineswegs so negativ ausfallen wie in einem unmittelbar an unternehmerischen Kategorien orientierten Zeitungskommentar: "Jetzt sind auch die gewerkschaftlich initiierten 'Auffanggesellschaften' ins Schlingern geraten oder stehen vor

---

3 Dabei stützen wir uns vornehmlich auf Informationen und Stellungnahmen von verschiedenen "Insidern", die im Rahmen unserer langjährigen Beschäftigung mit Ostfriesland zusammengetragen wurden, aber nicht zitierfähig, weil nicht veröffentlicht sind.

dem Aus (...). Ein unternehmerischer Scherbenhaufen ohne Arbeitsplätze." (OZ v. 21.12.91, S. 3). Denn zum einen sind die erheblichen Verzögerungen beim Bau der Tjalk zum Teil darauf zurückzuführen, daß die benötigten (umgeschulten) Facharbeiter aufgrund veränderter Konjunkturlage reguläre Arbeitsplätze fanden. Zweitens sind in den Lernprozessen der Beteiligten - wie auch der Aktivistinnen der Fraueninitiative - wesentliche Potentiale für eine eigenständigere Regionalentwicklung zu sehen. Diesbezüglich ist erläuternd daraufhinzuweisen, daß es sich um "mentale Folgewirkungen" handelt, die nur schwer systematisch zu erheben und schon gar nicht meßbar sind, sowie einschränkend: die Erfahrungen mit dem Konkurs der Jansen-Werft haben bei einigen eher zu passiver Resignation (vgl.a. 7.2.2) als zu politischem Interesse und aktivem Optimismus geführt.

Davon abgesehen lassen sich schon die Projektideen und die darum geführten Diskussionen als wichtige Impulsgeber für die Diversifizierung kommunaler Entwicklungsstrategien verstehen. Indem beispielsweise die im Bau befindliche Tjalk nach ihrer Fertigstellung für Tagungs- und Feriengäste zur Verfügung stehen soll, fügt sich dieses Projekt nicht nur in die Bemühungen um Entlastung des Arbeitsmarktes, sondern stellt auch einen beispielhaften Beitrag zur fremdenverkehrlichen Akzentuierung von Wirtschaft und Stadtbild inbesondere im Hafenbereich dar.

Nicht nur unter diesem Blickwinkel kommt dem Hafen besondere Aufmerksamkeit zu: Über den Unterlauf der Leda und die Ems ist der Hafen sowohl mit der Nordsee als auch mit wichtigen Binnenschiffahrtsstraßen, wie dem Dortmund-Ems-Kanal verbunden. Die die Stadt mit der Region verbindenden Wasserwege, Leda und Jümme, spielen heutzutage nur noch im Sport- und Freizeitverkehr eine Rolle. Zwischen 1900 und 1903 wurde der Hafen tideunabhängig ausgebaut, indem ein schleifenförmiger Abschnitt der Leda durch eine Seeschleuse abgetrennt wurde. In den 1920er Jahren folgte der Ausbau der "Nessehalbinsel" als hafenbezogenes Industriegebiet und in den 1970ern die Erweiterung der Schleuse. Diese Bemühungen, den Hafen jeweils zeitgerecht zu modernisieren, um seine historisch gewachsene Bedeutung für die kommunale Wirtschaft zu erhalten, setzen sich in aktuellen Planungen zur Anpassung von Fahrwasser und Hafengelände an die heutigen Erfordernisse des Schiffsverkehrs und der hafenbezogenen Betriebe fort. Diese werden in jüngster Zeit ergänzt durch eine Reihe von stadtbild-, freizeit- und fremdenverkehrsbezogenen Umnutzungs- und Gestaltungsmaßnahmen, wie die Anlage der Uferpromenade oder die Konzeption eines "Wassersportzentrums" (vgl. OZ v. 28.12.91, S. 6), die als erste Schritte auf dem notwendigen Weg zu einer Umorientierung der Hafenpolitik zu sehen sind. Denn auch wenn die Umschlagsbilanzen für jedes der letzten vier Jahrzehnte insgesamt Zuwächse aufweisen, ist die bisherige und absehbare Entwicklung des Hafens unter ökonomischen und arbeitsmarktrelevanten Gesichtspunkten durch erhebliche Diskontinuitäten, das heißt mangelnde Stabilität und Verläßlichkeit, gekennzeichnet.

Hier wie auch bei den Schließungen des Olympia-Zweigwerks sowie einer Ölmühle in den 80er Jahren ist der Einfluß übergeordneter Entwicklungen und externer Entscheidungsträger nicht zu übersehen. Tabelle 7-1 zeigt aber, daß der allgemeine sozioökonomische Strukturwandel nicht nur Verluste und Gefährdungen, sondern auch neue Akzente in der Leeraner Wirtschaft induziert. Neben diesen statistischen Daten, die eine Verschiebung zum Dienstleistungsbereich signalisieren, lassen sich Meldungen über innovative Firmengründungen im Energie- und Recyclingbereich (vgl.z.B. NWZ v. 8.2.92 u. OZ v. 30.11.91, S. 13) in diesem Sinne interpretieren.

Beachtenswert sind in diesem Kontext auch die realen und geplanten bzw. gewünschten Zuwächse im Fremdenverkehrssektor. So haben sich die "Übernachtungen in Beherbungsbetrieben" in der Stadt Leer von knapp 33.000 in 1985 auf gut 68.000 in 1991 mehr als verdoppelt (Jung 1992, S. 227). Die damit verbundene Bettenauslastung von 40,5% (a.a.O., S. 229) läßt einerseits noch Spielräume offen, ist andererseits aber nicht zu gering, um weitere Investitionen zu riskant erscheinen zu lassen, wie die derzeitigen Erweiterungen von zwei Hotels zeigen (vgl. OZ v. 5.3.92, S. 8). In jedem Fall sind mit diesen Entwicklungen zusätzliche Einnahmen für Leer bzw. die Leeraner verbunden, aber auch hier gilt, was in vielen anderen Regionen zu beobachten ist: selbst bei erheblichen Zuwächsen bei Übernachtungs- und Umsatzzahlen wächst das Angebot an sozialversicherungspflichtigen Arbeitsplätzen im Gast- und Beherbungsgewerbe nur relativ geringfügig (vgl. Tab. 7-1).

Insofern die erheblichen Zunahmen der Gästeübernachtungen und vor allem auch der Eintagesaufenthalte in Wechselwirkung mit verschiedenen Wirtschafts- und Lebensbereichen, wie Einzelhandel und Kultur, stehen, kommt dem Fremdenverkehr eine umfassendere Bedeutung für die Stadtentwicklung zu, als aus obigen Zahlen erkennbar ist. So ist beispielsweise davon auszugehen, daß der hohe Einzelhandelsumsatz keineswegs nur den rund

Tab. 7-1: Ausgewählte Daten zur Veränderung der Wirtschafts- und Arbeitsmarktstruktur der Stadt Leer

Veränderungen 1980 - 1991
sozialversicherungspflichtig Beschäftigte nach Wirtschaftsbereichen

Bezugs-raum		-1-	-2-	-3-	-4-	-5-	-6-	-7-	-8-	-9-	-10-
Leer	abs.	- 1 210	- 844	- 366	1 653	- 436	440	102	171	61	28
	%	- 22,2	-19,8	- 31,3	16,8	- 15,4	43,7	16,1	38,3	33,5	5,9
Emden	abs.	1 947	2 644	- 697	1 718	- 324	- 256	- 22	905	81	- 70
	%	11,5	17,2	- 45,5	16,6	- 11,7	- 12,9	- 4,0	116,3	35,1	- 12,1
Nds.	abs.	- 13375	19930	- 33305	217986	22439	14503	2 147	42145	11355	11341
	%	- 1,2	2,3	- 16,0	20,5	7,2	15,5	8,6	55,8	25,0	12,3
BRD	abs.	- 132012	54573	- 174999	2318450	313538	166879	157176	514242	117970	152288
	%	- 1,2	0,6	- 10,3	23,3	10,8	16,7	20,6	60,4	28,6	18,9

Legende
Erläuterung der Spaltennummern:
1) Produzierendes Gewerbe
2) Energiewirtschaft, Bergbau, Verarbeitendes Gewerbe
3) Baugewerbe
4) Dienstleistungssektor
5) Handel
6) Verkehr, Nachrichtenübermittlung
7) Kredit- und Versicherungsgewerbe
8) sonstige unternehmensbezogene Dienstleistungen
9) Gast- und Beherbergungsgewerbe
10) Wissenschaft, Bildung, Medien

Quelle: Jung 1992, Städtetabellen 7.1, 8.5, 9.4, 10.1, 11.1, 11.3, 12.1, 12.2, 13.3 und 15.1

100.000 Einwohnern geschuldet ist, die Leer, als dem nächstgelegenen der fünf ostfriesischen Mittelzentren, quasi zugeordnet sind. Aus diesem Blickwinkel erscheint es auf der einen Seite besonders problematisch, daß die attraktive Einzigartigkeit der Leeraner Altstadt durch die zunehmende Dominanz ubiquitärer Filialgeschäfte gefährdet ist. Dem steht auf der anderen Seite die "Leeraner Kunstmeile" gegenüber: eine seit 1988 im Zweijahresrhythmus privat initiierte Ausstellung der Werke verschiedener (regionaler) Künstler in Schaufenstern der Innenstadt. Daneben lassen sich der Umbau eines, im Stadtkern neben der Bibliothek gelegenen Lagerhauses zu einem "Kulturspeicher" sowie die grundlegende Renovierung des Heimatmuseums als weitere Belege für die Bemühungen um neue Akzente in der Gestaltung und Nutzung der Altstadt nennen.

Gleichzeitig stellen diese Maßnahmen wesentliche Punkte im kulturellen Profil der Stadt Leer dar. Der städtische Kulturetat, für den nur eine von insgesamt 130 Millionen DM zur Verfügung steht, wird schwerpunktmäßig zur Finanzierung von etablierten Institutionen, wie Stadtbibliothek, Volkshochschule und Landesbühne, eingesetzt (vgl. OZ v 28.1.92, S. 5). Deren Angebote werden in zunehmendem Maße ergänzt durch private Initiativen, die an unterschiedlichen Stellen im Spektrum von idealistischer Ehrenamtlichkeit bis kommerzieller Professionalität und von Alternativ- bis Hochkultur angesiedelt sind. Diese diversifizierende Dynamisierung des kulturellen Lebens wird begleitet von mehr oder weniger öffentlichen, kontroversen Diskussionen um kulturpolitische Fragen: "Zwei Kulturbegriffe prallen in Leer aufeinander. Da ist zum einen das Kulturamt der Stadt Leer in Übereinstimmung mit Politikern aller Parteien. Da ist zum anderen die Gruppe um den 'Förderverein Kultur- und Jugendzentrum Z'. Letztere will frischen Wind im Kulturausschuß." (OZ v. 4.6.92).

Es würde zu weit führen, die beiden angesprochenen Positionen genauer zu charakterisieren und/oder die Treffsicherheit dieser polarisierenden Darstellung zu diskutieren, doch ist ergänzend auf eine weitere Dimension der Leeraner Kultur hinzuweisen: die Bedeutsamkeit kommunal-regionaler Traditionen, die unter anderem in der jährlichen Großveranstaltung "Galli-Markt" oder in den drei stadtteilgebundenen(!) Schützenvereinen zum Tragen kommt.

Im Kulturbereich zeigt sich in besonders prägnanter Form das Nebeneinanderstehen und Aufeinandertreffen unterschiedlichster Impulse, das Leer als 'ostfriesische Kleinstadt im Wandel' charakterisiert. Mit dieser Kennzeichnung ist pointiert zusammengefaßt, was in der bisherigen Stadtskizze aufscheint und was über die Herausarbeitung grundlegender Leeraner Wahrnehmungsmuster in den nächsten Teilkapiteln empirisch-konkret auszuleuchten ist: in Leer finden sich vielfältige Phänomene, die für sich genommen diese Stadt als typisches Stück Ostfrieslands oder als gewöhnliche Kleinstadt erscheinen lassen, in ihrer spezifischen Vereinigung aber die Besonderheit dieses Ortes und seiner Entwicklung ausmachen.

Vor diesem Hintergrund dürfte es nachvollziehbar sein, daß wir auf eine beschreibende Aufzählung vieler Infrastrukturmerkmale, wie die Ausstattung mit Behörden, medizinischen und Bildungseinrichtungen verzichten, weil sie dem für Städte dieser Größenordnung und Funktion bekannten Standard entsprechen. Lassen sich aber neben diesem an Daten und Fakten orientierten Allgemeinverständnis auch aus folgender journalistischer Definition von 'Kleinstadt' Aussagen über Leer gewinnen? "Die Kleinstadt, dieses Mittelding aus Ortschaft und Stadt (...) ist von allem etwas, gigantisch und gemütlich, zu groß, zu klein. Das macht sie ruhelos.(...) Die Ruhelosigkeit, die Unentschiedenheit und Identitätslosigkeit der Stadt stecken die Kleinstädter an." (März 1991, ZB 1).

Folgt man diesem Zitat, so ist Kleinstadt quasi ein Synonym für Heterogenität und Wandel bzw. Aufbruchstimmung. Tatsächlich lassen sich entsprechende Indizien nicht nur in den schon angesprochenen (Ab)Wanderungsbewegungen und der damit verbundenen Altersstruktur in Leer finden (vgl.a. 7.1.2). Die vergleichende Betrachtung statistischer Daten, die beispielsweise über die "Bevölkerung (im Alter von 15 bis unter 65 Jahren) nach dem höchsten Schulabschluß" oder "nach überwiegendem Lebensunterhalt" sowie über die "Privathaushalte nach der Personenzahl" Auskunft geben, zeigt eine Sozialstruktur, die insgesamt dem durchschnittlichen Profil anderer (niedersächsischer) Kleinstädte entspricht. 9,5% Hoch- und Fachhochschulabsolventen, 23,6% von im Dienstleistungsbereich erworbenen Einkünften Lebende sowie 14,3% Einpersonenhaushalte weisen auf die Wirksamkeit von allgemeinen städtischen Entwicklungen hin. Diese Leeraner Werte erreichen aber - typischerweise - zum einen nicht die entsprechenden für den Durchschnitt der niedersächsischen Großstädte (11,6%; 23,8%; 22,1%), zum anderen enthalten einige der zitierten Tabellen Hinweise auf die anhaltende Bedeutsamkeit familiärer und informeller Netze, wie sie aus den ländlichen Regionen (Ostfrieslands) bekannt sind. (vgl. NIW 1989, Tab.A8 u. B6 u.).

Aus der bisher eingenommenen Outsider-Perspektive läßt sich Leer also durchaus als 'ruheloses, unentschiedenes Mittelding' charakterisieren. Doch im folgenden ist zu klären: sehen und erleben 'die Leeraner' ihre Stadt auch in dieser Weise?

7.1.2 Ein bißchen Stadt im weiten Land - Leer aus der Sicht seiner Bewohner

Im Rahmen der ausführlichen Bevölkerungsinterviews, deren transkribierte Protokolle den folgenden Darstellungen zugrundeliegen, hätten prinzipiell sämtliche das Leben in der Stadt Leer betreffenden Aspekte zur Sprache kommen können, da jeder Befragte aufgrund der Offenheit der Gesprächsführung die Möglichkeit hat, Themen neu einzubringen und/oder aus seiner Sicht weiterzuentwickeln. Doch schon eine erste vergleichende Durchsicht der Gesprächsprotokolle läßt klare Themen - bzw. Aufmerksamkeitsschwerpunkte erkennen.

In sämtlichen Interviews wird in vielfältiger Weise direkt und indirekt versucht, Leer zu charakterisieren, indem im Vergleich mit "typisch" (Groß)-Städtischem, Ländlichem und Ostfriesischem die aus einer spezifischen Mischung von Allgemeinem und Besonderen resultierende Einzigartigkeit der eigenen Stadt thematisiert wird. Folgende konkrete Themenbereiche fungieren dabei häufig als Fokus: das Stadtbild und vor allem die sanierte Altstadt; das Geschäfts- und Warenangebot bzw. die Einkaufsmöglichkeiten; das kulturelle Leben bzw. Freizeitangebote für unterschiedliche Alters- und Interessengruppen; Wohnungsmarkt- und Wohnqualität sowie die besondere *ostfriesisch-leeraner* Lebensqualität im Lichte spezifischer Ausprägungen von Klima und "Mentalität". Wie bezüglich der letztgenannten Aspekte in den meisten Interviews keine trennscharfen Unterscheidungen zwischen Stadt und Region auszumachen sind, liegt dem Großteil der Ausführungen zur Landschaft und zu den weniger wichtigen Themen Ökonomie, Arbeitsmarkt und Tourismus offensichtlich auch ein kaum strukturiertes Regionsverständnis zugrunde. Im folgenden wird immer wieder aufscheinen, daß die Wahrnehmungen der Befragten bezüglich Gliederung und Begrenzung des lokal-regionalen Untersuchungs- bzw. Lebensraumes sehr stark mit dem Eindruck korrespordieren, der beim ersten Blick auf die Karte entsteht (vgl. 7.1.1): lediglich der verdichtete Stadtkern erscheint als herausgehobene, abgegrenzte Einheit in einem Kulturlandschaftsbild, das eher durch fließende Übergänge als durch klare Linien geprägt ist. In diesem Sinne sind Interviewaussagen zu interpretieren, die den eingemeindeten Stadtteil Loga (vgl. 7.1.1) als "Dorf", "Vorort von Leer" (2 L, S. 14) oder durch die Formulierung "hier auf dem Lande" (4 L, S. 4) charakterisieren.[4] Auch die, in einem Interview auf die Frage nach dem Vorhandensein von "Stadtvierteln", verwendeten Bezeichnungen "*Altstadt*" und "neue *Stadt*", weisen im Kontrast mit den wenigen sonstigen "Viertelbezeichnungen", wie "Musikerviertel" und "Leerort", daraufhin, daß nur der Innenstadtbereich als Stadt identifiziert wird (12 L). Besonders pointiert kommt diese Sichtweise in folgendem Zitat zum Ausdruck, zumal der Interviewkontext erkennen läßt, daß der Sprecher mit dem Begriff "Randgebiete" einen "ländlichen" Raum von seinem Wohnstandort im Stadtteil Loga bis weit in den Landkreis hinein assoziiert: "Leer ist *nicht* schöner geworden, die Stadt selbst wohl (...) man versucht tatsächlich die Stadt zu schmücken und die Randgebiete vernachlässigt man." (9 L, S. 16 - Hervorh.i.Orig.).

In den meisten Interviewaussagen zur Wohnqualität kommt diese dichotome Wahrnehmung nur abgeschwächt zum Tragen. Zwar gewichten die meisten Befragten entsprechend ihrem jeweiligen Wohnstandort "städtische" oder "ländliche" Qualitäten etwas stärker, doch weist nur ein Bruchteil der formulierten Einschätzungen differenzierende räumliche Bezüge auf. Das mag auch darin begründet liegen, daß nicht so sehr nahraumbezogene Nachbarschaftskontakte, sondern vielmehr familiäre und freundschaftliche Verbindungen sowie die Landschaft, die gute Luftqualität, die relativ günstigen Lebenshaltungs- und vor allem Baukosten als wesentliche positive Kriterien der Wohn- und Lebensqualität gesehen werden. Auch die nicht seltenen Äußerungen zum - sich "stadttypisch" entwickelnden - Wohnungsmarkt spiegeln ein Bild von Leer, daß weder in sich noch nach außen klare Grenzen aufweist. Gleichwohl ergaben sich im Rahmen der Interviews und anderer Forschungsarbeiten immer wieder Hinweise darauf, daß einige, teilweise sehr kleinräumige Wohngegenden als zu meidende, weil tendenziell asoziale oder elitäre "Inseln" wahrgenommen werden.

Der Altstadt hingegen wird nicht nur deshalb positiv eine Sonderrolle zugebilligt, weil sie im beschriebenen Sinne die *Stadt* Leer verkörpert, sondern

---

4 So wie in dem Begriff "Dorf" schon ein leichte Relativierung des dargestellten Befundes gesehen werden kann, lassen sich auch der Logaer Schützenverein und die junge Kulturinitiative "Logaer Kulturbeutel" als Ausdrucksformen eines soziokulturellen Eigensinns dieses ehemalig selbständigen Stadtteils verstehen.

auch real und symbolisch für deren besondere Schönheit, Atmosphäre und Anziehungskraft steht (vgl.a. 7.1.1). Offensichtlich sind die meisten Leeraner der Ansicht, daß man in Leer bei der Altstadtsanierung eine wesentlich "bessere Hand gehabt" habe (9 L, S. 17) als in vielen anderen Städten, wobei je nach persönlichem Erfahrungshintergrund mit Emden oder Papenburg, aber auch auf nationaler oder gar europäischer Ebene verglichen wird. Zusätzlich unterstützt wird diese positive Sichtweise häufig durch kontrastierende Verweise auf die "Bausünden" in früheren Jahrzehnten und deren noch heute sichtbare Zeugnisse. Doch nur eine Gesprächspartnerin, die in der historischen Altstadt lebt, thematisiert den "anrüchigen" Zustand in den 1960ern sowie die rigorosen Umbauplanungen aus dieser Zeit (vgl. 7.1.1) und gewinnt daraus zusätzliche Kriterien für die positive Beurteilung der Sanierung.

In einigen Gesprächsprotokollen ist zu lesen, daß wegen der Altstadt und der Fußgängerzone beispielsweise Bekannte aus Wilhelmshaven zum Einkaufsbummel nach Leer kämen. Die offizielle bzw. öffentliche Kennzeichnung Leers als "Einkaufsstadt" (vgl. 7.1.1) findet Entsprechungen in vielen Interviewaussagen.

Es ist aber hervorzuheben, daß aus der Sicht der Bevölkerung die Differenzierung nach unterschiedlichen Einkaufsbedürfnissen und -möglichkeiten von großer Relevanz ist. So besteht weitgehender Konsens darüber, daß die Innenstadt durch die Sanierung und durch das sich verändernde Warenangebot für den gelegentlichen Einkaufsbummel mit Blick auf Güter des mittleren und gehobenen Bedarfs für Einheimische und Besucher attraktiver geworden sei. Während in diesem Kontext nur gelegentlich die Verdrängung traditioneller Einzelhandels- durch ubiquitäre Filialgeschäfte problematisiert wird, geschieht dies mit Blick auf die alltäglichen Einkaufsmöglichkeiten regelmäßig. Sowohl auf die Altstadt, die Gesamtsituation und die je konkreten Wohnumgebung bezogen wird häufig thematisiert, daß die Versorgung mit Lebensmitteln in zunehmendem Maße von einigen wenigen, außerhalb des Stadtkerns gelegenen Supermärkten monopolisiert werde. Dies wird, so zeigt die Zusammenschau der Interviews, insbesondere mit Blick auf ältere Menschen sowie unter dem Gesichtspunkt gewohnter und gewollter Lebensqualität bedauert, ohne den neuen Konsummöglichkeiten und -mustern ihre eigene Attraktivität abzusprechen. Ein teilweise in Verbindung mit der Altstadtsanierung und den Einkaufsmöglichkeiten stehender Themenbereich ist die innerstädtische Verkehrssituation. Deren

Beschreibungen lassen sich dahingehend zusammenfassen, daß Leer im Prinzip klein genug sei, um alles ohne motorisierte Verkehrsmittel zu erreichen. Dies sei auch notwendig, da der ÖPNV nicht attraktiv sei und die Stadt durch die Fußgängerzone, Verkehrsberuhigung und -umlenkung sowie Parkplatzmangel immer schwieriger mit dem Auto zu nutzen sei. Gleichzeitig würde das Wegenetz für Radfahrer und Fußgänger ausgebaut. Selten nur finden sich diesbezüglich eindeutige Bewertungen, doch die relative Häufigkeit solcher Beschreibungen und darin verwendeter Formulierungen, wie z.B. "komische Einbahnstraßenregelung" (6 L, S. 7), lassen den Schluß zu, daß dieser Bereich von Stadtentwicklung(spolitik) die Leeraner in ihren Alltagsroutinen tangiert.

Ein Wahrnehmungsmuster, das in Interviewaussagen zu Warenangebot und Einkaufsatmosphäre gelegentlich durchscheint, kommt in solchen zum kulturellen Angebot und Leben voll zum Tragen: Aus einer Perspektive, die sich als die eines städtischen Konsumenten charakterisieren läßt, wird das Vorhandene auf seine (groß)städtischen Qualitäten hin abgeklopft. Das heißt, prinzipiell wird davon ausgegangen, daß ein konsumierbares Angebot vorhanden zu sein habe, das seiner Qualität und Quantität nach dem Niveau in vergleichbaren Städten entsprechen müsse. Zumindest der erste Teil des formulierten Befundes wird durch folgendes Zitat exemplarisch belegt: "Es wird schon was *geboten, das ist klar*, aber in der *Großstadt* ist eben die Möglichkeit (, etwas Besonderes zu erleben - d. Verf.) viel, viel größer." (2 L, S. 14 - Hervorh. d. Verf.). Zwar mündet die weitgehend geteilte Grundperspektive des städtischen Konsumenten in unterschiedliche verbale und aktive Ausdrucksformen (vgl.a. 7.2), doch lassen sich die meisten Einschätzungen des Leeraner Kulturlebens unter der Diagnose "kleinstädtisch" subsummieren: die Angebotspalette sei für den Alltagsgebrauch der erwachsenen Leeraner ausreichend attraktiv; zu besonderen Anlässen und seitens der Jugendlichen auch darüber hinaus würden die Verkehrsverbindungen - insbesondere der Autobahnanschluß nach Oldenburg - zur Angebotserweiterung genutzt; in einer Kleinstadt hänge vieles von der Initiative Einzelner ab.

Abgesehen davon, daß die Akzeptanz und Attraktivität des kulturellen Lebens allem Anschein nach in den letzten Jahren zunimmt, ist ein Ausschlag ins Positive festzustellen, wenn sämtliche Freizeitangebote und -möglichkeiten in die Betrachtung einbezogen werden. Neben den Radfahrmöglichkeiten innerhalb und außerhalb des Stadtgebietes kommt insbesondere den Wassersportmöglichkeiten eine hohe Wertschätzung der Leeraner zu. Sonstige regions- und landschaftsbezogene Sport- und Freizeitaktivitäten, wie Boßeln, Schlittschuhlaufen und Schützenvereine, wurden von unseren Gesprächspartnern nicht angesprochen.

Einen deutlich negativen Akzent weisen die nicht seltenen Interviewausführungen zu den Freizeitgestaltungsmöglichkeiten für Jugendliche und Kinder auf: "Gerade für junge Leute ist es 'nen bißchen schwierig. Man sucht immer so'n bißchen, wo was los ist." (11 L, S. 2).

Diese Aussage eines Abiturienten läßt sich als Zusammenfassung der insgesamt facettenreichen Kritik bezüglich der Freizeitangebote und -möglichkeiten für die Altersgruppe der ca. 15-30jährigen lesen: Das insgesamt eher spärliche und/oder nur kleine Interessengruppen ansprechende Veranstaltungs- und Kneipenangebot, das Fehlen einer Discothek im engeren Stadtgebiet sowie der gravierende Mangel an Übungs- und Auftrittsmöglichkeiten für Musikgruppen sind häufig genannte Kritikpunkte, die regelmäßig in der Hoffnung auf die baldige Umsetzung der Pläne für ein "Jugend- und Kulturzentrum Zollgebäude" münden. Zwar gibt es bereits ein Jugendzentrum mit einem relativ breiten Angebotsspektrum, doch nach den Selbst- und/oder Fremdeinschätzungen vieler Befragten scheint ein großer Teil der Bedürfnisse junger Leeraner darüber nicht abgedeckt werden zu können. Zwar äußert nur ein Student die Vermutung, daß ein Grund für den steigenden Rauschgiftkonsum und -handel in Leer im "kulturellen Unterangebot" zu finden sei (5 L), doch wird dieses Defizit häufiger in einem Atemzug mit dem als gravierend wahrgenommenen Phänomen der Abwanderung vieler Schul- oder Ausbildungsabsolventen thematisiert.

Allerdings werden weder in solchen Gesprächspassagen noch dort, wo die Themen Abwanderung einerseits und mangelnde Arbeitsmöglichkeiten andererseits zusammenstehen, mögliche Ursache-Wirkungs-Verhältnisse expliziert. Folglich kann es kaum verwundern, daß nur in Ausnahmefällen die Möglichkeit und/oder Notwendigkeit politischer Lösungs- und Handlungsansätze angesichts der genannten sozioökonomischen Probleme angesprochen wird. Die Abwanderung junger Leeraner wird vielmehr als eine für die Stadt problematische, individuell zwangsläufig-sinnvolle und insgesamt (selbst)verständliche Reaktion auf eine Situation gesehen, die sich offensichtlich knapp und umfassend charakterisieren, nicht aber ändern läßt: "Für die 16-20jährigen ist Leer nicht das Eldorado." (10 L, S. 11).

Während dieses Problemfeld zumeist von den Interviewten selbst angesprochen wurde und somit auf einen hohen Aufmerksamkeitswert in ihrer Umweltwahrnehmung schließen läßt, gehen die meisten Äußerungen zum Thema Arbeitslosigkeit auf Impulse des Interviewers/der Interviewerin zurück. Zwar wird dann durchgängig eingeräumt, daß der lokal-regionale Arbeitsmarkt nicht unproblematische Defizite aufweise. Doch obwohl in einigen Interviewprotokollen zu lesen ist, daß die gegenwärtige Situation und zukünftige Perspektive aus der Sicht der Arbeitskollegen - trotz Autobahnanschluß und neuer Gewerbegebiete - pessimistisch zu beurteilen sei, sieht lediglich ein "Opfer" des Konkurses der Jansen-Werft (vgl. 7.1.1) in der lokal-regionalen Arbeitsmarkt- und Wirtschaftslage eine substantielle Gefahr: "Leer können se dichtschaufeln (...) hier sehe ich keine Hoffnung mehr." (13 L, S. 8 f). Die Einschätzungen der sonstigen Gesprächspartner weisen zwar - je nach Typ (vgl. 7.2) - erhebliche Unterschiede bezüglich des Differenzierungsgrades und Reflexionsniveaus auf, sind aber alle von einer Mischung aus passiv-distanzierter Ignoranz und fatalistisch-hoffnungsvoller Akzeptanz getragen. Dies drückt sich auch darin aus, daß die meisten Gesprächspartner, unabhängig von der (Un)Genauigkeit ihrer Kenntnisse, mit dem betonten Verweis auf die aktuelle Entspannung der Lage signalisieren, daß es sich bei der Leeraner Arbeitslosigkeit nicht - mehr - um ein besonderes, aufmerksamkeitsheischendes Problem handele.

Sehr nüchtern wird - häufig auf Nachfrage - in diesem Kontext die geringe Arbeitsmarktrelevanz wahrgenommener und/oder gewünschter Tourismusentwicklungen reflektiert. Sofern Zukunftsvorstellungen erkennbar sind, zeichnet sich insgesamt eine stärkere Priorität für den Ausbau des touristischen als für den des industriellen Sektors ab.

Denn, so läßt sich zusammenfassend erklären, außer durch ihre "Bodenständigkeit" und die wohl dosierten städtischen Akzente werden die Leeraner vor allem durch die Landschaft und "die gute Luft" an ihre ostfriesische Kleinstadt gebunden. Von daher werden Prozesse der "Verstädterung" und "Industrialisierung" tendenziell als Bedrohung für diese "Insel der Lebensqualität" gesehen, deren Autobahnanbindung an die nutzbaren Ressourcen großstädtischen Lebens aber begrüßt wird.

7.2 Die Leeraner: Ostfriesen und Kleinstädter - Darstellungen typischer Wahrnehmungsmuster

7.2.1 Wir Ostfriesen, die Ostfriesen - Inhalte und Formen des Regionsbezugs der Befragten

Am Ende des vorherigen Teilkapitels deutete sich schon an, daß nicht nur unter inhaltlichen Aspekten der Umweltwahrnehmung der Befragten, sondern auch bezüglich ihrer Selbstbeheimatung Leer *und* Ostfriesland zumindest tendenziell als Einheit erscheinen. Eine nähere Betrachtung zeigt, daß diese beiden miteinander verbundenen Bezugsebenen durchaus in unterschiedlichen Verhältnissen zueinander stehen können: Leer kann beispielsweise ein gewöhnlicher Teil von oder Synonym für Ostfriesland sein. Gleichzeitig wird deutlich, daß der Begriff Ostfriesland durchgängig mit Identifikations- bzw. Heimatqualitäten verbunden ist.

In diesem Sinne sind die Leeraner auch als Ostfriesen anzusprechen, als Menschen, die Ostfriesland als eine besondere Region wahrnehmen, mit der sie sich verbunden fühlen. Während die nächsten vier Teilkapitel unterschiedliche Arten und Intensitäten mentalen und emotionalen Regionsbezugs unterscheiden, sind hier die grundlegenden Konturen der Leeraner Blicke auf Ostfriesland nachzuzeichnen.

> "Zum Stichwort Ostfriesland? Da fällt mir ein: Ein ganz schöner Witz: Sie können am Mittwoch schon sehen, wer am Sonntag zu Besuch kommt. Diese schöne große weite Ebene." (2 L, S. 12).

In dem hier zum Vorschein kommenden Sinne, als Symbol für überschaubare und damit genießbare Freiheit nämlich, ist die Landschaft eines der wichtigsten Motive in den Leeraner Bildern von Ostfriesland. Neben der immer wieder in vielen Variationen ausgemalten Weite spielen vor allem "das Wasser" und die Küstennähe sowie als verwandter Themenbereich das Klima wichtige positive Rollen. In den seltensten Fällen werden Unterscheidungen zwischen verschiedenen Naturräumen getroffen, doch ist meistens bei der Auswertung der Interviews erkennbar, daß die Landschaftsformen im westlichen Teil der ostfriesischen Halbinsel, insbesondere die Flußmarschengebiete um Leer, das Bild der Befragten wesentlich prägen. Darüber hinaus wird in vielen Gesprächspassagen zumindest der Eindruck nahegelegt, daß mehr oder weniger unreflektiert übernommene Klischees einen wichtigen Einflußfaktor darstellen.

So erscheinen die Betonungen der besonderen Qualität "der Weite" häufig formelhaft, nicht zuletzt weil in keinem Interview sichtbar wird, in welchen alltäglichen Handlungszusammenhängen diese erlebt wird. Auffälliger noch: als Reaktion auf die Bitte um spontane Assoziationen zum "Stichwort Ostfriesland" sind mehrfach Formulierungen wie "der alte Fischer mit seinem blauen Fischerhemd" (1 L, S. 23) zu finden, die eher Fremdenverkehrsprospekten als eigenen Erfahrungen zu entstammen scheinen. Der folgende Dialog mag als Hinweis auf die Wichtigkeit der theoretisch-methodischen Fragen nach den Konstitutionselementen von Vorstellungsbildern dienen und die Aufmerksamkeit wieder auf die Inhalte der Leeraner (Selbst)Wahrnehmungen lenken:

> I: "Haben Sie denn schon mal überlegt, wegzuziehen von hier?
> F: Um Gottes Willen! Nee. Da bin ich 'ne echte Ostfriesin, die man nicht verpflanzen darf.
> I: Darf man das mit Ostfriesen nicht machen?
> F: Nee. Nee, die sind dafür bekannt, daß man die nicht so leicht verpflanzen kann." (2 L, S. 7).

Dieses Interviewzitat führt uns zum zweiten wichtigen Ostfrieslandmotiv neben der Landschaft: der "Mentalität". Im Kontext dieses Themenbereichs wird das herausragende Gewicht "ländlicher" Attribute in den Charakterisierungen der identität- bzw. heimatstiftenden Region durch die bäuerliche Tradition noch verstärkt. "Bodenständigkeit" wird durchgängig als grundlegende ostfriesische Eigenschaft gesehen und häufig in Zusammenhang mit der ebenfalls typischen "Sturheit", "rauhen Herzlichkeit" und "Gemütlichkeit" gestellt.

Während der zentrale Begriff "Bodenständigkeit" - gelegentlich auch "Erdverwachsenheit" - ohnehin einen engen Bezug der Menschen zur Landschaft bzw. Natur impliziert, formulieren einige Leeraner Parallelen oder gar kausale Zusammenhänge zwischen den landschaftlichen und "mentalitätsmäßigen" Spezifika der Region. So könnten beispielsweise weder "die Natur" noch "der typische Ostfriese/ostriesische Bauer" "etwas verbergen" (4 L). Oder: "der Ostfriese" sei gradlinig sowie "durch die armen Verhältnisse und durch das, was er mit dem blanken Hans auszufechten hatte, ist er hart geworden und wortkarg." (5 L, S. 22).

Wie sich in der oben zitierten Redewendung von "der rauhen Herzlichkeit" bereits andeutet, sind die aufgezeigten Charakterisierungen meistens positiv besetzt, da mit ihnen Verläßlichkeit und Sicherheit im Sinne von Aufgehobensein assoziiert wird. Leichte Differenzierungen dieser Wahrnehmung deuten sich lediglich dahingehend an, daß zum einen manche diese regionsspezifischen Qualitäten durch die vereinheitlichende Technik, das heißt durch die Modernisierung der Gesellschaft, "überrollt" sehen. Zum anderen lehnen einige ausgeprägte Bodenständigkeit für sich selbst ab und unterscheiden aus dieser Perspektive zwischen den "moderneren" Ostfriesen in Leer und den "urwüchsigen" auf dem Land.

Relativierend zu letzterem wird aber von vielen Leeranern betont, daß ihre Stadt nicht nur schöner und gemütlicher, sondern auch ostfriesischer als Emden sei. So werde in Leer glücklicherweise "grundsätzlich mehr Platt gesprochen als in Emden" (9 L, S. 4).

Zusammenfassend läßt sich also feststellen, daß die relativ hohe Übereinstimmung der Befragten in bezug auf die inhaltlichen Schwerpunkte und die Gesamteinschätzung von Stadt (vgl. 7.1.2) und Region auf grundsätzlich ähnlichen Selbstidentifikationen als Leeraner-Ostfriesen bzw. ostfriesische Leeraner beruht. Doch diese gemeinsame Wurzel ist nicht nur in sich facettenreich, sondern verzweigt sich in individuelle Perspektiven, die sich analytisch zu Wahrnehmungstypen verdichten lassen. Ein dabei als entscheidend zugrundegelegtes Kriterium ist die Frage nach der Ausprägung und Intensität des Ostfrieslandbezugs in Relation zur Wahrnehmung gesellschaftlichen Wandels. Dies soll in den vier zusammengesetzten Typenbezeichnungen zum Ausdruck kommen: "der ostfriesische Nesthocker", "der zufriedene Ostfriese", "der kleinstädtische Ostfriese" und "der ostfriesische Fortschreitende".

7.2.2 Typ A: "Ähm, so genau hab ich mich mit dem Arbeitsmarkt hier nicht befaßt. Das ist natürlich so ne Arbeitslosigkeit, ist glaub ich hier ziemlich hoch ... "

Das obige Zitat wurde als Überschrift für die Charakterisierung "*des ostfriesischen Nesthockers*" ausgewählt, weil sich aus seiner aufmerksamen Betrachtung ein erster Eindruck von der, für diesen Wahrnehmungstyp bezeichnenden, "Unfaßbarkeit" gewinnen läßt. Da, wie wir in 7.1.2 gesehen haben, die wenigsten Leeraner ein differenziertes Bild vom Arbeitsmarkt haben, ist weniger auf die inhaltliche Ebene, als vielmehr auf die Art der Formulierung zu achten. Denn unabhängig vom Thema lassen die Ausführungen von Repräsentanten dieses Typs sehr häufig selbst elementare Wahrnehmungsinhalte nicht ohne weiteres erkennen.

Diese sind in diskursiver Auswertung der Interviewprotokolle meist erst "zwischen den Zeilen" zu finden. Neben dem Vorherrschen vager, sich wechselseitig relativierender Formulierungen ("natürlich so ne"/"glaub ich") ergeben sich diese besonderen Schwierigkeiten beim extrahierenden Nachvollzug des subjektiv gemeinten Sinns aus dem ausgeprägten Frage-Antwort-Charakter der zugrundeliegenden Gespräche.

Besonders beachtenswert sind die genannten strukturellen Gesprächsmerkmale wie auch der Mangel an pointierten, zitierfähigen Aussagen, weil hier erkennbar wird, daß die empirische "Unfaßbarkeit" von Typ A in einem wichtigen Befund begründet liegt: "Der ostfriesische Nesthocker" verfügt über differenzierte Kenntnisse und/oder eine eigene Position *nur* in bezug auf solche Lebensbereiche, die seinen Alltag unmittelbar betreffen. "Der Rest der Welt" wird von ihm nicht "erfaßt".

Folgende Passage aus dem Interview mit einer jungen Angestellten, die täglich zu ihrem Arbeitsplatz nach Papenburg pendelt, kann unter verschiedenen Gesichtspunkten als repräsentativ für den "ostfriesischen Nesthocker" gelten:

"(...) so ostfrieslandverbunden, (...) so heimatverbunden bin ich nun auch nicht, ne. Das ist bei mir eigentlich hauptsächlich nur so ne Bequemlichkeit irgendwie im Moment, daß ich hier den Abgang nicht starte, ne. (...) Weil, gerade wenn du erstmal irgendwie 'n festen Job hast, dann, dann läuft der Alltag auch irgendwie, ne. Du kriegst monatlich dein Geld und machst dir eigentlich gar nicht mehr so die großen Gedanken (...)". (6 L, S. 16).

Aus den wiedergegebenen Formulierungen wird eindrücklich deutlich, daß Typ A die ausgeprägte Tendenz aufweist, sich in der gewohnten Sicherheit des (Arbeits)Alltags dauerhaft einzurichten bzw. diesen als zentrierenden Fixpunkt und begrenzenden Rahmen für die Wahrnehmung und Veränderung des eigenen Lebens zu nutzen. Arbeit bzw. Ausbildung, Familie und/oder Bekanntenkreis und das vertraute sozialräumliche Wohnumfeld sind dabei die elementaren stabilisierenden Faktoren. Werden diese bzw. einer davon fraglich, wird die Aufgabe des Gewohnten denkbar, ohne darin wesentlich mehr als eine "Notlösung" zu sehen:

- So äußert die in der Überschrift zitierte Abiturientin die "eigentlich anstrebt (...), zu studieren":

    "Ich wohn gern hier und bin eigentlich noch so'n bißchen skeptisch, daß ich jetzt schon wegziehen sollte. Ich hatte eigentlich überlegt, ein soziales Jahr zu machen, und weiß nicht, ob ich das hier machen kann oder ob ich dazu wegziehen muß. Nun hab ich noch die Möglichkeit zu meiner Oma (...), das ist dann im Bereich der Familie noch, aber doch von hier eben weg in eine etwas größere Stadt." (12 L, S. 3).

- Die ledige, nach Papenburg pendelnde Mitzwanzigerin (vgl.o.) habe mal mit dem Gedanken gespielt, wegzuziehen,

    "aber das war eigentlich auch nur so'ne Phase, weil ich gemerkt hab, so meine ganzen Bekannten, die sind weggezogen. Und dann, irgendwie merkt ich so: 'Gott, irgendwie hast du hier auch gar nichts mehr, außer deiner Arbeit halt.' (...) mittlerweile hat sich mein Bekanntenkreis soweit wieder regeneriert, daß ich mich hier wieder total wohlfühle, eigentlich, und mir reicht das aus." (6 L, S. 9).

Unter der Frage nach dem Ostfrieslandbezug von Typ A unterstützen beide Zitate das, was in dem ersten nach der Überschrift direkt angesprochen wurde. Es handelt sich weniger um inhaltlich differenzierte und emotional bedeutsame (Selbst)Beheimatung in Ostfriesland als vielmehr um die Neigung, an dem von Geburt an gewohnten sozialräumlichen Umfeld festzuhalten. Zwar wird dies gelegentlich - mit einem Anflug von Euphorie - mit schlagwortartigen Charakterisierungen der ostfriesischen Landschaft begründet. Doch kommt zum einen, wie auch aus den zitierten Interviewausschnitten zu erkennen ist, sozialen Bezugspunkten ein höherer Identifikationswert zu als "räumlichen", physisch konkreten, zum anderen scheinen die Ostfrieslandbilder dieses Typs eher durch übernommene Klischees als durch eigene Erfahrungen bzw. die individuelle Aneignung der Region geprägt. Folgender Dialog bringt diesen Befund pointiert zum Ausdruck:

    I: "Was fällt Dir so zum Stichwort Ostfriesland ein?
    F: Kühe. (lacht)
    I: Kühe?
    F: Ja, das liegt vielleicht an den Aufklebern: Diese Kuh mit 'Südliches Ostfriesland läßt grüßen!'" (12 L, S. 8).

Vor diesem Hintergrund kann es nicht überraschen, daß die Repräsentanten dieses Typs nach eigenen Angaben nicht über Plattdeutschkenntnisse verfügen. Und auch das weitgehende Fehlen von Antworten auf die obligatorische, abschließende Interviewfrage nach (regionsbezogenen) Zukunftswünschen/-visionen fügt sich bruchlos ins gezeichnete Bild vom "ostfriesischen Nesthocker", dessen Wahrnehmungsperspektive und Selbstverständnis sich mit den Worten einer Befragten auf den Punkt bringen läßt: "Hier in Leer bin ich geboren (...) und nicht rausgekommen." (6 L, S. 1).

7.2.3 Typ B: "In Leer kann man sich wohlfühlen (...), hier Wegziehen kommt *definitiv* nicht infrage".

Der hier darzustellende Typ soll "der *zufriedene Ostfriese*" heißen. Zwar läßt sich "die Zufriedenheit" direkt aus der, als Überschrift verwendeten, exemplarischen Interviewaussage erkennen, doch ist sie dort nicht in bezug auf Ostfriesland formuliert. Doch nicht erst durch die folgenden Ausführungen, sondern schon vor dem Hintergrund des in 7.2.1 dargestellten Befundes, daß unter den Stichworten Heimat, Identifikation u.ä. Leer und Ostfriesland weitgehend in eins fallen, sollte es ohne weiteres nachzuvollziehen sein, daß die Typenbezeichnung - anders als die Überschrift - den Ostfrieslandbezug betont. Im folgenden sind die Konturen dieses starken, emotional aufgeladenen und anscheinend unverbrüchlichen Regionsbezugs herauszuarbeiten, nicht zuletzt um zu untersuchen, mit welchen spezifischen Mustern der Wahrnehmung - insbesondere mit Blick auf Veränderungen - dieses einhergeht.

Der erste Teil der zitierten Interviewäußerung ermöglicht aus zwei Perspektiven ein näheres Verständnis "des zufriedenen Ostfriesen". Erstens ist dieser der Auffassung, daß Leer bzw. Ostfriesland ausreichende Lebensgestaltungsmöglichkeiten sowie hohe Lebensqualität, also die Grundlagen zum "Sich-Wohlfühlen", biete. Zweitens deutet die Vokabel "kann" an, daß dieser Typ von der mehr oder weniger expliziten Überzeugung geleitet wird, daß jeder Einzelne zumindest mitverantwortlich für seine eigene Zufriedenheit sei.

Erstgesagtes ist nicht dahingehend zu verstehen, daß Typ B grundsätzlich keine Probleme oder Defizite in seiner Lebensumwelt sehen würde. Im Gegenteil: das Bild von Stadt und Region ist - anders als beim "ostfriesischen Nesthocker" - relativ facettenreich, differenziert und dynamisch:

"Bausünden" früherer Jahre, kulturelle Defizite, Werksschließungen und andere Problempunkte sind darin aufgehoben. Doch mittels verschiedener Relativierungen gelingt es regelmäßig, die negativen Aspekte zu "entschärfen" und das positive Gesamturteil aufrechtzuerhalten. Zwei Beispiele mögen dies illustrieren:

- Eine ältere Leeranerin, die mehrfach auf frühere "Fehler" im Städtebau hinweist und ausführlich über die aus den "ewigen Baustellen" resultierenden Unannehmlichkeiten berichtet, beschließt die entsprechende Interviewpassage, indem sie ihre längst verstorbene Mutter zitiert: "Erst muß immer alles häßlich werden, bevor es schön ist." (2 L, S. 7).

- Die relative Strukturschwäche Ostfrieslands und deren mögliche Verschärfung durch die deutsche Vereinigung wird von einem älteren Angestellten als Gefährdung der wirtschaftlichen Stabilität und damit der "Zufriedenheit" zwar ernsthaft, aber keineswegs stringent-rational thematisiert:

    "Wenn man die Hände in den Schoß legt und sagt: 'Jetzt sind wir am Rand', dann mag das wohl so sein. Aber wenn man da also gegensteuert (...) dann darf dieses Problem überhaupt nicht entstehen und entsteht auch nicht." (4 L, S. 13f.) / "Wenn wir nicht das VW-Werk hier in Emden hätten, sähe es hier *noch viel schlechter* aus, ne. Aber an und für sich in Leer ist das Arbeitsangebot (v.a. im Einzelhandel - d. Verf.) nicht schlecht. Also wenn einer hier arbeiten will und motiviert ist, kann er hier schon Arbeit finden." (4 L, S. 7).

Neben den Beschönigungstendenzen unterstützen Vergleiche mit den Lebensmöglichkeiten in anderen Städten bzw. Regionen das positive Bild "des zufriedenen Ostfriesen" von dem Teil Deutschlands, der ihm durch Geburt oder selbstgewählten Zuzug zur Heimat geworden ist. So formuliert ein Beamter, der vor mehr als 10 Jahren aus Südwestdeutschland zugezogen ist:

"Wer hier im Staatsdienst ist, hat ja das gleiche Geld wie in der Großstadt, aber bei etwa 25% verminderten Lebenshaltungskosten. Das heißt also, hier lebt man wie die Made im Speck". (10 L, S. 5).

Doch nicht nur die geringen Lebenshaltungs- und insbesondere auch Baukosten, sondern auch die gute Luftqualität, die Ruhe und die weite, unzerstörte Landschaft wiegen in der Wahrnehmung des "zufriedenen Ostfriesen" die negativen Auswirkungen der Strukturschwäche eindeutig auf. Da er sich aber im klaren darüber ist, daß die Aufrechterhaltung des Status-Quo im

Interesse der Arbeitslosen und vor allem wegen der sich verändernden inter-/nationalen Rahmenbedingungen des Wirtschaftens weder politisch gewünscht noch realistisch ist, fokussiert er zum einen mit beschönigendem Blick sich abzeichnende Verbesserungen, wie das Zurückgehen der offiziellen Arbeitslosenquoten sowie die Ansiedlung und Ausweitung mittelständischer Unternehmen. Zum anderen wird Mobilität, - vorübergehende - Abwanderung von Jugendlichen oder Berufspendeln, als selbstverständliche oder gar positive Komponente des heutigen Lebens in Leer vermittelt. Daneben hegen Vertreter dieses Typs konkrete Hoffnungen wie die, daß mit der Veränderung der Märkte, insbesondere "mit der Ausweitung der EG und damit natürlich mit'm Wegfall der Grenzen natürlich für Ostfriesland auch die Chance ab 1.1.93 da ist" (10 L, S. 12). Daß die Darstellungen solcher Hoffnungen immer unkonkret bleiben, steht in Zusammenhang mit dem eindeutigen Vorrang des Wunsches, "daß eben der Landschaftscharakter, diese melancholische Landschaft, so lange erhalten bleibt, wie's nur irgendwo geht" (10 L, S. 13).

Die Betrachtung der Ausführungen zu den städtischen Aspekten des Lebens in Leer im Kontext der Interviews legt die Interpretation nahe, daß die punktuell wahrgenommenen Defizite, insbesondere die kulturelle Unterversorgung, ebenfalls durch die hohe emotionale Affinität zur ostfriesischen Landschaft kompensiert werden. Daneben kommt gerade bei diesem Typ der "Mentalität" - und zwar "der ostfriesischen", nicht einer speziellen "Leeraner" - eine Rolle zu, die - z.T. über Abgrenzung gegen Vergleichsregionen - die Selbstbeheimatung in der Solidität Ostfrieslands unterstützt: "Das ostfriesische Wort oder das Wort des Ostfriesen ist mehr wert als teilweise die Unterschrift im Süddeutschen. (...) Wenn man hier 'n Kumpel hat, dann hat man 'n Kumpel, also keine oberflächlichen Leute." (10 L, S. 16).

Gerade in Anbetracht der vergleichsweise differenzierten Umweltwahrnehmung "des zufriedenen Ostfriesen" ist ausdrücklich daraufhinzuweisen, daß er in den meisten Zusammenhängen weder inhaltliche noch räumliche Gliederungs- oder Begrenzungslinien "seines Ostfrieslands" erkennen läßt. Ein besonderer bzw. eigener Wert Leers wird lediglich gegenüber der weniger schönen Stadt Emden behauptet und darüber hinaus indirekt deutlich, wenn es um Aspekte geht, durch die die Kreisstadt sich faktisch von ihrem ländlichen Umland unterscheidet:

- "Ich mein immer, bei uns ist 'ne besonders schöne Fußgängerzone (...) bei uns ist es irgendwie schöner (als in anderen Kreisstädten - d. Verf.)." (2 L, S. 7).
- "Leer hat sich in den 13 Jahren, in denen ich hier wohne, ganz gewaltig verändert. Wir haben eine bessere medizinische Betreuung, wir haben eine wesentlich besser ausgestattete Kulturinfrastruktur, wir haben eine mittlerweile sehr ordentliche, auch überzeugende Verkehrsinfrastruktur (...)." (10 L, S. 9).

Nicht nur aufgrund der Thematisierung städtischer Qualitäten, sondern auch durch die Häufigkeit von Personalpronomen, verdienen diese beiden Interviewausschnitte besondere Aufmerksamkeit. Denn zum einen lassen Formulierungen, wie "bei uns" oder "wir haben", die ausgeprägte Identifikationsbereitschaft mit dem eigenen Wohnort erkennen. Zum anderen deutet sich in dem zitierten Sprachgebrauch die, auch bei diesem Wahrnehmungstyp recht ausgeprägte Tendenz an, komplexe reale und wünschenswerte Entwicklungen durch "Personalisierung" zu reduzieren. Über dementsprechende, bereits weiter oben zitierte Interviewäußerungen hinaus, sei hier belegt, daß es sich bei den als verantwortlich und handelnd angesehenen "Subjekten" meistens um letztlich nicht faßbare Größen handelt:

- Ein Befragter führt das Gelingen der Altstadtsanierung auch auf die Zusammenarbeit "aller" zurück, konkretisiert dies auf Nachfrage der Interviewerin allerdings nur mit dem Hinweis "auch im Stadtrat". (4 L, S. 9).
- Der zuvor Zitierte sieht in einer "Managementdummheit von Peter Dürr"[5] den Grund für den "Wegfall von Olympia." (10 L, S. 9).
- Eine Leeranerin äußert zum Ausbau der Uferpromenade: "Ich glaub, das letzte Teilstück, das haben se erst vor zwei Jahren fertig gekriegt. Naja, die tun schon was, muß man anerkennen." (2 L, S. 11).

Vor diesem Hintergrund ist eine eingangs gebrauchte Formulierung dahingehend zu präzisieren, daß aus dem Blickwinkel von Typ B jeder einzelne insoweit für seine Zufriedenheit verantwortlich ist, als er sich mit den unverrückbaren bzw. von externen Kräften gesteuerten Gegebenheiten positiv zu arrangieren hat. Neben diesem Wunsch zur Zufriedenheit stellt das Ge-

---

5   Gemeint ist vermutlich der frühere AEG-Manager, H. Dürr.

fühl, in einem unverwechselbaren regionalen Kontext beheimatet zu sein, die Basis dar, von der aus "der zufriedene Ostfriese" die Angebote (klein)-städtischen Lebens genußvoll nutzt, ohne sich von aktuellen Mängeln oder möglichen Gefährdungen grundsätzlich irritieren zu lassen:

> "Es gibt sicher andere, die andere Ansprüche stellen. Ich stell keine (...). Für mich, für mich ist es schön." (2 L, S. 12).

7.2.4 Typ C: "Es gibt zwar mehrere öffentliche Kneipen und Kinoprogramm ist ja auch nicht so doll, aber so privat läuft da doch 'ne ganze Menge in so 'ner Kleinstadt"

Typ C, *"der kleinstädtische Ostfriese"*, unterscheidet sich von den anderen durch die besonders intensive Ausprägung einer allgemeinen Leeraner Wahrnehmungsdimension, der "kleinstadtischen" nämlich. Das heißt, er ist wesentlich von der "unentschiedenen" und "ruhelosen" Atmosphäre beeinflußt, die in Teilkapitel 7.1.1 als kleinstadttypisch definiert wurde. Während das dort ebenfalls zitierte Charakteristikum der "Identitätslosigkeit" - nicht zuletzt aufgrund seines ausgeprägten Ostfrieslandbezugs - weder in der Stadt- noch in der Selbstwahrnehmung dieses Typs nachzuweisen ist, könnte das kleinstädtische Attribut "Mittelding" aus seinem Munde stammen. Er erlebt seinen Wohnort als schätzenswertes Mittelding zwischen dem Land(leben) und Stadt(leben): "Einer meiner Brüder wohnt auf dem hinterletzten Dorf (im Ldkr. Leer - d.Verf.). Da wohnen vielleicht 40 Leute. (...) Das wäre mir zum Beispiel zu weit weg. Das wär mir zu ländlich." Auf die Frage nach der Denkbarkeit eines Wegzugs äußert der gleiche Gesprächspartner, daß er lediglich "Oldenburg als Stadt empfinde, in der er auch leben könnte. Weil Oldenburg auch noch mal son bißchen son kleinstädtisches Gefühl einem gibt, eigentlich. Oldenburg ist nicht so, das erschlägt mich auch nicht unbedingt (...) mit Hochhäusern und dem ganzen Quark (...)." (3 L, S. 21f. und 9).

So statisch diese Einschätzungen vordergründig auch wirken mögen: "Der kleinstädtische Ostfriese" nimmt dieses Mittelding als Fließgleichgewicht wahr, das in seiner Stabilität durch verschiedene interne und externe Faktoren permament gefährdet ist.

- "Es gibt sogar 'Mc Donald's'. Das sind dann alles so Sachen, die dann das ganze Umfeld irgendwie so angleichen an das größere städtische Leben (...), das ist so'n Abklatsch von irgendwie dieser Lebensart in ner etwas größeren Stadt. (...) Alles wird immer größer und unpersönlicher auch." (3 L, S. 7f.).

- "Dann gibt es so diese ganzen Neubaukisten, ne. Wo früher noch nen Bauernhof war mit richtig schön Land drumrum, das wird jetzt alles zum Neubaugebiet erklärt und wird also kurz und klein und platt gemacht, ne. (...) Vorher reichte der Wohnraum auch noch aus, aber dann wurde immer mehr expandiert und es fehlt immer noch Wohnraum in Leer." (1 L, S. 15).

In diesen Reflexionen realer "Verstädterungsprozesse" spiegelt sich "die Ruhelosigkeit", die in dem zitierten Artikel als kleinstädtisches Charakteristikum benannt wurde. Auch wenn in beiden Interviewaussagen Vorbehalte gegenüber den angesprochenen Entwicklungen deutlich werden, antizipiert Typ C die Veränderungsdynamik seiner Lebensumwelt als grundsätzlich gegebenes Merkmal derselben. Schon in dem als Überschrift verwendeten Zitat deutet sich an, daß "der kleinstädtische Ostfriese" neben gegebenen Entwicklungsprozessen auch Notwendigkeiten und Chancen zur Initiierung weiterer sieht. Im Blickfeld sind dabei meist Lebensbereiche wie die Möglichkeiten zur Kinderbetreuung oder das Kulturangebot, die durch konkrete Maßnahmen im Sinne der eigenen Bedarfe und Interessen weiterentwickelt werden könnten/sollen. Die Blickrichtung wird letztlich durch den Wunsch bestimmt, die Vorzüge des kleinstädtischen Lebens in einer Weise modifizierend zu erhalten, daß sie mit den sich wandelnden individuellen Erfordernissen und Bedürfnissen kompatibel bleiben.

In Einzelfällen mündet dieses grundlegende Anliegen in persönlichem öffentlichkeitswirksamen Engagement, beispielsweise zugunsten der Einrichtung einer Kindertagesstätte. Häufiger wird aber mangelnde Kompatibilität von Wunsch und Wirklichkeit durch Perspektivenwechsel ausgeglichen. So ist beispielsweise die folgende Aussage einer jungen Mutter, daß das Freizeitangebot für Jugendliche besser geworden sei, wesentlich dem Umstand geschuldet, daß sie heute nicht mehr mit den Augen einer Abiturientin, sondern mit denen ihrer kleinen Kinder guckt:

"Früher so'ne Kleinstadt für Jugendliche bot sie eigentlich nicht viel. Zu meiner Zeit (vor rund zehn Jahren - d.Verf.) gabs das Jugendzentrum damals und ja halt die Sportvereine. Da war also kein so'n ausgebautes Jugend- und Kulturprogramm, wie das jetzt sich anbahnt. (...) Es gibt nen Kinder- und Jugendtreff, (...), das Jugendzentrum, das bietet auch AG's und jeden Mittwochnachmittag auch ne Beschäftigung für diese kleinen Zwerge ab 6 (...), Erzähltheater für Kinder." (1 L, S. 2f.).

Aus dem zitierten Beispiel sollte erkennbar sein, daß "Perspektivenwechsel" nicht als bewußte, kurzfristig einsetzbare Strategie zu verstehen ist. Vielmehr wird mit diesem Begriff auf prozeßhafte Blickverschiebungen hingewiesen, die zwar generell mit biographischen Entwicklungen einhergehen, bei diesem Typ aber besonders ausgeprägt sind. Denn zum einen ist die Umweltwahrnehmung "des kleinstädtischen Ostfriesen" stärker als die der anderen Typen durch die je individuelle Situation bestimmt. Zum andern steht er in besonderer Intensität in der Spannung zwischen Beharrungs- und Veränderungstendenzen bzw. mehr oder weniger passiv-akzeptierender Anpassung einerseits und ruhelosen Gestaltungsbestrebungen andererseits.

In diesem Befund liegt eine Erklärungsfolie für die, in den hier zugrundegelegten Gesprächsprotokollen auffällige, Gleichzeitigkeit von ausgesprochen differenzierten und ambitionierten sowie undifferenzierten und emotionslosen Ausführungen. Auch die Beobachtung, daß Vertreter dieses Typs dazu neigen, sich gezielt und auch strategisch in bestimmten Sachfragen bzw. Gruppen zu engagieren, ohne engagiertes Interesse an den je übergeordneten inhaltlichen und/oder formalen Zusammenhängen zu zeigen, korrespondiert mit dem typischerweise polar-dynamischen Wahrnehmungsmuster:

"Dann bin ich in der SPD. Ich versuch, mich da 'n bißchen ranzutasten. (...) Ich laß mich da ab und zu sehn und dann merk ich schon, die kennen einen dann schon, und dann kriegt man auch so ab und zu mal ne Aufgabe. (...) man wächst da nur so langsam ein in solche Gruppen hier. (...Auf die Interviewfrage nach den Arbeitsinhalten:) Da geht's dann um alles. (...) Die kümmern sich dann halt um Kindergärten und Straßenausbau, Verkehrsberuhigung und all diese Dinge, die werden dann da beraten, und da bildet sich dann ne Meinung (...)." (3 L, S. 18).

Könnte dieses Zitat in seinem umfassenden Kontext abgedruckt werden, würde offensichtlich, daß sich darin auch der Ostfrieslandbezug des Befragten niederschlägt. Denn der Zitierte sieht in der typischen ostfriesischen "Sturheit" die relativ festgefügte Gruppenstruktur und die daraus sich ergebene Notwendigkeit einer schrittweisen Annäherung begründet. Doch dieses Kennzeichen ostfriesischer Mentalität wird nicht negativ, sondern - wie von Typ B - positiv gesehen, indem es zusammen mit der regionsspezifischen "Verläßlichkeit" und "Bodenständigkeit" gedacht und bewertet wird.

Zwar sieht sich Typ C aus seiner Leeraner-Kleinstadt-Perspektive auch diesen, ostfriesische Charakteristika überformenden, Modernisierungsprozessen ausgesetzt, wie er auch den Bedeutungsverlust des Plattdeutschen feststellt und teilweise beklagt. Doch in der Neigung "des kleinstädtischen Ostfriesen" bezüglich der angesprochenen Aspekte zwischen der Kleinstadt Leer, als seinem alltäglichen, sich permanent wandelndem Lebensumfeld, und Ostfriesland, als seinem sowohl erholung- als auch heimatstiftenden, ländlich-statischem Bezugsraum, zu unterscheiden, liegt das Potential sowohl für Offenheit und Aktivität als auch Ignoranz und Passivität gegenüber gesellschaftlichen Entwicklungsprozessen. Denn Typ C schätzt sich, wie sich schon im ersten Interviewzitat in diesem Teilkapitel andeutet, in Abgrenzung zu den Landbewohnern, als einer neuen, zeitgemäßen Ostfriesengeneration zugehörig ein. Doch ist diese Selbstidentifikation und vor allem die damit verbundene Veränderungs- und Risikobereitschaft auf kleinstädtischem Niveau nicht unabhängig davon zu verstehen, daß dieser Typ sich in Ostfriesland mit seinen überkommenen sozialen, kulturellen und landschaftlichen Eigenheiten verwurzelt sieht. Gleichzeitig liegt genau hier die Möglichkeit, sich den Zumutungen der Ruhelosigkeit kleinstädtischen Lebens und Wandels zu entziehen oder diese zu kompensieren. Während die häufigen Ausflüge in das ländliche Umland "den kleinstädtischen Ostfriesen" in symbolträchtig realer Weise an seine Wurzeln führen, erfüllen vielfältige und zahlreiche Verbalisierungen des persönlichen Ostfrieslandbezugs die Funktion, sich - in Konfrontation mit der externen Interviewerin - in kognitiver und emotionaler Hinsicht der eigenen Herkunft und Heimatverbundenheit zu vergewissern, gerade weil letztere für "den modernen", "den kleinstädtischen Ostfriesen" nicht vollkommen fraglos ist:

"Du hast es mit einer eingefleischten Ostfriesenfamilie zu tun. Uns zieht auch so schnell hier nichts weg. Wir sind auch sehr bodenständig. (...) aber wenn's dann nicht anders geht, daß man so in seiner Laufbahn (in der beruflichen des Gatten - d.Verf.) etwas weiter kommt, dann muß man sehen, daß man den Ort wechselt, nich. Und da bin ich soweit, daß ich denke, ich bin zwar sehr bodenständig, aber (...) um unserer Zufriedenheit Willen wären wir bereit." (1 L, S. 7)

7.2.5 Typ D: "(...) irgendwann ist dann Nüttermoor mit Leer oder Heisfelde zusammen gewachsen. Das wird alles kommen und das muß mit Sicherheit so sein. Nur sollte man zusehen, daß man die Natur berücksichtigt, Grünflächen als Erholungsgebiete beläßt."

In dem als Überschrift verwendeten Zitat deuten sich zwei wesentliche Merkmale des im folgenden darzustellenden Typen an: das hohe Differenzierungs- bzw. Reflexionsniveau sowie die Offenheit gegenüber Veränderungen bzw. "Fortschritt". Da der Ostfrieslandbezug von Typ D in seiner Ausformung durch die beiden genannten Wahrnehmungsdimensionen beeinflußt ist, also nicht als eigenständiger Aspekt im Vordergrund steht, soll dieser Typ *"der ostfriesische Fortschreitende"* heißen. Damit wird auch die Paralelle und der entscheidende Unterschied zum "ostfriesischen Nesthokker" symbolisiert: für beide hat - anders als für B und C - Ostfriesland keine unverzichtbar existentielle Bedeutung. Doch während das bei Typ A aus einer tendenziell emotionslosen, distanzierten Haltung gegenüber seiner Umwelt resultiert, gewinnt "der ostfriesische Fortschreitende" aus seinen ambitionierten, kritisch-interessierten und selbstreflexiven Beobachtungen die Möglichkeit, sich diese Region als gegebene und geschätzte Heimat anzueignen, ohne diese als einzig optimalen oder einzig denkbaren Lebensraum zu sehen:

- So betont ein Fachhochschulstudent, der ohne aktuelle Abwanderungsambitionen einen Wohnstandort am ländlichen Rand einer norddeutschen Großstadt als persönliche Präferenz ausmalt, mehrfach: "(...) ich bin froh, Ostfriese zu sein." (5 L, S. 36). Zwar gibt er dafür kaum explizite Gründe an, doch reflektiert er ausführlich die Genese und Sinnhaftigkeit von einem "Nationalbewußtsein" bzw. Zusammengehörigkeitsgefühl", wie es in Ostfriesland vorhanden sei. Unter anderm führt er aus: "Es kommt vielleicht auch von den blöden Ostfriesenwitzen. Ich mein auf der einen Seite provozierst du die Leute ja: 'Ihr Doofen!', und auf der anderen Seite machst du sie stark, ne. Weil du fängst ja an, deine Gruppe zu bauen. (...) Ich will jetzt nun nicht anfangen, hier jetzt son parteimäßiges oder gruppenmäßiges Denken irgendwie zu propagieren. (...) Aber auf der anderen Seite sollen die Leute auch ruhig wissen, woher sie kommen, und darauf auch ohne weiteres stolz sein, ne." (5 L, S. 36 f.).

- Ein älterer Leeraner, der sich ebenfalls als "echter Ostfriese" sieht und dem insbesondere die plattdeutsche Sprache und die damit korrespondierende Mentalität als heimatstiftende Qualitäten gelten, formuliert mit Blick auf das Erwachsenwerden der Kinder und den bevorstehenden Eintritt ins Rentenalter: "mein größter Wunsch ist tatsächlich irgendwo an die Ostseeküste (...). Ich mag das Wasser unheimlich gerne" und die Landschaft und "der Menschenschlag" seien dort so, daß er als Ostfriese, der sich durch umfangreiche Lektüre mit Pommern und Masuren verbunden fühle, sich - anders als im "mondänen" Sylt - beispielsweise auf Rügen heimisch fühle und gerne dort seinen Lebensabend verbringen würde. (9 L, S. 11 f.).

- "Zum Zivildienst würde ich sehr gern hierbleiben wegen der Segelei und einiger Freunde (...). Aber dann zum Studium möcht ich schon woanders hin und auch nicht unbedingt so nah, daß ich jedes Wochenende nach Hause kann. (...) was Neues kennenzulernen, ist sicher gar nicht schlecht. Ich hab 'n paar Freunde, die inzwischen studieren, und die sagen, daß sie sich von dem Kreis, den die hier in Leer hatten, durch dieses Studium trennen mußten, aber das klappte auch. Die bauen sich dann was Neues auf für diese Zeit." (11 L, S. 11 f.).

Während in diesen drei Beispielen "das Fortschreitende" dieses Typs sich als das potentielle "Fort-Schreiten" aus Ostfriesland darstellt, ist nun in Anknüpfung an die Überschrift "der Fortschritt" in der Region aus der hier diskutierten Wahrnehmungsperspektive zu betrachten.

> "Das ist doch was ganz anderes, ob sie ne geplante Autobahn durch Ostfriesland durchziehen und mit 'nem Industriegebiet, das sowieso schon vorhanden war, verbinden oder ob sie das Wattenmeer komplett umgraben, um da irgendwelche Industrierohre durchzuziehen (...). Das (verschiedene Beeinträchtigungen insbesondere von Natur und Landschaft - d.Verf.) bringt der Fortschritt mit sich. Nur, daß der Fortschritt unbedingt größere Sachen kaputt machen muß, das sehe ich wiederum nicht ein." (5 L, S. 38 f.) / "Arbeitsplätze und Tourismus, das wäre 'ne tolle Sache, wenn das zusammen klappen würde (...), daß man sagt in Leer-Nord meinetwegen erweitern wir das Industriegebiet und holen auch Betriebe dahin, aber woanders schaffen wir für Touristen Räume." (11 L, S. 14).

Einerseits belegen diese Zitate wiederum, daß Wahrnehmungsmuster D wesentlich differenzierter ist als die drei bisher vorgestellten. Gleichzeitig zeigen aber auch hier die Grenzen des Alltagswissens und Bewußtseins ihre Wirksamkeit. Das heißt, daß dieser Typ einerseits individuelles und gesellschaftliches Fortschreiten zwar für unumgänglich und notwendig hält, was auch zu einer flexiblen Veränderbarkeit seiner Bilder führt. Andererseits ist die Bandbreite von letzterem durch die relative stabile Konsistenz des Alltagsbewußtseins, die prinzipiellen Beschränkungen von Informationsbeschaffung und -verarbeitung sowie individuelle Interessensschwerpunkte begrenzt.

Ausgehend von letzteren, neigt "der ostfriesische Fortschreitende" dazu, sich in konkreten Zusammenhängen bzw. Gruppen für die Gestaltung seiner Lebensumwelt einzusetzen. Dabei orientiert er sich sowohl an eigenen Bedürfnissen als auch an übergeordneten Interessen. So hat der bereits zitierte Abiturient gemeinsam mit anderen eine Umweltschutzgruppe gegründet, in der man nach vielen Diskussionen und einigen öffentlichen Aktionen dazu gekommen sei, den Garten des Jugendzentrums unter ökologischen Gesichtspunkten umzugestalten: "Haben uns dann auf den Garten konzentriert und 'nen Teich angelegt, die Blumenwiese, 'nen Apfelbaum gepflanzt. (...) Macht richtig Spaß und vor allem 'ne nette Gruppe (...)." (11 C, S. 2).

Nicht erst wenn man sich vor Augen hält, daß neben dem umweltpolitischen Motiv ein Grund für diese Gruppenaktivität in dem mangelnden Freizeitangebot für Jugendliche liegt, wird deutlich, daß Typ D für sich - und jeden anderen - die Aufgabe und Chance sieht, aktiv zur Verbesserung der Lebensmöglichkeiten in Leer beizutragen. Er übersieht dabei nicht die Grenzen der eigenen bzw. individueller Handlungsmöglichkeiten, sondern nimmt sie kritisch wahr: als mangelnde Solidarität bei offensichtlichen "Viertelsinteressen", wie Verkehrsberuhigung; als machtvolle und ignorante Arroganz der politischen und wirtschaftlichen Führungskräfte sowie als zu akzeptierende sozioökonomische Rahmenbedingungen.

So wie "der ostfriesische Fortschreitende" an diesen und individuellen Begrenzungen orientiert gangbare Pfade für sich und seine Lebensbereiche zu entdecken und zu entwickeln sucht, sieht er die Notwendigkeit modifizierten Fortschritts in Leer und Ostfriesland. Doch: "Die Leute leben in dem Wahn, daß das mit dem Wirtschaftswunder immer so weiter geht." (9 L, S. 7).

7.3 Durch "das Tor Ostfrieslands" ins nächste Jahrtausend - zu den Entwicklungsoptionen der Stadt im Lichte von Abwanderungsdruck und "Zukunftswerkstatt"

Zweifelsohne hat Leer insbesondere in den letzten 15 Jahren durch Firmenschließungen und Abwanderungen von - potentiellen - Arbeitskräften wichtige Grundlagen für die Stabilität und Entwicklung der Stadt als Wirtschafts- und Lebensraum eingebüßt. Doch nachdem Leer vor diesem Hintergrund um die Mitte der 80er Jahre als "Hochburg der Arbeitslosigkeit" zu bundesweiter Berühmtheit gelangt war, wird die interne und externe Wahrnehmung dieser Stadt heute in erster Linie durch die sanierten Altbaufassaden und die anheimelnde Atmosphäre geprägt. Nimmt man darüber hinaus die wirtschaftsstrukturellen Verschiebungen zum Dienstleistungsbereich, die Ausweitung des Fremdenverkehrssektors und die modellhaften Initiativen infolge des Jansen-Konkurses sowie den Rückgang der jahresdurchschnittlichen Arbeitslosenzahlen (Arbeitsamtsbezirk: 1987: 12.984/ 1989: 10.679; Arbeitsamt Leer 1990) in den Blick, könnte man zu dem Schluß kommen, der notwendige Strukturwandel sei weitgehend vollzogen.

Eine differenziertere Betrachtung aber, die sich vor allem auch die bisher dargestellten Untersuchungsergebnisse zunutze macht, muß zu der Einschätzung führen, daß Leer nach einigen - teilweise innovativen - Entwicklungsschritten, wie Altstadtsanierung, Gründung eines Auto-Recyclingsunternehmens u.a., demnächst Gefahr läuft, in eine neue Stagnations- oder gar Regressionsphase zu geraten. So muß es bedenklich stimmen, das Politik und Verwaltung sich neben der Tourismusentwicklung weiterhin vor allem auf die Vorbereitung von Industrieansiedlung konzentrieren - unter dem Motto des Oberkreis- und ehemaligen Stadtdirektors: "Es kann ja mal ein Betrieb kommen, der zehn Hektar Fläche auf einmal will." (OZ v. 31.07.92, S. 8). Neue gestalterische und vor allem ökonomische Konzepte, beispielsweise für eine postindustrielle Nutzung des Hafenbereiches oder eines zukunftsweisenden Stadtmarketings, werden zwar gelegentlich ins Spiel bzw. in die öffentliche Diskussion gebracht, aber weder theoretisch noch praktisch konsequent fortentwickelt.

Vor dem Hintergrund der Teilkapitel 7.1.2 und 7.2 lassen sich Parallelen und Wechselbeziehungen zwischen diesen Politik- und Entwicklungsmustern einerseits und wesentlichen Wahrnehmungsmustern der Bevölkerung andererseits konstatieren: es wird Handlungsbedarf zumindest punktuell gesehen, doch Meinungsverschiedenheiten, mangelnde Konsequenz und Innovationsfreunde sowie ein ausnehmend hohes Maß an Selbst-Zufriedenheit begünstigen das Verbleiben in den gewohnten Rahmen bzw. im Status-Quo. Während wir den letztgenannten Aspekt in jeder Teilstudie dieses Forschungsprojektes beobachten konnten, kommt in Leer ein kleinstadtspezifisches Entwicklungshemmnis hinzu: die relativ ausgeprägte Individualisierung steht einer kollektiv wahrgenommenen Verantwortung für die Gestaltung des eigenen Lebensraumes entgegen.

Gleichzeitig liegt aber in der damit verbundenen Qualität und Heterogenität der in dieser Kleinstadt nebeneinanderstehenden und aufeinandertreffenden Lebensäußerungen die Chance einer besonders intensiven und facettenreichen Dynamik. Dieser - über die beobachtbaren Ansätze insbesondere im Kulturbereich hinaus - zur effizienteren Entfaltung zu verhelfen, müßte das Ziel einer an endogenen Potentialen orientierten Stadtentwicklungspolitik sein.

Ein zukunftsweisendes Konzept ließe sich daraus schneidern, wenn man die strukturellen mentalen und emotionalen Wechselbeziehungen mit dem ostfriesischen Umland einbeziehen würde. Diese Blickrichtung wird auch durch die Selbsttitulierung als "Tor Ostfrieslands" nahegelegt, insofern ein Tor ohne "ein Dahinter" keinen Sinn macht. Darüber hinaus ist sie beispielsweise in der "Zukunftswerkstatt Jansen Werft" schon probeweise realisiert.

Nicht zuletzt an der deutlichen Affinität einiger Großstädter - beispielsweise aus dem Ruhrgebiet - zu den guten Lebens(abend)bedingungen in oder in der Nähe einer Kleinstadt in Ostfriesland wird deutlich, daß Leer durchaus die ernstzunehmende Chance hat, in planvollem Zusammenwirken mit seinem Umland zur Modellregion postfordistischen Lebens im Sinne Ipsens zu werden:

"Die Region, die Stadt und Land umschließt, ist vielleicht die zukünftige Raumeinheit der flexiblen Regulation." (Ipsen 1991, S. 155). Denn dort, wo subsistenzorientierte "Bäuerlichkeit" noch wirksam ist, zeigen sich deutliche Hinweise, "für eine neuerliche Inwertsetzung von Teilen des ländlichen Raumes, eine Verbindung traditioneller und nachmoderner Lebensstile, eine gleichzeitige Globalisierung und Regionalisierung der Interaktionen und Sentimente." (a.a.O.) Mit anderen Worten: die Raumeinheiten, in denen eine modifizierende Synthese ländlich-traditioneller und städtisch-moderner Qualitäten sich entwickelt, haben die Chance, zu den führenden Bühnen des gesellschaftlichen Werte- und Strukturwandels und damit zu *den* Orten prospektiver (Verknüpfungs)Formen von Leben, Arbeiten und Wirtschaften zu werden. Im Rahmen dieser Teilstudie konnten eine Reihe entsprechend entwicklungsfähiger Potentiale für Leer und sein Umland aufgezeigt werden.

8 Von Nachbarschaften bis Ostfriesland - vergleichende Bilanzierung der Ortsstudien unter besonderer Berücksichtigung der Frage nach den Konturen und Funktionen der unterschiedlichen sozialräumlichen Bezugsebenen.

In jeder der drei Ortsstudien konnten ein bis zwei Sozialräume ausgemacht werden, die in Alltagspraxis und -bewußtsein der jeweiligen Bevölkerung dominieren. Deren Zuschnitte sind zwar von strukturellen Merkmalen der jeweiligen lokalen Untersuchungseinheit beeinflußt, passen sich aber in der Mehrzahl nicht in deren administrativ bestimmte Grenzen ein. Ähnliches gilt für die vielfältigen Bezüge der Befragten zu "Ostfriesland": nur in seltenen Fällen sind sie auf den Raum gerichtet, der an historischen und politischen Grenzen orientiert als Forschungsregion definiert wurde (vgl. 1.).

Um zu einer weiterführenden Einschätzung dieses Doppelbefundes kommen zu können, ist die analytische Unterscheidung von Alltagsbewußtsein und -praxis nutzbar zu machen. So zeigt sich, um es pointiert zu sagen, je weniger eine sozialräumliche Bezugsebene genutzt wird, desto geringer ist der Niederschlag von "objektiven" Grenzen und materiellen Ausstattungen in den sie spiegelnden Vorstellungsbildern. Wenn hingegen Alltagspraxis und -bewußtsein in einem engen Wechselverhältnis auf eine sozialräumliche Bezugsgröße, wie Ardorf (vgl. 5.) oder die Nachbarschaften in Holterfehn (vgl. 6.), gerichtet sind, tritt diese als Einheit hervor, deren - physischräumliche - Konturen annähernd eindeutig definiert und somit nachvollziehbar sind. Dies gilt auch für die Leeraner Innenstadt: die nach funktionsbezogenen, planerischen und architektonischen Kriterien definierbare abgegrenzte Einheit, wird von der Bevölkerung als "die Stadt" gesehen *und* genutzt (vgl. 7.1.2).

In Holterfehn kommt - neben den Nachbarschaften - dem "Hier auf dem Fehn" eine erhebliche Bedeutung in Bewußtsein *und* Alltagspraxis zu (vgl. 6.2). Gleichwohl konnte in diesem Fall keine klar umrissene sozialräumliche Einheit ausgemacht werden. Dies läßt sich - in Erweiterung der Darstellungen in Kap. 6 - dahingehend interpretieren, daß das regionale Umfeld der Untersuchungsgemeinde, "das Fehngebiet", historisch und strukturell zu facettenreich sowie die sozialen und individuellen Bezugnahmen zu vielfältig sind, um konsistent in *einem* Bild erfaßt werden zu können. Analytisch betrachtet stellt die Formulierung "hier auf dem Fehn" also einen Oberbegriff für eine Vielzahl unterschiedlicher Aktions- und Identitätsräume dar und verweist zugleich auf deren gemeinsamen Kern. Der selbstverständliche Gebrauch dieser Wendung spiegelt, daß weder sie noch die gemeinte Bezugsgröße einer näheren Definition bedarf, um sich untereinander zu verständigen bzw. der eigenen Zugehörigkeit "zum Fehn" zu vergewissern. Dies ist auch daraus zu erklären, daß die verschiedenen Wahrnehmungen "des Fehns" sich aus gleichen Grundelementen speisen: ländliches Wohnen im eingemeindeten Holterfehn; mit der Moorerschließung und -bewirtschaftung verbundene Familiengeschichten und Biographien.

Damit ist nochmals erkennbar geworden, was sich bei der Auswertung der Ortsstudien unter der Frage nach einem "Ostfrieslandbewußtsein" besonders deutlich zeigt: inwieweit die Bezugnahme auf einen Sozialraum verhaltenssichernd bzw. regionalbewußtseinsbildend wirkt, hängt offensichtlich nicht in erster Linie von "der Genauigkeit" und "Richtigkeit", sondern von der kollektiven Akzeptanz und der Stabilität "des *Raumbildes*" ab.

Besonders einprägsam wird dies durch die Befunde zum "Ostfrieslandbewußtsein" der Leeraner belegt (vgl. 7.2.1). In überraschender Übereinstimmung zeichnen die Bewohner dieser Kleinstadt unter dem Stichwort "Ostfriesland" das Bild von einer durch und durch ländlichen Region, in deren einzigartiger Weite Freiheit und Geborgenheit zugleich erfahrbar seien. "Ostfriesland" *kann* weiterhin als eine solchermaßen charakterisierte Heimat wahrgenommen werden, weil die Region genügend dementsprechend interpretierbare Qualitäten und Symbolträger aufweist. Wenn die Leeraner sonntags auf ihren Fahrrädern die Stadt verlassen, erfahren sie den ruhigen Rhythmus scheinbar unberührter Weite. Vor allem aber *müssen* die Leeraner-Ostfriesen dieses Ostfrieslandbild aufrechterhalten, weil sie nur vor diesem Hintergrund die Dynamik des (klein)städtischen Lebens als Bereicherung wahrnehmen können.

Damit ist ein Befund angesprochen, in dem Aspekte zu den *beiden* Leitfragen, nach räumlichem Bewußtsein und nach der Wahrnehmung gesellschaftlichen Wandels, zusammentreffen: Im abschließenden Vergleich der Ortsstudien zeigt sich, daß in allen Fällen *eine* sozialräumliche Bezugsebene als "Schonraum in der Modernisierung" wahrgenommen und gewünscht wird. Ob das die Dorfgemeinschaft (vgl. 5.), die Nachbarschaft (vgl. 6.) oder "Ostfriesland" (vgl. o.) ist, hängt offensichtlich wesentlich vom unterschiedlichen Modernisierungsgrad bzw. Veränderungsdruck in den - potentiellen - *sozialräumlichen* und subregionalen Bezugssystemen ab.

Die vergleichende Betrachtung dieser Befunde mit denen der im folgenden darzustellenden Lebensformstudien wird Hinweise dazu ergeben, welcher Stellenwert sozialraumgebundenen Orientierungen und Strategien bei der Lebens- bzw. Krisenbewältigung im Kontext gesellschaftlichen Wandels *insgesamt* zukommt.

9 Die Lebensform "Bauer in Ostfriesland"

9.1 Die Lebensform Bauer: "Bauernblut ist keine Buttermilch, (...) Bauernblut ist grün, das scheint ganz tief drin zu sitzen."

Im Vorgriff auf die Ergebnisdarstellung ist plausibel zu machen, warum es angemessener erschien, die Lebensform unter den Begriff "Bauer" und nicht "Landwirtschaft" zu stellen. Denn ursprünglich war vorgesehen, in klassisch sozioökonomischer Einordnung von der "Lebensform Landwirtschaft" zu sprechen. Dieses schien gerechtfertigt, weil der damit verbundene Wirtschaftszweig in Ostfriesland eine noch bedeutsame ökonomische Rolle spielt. Die Auswertung der Intensivinterviews gab jedoch viele Hinweise darauf, daß sich die Befragten als "Bauern" und nicht als "Landwirte" sehen. Es verbirgt sich dahinter ein Selbstverständnis, das über die Einordnung als Berufgattung hinaus einen weitreichenderen Bedeutungsrahmen der Selbstwahrnehmung als "Bauer" zeigt.

Bezeichnenderweise wendet sich zum Schluß einer Untersuchung mit z.T. ähnlichen Interessen wie unsere Teilstudie (Kölsch 1990, S. 231f.) auch der Blick von der Lebensform Landwirtschaft zur Begriffsalternative "Bäuerlichkeit". Dort zielt die Begriffsveränderung jedoch - ideologisch motiviert - auf eine prospektive Sinnbestimmung einer Lebensweise, unter der Landwirte ein neues umwelt- und sozialverträgliches Verhältnis zu Natur und ländlicher Gesellschaft gewinnen sollen: es geht um eine "Bäuerlichkeit in der Moderne", die nur "Widerstandstypen" gegen Umweltzerstörung und Kolonialisierung von außen durchhalten und weiterentwickeln könnten:

> "Bäuerlichkeit bedeutet, die Sachimperative der Modernisierung nicht zu verdrängen, sondern sie so umzugestalten und zu bewältigen, daß sie die Lebensform Landwirtschaft und die Kommunikation mit Mensch und Natur nicht zerstören." (a.a.O., S. 230).

Ohne die Sinnhaftigkeit dieser ökologischen Zielorientierung in Frage stellen zu wollen, hat die semantische Festlegung auf eine "Lebensform Bauer" in der eigenen Untersuchung zunächst nur den einfacheren Anspruch, im folgenden den Selbstdeutungen der Befragten eine Offenheit zuzugestehen, die über eine sozialtechnische Reduktion der Betrachtung auf das Grundverhältnis zwischen sozioökonomischen Bedingungen, landwirtschaftlicher Produktion und Existenzbewältigung hinausgreift. Die Neugierde richtet sich auf die ganzheitlich zu verstehende Einbettung einer regionalen Sozialgruppe in ihrem Lebensraum.

9.2 Ostfriesische Landwirtschaft im Spiegel sozialstatistischer Daten

Vor der Darstellung der alltagsweltlichen Perspektive der Bauern in Ostfriesland kann die Vergegenwärtigung ihres aktuellen sozioökonomischen Existenzrahmens den Blick für die problematische Situation dieses Wirtschaftszweiges schärfen. Die Verteilung der Beschäftigung nach Wirtschaftsbereichen in Tabelle 1-7 verdeutlicht, daß die Landwirtschaft in Ostfriesland immer noch ein im Vergleich zu Niedersachsen und im Vergleich zum alten Bundesgebiet überdurchschnittliches Gewicht besitzt. Dennoch bedeutet in 'Ostfriesland zu leben' längst nicht immer 'Leben auf dem Bauernhof' - wie eine 17-jährige Ostfriesin beispielhaft in folgender Erzählung beschreibt:

> "Zum Beispiel fragte mich in der (Berufs-; d.V.)Schule letztens eine (Oldenburgerin; d.V.): 'Ja, wo kommst du denn weg?' Ich da: 'Ja, aus Ostrhauderfehn'. 'Ja, wo ist das denn?' 'Ja, in (...) Ostfriesland.' 'Was, du wohnst in Ostfriesland? Habt ihr auch 'n Bauernhof?' Ich sag: 'Wir ham kein Bauernhof.' 'Ja, wieso, du wohnst aber doch in Ostfriesland!' Ich da: 'Ja, aber wir haben keinen Bauernhof'. (Hier) haben wir vielleicht noch zwei Stück, wenn's hoch kommt, die noch - also - in Betrieb sind. Kann man auch nicht sagen, daß die sich nun so großartig davon ernähren. Aber die eben noch 'n bißchen Landwirtschaft betreiben." (14 H, S. 28).

Dem noch bestehenden und häufig anzutreffenden Außenimage Ostfrieslands widerspricht das Erleben vieler Ostfriesen. Doch ist das 'Verschwinden' von landwirtschaftlich genutzten Höfen im eigenen Lebensumfeld keine typisch ostfriesische Erfahrung. Der rasante Umstrukturierungsprozeß der Landwirtschaft in der Ära der "industriellen Landwirtschaft" seit 1950 ist in Abhängigkeit von den Verhältnissen auf dem Weltmarkt bzw. innerhalb der Europäischen Gemeinschaft mit folgenden Vorgängen zu charakterisieren:

- Steigende, vor allem quantitative Produktionsleistungen unter zunehmendem Einsatz technischer Hilfsmittel und damit ständig steigende Investitionen;
- Entwicklung neuer Organisationsformen (z.b. gewerbliche Produktion);
- Rationalisierung;
- räumliche Konzentration innerhalb bestimmter Erzeugergruppen;
- kontinuierlicher Rückgang der in der Landwirtschaft Beschäftigen;
- Abnahme der Zahl der landwirtschaftlichen Betriebe bei gleichzeitiger Zunahme der Großbetriebe.

Tabelle 9-1 weist diesen Strukturwandel der Landwirtschaft seit den 70er Jahren anhand der Größenstruktur landwirtschaftlicher Betriebe für Niedersachsen aus. Die anhaltende, drastische Reduktion landwirtschaftlicher Betriebe insgesamt, die Abnahme kleiner Betriebe und das Wachsen größerer Betriebe umreißt das Niedersächsische Landesverwaltungsamt z.b. für das Jahr 1990 mit folgenden Worten:

"Die seit Jahren anhaltenden strukturellen Veränderungen in der Landwirtschaft haben sich auch 1990 fortgesetzt. 1990 wurden 96 779 landwirtschaftliche Betriebe ab 1 ha landwirtschaftlich genutzter Fläche (LF) erfaßt (vgl. Tab. 9-1; d.V.). Damit wurde erstmals seit Bestehen des Landes die Zahl von 100 000 landwirtschaftlichen Betrieben unterschritten. Zum Vergleich: 1971 gab es noch knapp 160 000 Betriebe. (...) Die langfristige Betrachtung der Entwicklung der Betriebsgrößenstruktur läßt einen eindeutigen Trend zur besseren Flächenausstattung erkennen. Die Gliederung der Betriebe nach Größenklassen der LF zeigt eine deutliche Verminderdung bei den kleinen und mittleren Einheiten. Auf Landesebene ist erst in den Betriebsgrößenklassen ab 50 ha LF per Saldo eine Zunahme zu verzeichnen." (Statistische Monatshefte Niedersachsen, Heft 4, April 1991).

Diese Tendenz - nach dem Motto: 'Wachsen oder Weichen' - gilt sinngemäß auch für Ostfriesland. Wenn man die Entwicklungen in Niedersachsen und Ostfriesland vergleicht, können folgende Aussagen getroffen werden:

Tab. 9-1: Größenstruktur landwirtschaftlicher Betriebe 1971 bis 1990 in Niedersachsen

Jahr	Betriebe ab 1 ha LF insgesamt	davon Betriebe mit einer LF von ... bis unter ... ha						
		1 - 5	5 - 10	10 - 20	20 - 30	30 - 50	50 - 100	100 u. mehr
1971	159 892	47 700	23 293	37 054	24 004	19 433	7 330	1 078
1979	127 187	35 212	15 679	23 515	19 283	21 628	10 348	1 522
1984	114 863	31 187	13 531	19 419	16 147	20 734	12 028	1 817
1990	96 779	24 470	10 838	14 396	12 139	17 998	14 231	2 707
				Durchschnittliche jährliche Veränderung in %				
1971 - 79	- 2,82	- 3,72	- 4,83	- 5,53	- 2,70	+ 1,35	+ 4,40	+ 4,40
1979 - 84	- 2,02	- 2,40	- 2,90	- 3,76	- 3,49	- 0,84	+ 3,05	+ 3,61
1984 - 90	- 2,81	- 3,96	- 3,63	- 4,87	- 4,64	- 2,33	+ 2,84	+ 6,87

Quelle: Bodennutzungshaupterhebung - Feststellung der betrieblichen Einheiten - 1971 bis 1990.
In: Statistische Monatshefte Niedersachsen, Heft 4, April 1991, S. 140.

- Der Rückzug landwirtschaftlicher Betriebe scheint sich in Ostfriesland in den 70er Jahren wesentlich drastischer vollzogen zu haben als im Durchschnitt Niedersachsens.
- Die für Niedersachsen festzustellende Tendenz des "Wachsens oder Weichsens" läßt sich auch für Ostfriesland insbesondere ab 1970 feststellen, doch scheinen - dem niedersächsischen Trend nicht grundsätzlich widersprechende - Abweichungen für Ostfriesland vorzuliegen.
- So zeigt sich, daß die Zahlen der landwirtschaftlichen Betriebe mit einer LF unter 20 ha durchschnittlich höher liegen als in Niedersachsen. Betrug 1984 der Anteil der Betriebe unter 20 ha in Niedersachsen lediglich 55,8 Prozent, so weisen die Zahlen für Ostfriesland noch einen Anteil von 65,1 Prozent für Betriebe unter 20 ha LF auf.
- Demgegenüber ist der Anteil der Betriebe mit 50 - 100 ha und mehr als 100 ha unter dem Landesdurchschnitt, wenn auch ein stetiger Trend der Zunahme von Betrieben dieser Größenordnung in Ostfriesland zu verzeichnen ist.
- In offensichtlicher Abweichung zur Landesebene - auf der zumindest für das Jahr 1990 festgehalten wird, daß erst bei Betrieben der Größenklasse ab 50 ha per Saldo (s.o.) eine Zunahme zu verzeichnen ist - scheint zumindest bis 1987 die 'Wachstumsschwelle' in Ostfriesland niedriger zu liegen! Denn bereits Betriebe mit einer Betriebsgröße von 30-50 ha weisen noch Zuwachsraten auf.

Doch allein die Beschäftigung mit Betriebsgrößen reicht nicht aus, um die Struktur der Landwirtschaft in Ostfriesland angemessen zu charakterisieren. Ein Spezifikum ostfriesischer Landwirtschaft besteht - wohl in Abhängigkeit zu den naturräumlich gegebenen Böden[1] - in der Relation zwischen Ackerland und Grünland. Während 77 % der 216 726 ha Nutzfläche (1988) in Ostfriesland aus Grünland bestehen, sind es auf Landesebene lediglich 55,5 %; in Ostfriesland macht also die Ackerland-Nutzfläche nur knapp 1/4 der gesamten Nutzfläche aus (Langkafel 1991). Demzufolge ist die Betriebsform Futterbaubetrieb in Ostfriesland überpropotional zum Landesdurchschnitt vertreten (vgl. auch Tab. 9-2).

---

[1] Aus landwirtschaftlicher Sicht werden im ostfriesischen Raum drei verschiedene Böden unterschieden: 1. Marschboden (40%), 2. Geest (39%) und 3. Moor (21%) (vgl. Langkafel 1991).

Gerade in der Verknüpfung von hohem Grünlandanteil und der mehrheitlich vorhandenen Betriebsform des Futterbaus liegt die besondere Abhängigkeit Ostfrieslands von der Milchwirtschaft begründet:

"In Ostfriesland mit hohem natürlichen Grünland und nassem Boden (außer der Ackermarsch) sind die Landwirte zum Melken verurteilt." (Langkafel 1991, S. 1).

Um so einschneidender war für ostfriesische Bauern die Einführung der Milchquotenregelung in der EG am 02. April 1984, die den europaweit 'angehäuften' Butterberg zum Schmelzen bringen sollte. Aufgrund der Milchquotenregelung wird die Milchkuhbestandsgröße festgeschrieben. Den Futterbaubetrieben der Region (1987: 84,5 %) fehlen somit Möglichkeiten der Weiterentwicklung. Bedingt durch die schwierige sozioökonomische Situation Ostfrieslands haben aufgabewillige bzw. zur Aufgabe gezwungene Landwirte kaum Ausweichmöglichkeiten. Zudem haben die von der Betriebsstruktur her nicht mehr existenzfähigen Betriebe nur geringe Chancen, den Vollerwerbsbetrieb in einen Zu- oder Nebenerwerbsbetrieb umzuwandeln.

Tabelle 9-3 gibt einen Überblick über die anteilige Verteilung von Voll-, Zu- und Nebenerwerbsbetrieben in Ostfriesland. Die Betrachtung der sozialökonomischen Betriebstypen verdeutlicht dabei, daß 1987 der Anteil der Vollerwerbsbetriebe in Ostfriesland mit 45,4 Prozent über dem niedersächsischen Durchschnitt von 41,8 Prozent liegt. Während der Anteil der Zuerwerbsbetriebe in Ostfriesland mit 7,1 Prozent deutlich unter dem Landesdurchschnitt liegt (11,4 Prozent), ist der Anteil der Nebenerwerbsbetriebe in Ostfriesland mit 47,4 Prozent geringfügig höher als in Niedersachsen (46,3 Prozent).

Relativ unzureichend ist die Datenlage zur Struktur der Arbeitskräfte bzw. Beschäftigtenzahlen in der ostfriesischen Landwirtschaft. Für Niedersachsen insgesamt kommt das Niedersächsische Landesverwaltungsamt für das Jahr 1990 zu dem Ergebnis, daß sich der Strukturwandel bezüglich der Anzahl der Betriebe und des Umfangs der Flächen in den einzelnen Betriebsgrößenklassen auch in den Arbeitsverhältnissen widerspiegelt, d.h. in einem weiterhin sinkenden Einsatz von Arbeitskräften. Bezüglich der Struktur der Arbeitsverhältnisse in der Landwirtschaft lassen sich folgende Aussagen treffen (s.a. Tab. 9-4):

Tab. 9-2: **Betriebssystematik auf dem Stand von 1987 in Ostfriesland**

Gebiet	Landwirtschaft insgesamt (Betriebe)	Marktfrucht- betriebe (Betriebe)	Betriebsformen Futterbau- betriebe (Betriebe)	Veredelungs- betriebe (Betriebe)	Dauerkultur- betriebe (Betriebe)	Landwirt. Gemischt- betriebe (Betriebe)
-1-	-2-	-3-	-4-	-5-	-6-	-7-
LK AUR	4 845	474	3 841	494	7	29
LR LER	3 974	151	3 653	157	4	9
LK WTM	2 372	144	1 976	229	2	21
Ostfr.	11 191 (100 %)	769 (6,9 %)	9 470 (84,6 %)	880 (7,9 %)	13 (0,1 %)	59 (0,5 %)
Nds.	107 319 (100 %)	30 019 (28,0 %)	54 249 (50,5 %)	15 257 (14,2 %)	1 669 (1,6 %)	6 125 (5,7 %)

Quelle: Agrarberichterstattung (1987, 5. S. 67, 91, 95, 97); Ostfriesland- u. Prozentzahlen: eigene Berechnungen.

Tab. 9-3: Verteilung Sozialökonomischer Betriebstypen auf dem Stand von 1987 in Ostfriesland

Bezugsgröße	Landwirtschaftl. Betriebe	Sozialökonomische Betriebstypen[1]				
		ohne ABE[2]	mit ABE			
			BE überwiegt[3]		ABE überwiegt[4]	
			(insg.)	mit Erwerbseinkommen[5]	(insg.)	mit Erwerbseinkommen
-1-	(insg.) -2-	(insg.) -3-	-4-	(insg.) -5-	-6-	(insg.) -7-
LK AUR	4 957	2 059	290	155	2 602	1 636
LK LER	4 090	1 938	315	147	1 831	1 147
LK WTM	2 401	1 195	206	90	998	682
Ostfr. abs.	11 448	5 192	811	392	5 431	3 465
%		(45,4 %)	(7,1 %)		(47,4 %)	
Nds. abs.	112 494	47 043	12 795	5 763	52 137	40 994
%		(41,8 %)	(11,4 %)		(46,3 %)	

Legende

Anmerkungen:
1) Sozialökonomische Betriebstypen der Betriebe (der Spalte 2), deren Inhaber natürliche Personen sind.
2) ABE = außerbetriebliches Einkommen; BE = betriebliches Einkommen.
3) Betriebe, in denen das betriebliche Einkommen größer ist als das außerbetriebliche Einkommen des Betriebsinhabers und/oder seines Ehegatten.
4) Betriebe, in denen das betriebliche Einkommen kleiner ist als das außerbetriebliche Einkommen des Betriebsinhabers und/oder seines Ehegatten.
5) Erwerbseinkommen des Betriebsinhabers und/oder seines Ehegatten aus anderweitiger Erwerbstätigkeit.

Quelle: Agrarberichterstattung (1987, 5) und eigene Berechnungen der Angaben für Ostfriesland sowie der Prozentzahlen.

Tab. 9-4: Arbeitskräfte in den landwirtschaftlichen Betrieben 1990 für Niedersachsen

		1988	1989	1990	Veränderung 1988/1989 in %
1.	Landwirtschaftliche Betriebe (in 1 000) insgesamt	103,7	100,9	96,0	- 2,7
	davon mit im Betrieb vollbeschäftigten Fam.arbeitskräften	57,1	54,1	53,0	- 5,3
	nur mit teilbeschäftigten Familienarbeitskräften	46,1	46,4	42,6	+ 0,6
2.	Familienarbeitskräfte (Personen in 1 000)	215,8	206,2	199,8	- 4,4
	im Betrieb beschäftigt	71,2	67,2	65,3	- 5,6
	davon vollbeschäftigt	53,1	50,2	49,5	- 5,4
	davon Betriebsinhaber	86,9	93,2	82,1	+ 7,3
	in anderer Erwerbstätigkeit	47,1	49,3	44,8	+ 4,5
	davon im Betrieb beschäftigt				
3.	Arbeitsleistung im Betrieb (AK-Einheiten in 1 000)	133,0	126,9	120,9	- 4,6
	im Betrieb insgesamt	20,6	20,1	18,4	- 2,3
	davon Familienfremde	112,4	106,7	102,5	- 5,1
	Familienangehörige	66,6	63,6	61,7	- 4,4
	davon Betriebsinhaber				

Quelle: Arbeitskräfteerhebung in der Landwirtschaft 1988 bis 1990, in: Statistische Monatshefte Niedersachsen, Heft 4, April 1991, S. 141

"Der Rückgang der Arbeitskräfte ist auf die gegenwärtige Gesamtsituation der Landwirtschaft zurückzuführen. Diese läßt eine Entwicklung der Betriebe im erforderlichen und ökonomisch sinnvollen Umfang zur Zeit nicht zu, so daß Arbeitskäfte abgebaut werden müssen. Dabei werden zunächst verstärkt familienfremde Arbeitskräfte, in der zweiten Phase dann die Teilzeitbeschäftigten der eigenen Familie abgebaut. Die vergleichsweise hohe Abwanderungsrate der teilzeitbeschäftigen Familienarbeitskräfte läßt den Schluß zu, daß sich die Landwirtschaft in Niedersachsen überwiegend bereits in der zweiten Phase befindet. Entsprechend ist der Arbeitskräfteeinsatz pro 100 ha LF trotz stetig steigender Flächenproduktivität weiter gesunken. Bei einer auf eine vollzeitbeschäftige Person normierten Arbeitsleistung sämtlicher mit betrieblichen Arbeiten beschäftigten Arbeitskräfte ergibt sich für 1990 bei 120 900 Arbeitskräfteeinheiten (AKE) ein Besatz von 4,4 AKE pro 100 ha LF (1989: knapp 4,7 AKE)." (Statistische Monatshefte Niedersachsen, Heft 4, April 1991, S. 141).

In Anbetracht des überdurchschnittlich hohen Anteils von Erwerbstätigen in der Land- und Forstwirtschaft in Ostfriesland wäre eine detailliertere Betrachtung der Arbeitskräftesituation speziell für Ostfriesland wünschenswert.

9.3 Selbstwahrnehmung und Zukunftsvorstellungen der Bauern

Insgesamt gingen in die empirische Untersuchung zur Lebensform "Bauer" acht Interviews mit Bauern ein, von denen sechs auf konventionelle und zwei auf biodynamische Weise wirtschaften. Ein Bauer hatte bereits 1976 seinen Betrieb aufgegeben. Die Betriebsgrößen der konventionell wirtschaftenden Betriebe liegen zwischen 25 und 120 ha. Es sind Geest-, Marsch- und Moorbetriebe für die Befragung ausgewählt worden.

Die inhaltlich offenen Gesprächsimpulse waren absichtlich nicht darauf angelegt, das Erkenntnisinteresse auf eine spezifische Fragestellung nach regionalen Bezügen von Alltagsbewußtsein und -handeln der Befragten einzugrenzen. Gerade umgekehrt sollte die Gesprächsanlage um Themenfelder wie beruflicher Alltag, soziale Einbindungen, sozioökonomische und ökologische Situation der Landwirtschaft die Möglichkeit bieten, aus dem jeweiligen Erzählzusammenhang heraus gegebenenfalls auch regionale Bezüge zu artikulieren. Insofern ist es "natürlich" (durchaus im Sinne der in der Phänomenologie so gemeinten "natürlichen Lebenseinstellung"), daß ein Großteil der Gesprächsinhalte nichts mit räumlichen/regionalen Verweisungen zu tun hatte. Dennoch zeigen auch vor allem diejenigen Interviewpassagen, die auf dem Themenblock "regionsspezifische Bezüge des bäuerlichen Lebens" beruhen, Einblicke in Bewußtseins- und Handlungsprägungen der Bauern im Verhältnis zu "Ostfriesland".

9.3.1 Die Selbstwahrnehmung der Bauern

Unterschiedliche, aber in den einzelnen Interviews wiederkehrende Facetten der Selbstwahrnehmung ergeben in ihrer Summe ein Selbstbild, das zwischen tradtioneller Verankerung und Selbstsicherheit einerseits und existenzieller Verunsicherung infolge ökonomisch wie ökologisch schwer zu bewältigender Herausforderungen andererseits schwankt. Die positiven Wertbesetzungen kreisen um den alltäglichen Erfahrungshintergrund von Familie, Hof und "Dorfgemeinschaft":

> "Ja, der Hof kann nie alleine bewirtschaftet werden. Das ist ja immer 'ne Familiensache. Und jeder, der da ist, der greift da auch irgendwo mit zu, wo Not am Mann ist." (LW 1, S. 3).

Das Zitat belegt deutlich die für die bäuerlicher Existenz wichtige Rolle des Familienzusammenhaltes, der auch in anderen Äußerungen als Kern traditioneller Wertbestände des Lebens auf dem Hof betont wird. Der Hof selbst wird als traditionell existenzsicherndes Eigentum angesehen, eine Einschätzung, die allerdings angesichts des ökonomischen Überlebenskampfes vieler kleinerer und mittlerer Betriebe ins Wanken gerät:

> "Und wenn irgendwas nicht mehr läuft, denn muß man sich - vielleicht auch oft schweren Herzens - davon trennen und sich nach was anderem umsehen. Insofern ist ein Hof nie, fährt nie in alten Bahnen, daß ist keine Schiene. Früher war's immer 'ne Schiene, Generationen lang." (LW 1, S. 10).

Die alltagsweltliche Routine des Familienlebens auf dem Hof wird meistens von einem konservativen Rollenverständnis der Arbeitsteilung zwischen den Geschlechtern begleitet:

> "Meine Schwiegermutter und dann ihre Tochter (seine Frau; d.V.), ja, die hatten hier den Bereich Haushalt, Familie, Kinder. Ist auch prima gegangen und hinten (Stall; d.V.) bist du allein. Und ich hab auch immer auf diese strikte Trennung enorm darauf geachtet und meine beiden Damen haben das auch immer akzeptiert." (LW 7, S. 2).

Oft wird den Frauen zwar allgemein eine eigene Berufstätigkeit zugestanden, in der Praxis füllen sie jedoch in Haus und Hof die "typisch weiblichen Funktionen" aus.

Neben Familie und Hof gehört die Wertschätzung der Dorfgemeinschaft zum Traditionsbestand bäuerlichen Lebens:

> "Hier lebt man in seiner Gemeinschaft weiter. Das ist vielleicht auch 'nen Stück funktionierendes Zusammenleben in der Gemeinschaft des Dorfes und auch innerhalb der Familie." (LW 7, S. 24).

Die positive Einstellung zur "Dorfgemeinschaft", und bei einer Reihe von Bauern auch zur Nachbarschaft, wird von Landwirten, die eine weniger erfolgreiche Modernisierung ihres Betriebes aufzuweisen haben, wesentlich kritischer gesehen. Dies geschieht in gedanklichem Verweis auf die, unter den örtlichen Bauern Konkurrenz stimulierende Agrarpolitik der EG (vor allem durch die Milchquotenregelung), auf deren sozial nachteilige Wirkung weiter unter einzugehen sein wird.

Einen ambivalenteren Stellenwert nimmt der Sachverhalt ein, der sich mit der Spezifik der täglichen Arbeit auf dem Hof und seinen Konsequenzen für die Gestaltung des Alltags auseinandersetzt:

> "Landwirtschaft ist ja immer 'nen Fulltimejob, muß man den ganzen Tag denn, nachts auch mal aufstehn, nun ja im Winter sind Kühe am Kalben." (LW 8, S. 15).

Dieser Tatbestand wird von einigen Bauern eher negativ gesehen, weil der durch Ackerbau und vor allem Tierhaltung rigide verplante Alltag wenig an Freizeit übrig läßt:

> "Wenn ich mit einfachen Arbeitern schnacke, die dann mit 50.000 Mark im Jahr nach Hause gehen, und wir arbeiten die Stunden da an Feiertagen, ob's Heiligabend ist oder sowas. Wir müssen die Arbeit machen." (LW 2, S. 30).

Andere Bauern nehmen die Einschränkungen an Freizeit gelassener auf, einige beziehen diesen Mangel nur auf die Schwierigkeit, längere Urlaubsreisen planen zu können. Es gibt umgekehrt auch die Meinung, daß gerade der bäuerliche Arbeitsablauf eine großzügigere und selbstständigere Freizeitgestaltung ermögliche:

> "Bei uns spielt sich Freizeit viel mehr ab, die haben wir ja auch irgendwo, aber die Freizeit der anderen Bevölkerungsteile, die wird

ja vorgegeben, die wird ja diktiert: dann hast du Urlaub, dann hast du Wochenende, dann hast du die Schicht, dann hast du die Schicht. Dann müssen die Leute sehen, daß sie ihre Freizeit da reinkriegen, während ja bei uns die Freizeit ganz anders gestaltet wird, (...). Das ist für mich ein Teil Freizeit (...), diese ungeplante. Das ist vielleicht auch in meinem oder in unserem Beruf eher möglich, und wir können ja auch nicht so vorausschauend planen." (LW 7, S. 9).

Bei Kölsch (1990, S. 186 f.) werden die mit positiver Wertschätzung verbundenen Traditionsmerkmale - ganz im Gleichklang mit den eigenen Ergebnissen - systematischer behandelt: die Familiengeschichte, die in der Erhaltung des Hofes als Eigentum zum Schnittpunkt von Vergangenheit und Zukunft gerät, ferner der Wunsch nach Selbständigkeit und der Wert der Nachbarschaft.

In die Reihe der eher traditionell begründeten Merkmale der Selbsteinschätzung fügt sich ein Aspekt ein, der im Zuge der Modernisierung der Landwirtschaft heute als selbstverständlich gilt, nämlich die berufliche Qualifikation:

"Ich mein, wir haben ja auch gelernt. Wir sind auch Fachkräfte. Wir sind ja hier keine Hilfsarbeiter, nee. Wir haben ja genauso die Ausbildung gemacht, wie die anderen auch, nee." (LW 2, S. 31).

Das vornehmlich auf der Pflege traditioneller Werte und Verhaltensweisen basierende Selbstwertgefühl wird indes strapaziert durch die Wahrnehmung, daß die konventionelle Landwirtschaft in der Bevölkerung auf keine große Akzeptanz mehr stößt. Das Syndrom "als die dummen Bauern" dazustehen, die "(...) ja so keine Ahnung haben" (LW 1, S. 20), kulminiert in der Wahrnehmung, daß die Bevölkerung den Bauern einen leichtfertigen Umgang mit der Umwelt vorwirft:

"Jetzt sind wir die Vergifter der Nation. Da wurde vor 15 oder 20 Jahren nicht von geredet." (LW 1, S. 19).

Bei einigen Bauern spielt dabei der Gedanke mit, von den eigenen Versäumnissen sachgemäßen ökologischen Handelns abzulenken, indem man das Problem auf die Kritiker verlagert:

"Also wir haben einen Bekannten, die wollten so'n Stall bauen und da ging das nachher so rum. Also meine Mutter hat mir erzählt, im Kindergarten wurden Unterschriften gesammelt gegen den Puterstall. (...) Die sind gegen - was weiß ich - nicht artgerechte Tierhaltung und schimpfen da überall drüber. Wollen die Produkte aus dem

> Ausland haben und denn wissen sie nicht mal, wie sie da produziert werden. Also billig. Die wollen hochwertige Nahrung umsonst. Das wollen die Leute." (LW 4, S. 16).

Letztlich ist bei einer Reihe von Befragten eine Überforderung auszumachen, wie angesichts der eigenen Existenzkrise eine Gratwanderung zwischen ökonomischen und ökologischen Zwängen gelingen kann, zumal wenn die Gesellschaft insgesamt gegen eine, in ihrer Bedeutung schrumpfende Berufsgruppe eingestellt ist:

> "Man, sind ja alle gegen die Landwirtschaft so ungefähr. Was soll man denn noch machen, wenn man nur 3 Prozent der Bevölkerung eben ist." (LW 2, S. 44).

9.3.2 Unter dem Diktat der EG-Agrarpolitik: "Das ist ja eine Zwangswirtschaft."

> "Das ist ja nicht mehr freie Wirtschaft. Und da stecken wir ja jetzt so drin. Und ich glaube nicht, daß es damit aufhört. Daß diese kleinen Bauern, die zwanzig Kühe melken, die verschwinden auch noch alle." (LW 3, S. 8).

Dies stellt ein alter Landwirt resignativ fest, der bereits vor Jahren seinen kleinen Betrieb aufgeben mußte. Bis auf die befragten Bio-Bauern fühlen sich die Landwirte in zweierlei Richtung unter den Außendruck der EG-Agrarpolitik gesetzt. Einmal in der zunehmenden Konkurrenz der Betriebe zu Lasten der kleineren:

> "Es gab damals, als diese Milchquotengeschichte aufkam, da gab es sehr viel Unruhe und da hat's sehr viel Ärger gegeben in den Orten. Das waren zum Teil gleichgelagerte Betriebe, der eine mußte abgeben, der andere bekam Milch dazu. (...) und irgendwie sitzt das noch immer drin, auch wenn man das wohl meint, daß es auskuriert wär. Aber es sitzt noch irgendwie drin." (LW 1, S. 12 f).

Ein anderer Bauer stellt noch krasser dar, wie die Folgen der Milchquotenregelung zerstörend auf das Sozialleben im Dorf gewirkt haben:

> "Und das hat ja gewaltig hier auch im ostfriesischem Raum reingehauen. (...) daß man gute Nachbarschaft hatte, daß man sich gegenseitig geholfen hat beim Arbeiten. Heute gibt es sowas gar nicht. Einige haben echt Haß gekriegt." (LW 2, S. 3).

Zum anderen geht es um den andauernden Wachstumsdruck der Milch- und Fleischproduktion mit immer aufwendigerer Technisierung:

> "Man muß schon diese unheimlichen Größenordnungen haben, daß da überhaupt was bei rauskommt." (LW 7).

Die Zukunftseinschätzung der Bauern wird nicht nur durch die ökonomische Fortschrittsideologie verunsichert. Auch das Instrumentarium der Agrarpolitik mitsamt ihren Repräsentanten wird als abgehoben von den eigenen Interessen vor Ort wahrgenommen:

> "In erster Linie wird das in Brüssel dirigiert." (LW 1, S. 8).

Oder:

> "Die Leute, die haben Ahnung, und der Bauer glaubt das. Und ich find das traurig. (...) ich glaub immer, was ich selbst ausprobiert hab." (LW 2, S. 27).

9.3.3 Zukunftsvorstellungen der Bauern

Verständlicherweise unterscheiden sich die Zukunftsperspektiven in beträchtlichem Maße zwischen den konventionell und den ökologisch arbeitenden Bauern.

Zukunftsvorstellungen der konventionell wirtschaftenden Bauern

Auch wenn es die eindeutige Meinung gibt, daß die Auswirkungen der Agrarpolitik für die Bauern ganz "mies" sind, herrscht keine durchgehend resignative Grundstimmung. Vielmehr vermitteln die befragten Bauern zum einen unterschiedliche Einschätzungen bezüglich ihrer beruflichen Zukunftschancen. Zum anderen ist nicht selten die je individuelle Zukunftsperspektive in sich widersprüchlich.

So gibt es eine Stimmung zwischen Hoffen und Verzagen. Sie beginnt bei der rein resignativen Aussage eines Bauern, der bereits seinen Betrieb aufgegeben hat:

> "Ich wußte schon lange, die kleinen Betriebe fliegen alle raus." (LW 3, S. 8).

Sie führt über Bauern mit pessimistischer Perspektiveinschätzung, die gleichwohl weiter bestehen wollen:

> "Ja, früher war das immer so, wenn man solche Zeiten hatte, dann sah man irgendwo in der Ferne mal wieder ein' Hügel, nee, aber im Moment sieht man ein Tal, was nicht aufhört, nee. Und die Stimmung der ganzen Landwirtschaft ist derartig schlecht." (LW 1, S. 9).

Oder:

> "Also in Holland sieht man ab und zu noch ein Schild mit so 'Brüssel macht uns kaputt'. Aber hier spielt sich absolut nichts mehr ab. Leute sind total ruhig geworden. Ja, resigniert." (LW 4, S. 9).

Endlich gibt es auch eine gelassen optimistische Sichtweise von der bäuerlichen Zukunft, die ein Intensivlandwirtschaft betreibender Großbauer äußert:

> "Der Betrieb ist in dem Zwang der agrarpolitischen Vorgaben ständig gewachsen und so wie ich das sehe, wird er in Zukunft weiter wachsen. (...) so betriebliche Entwicklungen, die verlangen auch ne Vorbereitung vom Betrieb, der muß daraufhin ausgebaut werden, man muß selbst dafür reif sein und das Umfeld muß stimmen. Wenn das alles paßt, dann gehts weiter." (LW 7, S. 3).

Am häufigsten trifft man auf Bauern, die den Modernisierungsfortschritt für unausweichlich halten und deshalb bereit sind, trotz eintretender Verschuldung, über technische Investitionen produktiv zu bleiben. Bei Kölsch (1990, S. 191 f.) werden gerade diese Bauern als "wertgespalten" gekennzeichnet, weil sie sich dem Produktivitätsfortschritt und der Marktanpassung verschreiben, einer gegen tradtionelles Landwirtschaften gerichteten Fortschrittlichkeit, gleichzeitig aber im nicht produktiven Alltagsbereich den hergebrachten Wertmustern (Familienleben, Ehe, Erziehung) verhaftet bleiben. Sie werden von ihm als "Anpassungstyp" im Hinblick auf Modernisierung (a.a.O., S. 220) bewertet.

Die eigenen Interviewergebnisse lassen nicht so eindeutig den von Kölsch (1990) angesprochenen Schluß auf eine gebrochene bäuerliche Identität zu. Denn einige der befragten Bauern jüngerer und mittlerer Jahrgänge sind in der Lage, ihren betrieblichen Modernisierungswillen auch als sinnstiftende Wertorientierung auf ihren privaten Lebensbereich auszudehnen, freilich häufiger in durchaus konsumorientierter Freizeitgestaltung:

- "Ich hab auch viel Urlaub gemacht." (LW 2, S. 46).
- "Und mach da jetzt zur Zeit auch so'n Sportbootführerschein." (LW 4).
- "Ich spiel schon mal im Winter Tennis." (LW 4, S. 6).

- "Ich hab einen Computer zuhause und beschäftige mich so'n bißchen damit." (LW 8,S. 11, ein Bauer, der auch Bogenschießen betreibt, die Disco besucht und sich alle 2 Jahre eine Flugreise gönnt).

Das sich in diesem modernen Verhältnis von Berufsarbeit und Freizeitgestaltung ausdrückende Lebensmuster läßt sich noch weiter spannen. So werden unterschiedliche prospektive Zukunftsvorstellungen thematisiert, die zum einen auf eine innerlandwirtschaftliche Innovationsbereitschaft verweisen, z.b. in der für möglich gehaltenen Umstellung auf Bio-Fleischproduktion. Zum anderen sind es Erwerbsmöglichkeiten, die sich inhaltlich oder von der Standortgunst her mit der eigenen Landwirtschaft verbinden ließen:

"Ich bleib Bauer, aber nicht in so großen Mengen, vielleicht unseren Betrieb umstellen. Mengenbegrenzung, weil das sowieso wieder kommen wird und dann, wie schon gesagt, mehr im Bereich Tourismus einsteigen." (LW 2, S. 28).

Oder:

"Und wenn man dann erzählen würde, die Bauern kriegen Unterstützung aus dem Bereich von Steuern, macht man also Windenergie und die Umwelt ist sauberer. Ich mein, da könnt man ne ganz andere Stimmung mit erreichen bei den Bürgern als wenn man sagt: o.k., wir machen Flächenstillegung und machen nichts dafür, ne." (LW 2, S. 14).

Schließlich geht die Zukunftsperspektive bei ein bis zwei Befragten soweit, selbst bei noch gut situierter eigener Betriebsführung an den Umstieg auf einen außerlandwirtschaftlichen Beruf zu denken. Beispielsweise gibt der bereits zu Wort gekommene Jungbauer zu:

"Und ich hab das jetzt auch selbst ausprobiert und hab jetzt meine Bewerbung auch zuerst rausgeschickt. Und hab mich selbst auch beim VW-Werk beworben." (LW 2, S. 6).

Zukunftsvorstellungen der biodynamisch wirtschaftenden Bauern

Im Gegensatz zu den meisten der konventionell wirtschaftenden Befragten schätzen die ökologisch wirtschaftenden Bauern ihre Zukunftsperspektiven in der Landwirtschaft durchgängig optimistisch ein. Im Unterschied zu den konventionellen Bauern hat für sie das Gewinnstreben eine nicht so große Bedeutung, und zudem teilen sie mit ihren Kunden den Einstellungshorizont einer Wirtschaftsweise, die als ein sinnvoller, naturverbundener Kreislauf verstanden wird. Ein wesentlicher Aspekt ist die Entwicklung eines Absatzmarktes, da Ostfriesland weit entfernt von "Demeter-Vertriebszentren" liegt und deshalb größere Eigeninitiative erforderlich ist.

Die Existenz von nur zwei "Demeter-Höfen" in Ostfriesland wird einerseits als Vorteil wegen des fehlenden Konkurrenzdruckes untereinander gesehen, anderseits wird die Ausweitung der biologischen Wirtschaftsweise als Lösungsmöglichkeit für die Krise der konventionellen Landwirtschaft angegeben. Jedoch gilt bei ihnen das Grundprinzip, daß die Werthaltungen einer biodynamischen Arbeits- und Lebensweise von "innen" kommen müssen und nicht anderen "übergestülpt" werden können.

Beide Landwirte arbeiten - neben unterschiedlichem Engagement in der Öffenlichkeitsarbeit - in der "Bäuerlichen Gesellschaft" (einer Organisation von biologisch wirtschaftenden Landwirten) mit. Das vermittelt ihnen ein "Gemeinschaftsgefühl", das in dieser Intensität mit den konventionell wirtschaftenden Hofnachbarn nicht besteht.

9.4 Kontinuität oder Krise der "Lebensform Bauer"?

Die bisherige, durch Zitate belegte Argumentation zu den Zukunftsaussichten der Bauern sollte einer vorsichtigen Interpretation den Weg bereiten: Nach Kölsch (1990, S. 231) gelingt die Versöhnung der tradtionellen bäuerlichen Lebensweise mit den "Sachimperativen der Modernisierung", indem diese sozial- und umweltverträglich umgestaltet werden, nur einer idealen Gruppe, den "Widerstandstypen". Eine solche öko-avantgardistische Sichtweise wird durch die hier vorliegenden Interviewergebnisse auch gestützt, und zwar durch die bäuerliche Gestaltungsperspektive der befragten Öko-Bauern. Es gelingt jedoch ebenso - in unterschiedlich gefährdeter Identitätsbalance - einer Reihe von konventionell wirtschaftenden Bauern eine Vereinbarkeit von Traditionserhalt und betrieblicher Modernisierung und bei wenigen bereits die Einsicht in ökologisches Umdenken. In einer Untersuchung über das Matscher-Tal wurde dieses Lebensmuster "konsistent-konservativ" genannt (Chai u.a. 1986).[2] Gemeint ist, daß die traditionellen Wurzeln des Lebens auf dem Lande in neue betriebliche und freizeitorientierte Herausforderungen und Aktivitäten hinein wachsen können, ohne das

---

2 Eine Bezeichnung, die aus heutiger Sicht besser "konservativ-offen" genannt würde.

sie reißen. Verständlicher wird die beschriebene Kompromißfähigkeit zwischen Tradition und Moderne, wenn man sie in einen gedanklichen Zusammenhang mit den Individualisierungsprozessen der Gesellschaft bringt, die beispielsweise unter dem Stichwort "Lebensstildifferenzierung" diskutiert werden. Danach kann durchaus eine Vereinbarkeit zwischen einem fortbestehenden - im Falle der Bauern eher konservativen - Lebensprinzip und der Teilhabe an Elementen verschiedener "kleiner Lebenswelten" moderner (z.B. landwirtschaftliche Modernisierungen) und sehr spezifischer Prägung (z.B. Sportbootführerschein, Fernreise, Computer) gegeben sein. Mit Krüger (1991, S. 141) läßt sich das Muster folgendermaßen charakterisieren:

"Die Menschen würden somit in der Entwicklung ihrer Bewußtseinsstrukturen und in ihrem Alltagshandeln von einem Mischverhältnis unterschiedlicher Lebenswelten-Zugehörigkeit bei gleichzeitiger Dominanz eines Lebensprinzips geprägt."

Natürlich können Sinnsuche und Identitätserhalt in der bäuerlichen Lebensweise auch scheitern. Dies vor allem dann, wenn der ökonomische Zwang die Existenzsicherung auf der eigenen Scholle bedroht oder schon zunichte gemacht hat (wie im Beispiel eines befragten alten Bauern, der vor einigen Jahren seinen Hof aufgeben mußte). Bei diesen Bauern findet zugleich ein widersprüchlicher Prozeß statt: einerseits der Rückzug aus der bäuerlichen Lebensweise wie andererseits deren Idealisierung. Soziale Kontakte im Dorf werden gekappt, gleichzeitig wird in Erinnerung an die gute alte Zeit das Bild des im Gleichgewicht mit der gesunden Natur arbeitenden Landwirtes gepflegt. In der Matscher-Tal-Studie wurde dieses Lebensmuster "eskapistisch" genannt (Chai u.a. 1986).

9.5 Regionsspezifische Bezüge der "Lebensform Bauer" in Ostfriesland

Das Vorhandensein spezifisch ostfriesischer Bewußtseins- und Alltagsprägungen bei den Bauern steht in den Erzählungen der Befragten nicht im Vordergrund, springt nicht von sich aus ins Auge. Die genauere Interviewauswertung bringt jedoch einen erstaunlichen Facettenreichtum an diesbezüglichen Aussagen zutage, die eine systematischere Behandlung dieses in der Gesamtuntersuchung wichtigen Anliegens ermöglicht.

9.5.1 Selbstverständnis der Bauern vom "Ostfriesisch-sein" und "In-Ostfriesland-sein"

Im folgenden Interviewausschnitt wird geradezu eine Mischung von Attributen des "Ostfriesisch-sein" genannt:

> Vater: "Ostfriesen sind bodenständig."
> Mutter: "Du mußt nicht von dir ausgehen! Denn die wollen ja ein allgemeines Bild von Ostfriesland haben. Oder?"
> Sohn: "Ja, das stimmt wohl. Die sind sehr bodenständig. Aber es gibt ja genug Beispiele, die arbeiten in Stuttgart bei Mercedes Benz und die fahren jedes Wochenende nach Hause. Das hab ich mal im Fernsehen gesehen. Das ist bestimmt so. Ich glaub, wir sind auch relativ stur."
> Mutter: "Also sie sind dem Neuen vielleicht nicht so aufgeschlossen. Treu und zuverlässig."
> Vater: "Gute Arbeitskräfte (...) bloß sie sind eben nicht flexibel."
> (LW 4, S. 10).

Insbesondere der Aspekt der Bodenständigkeit erfährt durch die Erwähnung der ostfriesischen Fernpendler (vgl. S. 10.) eine besondere Gewichtung. Sowohl dieses Merkmal als auch die Kennzeichnung als "relativ stur", "treu", "zuverlässig", "gute Arbeitskräfte", "nicht so flexibel" trifft sich mit Äußerungen auch anderer Interviewter. Hinzu kommt die Wertschätzung des "Teetrinkens" und der "plattdeutschen Sprache":

> "(...) es ist beschissen, wenn die nicht Plattdeutsch können." (LW 7, S. 28).

In einer Interviewpassage versucht ein Bauer, auf seine Weise die Quintessenz des "Ostfriesisch-sein" zu beschreiben:

> "Ich sag immer, die Ostfriesen so'n bißchen wie'n Dieselmotor. Die springen etwas schwer an, aber wenn die denn laufen, dann laufen die auch gut. Und so, so dröóch sind die gar nicht, nee." (LW 1, S. 23).

Neben den Attributen der Selbstcharakterisierung gibt es auch Versuche, den ostfriesischen Lebensraum selbst in den Vordergrund zu rücken. Dieser wird von seinen landschaftlichen und kulturellen Ressourcen her durchweg positiv gewürdigt, was eine Interviewstelle stellvertretend für mehrere ausdrücken soll:

"Ostfriesland? Gesunde Nordseeluft. Ostfriesland ist schön, alles grün und weit um den Weiden herum, äh Ostfriesland (...) schönes Herz Europas!" (LW 2, S. 17).

Über den direkten räumlichen Bezug hinaus wird Ostfriesland auch in seinem lebensweltlichen Gefüge positiv gesehen, wie folgende spontane Antwort auf die Frage nach Assoziationen zum "Stichwort Ostfriesland" exemplarisch belegt:

"Daß die Welt hier noch relativ in Ordnung ist, is' relativ." (LW 1, S. 22).

9.5.2 Kontrastierung ostfrieslandtypischer Besonderheiten im Vergleich mit der Welt "draußen"

Es ist ein bekannter Mechanismus, den Eigenwert der Heimat durch den Vergleich mit anderen Lebensräumen besonders zu akzentuieren. Das Ergebnis derartiger Gegenüberstellungen fällt jedoch in dieser Teilstudie ambivalent aus.

Einerseits erscheinen Ostfriesland und seine natürlichen und sozialen Qualitäten vor dem Hintergrund "fremder" Verhältnisse besonders schätzenswert:

"Ich bin hier geboren und die Umgebung ist hervorragend und wenn ich so zwischendurch so, ich hab ja auch viel Urlaub gemacht (...) Spanien, Griechenland, kann ich mich nicht von begeistern. In Ostfriesland ist noch alles schön grün und bunt und ist noch was los." (LW 2, S. 46).

"Das spricht auch noch für das Funktionieren des Familienverbandes, auch für das Funktionieren der Gemeinschaften, daß man hier mit diesen Problemen (Arbeitslosigkeit usw.; d.Verf.), die in anderen Regionen, in Ballungszentren, innerhalb der Familien zu kleinen Katastrophen führen, da lebt man hier gut mit." (LW 7, S. 24).

Andererseits fallen Vergleiche für Ostfriesland nachteilig aus: sowohl wegen seiner peripheren Lage als auch - und noch stärker - aufgrund der dadurch gegebenen ökonomischen Nachteile:

"Ja, Arbeitslosigkeit, wenig Industrie, Marktferne, daß man soweit weg ist vom Schuß." (LW 1, S. 22).

Auch die Bio-Bauern sehen das Problem der Marktferne, da sie im Hinblick auf einen selbst zu organisierenden Absatzmarkt in einer nachteiligen Position liegen.

9.5.3 Ostfriesland-Bewußtsein als Ausdruck von Krisenwahrnehmung?

Wie auch andere Untersuchungen zeigen, wird die Bereitschaft zur Auseinandersetzung mit dem eigenen Lebensraum dann besonders virulent, wenn dieser als gefährdet wahrgenommen wird. Dies gilt in besonderem Maße, wenn ein ökonomisch bedingter Außendruck, oft verbunden mit Symptomen "lebensweltlicher Kolonisierung", auf die eigene Region einwirkt. In Ostfriesland trifft eine solche Situation in besonderer Schärfe die Bauern, da sich an ihrer Existenzgefährdung das Zusammenwirken der sektoralen Schwäche ihres Wirtschaftszweiges mit der allgemeinen regionalen Strukturkrise festmacht. Empfinden die Bauern diesen bedrohlichen Zustand als eine für Ostfriesland spezifische Situation? Werden sie deswegen zu besonderer Identifikationsbereitschaft mit der Region und eventuell auch zum Eintreten für deren Interessen motiviert?

Das Bild der Wahrnehmungen und Einstellungen der befragten Bauern hierzu ist nicht eindeutig. Es gibt die Meinung:

> "Nee, das ist kein ostfriesisches Problem, die ganze Misere in der Landwirtschaft, das ist 'nen EG-Problem. Wir sitzen da genauso mit [drin] wie die Bayern oder wie die Franzosen oder die anderen auch. Sind ja alles EG-Probleme, wenn jetzt die Preise so zurückgegangen sind. In erster Linie wird das in Brüssel dirigiert." (LW 1, S. 8).

Hiermit wird gleichzeitig und nochmals der Verursacher der schlechten wirtschaftlichen Lage der Bauern, nämlich die EG-Agrarpolitik, an den Pranger gestellt. Sofern die landwirtschaftliche Krise als besonders bestimmendes Strukturmerkmal für Ostfriesland gesehen wird, werden die diesbezüglichen Gedanken meist konkreter begründet. Einmal wird die für die Region typische Gemengelage von landwirtschaftlicher und allgemeiner wirtschaftlicher Schwäche thematisiert:

> "Ja, da haben welche ganz stillgelegt. Aber rein Nebenerwerbsbetriebe, ist hier gar nicht. Ist ja auch keine Möglichkeit. Wo sollen die Leute hin? So wie in Süddeutschland, in Baden-Württemberg, da besteht ja viel mehr Möglichkeit. Ausweichmöglichkeit. Also hier ist ja das einzige VW-Emden. Wo sollen sie sonst hin? In Leer ist über-

haupt keine Industrie mehr. Hier in Papenburg ist etwas Schiffswerft: Meyer-Werft und dann hörts schon auf." (LW 4, S. 9).

Dabei wird beklagt, daß spezifisch ostfriesische Interessen der Landwirtschaft politisch nicht ausreichend vertreten werden:

"Wer sitzt denn überhaupt in Hannover mit im Agrarausschuß von Ostfriesland? Das ist Herr ..., nee, und der ist IG-Metall hier von VW. Ja, der hat ja da keine Ahnung von der Landwirtschaft. Was will der denn im Agrarausschuß, ne? Sonst sitzt keiner aus Ostfriesland da. Die ostfriesischen Interessen, die werden in Bonn oder in Hannover gar nicht vertreten. Das finde ich traurig." (LW 2, S. 33 f.).

Zum anderen werden aber auch spezifische, die Prosperität der Landwirtschaft direkt beeinflussende regionale Standortnachteile gesehen:

"Wie soll ich hier Direktverkauf machen? Meine Schwester, die wohnt direkt bei Kiel. Da sind die Leute direkt vor der Haustür. (...) direkt vermarkten, das ist hier unmöglich." (LW 4, S. 18f).

Erstaunlich ist, daß bei den Bauern, die bereit sind, trotz der für Ostfriesland allgemein und für die Landwirtschaft im besonderen erkannten Strukturschwäche, prospektiv Zukunftsperspektiven zu entwickeln und diese umzusetzen, eine konkretere Wahrnehmung Ostfrieslands über die Erkenntnis spezifischer regionaler Standortvorteile zu finden ist. Die dabei genannten Nutzungsalternativen im ostfriesischen Raum haben eine ziemliche Spannbreite:

- So geht es um die Einsicht, daß über die Verlagerung bäuerlicher Arbeit auf die Landschaftspflege ein endogenes Potential für den Tourismus erschließbar ist. Bei einem Bauern hört sich das so an:

Aufgrund der Annahme:

"Und ich glaube, im ostfriesischen Raum hat man noch echt, ne Chance, weil viele Leute sagen: komm, nach Spanien fahrn wir nicht mehr, ne." (LW 2, S. 24)

und der Tatsache:

"Jetzt ist alles noch früh genug. Ostfriesland ist noch in Top-Zustand, sollte man annehmen. Ich glaub das auch, daß Ostfriesland in Top-Zustand ist." (LW 2, S. 26)

kann man zu der folgenden Entwicklungsperspektive gelangen:

> "Aber man müßte (...) da gesunde Betriebe entwickeln können so im Bereich Landwirtschaft, was ja jetzt auch noch, nen paar gibt, die was so in Mischbetrieben machen, sowas in der Art anbieten und dann im Bereich Urlaub auf dem Bauernhof, nicht so große Hotels hinsetzen und sowas und nicht so überall Ferienhäuser hinsetzen, man müßte sowas, wie Betriebe, wo wie se sind, ne. Und so den Tourismus mehr fördern, ne. Ich mein, wir machen's auch, wir bieten auch jetzt an: Urlaub auf dem Bauernhof, ne." (LW 2, S. 18 f).

Im Gefolge der touristischen Entwicklungsperspektive reift auch die Einsicht, daß die Bauern das besondere ostfriesische Landschaftspotential unter dem Gesichtspunkt der Umweltverträglichkeit zu bewahren haben:

> "Da haben einige versucht, Mastställe zu bauen hier auch im ostfriesischen Raum, und denn bilden sich gleich auch Bürgerinitiativen oder die Fremdenverkehrsverbände wehren sich dagegen. Das ist ja hier in Ostfriesland so, man wirbt ja mit frischer Luft und mit reiner Natur und denn passen diese Südoldenburger Massentierställe hier wohl irgendwie nicht her." (LW 2).

Eine weitere, den küstennahen Standort des ostfriesischen Flachlandes nutzende Alternative wäre die Windenergienutzung:

> "Das wird so kommen, daß entweder gerade im ostfriesischen Raum sich vieles ändern wird, oder wir haben noch eine Möglichkeit, was zu fördern wär, einzusteigen in die landwirtschaftlichen Windenergieanlagen. Das man sowas macht." (LW 2, S. 13).

Aus den Darlegungen zum regionalen bzw. regionsbezogenen Alltagsbewußtsein der Vertreter der "Lebensform Bauer" läßt sich die allgemeinere Einsicht gewinnen: die Bauern haben fast ausnahmslos ein Wissen um Attribute eines "Ostfriesisch-Sein", das kongruent zu dem Reigen allgemeiner Manifestationen von Regionalbewußtsein (s. 3.) ist. Je problemorientierter und reflexiver einzelne Bauer darüber hinaus die Lage der Landwirtschaft begreifen und je kreativer sie auf diese (Außen)-Gefährdung zu reagieren bereit sind, umso "realer" wird ihr Wahrnehmungsbild von Ostfriesland, umso konkreter werden regionale Raumressourcen als aneignungsfähig für ökonomisch realistische Entwicklungsalternativen gesehen, umso stärker gehen aber auch emotionale Bezüge zu Ostfriesland aus diffusen in nachvollziehbar handlungsbezogene Gefühlslagen über. Konventionell wirtschaftende Bauern besitzen also durchaus abgestufte kognitive und affektive Identifikationen mit Ostfriesland, ihr Wahrnehmungshorizont für regionale Besonderheiten ist (noch) nicht von der durch politische Außensteuerung verursachten landwirtschaftlichen Existenzkrise erdrückt. Die Öko-Bauern mögen über ein geschlosseneres und gesicherteres (ideologisch in sich "stimmiges") Selbst- und Weltbild. Insgesamt aber lebt in der "Lebensform Bauer" auch der "ostfriesische Bauer" weiter.

9.5.4 Intraregionale Pointierungen als Widerpart zum Ostfriesland-Bewußtsein?

In zwei Interviews scheint der Wahrnehmungsbefund des "Kirchturmdenkens" auf. Diese negative Kennzeichnung würde positiv so aussehen, daß auch - oder gerade wegen ihrer "Bodenständigkeit" - bei den Bauern eine Ansprache der regionalen Unterschiede aufgrund wechselnder naturräumlicher und siedlungsstruktureller Ausstattung sowie betriebswirtschaftlicher Unterschiede zu erwarten wäre. In zwei Interviews lassen sich Belege für derartige kleinräumlichere bzw. "teillandschaftliche" Identifikationen unterhalb des Bezugs auf die Region Ostfriesland finden. Die Sicht eines Marschenbauern hierzu ist:

> "Ich weiß auch nicht, ob das hier nur so stark ausgeprägt ist, dieser Neid untereinander. Keine Ahnung. Ich meine nur, daß es in anderen Gegenden ein bißchen besser ist, daß da der Zusammenhalt besser ist. Normalerweise müßten sie jetzt ja - gerade wo die Zeiten nicht gerade besser werden - eher zusammen rücken, aber das scheint nicht der Fall zu sein. (...) das ist hier auch früher wohl abgegrenzter gewesen, die Polder, das heißt hier früher Polderfürsten, weil der Boden so fruchtbar war, hatten die auch hier gute Erträge, die hatten dann viele Taglöhner und machten selbst nix. Und die auf den leichteren Standorten, die hatten das denn wirklich schlecht. Und das ist wohl noch von früher so überliefert." (LW 4, S. 4).

Die Meinung eines Geestbauern dazu ist:

> "Sandbauer, der sollte auf dem Sand bleiben, nicht irgendwo, wo Kleiboden ist, der kommt da sowieso nicht zurecht. Ist ganz andere Verhältnisse dort, Bodenverhältnisse und auch nachbarschaftliche Verhältnisse. (...) aber sonst hier direkter Nachbar hier, also ich lauf dahin und denn Türen auf und denn rein. Wenn keiner zu Hause ist, wenn ich was haben will, dann nehm ich mir das, und das ist hier

also genau so. Und denn auch so die Nachbarn dort, von der Marsch her, die sind zum größtenteil Nachbarn noch per Sie." (LW 8, S. 8).

In beiden Einschätzungen wird deutlich, daß die Bauern auf der Geest in ihrem kommunikativen Verhalten günstiger beurteilt werden. Es ist vor allem ersichtlich, daß aufgrund der naturräumlichen sowie nutzungs- und sozialgeschichtlichen Entwicklungsunterschiede zwischen Geest und Marsch eine positivere Wertung und Identifikation unter den Geestbauern hervortritt. Inwieweit diese Pointierung einer regional-teilräumlichen Bindung zu Lasten von Umfang und Intensität eines Ostfriesland-Bewußtseins geschieht, war empirisch nicht zu klären. Beide Interviewpartner sind eher Protagonisten eines konkreteren, differenzierten und prospektiveren Wahrnehmungsbildes, was den Zusammenhang von bäuerlichem Leben und Ostfriesland angeht.

10 Lebensform Wochenendpendler

10.1 Pendeln im verloschenen Rampenlicht - Ausgangspunkte, Strategien und Probleme der wissenschaftlichen Suche nach einer Lebensform

Im Mittelpunkt der im folgenden darzustellenden Teilstudie stehen Arbeitnehmer, die in der Forschungsregion Ostfriesland wohnhaft sind, aber außerhalb ihrer Erwerbstätigkeit nachgehen und zwischen Wohn- und Arbeitsort nicht täglich, sondern in größeren Abständen, meistens wöchentlich, pendeln. Die Pendelentfernung wurde bei Definition und Auswahl der Gesprächspartner nicht als Kriterium zugrundegelegt, da bestimmte Distanzen, beispielsweise zwischen dem Landkreis Leer und der Stadt Bremen, sowohl von Tages- als auch von Wochenendpendlern überwunden werden.

Arbeitnehmer, die auf Montage, das heißt auf wechselnden Arbeitsplätzen - vornehmlich im Bausektor - beschäftigt sind, wurden nicht in die Befragung miteinbezogen.[1] Diese Form der Erwerbstätigkeit spielt nach übereinstimmenden Aussagen mehrerer Regionalexperten eine zunehmend wichtige Rolle, wobei in Ostfriesland ansässige Unternehmen und/oder Arbeitnehmerverleihe häufig die Arbeitgeber sind. So beschäftigen zwei Bauunternehmen aus dem Auricher Raum, die überwiegend in Süddeutschland tätig seien, zusammen rund 1.300 Mitarbeiter (FP/e 4).

Auch wenn in diesem Kontext wichtige Hinweise für gegenwärtige und zukünftige Regionalentwicklungstendenzen zu liegen scheinen, erschien uns insbesondere unter der Frage nach "dem Ostfrieslandbewußtsein" die *ausschließliche* Konzentration auf Wochenendpendler im definierten Sinne geboten. Denn nur an diejenigen, die zu einem ortsgebundenen, stabilen Arbeitsplatz pendeln, läßt sich sinnvoll die Frage stellen, was sie bewegt, anstatt einer Übersiedlung diese Lebensform aufrechtzuerhalten. In der zweiten Hälfte der 80er Jahre wurde das Phänomen des ostfriesischen Fern-

---

1 Vor dem Hintergrund der nunmehr eindeutigen Abgrenzung werden im folgenden aus sprachlichen bzw. stilistischen Gründen die Begriffe Wochenendpendler, Fernpendler, Pendler synonym verwendet.

pendelns zu einem, über eine ZDF-Reportage und viele Zeitungsartikel vermittelten Symbol für eine - vermeintlich - regionsspezifische Ausprägung und Mischung von Bodenständigkeit und Strukturschwäche (vgl. a. 10.2).

Obwohl es sich beim ostfriesischen Wochenendpendeln um ein bundesweit bekanntes und quantitativ offensichtlich bedeutendes Phänomen handelt, waren die vielfältigen Bemühungen der Forschungsgruppe um diesbezügliche Daten und Fakten von nur mäßigem Erfolg gekrönt. Auch gestaltete es sich im Rahmen dieser Teilstudie unvergleichlich schwierig, von potentiellen Gesprächspartnern Kenntnis zu erhalten sowie mit diesen in Kontakt zu kommen.

Erstgenannte Schwierigkeiten sind vor allem darauf zurückzuführen, daß die verschiedenen mit diesem Sachverhalt in Verbindung stehenden Institutionen eigene, z.T. gegenläufige Interessen verfolgen. Dieser Sachverhalt sowie die aktuellen Datenschutzbestimmungen stehen einer umfassenden und differenzierten Erfassung des Phänomens entgegen. Somit lassen sich - außer einigen gewerkschaftlichen Aktivitäten - kaum Anhaltspunkte und Chancen für eine Umsetzung der raumordnungspolitischen Zielformulierung bezüglich der Reduzierung des "Pendelzwangs" erkennen.

Auch ist in diesem Zusammenhang darauf hinzuweisen, daß es - außer der in 10.4 zitierten - keine aktuelle, aussagekräftige wissenschaftliche Literatur zu dem Thema gibt.

Ein Arbeitskreis bei der Ostfriesischen Landschaft hat über die Erstellung eines allgemein zugänglichen Materialbandes für den Schulunterricht Anstöße für die - weitere - Auseinandersetzung mit dieser Thematik gegeben. Doch es kann als symptomatisch gelten, daß ein Mitarbeiter dieser Gruppe uns *keine* Pendler konkret nennen konnte.

Im Rahmen der gesamten Forschungsarbeiten wurden wir immer wieder mit "dem Pendeln" als einem typischen Inhalt "des Ostfrieslandbewußtseins" konfrontiert, doch verbinden sich damit offensichtlich in der Regel keine präzisen Vorstellungen oder Kenntnisse. Sei es, daß keine unmittelbare oder mittelbare Betroffenheit vorliegt, oder daß - wie beispielsweise in Holterfehn (vgl. 6.) - diese Lebensform zu wichtig und zu selbstverständlich ist, um als etwas Besonderes oder Fragwürdiges wahrgenommen zu werden. Der Pendler existiert im ortsgebundenen Alltagsbewußtsein gewissermaßen nicht als solcher, sondern in den Rollen, die er am Wochenende innehat.

Über diese Beobachtung hinaus ist zu vergegenwärtigen, daß Wochenendpendler aufgrund ihres Lebensrhythmus schwerer zu erreichen sind und - verständlicherweise - "sparsamer" mit ihrer freien Zeit umgehen als andere. Ferner lassen sich die skizzierten Schwierigkeiten als zusätzliches Indiz dafür verstehen, daß die quantitative Bedeutung des Wochenendpendelns in den letzten Jahren tatsächlich abgenommen hat.

Trotz der ungünstigen Ausgangssituation konnten über die Durchführung und Auswertung von Kontakten mit Institutionen und exponierten Informanten, von Zeitungs- und Literaturrecherchen sowie 12 qualitativen Interviews mit Wochenendpendlern aller Altersstufen vielfältige Informationen und Einschätzungen erhoben werden, die sich zu einem bemerkenswert eindeutigen Bild von dieser Lebensform und ihrem regionalen Kontext verdichten.

Dieses soll im folgenden (10.2) in seinen äußeren Konturen und anschließend (10.3) von innen heraus nachgezeichnet werden, um in einer abschließenden Bilanz (10.4) - unter Berücksichtigung der Ergebnisse einer ähnlich orientierten Studie zu bayrischen Wochenendpendlern - die Frage zu klären, ob oder inwiefern es sich in unserem Fall um eine *ostfriesische* Lebensform handelt.

10.2 Der Sonderzug nach Stuttgart, das Wohnmobil in Bremen - zur Entwicklung und Zusammensetzung einer Lebensformgruppe

In der Mitte der 80er Jahre starteten die beiden ostfriesischen Arbeitsämter Emden und Leer eine Reihe von Maßnahmen, um erwerbslose ostfriesische Arbeitnehmer in Regionen mit einem höheren Angebot an offenen Stellen zu vermitteln.

Die von der Zahl der Arbeitnehmer wohl umfangreichste Aktion war die "Anwerbung" von Arbeitnehmern für den Daimler-Benz-Konzern in Stuttgart. Die Interessenten wurden in größeren Gruppen per Bus oder Bahn nach Stuttgart zu Vorstellungsgesprächen und ärztlichen Untersuchungen gebracht (vgl. z.B. OZ v. 30.08.86 u. FP 11).

Vor dem Hintergrund, daß in dieser Zeit ca. 500 Personen ein Beschäftigungsverhältnis in der dortigen Automobilproduktion eingingen, so daß die Zahl der aus den Arbeitsamtbezirken Leer und Emden in den Stuttgarter Raum Pendelnden sich auf schätzungsweise 1.200 erhöhte (vgl. OZ v.

07.02.87), wendeten sich die Deutsche Bundesbahn und das Arbeitsamt Leer mit folgendem Angebot an die betroffenen Arbeitnehmer und -geber:

> *"Sonderzüge nach Stuttgart*
> In den letzten Jahren haben Arbeitnehmer aus Ostfriesland und dem Emsland im Großraum Stuttgart Arbeit aufgenommen. Ein Teil dieser dort Tätigen fährt wöchentlich in die Heimat zu seinen Angehörigen.
> Die Deutsche Bundesbahn bietet für diese Heimfahrten einen Sonderzug an. Die Fahrt mit der Bundesbahn hat folgende Vorteile:
> - günstiger Fahrpreis
> - kurze Fahrzeit,
> - weitgehende Unabhängigkeit von Straßen- und Witterungsverhältnissen,
> - der Fahrgast erreicht ausgeruht und sicher seinen Arbeitsplatz bzw. seine Heimat.
>
> Der Fahrpreis würde bei einer Teilnehmerzahl von 450 Personen für die Hin- und Rückfahrt 67,55 DM betragen. Hinzu käme auf Wunsch für die Rückfahrt eine Liegewagengebühr für 18,-- DM. Für die Strecke Stuttgart-Leer ist kein Liegewagen geplant. Zur Ermittlung des Bedarfs wenden sich Interessenten umgehend an die Generalvertretung der Deutschen Bundesbahn (...)."
> (Presseinformation o. Datum).

Nachdem diese Kampagne einige Wochen gelaufen war, wurde durch folgende Presseinformation ihr erfolgloses Ende erklärt:

> "Für Ostfriesen, die in Stuttgart arbeiten, wird kein Sonderzug fahren. Das teilte gestern die Bundesbahndirektion Oldenburg mit. Es habe nur etwa 200 Anmeldungen gegeben, sagte eine Sprecherin der Bahn in Oldenburg, so daß das Angebot nicht aufrecht zu erhalten gewesen sei. (...) Die Bundesbahn hatte versucht, durch Zeitungsanzeigen den in Stuttgart arbeitenden Ostfriesen den Sonderzug "schmackhaft" zu machen. Viele der Betroffenen fanden die Verbindung jedoch als zu zeitraubend und zu teuer. Mit Fahrgemeinschaften im eigenen Auto sei man flexibler und kürzer unterwegs, begründeten einige ihr geringes Interesse an dem geplanten Sonderzug."
> (OZ v. 13.03.87).

In den Jahren 1986 und 87 wurde über die skizzierte Großaktion hinaus insbesondere seitens ostfriesischer Arbeitsämter und interessierter Unternehmen versucht, durch überregional koordinierte Anwerbungs- und Betreuungsmaßnahmen Arbeitnehmer aus Ostfriesland in andere regionale Arbeitsmärkte zu vermitteln. So wurden Interressierte in Seminaren dort von

Mitarbeitern des örtlichen Arbeitsamtes betreut. Zu diesem Zweck wurden kleine Gruppen gebildet (vgl. OZ v. 18.03., 01.04. u. 20.05.87).

Diese, insgesamt erfolgreichen Bemühungen der ostfriesischen Arbeitsämter, den regionalen Arbeitsmarkt zu entlasten, lösten auch Gerüchte über den Einsatz repressiver Mittel sowie Kritik am "Ausverkauf der Region" aus. Es ist zu vermuten, daß die Zurückhaltung der regionalen Arbeitsämter sowohl bezüglich der Fortsetzung solcher Maßnahmen ab Mitte '87 als auch gegenüber unserem Forschungsanliegen auch vor dem Hintergrund des Ausmaßes und der Konflikthaftigkeit der öffentlichen Thematisierung zu sehen ist.

Neben regionalen Zeitungen widmeteten sich auch der "Spiegel" und "Die Zeit" (vgl. KBZ 1990, S. 57-67) sowie das "ZDF" der Frage nach den Lebens- und Arbeitsbedingungen der ostfriesischen Wochenendpendler. Der Titel der Fernsehreportage vom 30.12.1986, "Zurück - lieber heute als morgen", symbolisiert, daß es sich dabei in erster Linie um journalistische Milieu- und Mentalitätsschilderungen handelt. Daß diese allerdings im Einfluß der geschilderten Vermittlungsoffensiven entstanden, wird schon daran deutlich, daß sich die Darstellungen auf die Stuttgart-Pendler konzentrierten.

Die Vielzahl der anderen Wochenendpendler, die auf informellen und/oder individuellen Wegen zu Arbeitsverträgen in Berlin, Hamburg, Hannover oder im Ruhrgebiet und anderen Regionen gekommen waren, blieben im Schatten der bundesweiten Aufmerksamkeit. Folgende Hinweise mögen exemplarisch belegen, daß auf diese Weise ein einseitig verzerrtes Bild dieses sozialkulturell- und -ökonomisch bemerkenswerten Phänomens gezeichnet wurde: Schon seit Mitte der 70er Jahre führen bis zu 150 Arbeiter mit Wohnsitz im Landkreis Leer für eine ehemals niedersächsische Firma Rohrsanierungsarbeiten in Berlin aus. In der Regel auf informellen Wegen angeworben, mit festen Verträgen und einer "Auslöse" sowie Berlinzulage ausgestattet, pendeln diese mehrheitlich in vom Arbeitgeber organisierten Bussen zwischen Wohn- und Arbeitsort. Einige Zeit wurde ein Großteil des Weges sogar im Flugzeug zurückgelegt, um den Zeitverlust durch die innerdeutschen Grenzkontrollen zu minimieren.

Es verdient in diesem Zusammenhang auch festgehalten zu werden, daß viele Pendler nicht, wie die bei Mercedes Beschäftigten, während der Arbeitswoche in speziellen Wohnheimen, sondern einzeln oder mit Kollegen in Wohnwagen oder Mietwohnungen leben. Einige Arbeitgeber sorgen - nur - in den ersten Wochen für eine Unterbringung. Allerdings ergeben sich aus diesen Unterschieden, wie im nächsten Teilkapitel noch deutlich werden wird, keine gravierende Abweichung in der Wahrnehmung der Zeit bzw. des Lebens am Arbeitsort.

Des weiteren ist darauf hinzuweisen, daß es erhebliche Unterschiede bezüglich der konkreten Arbeitsbedingungen gibt, die unter anderem zur Folge habe, daß die Wochenrhythmen sowie die physischen und psychischen Belastungen einzelner Pendler(gruppen) teilweise erheblich von dem "Daimler-Benz-Modell" abweichen. Während die dort - und in anderen produzierenden Großunternehmen - Beschäftigten in ein festes Schichtsystem eingebunden sind, konnten/können insbesondere "Ostfriesen-Kolonnen" im Baubereich (vgl. o.) häufig Arbeitsbedingungen aushandeln, die - zumindest vierzehntägig - ein dreitägiges Wochenende zu Hause ermöglichen. Darüber hinaus gibt es offensichtlich - vor allem bei Angestellten - eine Reihe von individuell abgestimmten Varianten der Arbeits- und Wochenorganisation (z.B. FP 5 u. FP 7). Trotzdem diese praktischen Unterschiede der Tendenz nach mit Differenzen bezüglich der Zufriedenheit mit der Lebensform korrelieren, fällt wiederum vor allem die hohe Übereinstimmung der Wahrnehmungsinhalte und -formen auf: alle zur Verfügung stehenden Möglichkeiten, daß heißt insbesondere Fahrtzeitoptimierung, werden ausgenutzt, um möglichst viele Stunden zu Hause sein zu können.

Mit diesen vorweggenommenen Hinweisen auf charakteristische Merkmale der "Innenansicht" dieser Lebensform wird bereits ansatzweise nachvollziehbar, daß bzw. warum wir bei dieser Teilstudie keine Wahrnehmungstypen ausgearbeitet haben. Die Darstellung der Auswertungsergebnisse der qualitativen Interviews in 10.3 ist annähernd analog zu den Kristallisationspunkten der lebensformtypischen Wahrnehmungs- und Praxisformen strukturiert.

Um deren Einordnung zu erleichtern, seien hier noch einige sozialstatistische Daten unserer Gesprächspartner aufgelistet, wodurch sich zugleich das bisher gezeichnete Gesamtbild weiter differenziert:

- die dreizehn Befragten leben zwischen zwei und dreißig Jahren als Wochenendpendler;
- sieben arbeiten in Berlin, einer in Hoya, einer in Nienburg, einer in Bremen, einer in Bonn, zwei in Stuttgart;

- viele waren längere Zeit als Montagearbeiter an unterschiedlichen - teilweise außerdeutschen - Arbeitsorten tätig;
- zehn Befragte haben lediglich einen Hauptschulabschluß;
- die meisten haben eine abgeschlossene handwerkliche Berufsausbildung, die aber in der Regel für den derzeitigen Arbeitsplatz nicht ausschlaggebend ist;
- einer war vormals Landwirt, einer Binnenschiffer;
- der größere Teil der "Pendlerlaufbahnen" beginnt auf dem Status des Un- bzw. Angelernten, setzt sich häufig über einige Qualifikationsschritte fort und führt in Einzelfällen zur Übernahme von Führungsaufgaben;
- elf wohnen in den Fehngebieten im Landkreis Leer, einer im Landkreis Wittmund;
- lediglich die drei noch nicht 30jährigen Befragten wohnen nicht in einem eigenen Haus und sind ledig;
- alle Verheirateten haben mindestens zwei Kinder;
- alle Interviewten sprechen Plattdeutsch, allerdings mehrheitlich nicht im Umgang mit den eigenen Kindern.

10.3 Die Selbstwahrnehmung der Pendler

10.3.1 "Freizeit? Freizeit gibs nicht viel, (...) das fällt aus!" - Pendler als "Malocher"

"I: Ja, vielleicht können Sie ja mal schildern was Sie so außerhalb der Arbeitszeit in Berlin machen?
M: Außerhalb?
I: Außerhalb der Arbeitszeit, also von Montag bis Freitag so.
M: Außerhalb der Arbeitszeit, daß darf ich gar nicht sagen, dann tun wir nur schlafen." (FP 1, S. 3).

Es dürfte sich von selbst verstehen, daß die letzte Aussage dieses Zitats nicht ganz wörtlich zu nehmen ist. Doch tatsächlich gestalten alle Gesprächspartner - bis auf die zwei, die nicht jedes Wochenende nach Hause pendeln - die Abende am Arbeitsort in sehr ähnlicher und weitgehend gleichförmiger Weise: duschen, essen, fernsehen, mit der Familie telefonieren, schlafen. Manche, insbesondere diejenigen, die aufgrund ihrer Position Schreibarbeiten zu erledigen haben, verbringen die arbeitsfreie Zeit vorzugsweise allein. Andere sitzen abends regelmäßig mit Kollegen zusammen. Aktivitäten außerhalb der Unterkunft, wie Besuche in Gaststätten oder von kulturellen Veranstaltungen, Spaziergänge oder anderes, werden in der Regel *höchstens* einmal pro Woche unternommen:

> "Aber das sind ja Sachen, die macht man normalerweise am Wochenende oder in der Freizeit, und nicht wenn ich zur Arbeit geh." (FP 9, S. 6).

Diese klare Trennung zwischen Arbeitswoche und Wochenende und das darin erneut aufscheinende enge Verständnis von "Freizeit" (vgl. a. 10.3.2) ist als rahmengebende Grundlage für die skizzierte Wahrnehmung des Lebens am Arbeitsort zu verstehen. Diese differenziert sich in mehrere (Begründungs)Stränge aus:

- Aufgrund der erheblichen körperlichen Belastungen durch das Pendeln selbst und die oftmals langen und harten Arbeitstage könne man abends oft nur noch "todmüde ins Bett fallen." (FP 3, S. 3).
- "Wir machen ja, weil wir Pendler sind, dann machen wir ja unsre Stunden so, daß wir immer Freitags frühzeitig nach Hause fahren können, also das muß man ja schon so, ich mein wenn wir nur 8 Stunden machen, also ich sag mal 9 Stunden machen, dann müssen wir ja Freitags auch bis 14, 15 Uhr arbeiten und somit tun wir uns die Stunden vorarbeiten." (FP 1, S. 3).
- "(...) so zwischendurch müssen wir auch mal so private Sachen (Arbeitsaufträge - d.Verf.) mitmachen. Wenn man schon auswärts fährt, will man ja auch was verdienen, nich." (FP 12, S. 6).

Neben den drei genannten Faktoren, die eine erhebliche Begrenzung der arbeitsfreien Zeit zur Folge haben, ist - in Anknüpfung an den letzten Spiegelstrich - eine weitere die "Freizeitwahrnehmung" begrenzende Einflußgröße hervorzuheben: Sparsamkeit. Mehrheitlich sehen die Befragten "die Auslöse" nicht - wie gedacht - als Aufwandsentschädigung, sondern als zusätzliches Einkommen, von dem sie so wenig wie möglich für den Aufenthalt am Arbeitsort ausgeben möchten. Diese Sichtweise ist für viele sowohl für die Gestaltung der arbeitsfreien Zeit (z.B. FP 6, S. 6) als auch bezüglich der Unterkunft (z.B. FP 5, S. 2) maßgebend.

Ferner ist die weitgehende Zurückhaltung gegenüber den - meistens großstädtischen - Möglichkeiten und Angeboten des Arbeitsortes aus den mental-emotionalen Bindungen an die eigene Familie und "Ostfriesland" zu verstehen:

> "Ich hab da also meine Frau zu Hause und ich hab auch keine Lust, alleine da auf Achse zu gehen oder so. (...) wenn man abends denn da (in einer Kneipe - d.Verf.) sitzt usw., das gibt doch irgendwo denn im nachhinein, nämlich es ist ja so, es dringt ja auch alles nach Hause egal wie, es zieht alles seine Kreis, ich brauchte da keine Angst zu haben, ich find das ist nicht gut, wenn man da in Kneipen rumhängt. Nicht das reicht schon, wenn die Berliner sich da die Mütze voll haun, dann brauchen wir Ostfriesen da nicht noch hin und das auch mit, das Image als Stadt des Alkohols da (...)." (FP 4, S. 10).

Neben der Reichweite der heimischen sozialen Kontrolle deutet sich im letzten Abschnitt des Zitats eine weitere wichtige Konnotation des von Montags bis Freitags ausschlaggebenden Selbstverständnisses als "Malocher" an:

> "So lange wie ich hier bei denen bin, bin ich im Prinzip ein Gastarbeiter (...) und ich verkauf mich so teuer wies geht, weil ich verkauf nicht nur mich, ich verkaufe ne ganze Region, so ist es im Endeffekt (...). Und an mir solls nicht hängen, daß man negativ über uns gesprochen wird." (FP 11, S. 16 f.).

Auch wenn diese politisch ambitionierte Formulierung im Rahmen unserer Interviews ein Einzelfall ist, lassen doch alle Gesprächspartner erkennen, daß sie sich als ostfriesische Arbeitnehmer in "der Fremde" in einer Sonderrolle sehen. Deren problematische Aspekte sind durch herausragende Leistungen zu kompensieren, über die wiederum dem wahrgenommenen Fremd- und dem identitätstiftenden Selbstbild entsprochen werden kann:

> "Ja und auch so mit Firmenwechsel usw. also ich hab auch dann mitgekriegt, daß Ostfriesen auch sehr begehrt sind als Arbeitskräfte. Das wurde immer wieder bestätigt." (FP 2, S. 7).

Zweifelsohne läßt sich hier eine Facette regionsbezogenen Zugehörigkeitsbewußtseins feststellen. Doch schon die Bilanz dieses einen Teilkapitels läßt erkennen, daß "der Ostfrieslandbezug" lediglich zur differenzierten Ausgestaltung der maßgeblichen Grundorientierung der Lebensform Wochenendpendler beiträgt: Arbeit als alternativloses und exzessiv zu nutzendes Mittel zur Erlangung von Wohlstand und Anerkennung und zugleich als Fokus der Wahrnehmung von Umwelt und eigenem Leben (vgl. a. 10.4).

Dieses Teilkapitel abschließend sei noch auf einen bemerkenswerten Doppelbefund hingewiesen, an dem sich die Aufmerksamkeit für die auch im folgenden relevante Frage nach "dem Ostfrieslandbewußtsein" schärfen läßt:

- Häufiger als die Gesprächspartner in den anderen Teiluntersuchungen haben die Pendler die regionale Wirtschafts- und Arbeitsmarktlage thematisiert, wobei der Bezugsraum z.T. auch in das Emsland und andere benachbarte Kreise hineinreicht.
- Trotz unterschiedlich kenntnisreicher und insgesamt tendenziell pessimistischer Einschätzungen zu den weiteren Entwicklungsmöglichkeiten, vertreten die meisten explizit die Auffassung, daß es in der Region prinzipiell Arbeitsplätze gäbe, die aber - nach Bezahlung und/oder Anforderung - nicht den eigenen Vorstellungen entsprächen (vgl. a. 10.3.3).

10.3.2 "Zu Hause muß man ja meist noch mehr arbeiten (...)." - Pendler als "Häuslebauer"

"Wir haben ja alle meistens nen Haus usw., dann hat man ja, und ich bin noch so nebenbei noch son bißchen Hühnerzüchter, dann muß man ja sehen, daß man die wieder bißchen in Schuß bringt so für die Ausstellung usw., (...) und dann muß man ja alles machen, nich, bißchen Garten und dann Fenster pinseln usw. wir machen, Langeweile haben wir nicht, wir machen alles selbst, und meine Frau macht ja sehr viel so meistens hat sie schon alles fertig wenn ich komm. Bloß pinseln usw. das mach ich meistens." (FP 1, S. 9 f.).

Abgesehen davon, daß die pendelnden Eigenheimbesitzer (vgl. a. 10.2) bei der Frage nach der Wochenendgestaltung durchgängig als erstes auf Arbeiten in Haus und Garten zu sprechen kommen, ist das Zitat auch insofern als exemplarischer Beleg zu werten, als es einen Eindruck von der üblichen Geschlechtsrollenverteilung sowie von dem typischen Changieren zwischen "wollen" und "müssen" vermittelt.

Beides wird auch durch folgende Schilderung eines lebensformtypischen, aber nicht mehr durchgängig fraglosen Verhaltensmusters illustriert:

"Das Wochenende sieht so aus, früher war das so, also wie wir gebaut hatten war das so, daß ich son Vogel hatte und dann mußt ich sobald ich zu Hause war, immer nur mich in irgendwas stürzen. Das hieß also, wenn meine Frau den Garten gemacht hatte, und die Kinder haben dann teilweise auch bei geholfen, und das war denn alles

> sauber, dann mußte ich dies bauen und das bauen oder etwas verändern und so weiter, davon bin ich jetzt aber ab. Ich hab also, obwohl das schon alles angelegt war, nich das Sie meinen ich, ich, wollt nun, daß das fertig wird. Nein, das war alles fertig, bloß eben, ich wollt immer noch wieder irgend was, irgend was machen und so. Das hab ich mir son bißchen abgeschminkt. Ich hab das jetzt so im Prinzip also, es wird alles schön gepflegt, das wird alles instand gehalten, wenn Not am Mann ist, muß ich das machen, ich guck jetzt auch schon mal wenn irgend was ist, dann schieb ich das ab, ich sag, dann ruf man an, da hab ich keine Lust zu, das mach ich nicht, die Freizeit ist mir da wichtiger, nich." (FP 1, S. 9 f.)

Auch wenn es sich hier um einen Pendler handelt, der tatsächlich gemeinsam mit seiner Frau seit einigen Jahren einen großen Teil seiner freien Zeit für ein - mittlerweile auch finanziell gewinnbringendes - Hobby verwendet, ist doch nicht zu übersehen, daß der *selbsttätigen Instandhaltung* von Haus und Garten nach wie vor ein hoher Stellenwert zukommt. Dies steht im Zusammenhang mit dem Befund, daß für ihn wie alle anderen *der Besitz eines eigenen Hauses* einen der zentralen Werte darstellt.

> "Ich kann zu Hause jetzt tun und lassen, was ich will, ob wir grillen oder sonst irgendwie da ne Fete feiern, wir haben uns einen Swimmingpool eingegraben direkt an der Terasse, also im Sommer kann ich leben wie im Urlaub. In der Stadt müßte ich in einem Block wohnen, da könnte ich das nicht machen." (FP 9, S. 14).

Zweifelsohne geben die beiden letzten Zitate auch reale Verhaltensweisen wieder. Doch die Gesamtauswertung aller Interviews zeigt deutlich, daß die Wochenenden und insbesondere die gelebten Bezüge zum Eigenheim insgesamt stärker durch "Arbeit" als durch "Freizeit" geprägt sind:

> "I: Und was machen Sie denn so am Wochenende wenn Sie Freitags nach Hause fahren?
> M: Jetzt noch, jetzt bau ich wieder ein Haus am Wochenende
> I: Was, ein Haus?
> M: Ja jetzt bauen wir wieder. Was macht man am Wochenende?. Mal ins Kino gehn, mal Essen gehn, viel Gartenarbeit das bleibt ja alles (...), ja was fällt noch Wochenende an? Tja, Freunde besuchen, Bekannte besuchen, nee, mehr ist nicht." (FP 8, S. 2 f.).

Es läßt sich nicht mit Sicherheit beantworten, was den Zitierten motiviert, - anders als die meisten anderen - ein zweites Haus zu bauen. Hier genügt es, die in seinen Formulierungen liegenden neuerlichen Hinweise auf den erheblichen Einfluß materieller Orientierungen und sozialer wie selbstgeschaffener Verpflichtungen ins Auge zu fassen. Die damit verbundene Ambivalenz von Freiwilligkeit und Unfreiwilligkeit kommt durchgängig in der Wahrnehmung sozialer Kontakte zum Tragen:

- "Wenn ich hier bin, dann bin ich überlastet mit dem Fußball, da muß ich sonntags noch hinterher, obwohl ich wollt eigentlich gern aufhören." (FP 10, S. 4).

- "Natürlich wenn man immer in der Fremde ist, muß, das darf man mit ruhigem Gewissen sagen, daß dann ist das nicht mehr so, als wenn man immer täglich zu Hause ist, ich mein unser Freundeskreis der bleibt ja bestehen aber, mal sagen, das ist bißchen anders, weil wo wir mit zusammen sind, die sind auch immer alle weg und dann, ja alle vier Wochen oder treffen wir uns wohl mal. (...) Das ist höchstens noch so mit drei, vier Ehepaaren so zusammen, aber sonst das andere das ist, ja man hat ja, man sagt ja immer keine Zeit, (...) aber wir halten das eigentlich noch son bißchen aufrecht das, wir machen, wir gehen schon noch mal hier hin und dahin, nich." (FP 1, S. 10).

In Ergänzung zu den beiden eben wiedergegebenen macht folgende Interviewaussage besonders deutlich, daß diese Lebensform mit Privatisierungs- bzw. Individualisierungstendenzen verbunden ist, die auch zu Lasten traditionaler, ortsgebundener Sozialgefüge gehen:

"Die meisten kommen noch irgendeine kleine Gefälligkeit, überhaupt weil ich von Beruf Elektriker bin, sind ja Raritäten naja, die meisten kennt man auch gut: 'Kanns mir das nicht schnell anschließen, ja? Ich hab nen neuen Herd gekriegt, der Küchendienst schaffts nicht zum Wochenende, wir wollen gerne kochen.' Ja, hab ich neulich noch gehabt: 'Ja, mach das man schnell!' Ja, das mach ich jetzt grundsätzlich nicht mehr, praktisch nur noch in der Familie, also bei meinen Eltern oder bei meiner Schwester irgendwie, daß ich was mach." (FP 5. S. 12).

Auch wenn diese Art der Bewertung eine Ausnahme darstellt, ist doch bilanzierend festzuhalten, daß die Wahrnehmung der Wochenenden seitens der Pendler hauptsächlich durch lebensformspezifische Orientierungen geprägt ist. Dies sei in abschließender Ergänzung durch folgende bemerkenswerte Aussage illustriert:

"Sonntagmorgen, -mittags denkt man schon wieder: 'Oh, die Tasche muß gepackt werden!' Und ab elf Uhr abends kommt das Reisefieber." (FP 8, S. 3).

Vor diesem Hintergrund mag es überraschen, daß acht der dreizehn Befragten nach eigenen Angaben in örtlichen Vereinen aktiv sind. Doch das Ergebnis, daß diesbezüglich und in bezug auf sonstige Aktivitäten bzw. Freizeitmöglichkeiten im regionalen Umfeld - anders als bei den Themen Arbeit oder Eigenheim - nur in Einzelfällen engagierte und/oder kenntnisreiche Schilderungen zu verzeichnen sind, läßt sich als weiteres Indiz für die vergleichsweise geringe Einbindung dieser Lebensform bzw. ihrer Vertreter in lokale und regionale sozialräumliche Zusammenhänge verstehen.

Unter anderem diesen Befund aufgreifend, widmet sich der nächste Abschnitt vor allem der Frage nach den Motiven und der Wahrnehmung des Pendelns selbst.

10.3.3 "Ich mach das jetzt 15 oder 16 Jahre insgesamt, ich hab mich dran gewöhnt, dat nützt so nix, muß ja irgendwie weitergehn." - Pendeln als Lebensform

Während die als Überschrift zitierte Interviewaussage eine deutliche Vorstellung von der "Stabilität" dieser Lebensform (vgl. u.) vermittelt, trägt sie nicht zur Klärung der vorrangigen Frage nach "Einstiegs"-Motiven bei. Die Aufnahme eines extraregionalen Beschäftigungsverhältnisses bzw. des Wochenendpendelns ist in jedem Fall von einer Vielzahl individuell-biographischer Faktoren sowie von der je aktuellen regionalen und überregionalen Wirtschaftslage abhängig. Doch den innerhalb dieser Lebensform orientierenden Eckwerten, Arbeit (10.3.1) und Eigenheim (10.3.2), kommt offensichtlich schon bei der Entscheidung für das Pendeln erhebliche Bedeutung zu, ohne daß sich ihre Relevanz im einzelnen bestimmen läßt:

- "Ich glaub auch, daß das von, von Generation zu Generation immer so, hab ich schon mehr gehört, daß die Eltern sagen: 'Mensch, Du mußt, Du mußt oder mach das, mach das!', und dann bist du schon im Strudel drin, dann kannst du gar nicht anders. In den ersten Jahren konnt ich gar nicht anders, wie ich dann mich entschlossen hatte, da anzufangen, ja, dann hab ich da diesen Bauplatz hier gekauft, denn kleines Häuschen hab ich meist alles selber gemacht mit Kollegen zusammen, aber, ja aber dann hat man Schulden, dann muß man schon, dann kannst nicht sagen: 'So, jetzt ich beim Architekten anfangen für, fürn Drittel Geld oder so.', nich, dann ist man schon drin." (FP 7, S. 10).

- "Wir kriegen ja Auslösung, und ich habe eigentlich gar keine Zeit, die da zu verprassen, also ist das für mich ein zusätzliches Einkommen und so ist es für die meisten Kollegen. Klar, sicher bin ich weg aber, diese tausend Mark, die ich vielleicht im Monat jetzt habe, das zählt doch. (...) Ja, man hat seine Belastungen mit dem Haus auch und wenn man da erstmal so einigermaßen von runter ist, ich mein, gut, dann könnte man sich vielleicht woanders orientieren oder auch hier orientieren, aber so lange das nicht ist. Gar keine andere Alternative." (FP 2, S. 9).

Beide Zitate sind auch vor dem Hintergrund folgender, weitgehend geteilter Einschätzung zu sehen:

"Der andere Grund zum Pendeln ist ja auch, daß man in Ostfriesland nicht das Geld verdient. In meinem Beruf, den ich gelernt hab, würd ich garantiert was finden, aber nicht für das Geld in der Stunde." (FP 9, S. 4).

Tatsächlich dominiert in den Selbstdarstellungen der Pendler eine ausgeprägte *ökonomische Rationalität*, die auf eine "doppelte Mehrwerterzeugung" zielt: das Geld wird verdient, wo man besonders viel bekommt, und ausgegeben, wo es besonders viel wert ist, nämlich in Ostfriesland. Dabei denken die Pendler vor allem an *ihr Eigenheim*, um das sie "umzu" laufen können, und das sie sich *so* woanders nicht leisten könnten.

Über diese materiellen Aspekte hinaus, wird die vergleichende Wahrnehmung der eigenen Situation und des regionalen Arbeitsmarktes in vielen Fällen auch durch die Frage nach der Qualität bzw. dem Profil von Arbeitsplätzen geleitet. Die mehrheitliche Auffassung, daß das ostfriesische Arbeitsplatzangebot den eigenen Bedürfnissen und Fähigkeiten nicht entspreche, ist zugleich als nachvollziehbares Resultat dieser Sichtweise wie auch als Ausdruck von Gewöhnung und mangelnder Veränderungsbereitschaft zu sehen:

- "Jetzt ist man in dem Strudel drin und man kennt auch nichts anderes." (FP 7, S. 7).

- "Wenn man hier dann für 1500 Mark arbeiten muß und muß wahrscheinlich noch mehr tun als da: auch nicht das Wahre, wenn man dat gute Geld gewohnt ist." (FP 5, S. 9).

Selbst die - wenigen - Befragten, die ihre Schwierigkeiten mit ihrer Lebens- und Arbeitssituation offenlegen und den Wunsch formulieren, auch bei geringerer Bezahlung in der Nähe des Wohnortes arbeiten zu wollen, bleiben letzlich - auch in ihrer Selbstwahrnehmung - der Eigenbewegung bzw. Eigengesetzlichkeit dieser Lebensform verhaftet (vgl. a. Überschrift):

"Ist natürlich ne Scheißfahrerei jede Woche, aber was nimmt man nicht alles in Kauf. Und zwar der Verdienst, also was ich drüben in Berlin verdiene, kann ich hier nirgends verdienen. (...) Ja, und die meisten haben ja auch ein eigenes Haus hier gebaut. Und da hängt man ja doch irgendwie dran." (FP 5, S. 2 u. 7).

Da im Rahmen dieser sozialgeographischen Untersuchung nicht angemessen der Frage nachgegangen werden kann, inwieweit diese lebensformtypische "Beharrung in der Mobilität" durch spezifische Familienkonstellationen unterstützt wird, sei hier lediglich darauf hingewiesen, daß einige wenige Befragte äußerten, daß eine mögliche bzw. in Erwägung gezogene Übersiedlung an den Arbeitsort von Frau und Kindern nicht mitgetragen würde bzw. worden sei. Darüber hinaus läßt sich, in Anknüpfung an Abschnitt 10.3.2 sowie an den letzten Satz des obigen Zitats, die These formulieren, daß die Bezüge der Pendler zu ihren Wohnorten, aber auch zu ihren Arbeitsorten durch je spezifische, sich wechselseitig beeinflussende Ambivalenzen geprägt sind, in denen die Bewegungsmuster dieser Lebensform einschließlich ihrer Grundlagen und Auswirkungen sichtbar werden.

So ist "der Ostfrieslandbezug" der Befragten einerseits von einer intensiven emotionalen Verbundenheit getragen. Doch andererseits mündet diese - abgesehen von den wöchentlichen Heimfahrten und dem Gebrauch des Plattdeutschen - nicht in entsprechend intensive und differenzierte Wahrnehmungen der Region. Vielmehr ist festzustellen, was in 10.3.1 schon für einen Teilaspekt dieser Frage herausgearbeitet wurde, daß die Wahrnehmung Ostfrieslands wesentlich durch die lebensformspezifischen Grundorientierungen und Lebensbedingungen beeinflußt und begrenzt wird.

Etwas anders gewendet heißt das: Obwohl sich mit Arbeits- und Wohnort zwei verschiedene Systeme von Bewußtseins- und Praxisformen ("Malocher" vs. "Häuslebauer") verbinden, vermischen sich diese bei der Wahrnehmung und Beurteilung beider räumlicher Bezugsebenen aus der Perspektive "des Pendelns".

Damit ist nicht ausgesagt, daß das Ostfrieslandbild der Pendler sich grundlegend von dem anderer Befragter unterscheidet:

> "(...) die gute Luft hier, die Ruhe und irgendwie die Gemütlichkeit. Also es ist immer schön, wenn man nach Hause kommt hier." (FP 10, S. 7).

Auch gibt es ähnliche Tendenzen zu "Heimatverbundenheit" wie sie in anderen Teilstudien dargestellt sind:

> "Wir sind also im Prinzip reinrassige Ostfriesen, und nen Ostfriesen nach außerhalb verpflanzen, das geht wohl für kurze Zeit, aber der kommt aber meistens immer wieder." (FP 4, S. 15).

Die vergleichende Gesamtauswertung der Interviews zeigt, was nicht durch kurze Zitate anschaulich zu machen ist, daß die - explizierte - Selbstwahrnehmung als "Ostfriese" sowie die regelmäßige Rückkehr ins "ostfriesische" Eigenheim als kompensatorische Gegenpole zu den Belastungen der Arbeitswoche in der städtisch-hektischen Fremde fungieren. So gesehen scheint es plausibel, daß "das Ostfrieslandbild" der Pendler, außer den Eindrücken und Kenntnissen von der - schlechten - Arbeitsmarkt- und Wirtschaftslage, nur mehr oder weniger klischeehafte Vorstellungen vom freien Leben in ländlich-vertrauter Umgebung umfaßt, und daß die Befragten keine regionalpolitischen Wünsche oder Interessen haben: eine Veränderung oder Infragestellung des - eigenen - Regionsbezuges würde - wie auf der anderen Seite die Gefährdung oder der Verlust des Arbeitsplatzes - einen Eckpfeiler und damit das tragende Orientierungssystem dieser Lebensform ins Wanken bringen.

10.4 "Jeder ist eben stolz drauf, egal ob ich nun Ostfriese bin oder Bayer." - bilanzierende Bewertung der Untersuchungsergebnisse im Vergleich mit einer bayrischen Pendlerstudie

Diese Teilstudie zeigt, daß der Lebensform Wochenendpendler - unter der Frage nach Regionalbewußtsein und -entwicklung - in Ostfriesland in mehrererlei Hinsicht besondere Bedeutung zukommt. Die Außenwahrnehmung der Region wird wesentlich durch die Pendler beeinflußt, indem sie als Medienereignis und "Botschafter" fungieren. Auch tragen sie in besonderer

Weise zu den spezifischen Konturen des relativen Wohlstands in dieser strukturschwachen Region bei.

Obwohl diese Lebensform durch eine - im Vergleich zu den anderen Teilstudien - ungewöhnliche dynamische Eigengesetzlichkeit gekennzeichnet ist, kommen auch in ihr erhebliche Beharrungstendenzen zum Tragen, die sich - ähnlich wie in den Ortsstudien - mit der Vorstellung von und dem Wunsch nach einem "Schonraum in der Modernisierung" verbinden: "Ostfriesland".

Vor diesem Hintergrund liegt es nahe, davon auszugehen, eine regionsspezifische Lebensform gefunden und beschrieben zu haben. Doch die kürzlich erschienene, umfassende, empirische Studie "Wochenendpendler aus dem Landkreis Freyung-Grafenau" (Junker 1992) zeigt deutlich, daß die Bewußtseins- und Praxisformen von Wochenendpendler aus den verschiedenen peripheren Regionen Deutschlands weitgehend identisch sind. Um dies ansehnlich zu dokumentieren, seien ein Interviewzitat und Auszüge der Zusammenfassung wiedergegeben:

> "F: Also des is'ja immer so die Heimatverbundenheit und so, könnten Sie sich vorstellen, daß Sie halt von hier weggehen? [Na na des ...]. Oder mit der Arbeit, warum pendeln die Leut', warum zieh'n die net nach München oder wo's arbeiten?
> A: Des is', i mein' wie's bei anderen, aber ...(A) zu mir ham's oft g'sagt: 'Warum ziehst du net da 'rauf?' [ja]. Dann hab'i halt klipp und klar g'sagt mit zwei Dinger, wenn i für mei' Haus herunt' des krieg', was i da oben zahl'n muß [mhmm] für des Gleiche [ja], net, i vergleich' ja mei Haus net mit einer Wohnung in am Betonsilo [mhm] drin [mhm], wenn i's a so nennen darf [ja]. Wenn i da ob'n a Haus miet' mit an so an Garten, wie i da hab' [mhm], dann zahl' i da oben 4.000,- Mark [ja] oder vielleicht übertrieb'n aber 3.000,- scho'[mhm] im Monat Miete ... (A). A Haus kannst dir auf gut Deutsch g'sagt gar net bau'n da oben [mhm], außer du hättst selber an Grund [mhm]. Also zu 99 oder mehr Prozent tät's mi' da net weg. Und da wär'i wahrscheinlich genau so oft herunt', wie i a so a herunt' bin, weil i a jedes Wochenende wahrscheinlich oba fahr'n tät'. Erstens hab' i meine ganzen G'schwister, Verwandschaft [mhm] alles herunt'. Und in der Stadt unt', i mein', i war immer glücklich wenn der Donnerstag da war und i hab' heimfahr'n könnt' [ja], i war scho' sauer, wenn i am Freitag hab' arbeiten müssen [mhm, mhm]. Weil i hab' mi' scho', des war für mi' a so eingebürgert Montag bis Donnerstag und dann [mhm] nix mehr von Minga (München) seh'n ... (A). Lieber, hab' i g'sagt, nimm' i die Strapazen auf mi', was zwar a net schön war [mhm] und net, sagn ma amal, kei' Luxus oder kei' Abenteuer

war für mi' [mhm]. Aber lieber nimm' i die Strapazen auf mi' und fahr' am Montag da 'rauf [mhm]." (Junker 1992, S. 128)

"Vor allem Wertkriterien wie die Schaffung materieller Werte (Hausbau, materielle Vorsorge) und Arbeit wirken zum einen als Normdruck positiv auf die Entscheidung zum Wochenendpendeln ein. Zum anderen leitet sich daraus ein relativ hohes Sozialprestige der Wochenendpendler in ihren Heimatorten ab. Über vorgelebte Konsum- und Verhaltensmuster, Mund zu Mund Werbung und über soziale Gruppenbildung (Arbeitskolonnen, Fahrgemeinschaften) werden weitere Arbeitnehmer aus dem heimatlichen Umfeld dazu animiert, einen auswärtigen Arbeitsplatz anzunehmen. Gestützt wird ein solches "Mitziehen von Kollegen" durch informelle Personalbeschaffungsstrategien der beschäftigenden Unternehmen (Nachfrageseite), die gezielt auf diesem Weg Personal rekrutieren. Dies kommt dabei gleichzeitig dem Wunsch nach Selbstorganisation auf seiten der Wochenendpendler entgegen.

Bindend an den Heimatort wirken Faktoren, die von den Betroffenen als eine ausgeprägt starke Heimatverbundenheit bezeichnet werden. Heimatverbundenheit hat dabei jedoch neben emotionell-ideellen Dimensionen (Bindung an die Landschaft und Sozialbindungen) auch eher materielle Ausprägungen (Bindung an Besitz, Sozialstatus), die den Betroffenen nicht unmittelbar bewußt sind. Aus sozialpsychologischer Sicht spiegelt sich in diesen Ausprägungen von Heimatbewußtstein eher Passivität und Idealisierung wider denn ein aktives Eintreten für die Belange der Region und ihrer Bewohner im Sinne eines engagierten Regionalismus." (a.a.O., S. 146 f.).

In Konfrontation mit unseren Untersuchungsergebnissen aber auch mit obigem Zitat, wäre es lohnend einzelne Aussagen dieser Untersuchungsbilanz, wie jene, "die den Betroffenen nicht unmittelbar bewußt sind", auf ihre Plausibilität und Übertragbarkeit hin zu diskutieren. Doch hier kann lediglich die weitgehende Übereinstimmung der Ergebnisse beider Studien hervorgeboben werden, woraus sich für die abschließende Bewertung unserer Teiluntersuchung ergibt, daß die Lebensform Wochenendpendler zwar kein einzigartiges, aber doch ein charakteristisches Segment ostfriesischer Sozialkultur und -ökonomie darstellt.

11 Eigene "Krisenbetroffenheit" als Wahrnehmungsfilter - "Ostfriesland" und der Strukturwandel aus den Perspektiven der untersuchten Lebensformen

Die beiden Lebensformstudien haben konkrete Anhaltspunkte dafür aufgezeigt, daß sich Reichweite und Ausgestaltung sozialräumlicher Bezüge nicht nur aus dem Wohnort und der damit verbundenen Verortung in auch räumlichen definierten Kontexten ergeben. Zugleich - und das ist das Thema dieses Zwischenfazits - ergeben sich aus diesen Teiluntersuchungen besondere Hinweise für die Diskussion der Leitfrage nach Formen und Bedingungen der Wahrnehmung gesellschaftlichen Wandels.

Denn beide Lebensformen sind in besonderer Weise von der regionalen Strukturschwäche bzw. Krise betroffen. Während die bäuerliche Lebensform unter einem existentiellen Veränderungsdruck steht, ist die Lebensform der Wochenendpendler selbst schon Resultat eines solchen Druckes.

Dies spiegelt sich auch in den lebensformtypischen "Ostfrieslandbildern", die wesentlich durch die je spezifische "Krisenbetroffenheit" geprägt sind: landwirtschaftliche Krisenregion bzw. Wochenendparadies für "Häuslebauer". So unterschiedlich diese Wahrnehmungen bzw. Zuschreibungen auch sind, scheint doch in beiden "Ostfriesland" als Region auf, in der die gesellschaftlichen Umstrukturierungsprozesse sich - insbesondere in sozioökonomischer Hinsicht - vornehmlich negativ niederschlagen.

Dabei haben die Pendler insbesondere die unzureichende Quantität und Qualität sowie die Instabilität des regionalen Arbeitsplatzangebotes im Auge. Zwar sind sie im Vergleich zu anderen Befragten auch über aktuelle Entwicklungen des regionalen Arbeitsmarktes relativ genau informiert, doch ergeben sich daraus kaum Impulse für Akzentverschiebungen in der Wahrnehmung der persönlichen und "ostfriesischen" Lebens- und Arbeitsbedingungen und ihres Zusammenhangs bzw. handlungsleitende Anregungen. Das Beharren in dieser Lebensform, die in besonderer Weise durch die klassisch moderne Trennung von Arbeit und Freizeit geprägt ist, wird begleitet von der unverrückbaren Vorstellung, daß Ostfriesland als Wirtschaftsraum nichts, als Ressource privatisierten Glücks aber alles zu bieten hat.

Während sich die Pendler durch das Ausweichen auf außerregionale Einkommenssicherung sowie die Reduktion des "Ostfrieslandbildes" gewissermaßen aus der unmittelbaren "Krisenbetroffenheit" befreit haben, nehmen die Bauern vor dem Hintergrund der existentiellen Gefährdung und der grundsätzlichen Ortsgebundenheit ihrer Lebensform den Strukturwandel als anhaltenden Veränderungsdruck wahr, auf den es auch im regionalen Maßstab bzw. Kontext zu reagieren gilt. Allerdings wird auch diese Perspektive vorrangig von dem Interesse getragen, die eigene Lebensform zu sichern. Das kommt auch darin zum Ausdruck, daß die Regionskenntnisse vor allem die Facetten beinhalten, die im Rahmen bäuerlichen Lebens und Arbeitens bedeutsam sind bzw. zukünftig sein könnten.

12 Die Vielfalt der Bewußtseinslagen und Alltagsformen als Chance für eine prospektive Regionalentwicklung - exemplarische Hinweise anhand der vergleichenden Bilanzierung der qualitativen Teilstudien

Aufbauend auf die bisherigen Zwischenfazits (vgl. 4, 8 u. 11), die das Forschungsinteresse an der Relevanz und Ausprägung unterschiedlicher sozialräumlicher Bezüge in den Vordergrund gestellt, zugleich aber erste vergleichende Interpretationen zur zweiten Leitfrage nach dem Umgang mit Veränderungen formuliert haben, sollen nun in einer vergleichenden Bilanz der alltagsweltlich orientierten Teiluntersuchungen mögliche Ansatzpunkte prospektiver Entwicklungsschritte sondiert werden.

Die dabei erkenntnisleitende Perspektive läßt sich in einem Dreischritt charakterisieren:

- In der empirisch belegten Heterogenität der Bewußtseinslagen und Alltagsformen liegen prinzipiell Chancen für eine zukunftsträchtige Regionalentwicklung.
- Deren Inwertsetzung müßte im wesentlichen über die Aktivierung der Menschen in der Region erfolgen.
- Das wiederum würde voraussetzen, in den individuellen und sozialen Formen von Bewußtsein und Alltag Entwicklungspotentiale aufzudecken und ihre Aktivierung zu stimulieren, wobei dem entgegenstehende Einstellungen und Strukturen ebenso differenziert zu betrachten sind.

Lassen sich die fünf in den qualitativen Teilstudien untersuchten "Einheiten" in einer solchen Weise als Basen bzw. Rahmen für prospektive Entwicklungsschritte nutzen?

Zu 5.: In der Dynamik des abwehrenden Reagierens der *Ardorfer* Dorfgemeinschaft auf externen Druck und interne Störungen liegt auch die Chance zu prospektiven Schritten. So ist z.B. der Heimatverein gewissermaßen aus einer Kette von Abwehrreaktionen entstanden (vgl. 5.3.2).

Zu 6.: *Holterfehn* ist weder politisch selbständig noch wird es als kollektiver Lebensraum wahrgenommen: es ist keine Einheit, an der Entwicklungspolitik ansetzen sollte. Das vorhandene Interesse am Wohnumfeld sowie die gelebten Bezüge zum Fehngebiet könnten Ansatzpunkte für eine Aktivierung der Bevölkerung sein.

Zu 7.: In *Leer* sind die ausgeprägte (Selbst)Zufriedenheit sowie die starke Individualisierung als Hemmfaktoren für ein mögliches Engagement der Einwohner zu sehen. Auf der anderen Seite könnten aus der Heterogenität der Bevölkerung sowie aus deren Regionsbezug Impulse für eine prospektive Stadtentwicklung unter Einbeziehung des regionalen Umfelds gewonnen werden.

Zu 9.: Bei den *Bauern* sind landwirtschaftliche Produktionsweise, Bodenständigkeit und Sozialkultur Potentiale regionaler Stärke, die unter einer anpassungsfähigen Modernisierungsstrategie dem Außendruck widerstehen können. Das transformierende Band zwischen regionalem Traditionsbestand und Fortschritt ist der weit verbreitete Konservatismus der bäuerlichen Werte. Das somit vorhandene "Entwicklungsbewußtsein" reaktiv moderner Prägung bezieht sich bei dieser Lebensform, ausgehend von den alltäglichen lokalen Identifikationskernen von "Familie/Hof" und "Dorf", ansatzweise auf die politisch relevante Ebene von Regionalbewußtsein, läuft allerdings Gefahr, bei einer zu "fortschrittlichen" Gangart die eigene ökologische und soziale Basis zu untergraben.

Zu 10.: Die Gruppe der *Pendler* läßt in ihrer Lebensform und den damit verbundenen Wahrnehmungsmustern nicht ohne weiteres Anknüpfungspunkte für eine Aktivierung zugunsten zukunftsträchtiger Entwicklungsschritte erkennen.

Die Gesamtbilanz dieser vergleichenden Gegenüberstellung muß zu einer eher düsteren Entwicklungsprognose führen und legt gerade auch deshalb nahe, weitere Differenzierungsmöglichkeiten nutzbar zu machen. In diesem Sinne ist zu vergegenwärtigen, daß sich unter der Frage nach dem Umgang mit Veränderungen bzw. nach der Wahrnehmung gesellschaftlicher Modernisierung die Befragten quer durch alle Teilstudien zu ca. vier unterschiedlichen Typen zusammenfassen lassen. (vgl. insbes. 5.2. und 7.2). Insofern viele Studien - aus der Sozialgeographie und benachbarten Disziplinen - zu ähnlichen Einstufungen von gleichgültig-passiven bis reflektiert-aktiven Typen gekommen sind, ist Ostfriesland in dieser Hinsicht keine aus dem Rahmen fallende Region: es gibt hier - neben den bereits Aktiven - viele Menschen, deren kreatives und innovatives Potential und Interesse auch deshalb kaum zum Tragen kommt, weil es beharrende sozialkulturelle Muster gibt, wie beispielsweise die Ardorfer Dorfgemeinschaft, die dem entgegenstehen. Dies macht nochmals deutlich, daß die Stimulierung von zukünftigen Entwicklungsschritten auf mehreren Ebenen ansetzen sollte.

13 Wahrnehmung der Regionalentwicklung durch "Experten"

In diesem Kapitel werden die Ergebnisse der Auswertung der mit den "Experten für die Regionalentwicklung Ostfrieslands" im Frühjahr 1991 geführten Gespräche dargestellt.[1]

Zwei Fragekomplexe stehen im Mittelpunkt dieser Teilstudie:

- Wie beurteilen die Experten die gegenwärtige Situation und die Entwicklungsperspektiven der "Region Ostfriesland"? Welche Deutungsmuster und Entwicklungskonzepte liegen ihrem planerischen bzw. politischen Handeln zugrunde?
- Gibt es aus Sicht der Experten "ostfriesische Besonderheiten" (ökonomischer, politischer, kultureller etc. Art) im Hinblick auf die Entwicklung der Region?

Die Darstellung gliedert sich in folgende Teilabschnitte: vergleichende Betrachtung der Aussagen zu einzelnen Themenfeldern (13.1); Herausarbeitung von "typischen" Deutungsmustern und Wahrnehmungsperspektiven (13.2).

Es sei noch darauf hingewiesen, daß entsprechend unserer Projektkonzeption unter "Ostfriesland" hier das Gebiet des "historischen" Ostfrieslands, des ehemaligen Regierungsbezirks Aurich, verstanden wird, das auch der Aktionsbereich der 1987 ins Leben gerufenen "Ostfrieslandkonferenz" war. Inzwischen wird immer häufiger als Untersuchungs- und politischer Handlungsraum die gesamte Ostfriesische Halbinsel in den Vordergrund gestellt (vgl. z.B. zur Gründung der "Regionalen Strukturkonferenz Ost-Friesland" Ende 1991 17.1). Bei regionalpolitischen Schlußfolgerungen aus unseren Untersuchungsergebnissen sind diese verschiedenen Bezugsräume selbstverständlich zu berücksichtigen (vgl. 17.3).

---

1 Angaben zur Vorgehensweise (Auswahl der Gesprächspartner usw.) finden sich in 2.2.

13.1 Vergleichende Analyse der Expertenaussagen für Themenfelder

Im folgenden werden die Aussagen der Experten zu einzelnen wichtigen Themenfeldern, die im Rahmen der entlang eines Leitfadens geführten Intensivinterviews angesprochen wurden, zusammenfassend dargestellt ("thematischer Vergleich" im Sinne von Meuser/Nagel 1991). Für diese Darstellung wurden die Reihenfolge gegenüber dem Leitfaden verändert und einige Modifikationen vorgenommen. Folgende Themenfelder werden hier berücksichtigt: Einschätzung der Situation und künftigen Entwicklung der Region (13.1.1); EG-Integration/dt. Vereinigung/Beziehung zu den Niederlanden (13.1.2)[2]; Handlungsformen in Politik und Planung (13.1.3); "weiche Standortfaktoren": Image, Regionalbewußtsein usw. (13.1.4); regionalpolitische Leitbilder (13.1.5).

13.1.1 Allgemeine Einschätzung der Situation und Entwicklungsperspektiven

Bei einer ersten spontanen Einschätzung der gegenwärtigen Situation Ostfrieslands sind sich die Experten weitgehend einig: Es ist "besser gegenüber früher" geworden, aber die Region hat weiterhin als "benachteiligt" zu gelten (vgl. mit fast ähnlichen Formulierungen z.B. RE 1, RE 2, RE 4, RE 7, RE 9):

> "Heute gegenüber früher; die Situation ist ungleich besser. (...) Also im Vergleich zu früher eine deutliche Veränderung festzustellen, der Strukturierungs-, Umstrukturierungsprozeß hat sich vollzogen, vielleicht auch schneller als in anderen Regionen, gezwungenermaßen, weil das Ausgangsniveau hier ungleich niedriger war. Ganz klarer Fall! (...)
>
> Zum zweiten, der Vergleich mit anderen Regionen. Die unterschiedliche Ausgangsebene hat dazu geführt, daß hier die Entwicklung einigermaßen gut verlaufen ist, aber der Abstand zu anderen Regionen ist immer noch deutlich feststellbar. Dieses läßt sich an Zahlen auch festmachen. Anzahl der Industriebeschäftigten, dann der Gesamtbeschäftigtenzahl, Bruttoinlandsprodukt je Erwerbstätiger, Bruttoinlandsprodukt je Einwohner, mannigfaltige Kennziffern. Insgesamt jedenfalls ist es so, daß der Abstand in solchen Kennziffern

---

[2] Hier wird von EG gesprochen, da während der Interviews diese Bezeichnung korrekt und üblich war. Inzwischen müßte adäquaterweise der Terminus "EU" verwendet werden.

gemessen - also Wohlstandskennziffern, wenn ich es mal so auf diesen Begriff etwas bringe - Bruttosozialprodukt, Bruttoinlandsprodukt oder ähnliche Dinge, das ungefähr noch bei 30% liegt gegenüber dem Bundesdurchschnitt. Gegenüber dem alten Bundesdurchschnitt, man muß das ja jetzt differenziert sehen." (RE 1, S. 1 f.).

Nur in einem einzigen Falle wird bei dieser spontanen Einschätzung das Thema explizit angesprochen, das über viele Jahre mit der Überschrift "Regionalentwicklung Ostfrieslands" untrennbar assoziiert schien: die außergewöhnlich hohe Arbeitslosigkeit sowie die damit verbundenen sozialen Probleme ("das größte Problem ist diese Arbeitslosigkeit, die Quote ist ja nach wie vor ziemlich hoch"; RE 10, S. 1).

Allerdings wird von denjenigen, die die Lage "besser als früher" einschätzen, nicht nur der "Rückstand" gegenüber anderen Regionen betont, sondern auch von selbst darauf hingewiesen, daß die "Erfolge" prekär und keinesfalls selbsttragend seien. Daß die "nachholende Industrialisierung" der Region durch Zweigwerksgründungen keine langfristigen Vorteile gehabt habe, wird von einigen ungefragt erwähnt (z.B. RE 3, RE 8). Als "unser einziger Hoffnungsschimmer" (RE 3, S. 1) aus dieser Phase wird häufiger das VW-Werk erwähnt, dessen überragende Bedeutung und (bisher) geringe wirtschaftliche Integration in der Region aber durchaus auch als Problem gesehen werden (RE 7). Als Problemfaktoren für die Regionalentwicklung werden bei dieser ersten Spontaneinschätzung insbesondere die "Randlage" (RE 10, S. 2; RE 3, RE 8) und der Mangel an (eigenständigem, mittelständischem) Industriebesatz (RE 3, RE 8, RE 9) herausgestellt. Nur im Einzelfall werden noch längerfristige Gefahrenpotentiale, wie die Umweltbelastung durch die Landwirtschaft und die ökologische Situation der Nordsee, im Hinblick auf die möglichen Folgen weiterer Verschlechterungen für den wichtigen Wirtschaftszweig Fremdenverkehr genannt (RE 7, S. 2). Demgegenüber wird von einigen Experten auch schon bei dieser spontanen Einschätzung der mögliche Fördermittelrückgang infolge Neubewertung der Förderungssituation (als Nebenfolge der EG-Integration und des wenige Monate zuvor vollzogenen Beitritts der damaligen DDR zur Bundesrepublik) als künftiges, noch nicht eindeutig einzuordnendes Problem erwähnt (RE 4, RE 5; vgl. ausführlich: 13.1.2).

Im Hinblick auf die Raumwahrnehmung bzw. Regionsabgrenzung ist festzustellen, daß der Eingangsimpuls ("Situation/Zukunft Ostfrieslands") in der Regel selbstverständlich auf das historische Ostfriesland, den früheren

Regierungsbezirk Aurich, bezogen wird. Nur in Ausnahmefällen werden Effekte der Entwicklung des benachbarten (nördlichen) Emslandes bzw. Wilhelmshavens in die Betrachtung einbezogen (RE 1, RE 7).

Interessanterweise werden von verschiedenen Gesprächspartnern schon gleich in der ersten selbststrukturierten Einschätzungsphase soziokulturelle Faktoren (wie "Entwicklungsbewußtsein", "Erwerbsmentalität") angesprochen[3], allerdings eher mit negativer Konnotation:

> "An und für sich ist diese Region nicht so amodern, daß sie nicht ganz rasch die neuen Instrumente auch - ja wirtschaftlich - in Nutzung nehmen könnte. Es ist eher eine - ja Mentalitätssperre, die manches behindert (...) "(RE 4, S. 2).

Andere sehen "eher ein Problem in der Phantasie als in der Finanzierbarkeit von Vorhaben" (RE 7, S. 3) oder beklagen fehlenden Willen zur Selbständigkeit (RE 9). Positiv wird, insbesondere im Vergleich zu "früher", erwähnt, "daß wir von Emden bis Wilhelmshaven zusammen arbeiten" (RE 2, S. 2), daß sich nun "eine Region" gebildet habe (RE 9, S. 2).

Zusammenfassend läßt sich feststellen: im Rahmen einer ersten Einschätzung zeichnen die Experten eine relativ realistische, auch Widersprüchlichkeiten explizit benennende Skizze der Regionalentwicklung, keine Hochglanzversion zum Zwecke der Wirtschaftsförderung. Ob der Grund für dieses - im Vergleich zu anderen Regionen ein wenig überraschende - Ergebnis eine realistischere Weltsicht oder die Erfahrung in der Fördermitteleinwerbung ist, muß hier offen bleiben. Wenig konturiert ist für die Experten allerdings das, was die Zukunft für Ostfriesland mit sich bringen wird.

13.1.2 Auswirkungen der EG-Integration und der deutschen Vereinigung

Die fortschreitende Integration der Wirtschaft in der EG und der Beitritt der damaligen DDR zur Bundesrepublik im Oktober 1990 führten bzw. führen

---

3   Diese Thematik wurde weder im Anschreiben noch im Eingangsimpuls zur Gesprächseröffnung erwähnt. In diesem Sinne wurde sogar der offizielle Projekttitel bei der Vorstellung bewußt geändert ("Regionalentwicklung" statt "Regionalbewußtsein"). Dennoch sollten aus der überraschend häufigen Erwähnung soziokultureller Aspekte im Eingangsstatement keine weitreichenden Schlüsse gezogen werden, da zum einen die Intention unserer Forschungsrichtung doch "irgendwie" bekannt geworden sein könnte und zum andern die erste IWG-Studie (IWG 1989) von vielen Experten in der Region wahrgenommen worden war.

zu Veränderungen der ökonomischen und politischen Rahmenbedingungen der Regionalentwicklung Ostfrieslands. Wie die Experten die (räumliche, finanzielle, politische usw.) "Lage" Ostfrieslands vor diesem Hintergrund sehen, soll hier daher genauer untersucht werden. Darüber hinaus soll in diesem Kontext auf die Beziehungen zu den benachbarten niederländischen Wirtschaftsräumen eingegangen werden.

Folgen der deutschen Vereinigung: "ohne Vorteile..."

Für die Experten sind die Folgen der deutschen Einheit für die Entwicklung Ostfrieslands "eine schwer einschätzbare Geschichte" (RE 9, S. 15):

"Es ist noch nicht abschließend beurteilbar, sondern es gibt höchstens Indizien, die in die eine Richtung oder in die andere. Es gibt Aspekte, die eher in die Richtung deuten, daß die Regionalinteressen in Zukunft schwerer nur durchsetzbar sein werden, und daß die Interessenlage sich aus dem Zwang der Ereignisse eher anderen Gebieten, regionalen Gebieten zuwendet. Auf der einen Seite. (...) Auf der andern Seite muß man natürlich sehen, daß durch die Wiedervereinigung, auch nach unserer Auffassung, das Potential insgesamt so viel größer geworden ist (...)" (RE 1, S. 9).

Insgesamt scheint die Skepsis zu überwiegen. Mehrfach wird in nahezu übereinstimmenden Formulierungen die - "diplomatisch" wirkende - Formel "ohne Vorteile" zur Beurteilung der Einigungsfolgen für Ostfriesland verwendet (RE 3, RE 5, RE 9). Häufiger wird auf eine Verschärfung der Randlage im wörtlichen wie im übertragenen Sinne hingewiesen. Die räumlichen Schwerpunkte und die Interessensschwerpunkte in Deutschland würden sich von Ostfriesland weiter entfernen (RE 2, RE 3, RE 7, RE 9). Besondere Sorge gilt dabei dem drohenden Wegfall von Fördermitteln, die bisher recht umfangreich nach Ostfriesland geflossen sind. Dieses scheint aber im Interesse einer Gleichwertigkeit der Lebensverhältnisse von den Experten durchaus akzeptiert zu werden (RE 2). Gelegentlich wird auf potentielle Konkurrenz aus den neuen Bundesländern im Schiffbau und im Fremdenverkehr hingewiesen (RE 1, RE 8). Es wird aber auch betont, daß zumindest einzelne Unternehmen (z.B. aus der Bauwirtschaft) deutlich von der deutschen Einheit profitiert hätten.

Während sich somit die Beurteilung der Einigungsfolgen für Ostfriesland durch die Mehrzahl der Experten mit "indifferent" bis "skeptisch" zusammenfassen läßt, kommt ein Experte, der die Folgen für das gesamte Land Niedersachsen diskutiert, zu einem pointierteren Urteil:

> "Ja, eindeutig negativ. (...) Es wird 'ne Entwicklungsachse geben, die man mal mit Bremen und Hamburg beschreiben müßte, mit Hannover, Braunschweig, Magdeburg, Berlin, (...) und Nordniederlande und Ostfriesland sind eher, sagen wir mal, Durchfahrstationen für das niederländische Transportgewerbe. Aber werden kaum Impulse einfach erfahren, weil sich ihre Randlage dadurch verschärft als abmildert. Also die Küstenräume sind meines Erachtens die eigentlichen Verlierer dieses Gesamtprozesses, während sozusagen der Raum um Hannover im großen Gewinner sein wird dieser Entwicklung." (RE 7, S. 4).

Auswirkungen der EG-Integration: "...eher schaden als nutzen..."

Die Einschätzung der Folgen der zunehmenden wirtschaftlichen Integration in Europa, insbesondere der Realisisierung des EG-Binnenmarktes, für Ostfriesland weist große Ähnlichkeiten mit der Beurteilung der Auswirkungen der deutschen Einheit auf: der überwiegende Eindruck der Unsicherheit über die Folgen wird von einigen explizit skeptischen Stimmen akzentuiert:

> "Wir stehen dann plötzlich im Wettbewerb mit der Region Südfrankreich und mit Spanien und weiß der Himmel was, aber welche Auswirkungen dieses für uns hat, können wir vielleicht ahnen, wissen es aber noch nicht so richtig." (RE 1, S. 4).

> "(...) EG-Binnenmarkt, das sagen auch alle Prognosen, wird dem ostfriesischem Raum eher schaden als nutzen, jede andere Aussage ist in meinen Augen den Leuten Sand in die Augen gestreut." (RE 8, S. 5).

Ein wenig aus diesem Rahmen fällt die Reaktion eines Experten, der die Fragestellung in dieser Form zurückweist und hervorhebt, daß die weltweite wirtschaftliche Entwicklung als Rahmenbedingung wichtiger sei als die EG-Integration. Als entscheidenden Faktor sieht er den Umbruch in Osteuropa, der diverse Effekte (von der Umleitung europäischer Fördermittel in den Osten bis zum Entstehen neuer kontinentaler (Tausch-) Märkte) haben werde (RE 5).

Wenn detaillierter die Folgen der EG-Integration erörtert werden, wird kein einziger Vorteil für Ostfriesland, aber eine Anzahl von Problemen und Schwierigkeiten genannt. Ähnlich wie bei der Einschätzung der Folgen der deutschen Einheit stehen die "Verschärfung der Randlage" (RE 2, RE 7, RE

8) und der drohende "Abbau von Fördermitteln" (wegen veränderter Förderkriterien, vergrößerter Bezugsräume, Einschränkung nationaler Fördermöglichkeiten; RE 3, RE 4, RE 5, RE 8) im Mittelpunkt der Befürchtungen. Gerade im Zusammenhang mit der finanziellen Förderung wird aber auch darauf hingewiesen, daß die EG nicht als "Sündenbock" für alle Probleme mißbraucht werden dürfe:

> "Aber wenn man das so sieht, heißt das eben nicht, daß hierher überhaupt nichts mehr kommt, 'ne. Das ist, es ist von der EG aus als strukturschwaches Gebiet eingestuft und wird auch noch so behandelt. Das Problem ist eher, daß das Land Niedersachsen dazu keine Kofinanzierung gibt. (...) Ja, also es ist das Land erstmal auch, das da Probleme macht." (RE 10, S. 5).

Ohne direkt auf Strategien angesprochen worden zu sein, erörtern verschiedene Experten Reaktionsformen auf die Veränderungen. Im Mittelpunkt steht dabei die Überlegung, daß im Hinblick auf die EG-Integration Ostfriesland als Handlungseinheit zu klein sei. Vielmehr sei der Zusammenschluß mit benachbarten Räumen nötig, um besser "wahrnehmbar" zu sein (RE 1, RE 8).

Nur ein Experte reagiert grundsätzlich offensiv auf die veränderte Situation und meint, daß Ostfriesland sich "jetzt (als; d.V.) eine Region in der europäischen Marktgesellschaft" verstehen und entsprechend "am Markt" durchsetzen müsse (RE 4, S. 6).

Kooperationsbeziehungen zwischen Ostfriesland und den nordöstlichen Niederlanden: "Man kann ruhig zwei Kranke zusammenlegen ..."

Die Frage größerer Kooperations- und Handlungsräume wurde im Hinblick auf die Zusammenarbeit mit den benachbarten niederländischen Regionen, z.B. im Rahmen der Ems-Dollart-Region, erörtert. Die Einschätzungen sind sehr ambivalent und widersprüchlich, wobei über die Beurteilung der grundlegenden Wirtschaftsstrukturen keine Einigkeit besteht. Während einerseits davon gesprochen wird, daß Kooperation "vernünftig" sei, da Lage und Strukturen Ostrieslands und der nordöstlichen Niederlande "ähnlich" seien (RE 10), wird andererseits auf große strukturelle Differenzen zwischen beiden Teilräumen hingewiesen (RE 1): Ostfriesland sei stark auf Fremdenverkehr und Küstenwirtschaft (z.B. Schiffbau, Häfen) orientiert, während der Nordosten der Niederlande agrarindustriell geprägt sei und von einem eindeutigen, national bedeutsamen Oberzentrum (Groningen) dominiert werde.

Die aktuellen Kooperationsbeziehungen werden in großer Einmütigkeit ambivalent beurteilt. Aus ökonomisch-funktionaler Sicht überwiegen Zweifel am Nutzen: zum einen wegen der unterschiedlichen historischen und verkehrsgeographischen Orientierungen beider Regionen (nordöstliche Niederlande: zur Randstad, Ostfriesland: zum Ruhrgebiet und zum Raum Hannover/Bremen), zum andern wegen der beiderseits gegebenen Strukturschwächen (RE 1, RE 2, RE 3, RE 7, RE 9):

> "(...) man kann ruhig zwei Kranke zusammen legen, da kommt kein Gesunder 'raus. Also diese Probleme sind gleich schlecht oder gleich gut. Nein, gleich schlecht, muß man sagen (...)" (RE 3, S. 3).

Trotz dieser Skepsis besteht darin Einigkeit, daß die grenzüberschreitende Zusammenarbeit angesichts gegenwärtiger und künftiger Entwicklungen in Europa politisch wünschenswert sei, "daß der Dialog 'nen Sinn an sich macht" (RE 7, S. 5; vgl. RE 8).

Bemerkenswert sind die Äußerungen zur gegenwärtigen Kooperationspraxis: die deutsche Seite sieht sich im (zum Teil als selbstverschuldet gesehenen) Nachteil. Zum einen gibt es

> "die Sprachbarriere, die für uns eine enorme ist, für die Niederländer kaum. Die sprechen fast alle deutsch, verstehen zumindest durchweg, während wir hier ja enorme Schwierigkeiten haben." (RE 1, S. 14).

Zum anderen gilt das Handeln der niederländischen Seite als "entscheidungsfreudiger", "pfiffiger", "kooperationsfreudiger" und "offensiver" (RE 4, RE 6, RE 8, RE 9): "Die Niederländer sind einfach Kaufleute" (RE 4, S. 12). Diese Differenz baue sich erst langsam ab.

Beklagt wird, daß die aktuelle Kooperation noch zu stark auf Kulturaustausch, zu wenig auf ökonomische, insbesondere industrielle Verflechtungen ausgerichtet sei (z.B. RE 9). Dafür werden verschiedene Gründe angegeben: Mängel in der praktischen Kooperationsarbeit (RE 8); Fehlen kompatibeler Strukturen (s.o.); mangelnder Wille zur ernsthaften Zusammenarbeit, wo sie volkswirtschaftlich eigentlich geboten sei (z.B. das Fehlen jeder Abstimmung der Hafenentwicklungen in Emden und Delfzijl, was mit nationalem und regionalem Prestige zu tun habe; RE 7, RE 8).

Von einem Experten wird hervorgehoben, daß gerade angesichts aktueller politischer Entwicklungen und der Verschärfung der Randlage Ostfrieslands die grenzüberschreitende Kooperation bei allen Defiziten wichtige Vorzüge aufweise:

> "Ob sich das jetzt für die niederländische Seite mehr lohnt oder für die deutsche Seite, muß man klipp und klar sehen, die Niederländer haben aufgrund ihrer politischen Kultur die besseren Verbindungen nach Brüssel, insofern kann hier die deutsche Seite immer nur Nutznießer sein. Der zweite Punkt, die niederländische Seite ist an sich jetzt so das Bollwerk des hiesigen Raums dafür, daß alle Mittel aus Brüssel in den Osten abfließen, das muß man ja, muß man ja auch mal sehen." (RE 8, S. 16).[4]

13.1.3 Handlungsorientierungen in Politik und Planung: "...Verbündete suchen"?

Die *Relevanz der verschiedenen Planungs- und Politikebenen* (von EG bis Kommune) für die Regionalentwicklung Ostfrieslands wird von den Experten zum Teil sehr widersprüchlich eingeschätzt. Während die Ebene der *Bundespolitik* nur selten erwähnt wird (z.B. im Hinblick auf die Zukunft des Schiffbaues; RE 7), gibt es vor allem zur *EG- und Landesebene* voneinander abweichende Aussagen. Deutlich ausgeprägt läßt sich die Auffassung finden, daß insbesondere für die Regionalpolitik die EG immer wichtiger werde, was vor allem auf Kosten der Bedeutung der Landesebene gehe (RE 1, RE 4, RE 5):

> "Ich denke, sich darauf einzustellen, (...) daß Brüssel Schritt für Schritt Entscheidungen, die bisher in Hannover getroffen werden konnten, an sich ziehen wird." (RE 4, S. 5).

Dem steht die Auffassung entgegen, daß die EG, außer für grenzüberschreitende Kooperationen, keine besondere Bedeutung für Regionalentwicklung habe (RE 7).

Vielfach thematisiert wird die Bedeutung der *regionalen Ebene*, wobei sich aber weder in den einzelnen Ausführungen selbst noch im zusammenfas-

---

4 Dieser Hinweis gilt wohl vor allem der EG-Förderung für grenzüberschreitende Zusammenarbeit ("Interreg"), die im Gegensatz zu anderen Arten der Regionalförderung in jüngster Vergangenheit mit umfangreichen Mitteln ausgestattet wurde. Dabei können nun Vorhaben unterstützt werden, die von beiden (nationalen) Seiten getragen werden (vgl. 15.1.3).

senden Überblick deutliche Tendenzen der Einschätzung abzeichnen. Am ehesten besteht noch Einigkeit darüber, daß der Bezugsraum für die regionale Ebene (in der Regel implizit oder explizit Ostfriesland in seinen historischen Grenzen) unbedingt vergrößert werden müsse (RE 1, RE 7, RE 8, RE 10):

> "Und vor dem Hintergrund muß man wohl auch sehen, die Entwicklung, daß man versucht, aus der Region heraus Verbündete sich zu suchen, das heißt zu größeren regionalen Einheiten zu kommen unter Wahrung der Eigenständigkeit. Das heißt, der Ostfriese wird nicht aufhören, Ostfriese sein zu wollen auch. Das ist auch sehr gut, daß er das, daß er dabei bleibt, aber er wird sich Verbündete suchen. Und dieses können sein die Oldenburger, indem man so eine Art Weser-Ems-Mentalität versucht zu entwickeln (...) oder aber Regionalisierung der Wirtschaftsförderung, indem jetzt die Ostfrieslandkonferenz eine Ausweitung erfährt nach Wilhelmshaven und in den Landkreis Friesland hinein. Oder die Ems-Dollart-Region, die ja nun den niederländischen Bereich stärker hineinbringt und ähnliche Geschichten gibts jetzt auch auf Landesebene." (RE 1, S. 4).

Die hier zum Ausdruck kommende Unsicherheit darüber, welchen Umfang eine "adäquate" Regionsabgrenzung haben müsse, findet sich ebenso bei den anderen Äußerungen zu dieser Thematik. Öfter wird die Notwendigkeit grenzüberschreitender Kooperation mit niederländischen Teilregionen thematisiert. Gelegentlich wird der Regierungsbezirk Weser-Ems als geeignete "europäische Region" in das Spiel gebracht:

> "Also Weser-Ems-Gebiet scheint mir schon vernünftig zu sein. Einfach, weil, weil das Weser-Ems-Gebiet ist für mich 'n Raum." (RE 10, S. 12).

Eine andere Variante stellt die engen funktionalen Verflechtungen im Norden und im Süden des westlichen Niedersachsens in den Mittelpunkt und begründet daraus die Abgrenzung zweier Regionen ("zwei große Teilräume mit Zentren, um die sich so etwas entwickeln kann", das heißt Oldenburg/ Ostfriesland und Osnabrück/Emsland; RE 7, S. 13).

Eine überraschend deutliche Einigkeit - teils positiv, teils negativ formuliert - besteht darin, daß die Kooperation innerhalb der Region verbessert werden muß, wenn "etwas" erreicht werden soll. Darin wird offensichtlich ein wichtiger Faktor für Regionalentwicklung gesehen:

> "(...) sehr viel relevanter halte ich eigentlich die Binnenstruktur, und da sehe ich die größten Probleme. (...) Es gibt keine Gesamtdarstel-

lung dieses Raumes und das Potential, was ich vorhin auch gesagt habe, was bei der Ostfriesischen Landschaft liegt, was bei einer gemeinsamen Wirtschaftsförderung, bei einer gemeinsamen Werbung liegen würde, die dynamisch, die modern ist, die interessant ist, die auch, sagen wir 'mal, die die Identität in der Region stärken würde. Das ist eher, das ist sozusagen nicht, die Unmöglichkeit sozusagen als Region oder Küstenraum zu denken, sich zu artikulieren (...)." (RE 7, S. 2 f.).

Somit kann als verbreitete Grundüberzeugung gelten:

"Im Grunde genommen muß es doch aus der Region selbst kommen (...)." (RE 9, S. 22).

Wie diese Einsicht organisatorisch und instrumentell umzusetzen sei, bleibt ähnlich diffus wie die (oben dargestellten) Bemühungen um die Findung eines geeigneten räumlichen Handlungsrahmens. Zumindest sind nach dem Urteil eines (zugezogenen) Experten die "mentalen" Voraussetzungen für regionale Zusammenarbeit positiv:

"Ein so starkes, eigenständiges Regionalbewußtsein wie hier habe ich bisher noch nicht kennengelernt, kannte ich nicht. Kannte ich nicht! Die sind in erster Linie stolz, Ostfriese zu sein. (...) Und das ist eine Chance. Das ist 'ne Chance. Und trotzdem die Bereitschaft da, sich nach Freunden links und rechts umzugucken und in einem Gesamten einzufügen. Die ist ja da, die Bereitschaft. Das ist vielleicht früher nicht so stark gewesen, aber die Notwendigkeit wird heute ganz klar gesehen." (RE 1, S. 6).

Zunächst wäre die "Regionale Strukturkonferenz Ost-Friesland" als organisatorischer Rahmen für regionales kooperatives Handeln anzusprechen. Diese Konferenz, die zur Zeit der Interviewführung (Frühjahr 1991) zwar schon diskutiert wurde, aber noch längst nicht realisiert war, wird von einigen nicht zuletzt deshalb mit gewissen Hoffnungen betrachtet, weil auf diese Weise erstmals ein Kooperationsrahmen für die gesamte Ostfriesische Halbinsel geschaffen werde (RE 3). Andere sind eher "skeptisch" und befürchten eine "große Quasselrunde" (RE 9, S. 26; RE 5).[5] Der Regionalen Strukturkonferenz wird von dieser Seite allenfalls zugestanden, "für ein Regionalbewußtsein sicherlich 'ne Bedeutung" zu haben (RE 9, S. 27).

---

5   Es sei noch einmal hervorgehoben, daß es hierbei nicht um Urteile über das reale Wirken der Regionalkonferenz geht, da diese zur Zeit der Interviews noch gar nicht offiziell gegründet worden war.

Bedauert wird vor allem, daß die Konferenz nicht mit eigenen Handlungsmöglichkeiten (Instrumenten, finanziellen Mitteln usw.) ausgestattet werde:

> "O.k., das wär 'ne konsequente Geschichte, die könnten dann wirklich sicherlich einiges bewirken, aber so ein Verein, den keiner ernst nimmt nachher, wissen Sie, da ist mir die Zeit zu schade, sag' ich ganz offen. Ich meine, in diesen Konferenzen sitzt man doch andauernd, wir machen doch nichts anderes." (RE 9, S. 27).

Konsequent wäre es aus dieser Perspektive deshalb gewesen, eine regionale Entwicklungs- und Wirtschaftsförderungsgesellschaft zu gründen oder die gesamte "Mittelebene" (einschl. Bezirksregierung) zu reformieren und nach der Ausstattung mit Handlungsbefugnissen auch zu parlamentarisieren (RE 9; z.T. RE 5). Das jetzige Vorgehen sei nicht konsequent und gerate in den Verdacht, eine "Alibiveranstaltung, auch der Landesregierung", zu sein (RE 9, S. 28). Im Zusammenhang mit diesen Überlegungen zu einer regionalen Handlungsinstanz wird auch "manchmal dem Regierungsbezirk Aurich nachgetrauert" (RE 1/W, S. 7; RE 2), was aber in Widerspruch zur überwiegenden Forderung nach größeren Handlungsräumen gerät.

Die weitgehend einstimmige Forderung nach besserer Kooperation steht in offenkundiger Spannung mit häufigen Hinweisen auf erhebliche interkommunale Konkurrenzen in der Region, die auch als "ostfriesisches Häuptlingsunwesen" (RE 8, S. 1) tituliert werden. Vielleicht drückt sich im ersteren ja ein Wunsch nach Überwindung des Zweitgenannten aus... Jedenfalls ist der beobachtete Konkurrenzkampf auf *kommunaler Ebene* ein wesentlicher Grund für die Skepsis gegenüber der Effektivität regionaler Kooperationen:

> "(...) die kommunale Ebene, die ist in einem solch gnadenlosem Wettbewerb, in dem sie sich gegenseitig unterbieten, z.B. bei der Bereitstellung von Gewerbeflächen, bzw. jeder versucht, dem anderen was weg zu nehmen. Eigentlich idiotisch, also eine reine Kirchturmspolitik, speziell hier in Ostfriesland." (RE 5, S. 3 f.).

Diese Konkurrenz ist offensichtlich ein prägendes Charakteristikum des politischen Handelns, da sie von fast allen Experten erwähnt und ausgiebig erörtert wird. Allerdings wird von einigen ausdrücklich hervorgehoben, daß der harte kommunale Wettbewerb "kein Spezifikum von Ostfriesland" sei (RE 7, S. 14), sondern in anderen Regionen ebenso existiere. Grund dafür seien "Spezifika unserer Politik" und die Rechtsverhältnisse auf kommunaler Ebene (RE 7, RE 9).

Differenzierter fallen die Urteile der Experten aus, wenn sie verschiedene Sachgebiete betrachten. Es gäbe "durchaus eine gute Partnerschaft" bei der Zusammenarbeit zwischen Kommunen im Rahmen infrastruktureller Vorhaben (RE 9, S. 23; RE 2). Die Konkurrenz sei eher auf die Wirtschaftsförderung und hier vor allem auf die Ansiedlungspolitik beschränkt, was insgesamt für sinnvoll gehalten wird:

> "In diesem Wettbewerb, da müssen wir uns wie ein Unternehmer verhalten und sonst gar nichts, und das bringt uns auch nur voran." (RE 9, S. 23).

Trotz dieser Spezifizierung bleibt das Bekenntnis zum Konkurrenzkampf in einem gewissen Widerspruch zur ausgiebig vorgetragenen Hoffnung auf verstärkte regionale Kooperation.

Am Rande sei noch auf *Parteipolitik* und die *Beziehungen zur Landesebene* eingegangen. Dieses schien insofern ein relevantes Thema zu sein, als wenige Monate zuvor, im Sommer 1990, durch die Wahl einer "rot-grünen" Landesregierung die Sozialdemokratie nach vierzehnjähriger Oppositionszeit wieder zur politisch bestimmenden Kraft in Niedersachsen geworden war. Mehrere Politiker aus dem traditionell sozialdemokratisch dominierten Ostfriesland nehmen seither exponierte Positionen in der Landespolitik ein. Die Ausführungen zu dieser Thematik nehmen oft die Formel eines ostfriesischen SPD-Politikers auf, daß nun "Ostfriesland in der ersten Reihe der Landespolitik" sitze. Dieses wird als "sehr angenehm" (RE 8, S. 2) empfunden und vor allem als Kompensation für jahrelang ausgeprägte "gute Beziehungen" des Emslandes zur damaligen Landesregierung gesehen (RE 6). Nur vereinzelt wird davor gewarnt, die Vorteile dieser politischen Situation zu überschätzen, da sie die Gefahr enthalte, mehr auf "Beziehungen" als auf inhaltliche Überzeugungskraft zu vertrauen:

> "Also schwache Projekte, die politisch durchgesetzt werden, sind letztendlich für die Region nicht gut, weil sie in 'ne falsche Richtung gehen." (RE 7, S. 13).

13.1.4 "Weiche" Standortfaktoren

Im folgenden werden die Ausführungen der regionalpolitischen Experten zu den "weichen" Standortfaktoren i.w.S. dargestellt. Zunächst wird es um die Existenz und Bedeutung eines überregionalen "Images" von Ostfriesland gehen, danach steht die Frage im Mittelpunkt, ob es ggf. eine regionalspezifische "Mentalität" gibt. Etwas ausführlicher wird dann herausgearbeitet, ob und ggf. in welcher Weise Zusammenhänge zwischen diesen "weichen" Faktoren und der Regionalentwicklung gesehen werden.

Image: "...das noch ungelöste Problem"

Das Image Ostfrieslands, dessen Ausprägung und Funktion, sind für die Experten zweifellos ein wichtiges Thema. Daß Ostfriesland weithin als Region bekannt ist und daß es außerhalb der Region ein *Image* von Ostfriesland gibt, wird von niemandem angezweifelt, wobei diese hohe Bekanntheit vor allem als Folge der sog. Ostfriesenwitze gesehen wird. Über die Abgrenzung des Raumes, dem das Bild zuzuordnen ist, wird außer der Anmerkung, es handele sich um einen "klar umgrenzten Raum" (RE 1, S. 8) kein Wort verloren. Wenn die räumliche Abgrenzung überhaupt klar benannt wird, wird deutlich gemacht, daß es dabei nur um Ostfriesland in seinen historischen Grenzen gehen kann. Weiterhin herrscht rückblickend Einigkeit darüber, daß das Außenimage der Region "früher" schlecht war.

Große Unterschiede bestehen zwischen den Einschätzungen der Experten zu der Frage, wie das heutige Außenimage Ostfrieslands zu beurteilen sei. Drei verschiedene Auffassungen lassen sich unterscheiden: Daß das Image besser geworden sei, daß es weiterhin schlecht und ein Hemmfaktor für die Regionalentwicklung sei, sowie eine indifferente Position.

An der erstgenannten Position, die eine Verbesserung des Images Ostfriesland festzustellen meint, ist besonders bemerkenswert, daß dieses in Zusammenhang mit den sog. Ostfriesenwitzen gebracht wird, die auf den ersten Blick Ostfriesen als prämodern und "etwas zurückgeblieben" zu schildern scheinen (vgl. RE 1, RE 6):

> "(...) heute ist eigentlich der Begriff 'Ostfriesland' positiv besetzt. (...) Und vielleicht haben ein wenig dazu beigetragen auch die Ostfrieslandwitze, die ja gelegentlich von einem hintergründigem Humor sind, wo man nicht so recht weiß: wer macht sich da eigentlich über wen lustig?" (RE 1, S. 8 f.).

Darüber hinaus wird eine veränderte gesellschaftliche Wertschätzung der Natur als sehr positiv für Ostfrieslands Image angesehen; Attraktivitätsfaktoren seien demnach "die Natur, die Landschaft selbst, die Schönheit der Landschaft" (RE 1/W, S. 20). Als gelungene Marketingstrategie, die dieses nutzt und zugleich für die Gesamtregion wirbt, wird die Werbung für das in Jever (Landkreis Friesland!) gebraute Bier erwähnt (RE 7, RE 10).

Eine indifferente Einschätzung von Ostfrieslands Außenimage kann daher rühren, daß man sich über das Bild vollkommen unsicher ist oder aber sowohl positive wie negative Aspekte benennen und ihre summarische Wirkung nicht einordnen kann (RE 5, RE 7, RE 10).

Recht akzentuiert und vielschichtig fallen die Ausführungen aus, die von einem weiterhin negativen Außenbild der Region ausgehen:

"Aber dieses Image ... dagegen anzugehen, da Strategien gegen zu entwickeln, das ist nicht einfach, muß ich ganz ehrlich sagen. Das sehe ich eigentlich als das noch ungelöste Problem an." (RE 9, S. 35).

Dabei wird sogar die Frage gestellt,

"(...) ob's in Deutschland 'ne andere Region gibt, die also so dieses negative Image hat oder hatte." (RE 8, S. 10).

Differenziertere Betrachtungen führen aus, daß gerade ein natur- und landschaftsbezogenes Image ambivalente Folgewirkungen hätte:

"Ja, also ich würde sagen, eher negativ als positiv, das Image. Ja, deswegen, weil - gut, für bestimmte Leute ist es, wenn sie Urlaub machen, ist es schön, in einem, in einer Region Urlaub zu machen, die so 'n bißchen, ja, den Ruf des Rückständigen hat, des Beschaulichen, des Gemütlichen, immer Teetrinkenden. Wenn ich das aber jetzt mal auf's Wirtschaftliche bezogen sehe, dann ist so'n Ruf sicherlich eher abträglich (...) Also, im Teilaspekt Fremdenverkehr kann das was Positives sein, aber in, doch in der Masse oder in dem größten Teil, würde ich sagen, ist es eher negativ." (RE 2, S. 12).

Insofern wird es geradezu als fatal angesehen, daß Fremdenverkehrseinrichtungen

"also den Werbefritzen (bezahlen; d.V.), daß sie in Stuttgart Ostfrieslandwitze so erzählen, daß sie dort fast glaubhaft wirken. So, daß also dort ein Bild von dieser Region entsteht, als sei sie amodern, als gäbe es hier eben vor allem Leute, die in Holzschuhen (...) Zwar nützlich durchaus für den Tourismus, denn solche Exoten zu besichtigen, ist ja für eine Ferienreise ja vielleicht ja auch ganz interessant. Daß man aber, wenn man Regionalwerbung, die Tourismuswerbung ja auch ist, draußen macht und mit öffentlichen Mitteln finanziert, daß die dann auch ganz andere Botschaften transportieren können." (RE 4, S. 2 f.).

Betont wird aber zugleich, daß das schlechte Image keinesfalls zu der "sehr guten" Lebensqualität Ostfrieslands passe (RE 9, S. 35).

"Regionalbewußtsein" und regionale "Mentalität": "...sehr feiner Unterschied, den eigentlich nur die Leute festmachen können, die dort leben"

Ebenso wie im Falle der Einschätzung des Außenimages sind die Ausführungen der Experten zum "Regionalbewußtsein" (im engeren Sinne) und zur "Regionalmentalität" nicht auf einen Nenner zu bringen. Hier zeichnen sich nicht einmal so klar ausgeprägte Positionen wie hinsichtlich des Images ab. Am ehesten ist wohl noch die von einem (zugezogenen) Experten geäußerte Auffassung konsensfähig, daß es kaum in einer anderen Region "ein so starkes, eigenständiges Regionalbewußtsein wie hier", dieses "hier sehr stark ausgeprägte Wir-Gefühl" gebe (RE 1, S. 6, 20).

Vertiefte Überlegungen zu *Spezifika der ostfriesischen Mentalität* finden sich in zwei Varianten: zum einen werden von den Experten *populäre Stereotype* reproduziert:

"Der Ostfriese ist aus meiner Sicht bescheiden, er ist nicht sehr anspruchsvoll (...)" (RE 2, S. 7).

"Der Ostfriese ist ja von seiner Mentalität aus (...) zwar schwer zugänglich zunächst einmal, er ist skeptisch, aber ja, als, dann als zuverlässig, arbeitsam bekannt (...)" (RE 3, S. 7).

Diese Stereotype werden aber gelegentlich schon im selben Gespräch relativiert:

"Diese typischen Ostfriesen, (...), die gibt es ja gar nicht mehr, die gab es vielleicht bis zum Kriegsende." (RE 2/H, S. 9).

Zum andern wird die *"Mentalität" in Zusammenhang mit ökonomischen Entwicklungsperspektiven* und Förderstrategien gebracht, wobei die Übergänge zwischen "modernisierter", verbal wohlformulierter Stereotyp-Reproduktion und der Präsentation quasi wissenschaftlicher Analyseergebnisse fließend sind. In jedem Falle fällt das Bild, daß auf diese Weise von einer "ostfriesischen Mentalität" gezeichnet wird, aus ökonomischer Sicht eher negativ aus. In der Wirtschaft mangele es vor allem an Kooperationswilligkeit (RE 8; S. 20). Es fehle darüber hinaus die Bereitschaft, innovativ und wirtschaftlich selbständig zu handeln, was Wirtschaftsförderung erschwere:

> "In Ostfriesland ist der Wille zur Selbständigkeit sehr wenig ausgeprägt, ist ein Manko dieser Region, auch 'ne Erfahrung, die ich gemacht habe (...) Und die Frage ist tatsächlich die: wie kann ich Selbständigkeit hier anreizen? Und das scheint nicht ausreichend zu geschehen und die ganzen Programme dort, die treffen den Kern nicht." (RE 9, S. 10 f.).

Diese Aspekte der "Mentalität" werden von einem Experten etwas polemisch als Ausdruck einer eigenen "Regionalkultur" zusammengefaßt:

> "(...) und es gibt eine entwickelte Sozialhilfekultur mit einem eigenen Wertsystem, das man in Süddeutschland überhaupt nicht, ja nicht vorfindet, also mit auch einer eigenen Identität, die ist sogar positiv, aber natürlich im gesamtwirtschaftlichen Gefüge als Belastung da existiert (...)" (RE 4, S. 7).

Mit diesen Ausführungen ist die Konnotation verbunden, daß dieses "Mentalitätsproblem" "vor allem eine Schwäche der Eliten ist" (RE 4, S. 4). Die Erklärung für diese Phänomene bleibt allerdings relativ offen. Es findet sich lediglich die These, daß historisch Armut räumliche, soziale und gedankliche Mobilität erzwungen habe, während das in weiten Teilen (dank Bodenqualität und Erbrechtsformen) "reiche Ostfriesland" diesen Zwang für die verbliebene Bevölkerung nicht gekannt habe (RE 5). Insgesamt besteht aber eher eine größere Unsicherheit über den Zusammenhang von regionaler "Mentalität" bzw. Regionalkultur und Regionalentwicklung, die von einem Experten folgendermaßen formuliert wird:

> "Es gibt regionale Besonderheiten, kulturelle Besonderheiten, ob die nachteilig oder vorteilhaft für die wirtschaftliche Entwicklung sind, mag ich gar nicht zu beurteilen. (...) Ich bin da sehr vorsichtig. Man muß einfach sehen, es gibt ökonomische Prozesse, die vorherrschend sind und da kann man mit einer Mentalität nicht gegenhalten. (...) Ich bin da immer sehr vorsichtig, wenn man sagt: die niedersächsische Mentalität, ostfriesische Mentalität, baden-württembergische Mentalität. (...) Also von daher, ich bin da sehr, ich würde das nicht immer abweisen, aber man muß es schon sagen, wenn man 'mal den bayrischen Raum vergleicht, dann sind das nicht gerade Ausgeburten von Dynamik und trotzdem hat sich dieser Raum positiv entwickelt und so gesehen wäre ich da sehr vorsichtig." (RE 7, S. 10 f.).

Eine andere bemerkenswerte Art, der eigenen Unsicherheit über Formen und Wirksamkeit regionaler "Mentalität" Ausdruck zu verleihen, ist, die Differenzierungsmöglichkeit nur der einheimischen Bevölkerung zuzusprechen:

> "Nur Ostfriesland ist Ostfriesland. Das ist klar. Auch die ostfriesische Sprache ist anders, vom, vom Ammerländer Platt oder vom Oldenburger oder, wenn das sowas wie Mentalität ist, dann ist die ostfriesische anders als in anderen Regionen, aber das ist eine sehr, ein sehr feiner Unterschied, den eigentlich nur die Leute festmachen können, die dort leben, oder die eben in unmitelbarer Nachbarschaft dort leben." (RE 10, S. 7).

Hervorzuheben ist im Sinne einer Zwischenbilanz der Ausführungen zum Außenimage und zur regionalen "Mentalität" ein Phänomen, das - trotz des zugesprochenen "starken" Regionalbewußtseins - ein (zugezogener) Experte als letzlich im Grundsatz und in der personalen Begegnung doch eher geringes "Selbstwertgefühl" beschreibt:

> "Aber was mich also nach wie vor stört, das ist die Frage: Was hat sie nach Ostfriesland verschlagen? (...) grundsätzlich, also grundsätzlich. Wenn ich also auf 'nen neuen Gesprächspartner treffe, die erste persönliche Sache: was hat sie nach Ostfriesland verschlagen? Und dann denke ich, ja, das ist dann euer Problem, mich hat's nit nach Ostfriesland verschlagen. Ich hätte auch in Fulda sitzen können oder in Bonn, ja." (RE 8, S. 8).

Bedeutung "weicher" Faktoren für die Regionalentwicklung

Ein besonderer Schwerpunkt unseres Untersuchungsansatzes ist der Zusammenhang von Regionalentwicklung und "weichen" Entwicklungsfaktoren in Ostfriesland. Von daher nahm diese Thematik in allen Expertengesprächen größeren Raum ein. Hier sollen die Expertenaussagen im Hinblick auf zwei Perspektiven zusammenfassend dargestellt werden: Zum einem geht es um die Frage, inwieweit aus Sicht der Experten "weiche" Standortfaktoren für die wirtschaftliche Entwicklung generell wichtig sind und welche Aspekte dabei speziell in Ostfriesland eine Rolle spielen. Zum andern soll anhand der Expertenaussagen diskutiert werden, ob eine - von uns in den Interviews nicht explizit erfragte - Möglichkeit dafür gegeben ist, in und für Ostfriesland eine Regionalentwicklungsstrategie zu konzipieren, die hohe Lebensqualität nicht nur über rein ökonomisch und quantitativ meßbare Wohlstandsstandards definiert.

Zu 1.: Relevanz "weicher" Standortfaktoren

Die in der Fachliteratur häufig erörterte Frage der *Relevanz "weicher" Faktoren für die ökonomische Standortwahl* wird aus der Praxissicht der Experten im Hinblick auf Ostfriesland indifferent und widersprüchlich beantwortet. Einerseits findet sich die deutliche Betonung der Relevanz "weicher" Faktoren, die mit empirischen Beispielen untermauert wird:

> "Wenn eine solche Entscheidung fällt, dann speziell mal, wenn es darum geht, eine Investitionsentscheidung, ja oder nein, und da spielt wieder die Psyche hinein. Da gibt es dann, natürlich, die knallharten Faktoren: Wieviel Förderung kriege ich da, wie ist die Verkehrsanbindung, Bahn und all' solche Geschichten. Aber nicht minder wichtig, auch nicht meßbar - das verkenne ich nicht -, sind diese psychologischen Faktoren. Nämlich, wie wohl fühlen sich die Manager, die dafür verantwortlich sind, wie leicht ist es, Mitarbeiter dort hinzubekommen? Dieses hängt wiederum davon ab, wie können die Kinder zur Schule gehen? Haben die da Studiermöglichkeiten? All' solche Geschichten. Lassen Sie mich anknüpfen an etwas, was ich vorhin gesagt habe, aus A. Die Entscheidung, daß diese 1 Mrd.- Investition nach A. gekommen ist, ist für meine Begiffe, in ihrer tiefen Ursache eine psychologische, nämlich, weil der starke Mann - der Geschäftsführer, der zur Zeit dort agiert - seit 15 Jahren etwa Geschäftsführer ist und ein hohes Standing hat innerhalb des Unternehmens. (...) Aber wo, war völlig offen. Jetzt hat sich der Mann ungeheuer durchgesetzt innerhalb seines eigenen Ladens. Und dieses hat er getan, für mich, in sehr starkem Maße aus der Überzeugung für den Ort. Er hat sich ungeheuer wohl gefühlt in dieser Stadt. (...) Der jüngere Sohn, zu dem er eine besonders enge Beziehung hat, der fühlte sich auf der internationalen Schule nicht mehr wohl und hat dann gesagt: 'Papa, ich will zurück nach A', wo er zwischendurch 'mal so ein halbes Jahr gewesen war. Dieses mit der gesamten sozialen Einbindung dieses Mannes hat dazu geführt, daß er sich so stark eingesetzt hat, was er nicht getan hätte - das ist unschwer zu vermuten - wenn er sich nicht so wohl gefühlt hätte. (...) Das zeigt, daß die weichen Standdortfaktoren, diese Dinge - ein Teil der weichen sind ja meßbar - ein Teil der weichen sind eben nicht meßbar, aber auch die nicht meßbaren eine Bedeutung haben können, die man erst vielleicht im nachhinein nachvollziehen kann und dann nur vermuten

kann, aber daß man sie auf gar keinen Fall vernachlässigen sollte."
(RE 1, S. 17 ff.).[6]

Diesem engagierten Plädoyer für die Bedeutung "weicher" Faktoren für die Regionalentwicklung steht diese Auffassung diametral gegenüber:

"Ostfriesland hat Tradition und Kultur (...), da brauchen wir uns nicht zu verstecken, aber ob das nun gerade ausschlaggebend sein sollte, um hier eine Firma zu veranlassen, nach Ostfriesland zu kommen (...), das bezweifele ich." (RE 3, S. 7 f.).

Im Gegensatz zu diesen beiden deutlich akzentuierten Auffassungen sind aber indifferente Stellungnahmen weiter verbreitet, die entweder allgemein über den Zusammenhang von "weichen" Faktoren und Standortwahl unsicher sind oder aber deren Wirksamkeit speziell in Ostfriesland nicht einschätzen können. Die allgemeine Unsicherheit drückt sich durch die sofortige Zurücknahme der Angabe "häufig" besonders anschaulich in folgender Stellungnahme aus:

"Also, ich glaub' nicht, daß die Berechnungen so knallhart sind, sondern das hat häufig auch, es entscheiden Personen und die Personen haben 'nen Verhältnis zu einem Raum, und wenn man häufig bei ökonomischen Entscheidungen nachfragt, dann hört man, daß derjenige dort geboren ist und daß daher dieses ein Einzugsbereich des Unternehmens X ist. Also nicht häufig, aber man hört faktisch, daß in der unternehmenspolitischen Entscheidung auch Personen stehen, und häufig weiß man, wo Personen geboren sind und daß sie 'ne besondere Affinität zu dem Raum und den Menschen haben." (RE 7, S. 8).

Die Bedeutung "weicher" Faktoren in Ostfriesland wird im Vergleich zu den "harten" Faktoren vor anderen Experten zwar gesehen, aber als eher nachrangig eingeschätzt:

"Und da würde ich sagen, da ist Ostfriesland, ja, also schon auf dieser ganz nackten faktischen Ebene, ist es soweit 'raus, daß man sich

---

6   In diesem Zusammenhang wird gerne die wohl unausrottbare Story von der Bedeutung der Managerfrauen für die Standortwahl erzählt: "Und an einem Tag kam der Präsident einer Firma nach Groningen, aber das konnte auch Bremen sein, irgendwo, um mal Standorte zu-, anzugucken. Es regnete an diesem Tag, und war ein bißchen kalt. Seine Frau war dabei. Die stiegen beide aus dem Flugzeug aus, sie guckte 'rum, sagte, Jan, wir gehen wieder, es gefällt mir hier nicht." (RE 8/N, S. 11).

also über die Imagefrage nie Gedanken machen muß, 'ne." (RE 8, S. 12).

"Ich glaub' nicht, daß die (weichen Faktoren; d.V.) einen größeren Wert haben als Infrastruktur und Kommunikationswege. Das glaub' ich nicht. Aber sie haben einen sehr starken Wert, weil, weil es schwierig ist, hochqualifizierte Arbeitskräfte in Regionen zu bekommen, wo nichts los ist. (...) Und daher ist wichtig Kultur, also Lebensqualität anzubieten. (...) Einmal, um, um für die Menschen, die dort wohnen, es lebenswerter zu machen, aber andererseits auch, um Firmenansiedlungen zu unterstützen. Und auch Fremdenverkehr." (RE 10, S. 9 f.).

Gerne wird in diesem Kontext auch mit Blick auf Ostfriesland die bekannte Formel verwendet: "Dort arbeiten, wo andere Urlaub machen" (RE 3, S. 8). Wenn versucht wird, diese Zusammenhänge für Ostfriesland noch spezifischer aufzuklären, dann läßt sich z.b. zwischen Äußerungen zu institutionalisierter Kultur und zum soziokulturellen Milieu im allgemeinen unterscheiden. Im Hinblick auf ersteres wird vor allem die Kunsthalle der Henri-Nannen-Stiftung in Emden als Attraktivitätsfaktor herausgestellt (RE 1, RE 7):

"In der Konsequenz hat dies bewirkt, daß der Begriff Emden plötzlich auch einen kulturellen Touch bekam und dadurch auch für Leute attraktiv geworden ist, die ansonsten mit der Stadt wenig angefangen hätten usw. Und dies hat Folgerungen." (RE 1, S. 17).

Aber auch die kulturellen Wirkungen der Fachhochschule Ostfriesland in Emden werden im Sinne "weicher" Standortfaktoren positiv gesehen:

"(...) die Fachhochschule Ostfriesland, die ja hier vor einigen Jahren gegründet worden ist, und die das Stadtbild, das Erscheinungsbild der Stadt grundlegend verändert hat. Früher war Emden eine Arbeiterstadt mit Arbeiterkneipen usw. Jetzt ist ein ganz anderes, eine ganz andere Art des urbanen Lebens entstanden." (RE 1/W, S. 19).

Dieses bleiben aber letzlich Einzelaussagen. In der Summe überwiegt eine eher skeptische Einschätzung, die entweder keine Vorteile bei "weichen" Standortfaktoren erkennen kann oder diese zumindest nicht ausreichend herausgestellt sieht:

"Das Drumherum, Ambiente oder wie auch immer, was oder womit Standorte heutzutage prahlen können, fällt für uns mehr oder weniger weg (...)." (RE 5, S. 9).

Häufiger wird in diesem Zusammenhang auch die oben schon näher skizzierte Mentalität im Sinne eines negativen Faktors erwähnt, da "Bodenständigkeit", mangelnde Kritik- und Innovationsfähigkeit, fehlender "Wille zur Selbständigkeit" etc. kein Milieu "für eine dynamische wirtschaftliche Entwicklung" schaffen würden (RE 2, RE 4, RE 5, RE 9).

Zu 2.: "Andere" Formen der regionalen Lebensqualität?

Der *Zusammenhang von Regionalkultur und Regionalentwicklung* kann nicht nur aus der Perspektive einer mehr oder minder konventionellen Standortförderung, sondern auch unter dem Gesichtspunkt *einer veränderten Definition regionaler Lebensqualität* thematisiert werden. Dieser Aspekt war kein expliziter Gegenstand der Expertengespräche, diesbezügliche "Spuren" sollen aber hier dargestellt werden (u.a. im Hinblick auf die Folgerungen in 17.3). Solche Spuren können sowohl direkte, nicht durch Impuls vorgegebene Aussagen zum Thema als auch indirekte Hinweise aus (im Sinne der konventionellen Wirtschaftsförderung) kritisch gemeinten Aussagen sein. So wird mehrfach auf die Relevanz der Eigenarbeit für Wohlbefinden und Mentalität in Ostfriesland, nicht nur im Sinne einer Kompensation von Arbeitslosigkeit, hingewiesen:

> "Also, mir sagte 'mal ein Unternehmer, wenn ich jetzt meine Leute fragen würde, ob sie für drei Monate - als fleißige Leute -, aber wenn ich sie für drei Monate 'mal entlasse, aber ihr könnt im März wieder anfangen, oder im Februar (...) -, macht in der Zeit euer Haus in Ordnung, streicht es und geht in den Garten - auch das ist ein ostfriesischer Zug, jeder buddelt gern im Garten, - dann würden viele das in Anspruch nehmen." (RE 2, S. 9).

> "Aber wenn der Ostfriese dann nach Hause geschickt wird, dann versucht er so etwas auf die Beine zu stellen, vielleicht mehr als in anderen Bereichen." (RE 2/H, S. 10).

Und mit einem vergleichenden Blick auf die Möglichkeit, zwischen Fernpendeln und einem schlechter bezahlten Arbeitsplatz in der Region zu wählen, wird festgestellt:

> "Lieber weniger Geld, aber hier zu Hause." (RE 6, S. 5).[7]

---

7 Vgl. die Ergebnisse unserer Teilstudie zum Fernpendeln in Kap. 10.

Ein anderer Experte kritisiert explizit, daß sich in Ostfriesland ein "anderes" Gesellschaftsmodell ohne politische Diskussion quasi durchgesetzt habe, da

> "etwa so Konzepte der Grünen mit Grundrente oder so schon gesellschaftlich vorweg genommen sind, ohne daß sie politisch gewollt oder beschlossen werden. (...) Ich will niemanden daran hindern (...) seine Kartoffeln selbst anzubauen und, und sein Gemüse. Bloß in einer Landschaft, wo Wohngrundstücke so billig sind und man Häuser für ein Appel und ein Ei kaufen kann, da braucht man dieses nicht mehr zu pflegen und nicht zum Programmbestandteil der öffentlichen Politik zu machen. Da wissen die Leute schon, wie gemütlich und schön das ist, wenn man das alles so anlegen kann und wenn man zur Arbeit nicht eine dreiviertel Stunde fährt." (RE 4, S. 7, S. 9 f.).

Ein Experte kommt, im Rahmen langer selbststrukturierter Ausführungen über die Herausarbeitung ähnlicher Aspekte wie der gerade genannten, quasi en passant zu Formulierungen, die erste Ansätze für ein "anderes" Verständnis von Regionalentwicklung beinhalten könnten:

> "Das heißt also, ich glaube, daß die ostfriesische Region irgendwann 'mal als Region, ich hab' das ja damals schon immer gesagt, als, als eine, eine Einheit von Leben, Arbeiten, Wohnen, vielleicht auch Freizeit noch dazu, als große Begriffe: Arbeiten, Leben, Wohnen, Freizeit. Ich glaube, daß wir 'mal so geradezu modellhaft vorführen können, später, wie das funktioniert in einer Region, weil diese Dinge hier etwas gleichgewichtiger darstellbar sind. Ich sage ja, die Ostfriesen haben 'ne ganz merkwürdige Geschichte, Eigenart, die (...), diese Unterscheidungen, diese strikten, zwischen Arbeit und Freizeit, die gibt's hier gar nicht. Das ist also 'ne, 'ne ganz interessante Geschichte, hab' ich auch erst nach längerer Zeit gemerkt. Die Leute verbinden das mehr, das heißt sie arbeiten auch in der Freizeit Dinge, die sie auch in ihrem Berufe tun, weil sie fast alle handwerklich irgendwo orientiert sind oder viele, das merk' ich auch so an Bekannten usw. und so fort. Auch haben wir nicht diese großen Brüche zwischen, zwischen Wohnen und Arbeiten, sie haben alle ihr eigenes Haus und sie arbeiten gleichzeitig wieder in überschaubaren Größenordnungen." (RE 9, S. 2).

> "Ich behaupte ja immer, die Ostfriesen leben sehr gut, ich mein' jetzt nicht mit den Langzeitarbeitslosen, das muß man immer ausdrücklich sagen, da gibt's natürlich Not, und wir haben hohe Sozialhilfeetats, das darf man auch nicht vergessen, aber sonst, der Normalostfriese, so will ich ihn 'mal nennen, der ja normalerweise mit seinem Einkommen unter dem Bundesdurchschnitt liegt, lebt besser als der

Bundesdurchschnitt. Das ist eigentlich die Überzeugung, die ich hier gewonnen habe. Denn es ist ja unglaublich, wie die hier alle mit ihren Häusern und, und wer weiß was die alles haben, und auch mit dieser, mit dieser, mit diesem Können, mit diesem Können zu tauschen, Schwarzarbeit, das Wort kennen die hier gar nicht. Das ist alles Nachbarschaftshilfe, egal wie auch immer, damit leben die wirklich gut. Besser als ein Hannoveraner, ist meine feste Überzeugung, und ich hab', wie gesagt, ja doch schon in mehreren Regionen Deutschlands gewohnt, deswegen kann ich mir da durchaus ein Urteil darüber erlauben." (RE 9, S. 35).

In einem anderen Gespräch wird zum Ausdruck gebracht, daß genau diese Aspekte der Bevölkerung bewußt gemacht und von ihr offensiv vertreten werden müßten:

"(...) wenn man hingeht, und jetzt Lebensqualität nur an dem mißt, was man sich leisten kann, wie groß ist das Auto, wie groß sind die Häuser usw., das Leben besteht wirklich aus sehr viel mehr Dingen. Und eine ganz wichtige Aufgabe (...), ganz wichtig wär', daß die Menschen also so ihre subjektive Einstellung da verändern. (...) Und wenn man, die Menschen dann so erlebt, mit sich selber sind die sehr glücklich und zufrieden und im reinen, nur haben sie sich wohl über die Jahre hinweg angewöhnt, nach außen hin zu lamentieren." (RE 8, S. 7).

Regionale Besonderheiten

Abschließend und der Vollständigkeit halber sei hier noch erwähnt, daß von uns in den Expertengesprächen auch die Frage nach charakteristischen Kennzeichen und Besonderheiten der Region explizit gestellt wurde. Wenn diese Frage auch fast durchweg positiv beantwortet wurde, führte sie in der Regel nur zu undeutlichen und vagen Antworten. Zwar sind die Assoziationen nicht so klischeehaft wie bei ähnlichen Fragestellungen in den Vorstudien ("ostfriesisch sein" entspricht "Teetrinken" etc.; vgl. 3.). Sie bleiben aber insgesamt doch eher oberflächlich und in einem engen Spektrum: Bemerkenswert ist vielleicht, daß häufiger Mentalität und Sozialkultur als Spezifika ausgemacht werden (RE 2, RE 9, RE 10). Ansonsten werden Rand- und Küstenlage (RE 3, RE 7), die Landschaft (RE 10) mit den zahlreichen Windenergieanlagen (RE 6), aber auch Strukturprobleme (RE 3) und das schlechte Image (RE 8) als "Ostfriesland-typisch" genannt. Daran zeigt sich, daß der Begriff "Ostfriesland" nicht eindeutig inhaltlich "gefüllt" ist.

13.1.5 Zukunft der Regionalentwicklung

Im Rahmen der regionalpolitischen Aspekte unseres Untersuchungsthemas wurden auch die Zukunftsvorstellungen der Experten angesprochen, wodurch sowohl Äußerungen *zur künftigen Gestaltung und Entwicklung einzelner Faktoren* (1.) als auch etwa vorhandene *Konzepte oder Leitbilder* (2.) "hervorgelockt" werden sollten. Diese eher deskriptive Darstellung ist von unserem Versuch zu unterscheiden, aus der Gesamtheit der Expertenaussagen Grundzüge der Wahrnehmungs- und Deutungsmuster herauszuarbeiten und im Rahmen einer Typenbildung zusammenzufassen (vgl. 13.2).

Zu 1.: Künftige Gestaltung einzelner Entwicklungsfaktoren

Eine Vielzahl von Faktoren für die künftige Regionalentwicklung wurde angesprochen. Trotz der thematischen Breite und des Eingehens auf neuere regionalpolitische Überlegungen zu "weichen" Faktoren stehen nach wie vor eher *traditionelle Themen* wie die Verbesserung der Verkehrsanbindung und die Industrieansiedlung eindeutig im Vordergrund des Interesses. Als Kompensation zur "Randlage" wird in nahezu allen Gesprächen ein Ausbau der Verkehrsinfrastruktur als wichtiges Ziel für die Zukunft genannt, denn:

"Also, wie gesagt, die Verkehrswege sind wirklich entscheidend." (RE 9, S. 33).

Die Vorstellungen über mögliche Wirkungszusammenhänge und Effekte sind vage, zum Teil naiv, zum Teil verzweifelt wirkend, da letzlich doch wenig Illusionen über mögliche Folgen bestehen (vgl. ähnlich RE 1/W, RE 3, RE 6, RE 9). Die Hoffnungen richten sich auf den Straßenausbau wie auf die Einrichtung einer europäischen Eisenbahnachse Amsterdam/Leer/Bremen/Nordosteuropa:

"Also da gilt immer der, der schöne Satz, bleibt immer was hängen. Und wenn also das Eisenbahnnetz, ich denk, daß ich, also die Verkehrsprobleme werden ganz rapide zunehmen, da wird sich sehr viel in Zukunft verändern. (...) Und also bevor die ganzen Ströme im Süden vorbei fließen, wenn da sich was auf den Norden umleiten läßt, sollte man das auf jeden, auf jeden Fall versuchen, nur man sollte da keine zu großen Hoffnungen bei, beisetzen." (RE 8, S. 13).

"Hinzu kommt die Infrastruktur, vor allem die Verkehrsinfrastruktur, ne. Man sieht's doch, wenn Sie von Jever gekommen sind, Nähe Autobahn hat sich ja einiges angesiedelt. Je weiter Sie von der Autobahn weggehen, dann wird das schwieriger." (RE 2, S. 13).

Fast noch widersprüchlicher, aber zugleich realistischer, wirken die Ausführungen zu weiteren Industrieansiedlungen. Ihre Förderung wird häufig damit begründet, daß es keine Perspektive sei, nur auf den Ausbau des Fremdenverkehrs zu setzen:

> "(...) Wir müssen hier auch in dieser Region Produktionsstätten bekommen. Allein vom Fremdenverkehr können wir hier nicht existieren. Und dann müssen dann eben an bestimmten Schwerpunkten, (...) wir haben Emden, wir haben Wilhelmshaven, Oldenburg möglicherweise, wo sich Industrie ansiedeln kann, von der auch die dazwischen liegenden Regionen, Kleinregionen profitieren können." (RE 2, S. 12).

Besondere Hoffnungen werden dabei auf die, im Trend der Entwicklung der Autobmobilindustrie liegende, Ansiedlung von Zulieferbetrieben für das VW-Werk in Emden (RE 3) oder auf kostengünstige Produktionen in einer, im Emder Hafen zu schaffenden, Freihandelszone (RE 5) gesetzt. Allerdings versäumt fast niemand den Hinweis darauf, daß die "nachholende Industrialisierung" durch Zweigwerksgründungen keine langfristig positiven Effekte für die Region erbracht habe.

Darüber hinaus wird deutlich gemacht, daß der, von vielen als sehr wichtiges Entwicklungspotential angesehene, Fremdenverkehr und der für dessen Ausbau erforderliche Faktor "gute Umweltqualität" (RE 1, RE 7, RE 8, RE 9) in Konflikt mit einer bedenkenlosen Industrieansiedlungspolitik geraten könnten (RE 1, RE 2, RE 3, RE 10):

> "Das heißt also, wir müssen dieses Nebeneinander von Fremdenverkehr, Industrie und Landwirtschaft. Darauf werden wir auch in Zukunft nicht verzichten müssen, werden wir nicht verzichten können, wobei wir versuchen müssen, dieses einigermaßen friedlich miteinander über die Bühne gehen zu lassen. Dieses ist ein natürliches Spannungsverhältnis und zu glauben, man könne dieses völlig aussöhnen, die Illusion habe ich nicht. Das wird auch in Zukunft zu Spannungen führen." (RE 1, S. 23).

Dementsprechend wird darauf gesetzt, *umweltverträgliche oder Umweltschutzgüter produzierende Industrie* anzusiedeln (RE 6). Noch weiter in diese Richtung geht die Absicht, über gewerblich-industrielle Aktivitäten zu "Sanierungsmaßnahmen in der Landwirtschaft", zum Gewässerschutz, zur Verbesserung der Luftqualität und zur Sanierung der Nordsee die Umweltqualität zu steigern, womit die Entwicklung des industriell-gewerblichen

Sektors wie des Fremdenverkehrs gefördert würde (RE 7, S. 17). Noch eine Stufe weiter reicht dann die Vorstellung, den Ausbau eines hochwertigen Fremdenverkehrs - gerade im sog. Binnenland - als Motor für die weitere Dienstleistungsentwicklung, z.B. im Gesundheitsbereich, zu sehen (RE 9).

Derartig komplexe Vorstellungen, die zumindest teilweise auch aus der Erkenntnis von Widersprüchen bisheriger Politik entstehen, bleiben aber Einzelaussagen gegenüber anderen Themen, die vergleichsweise eindimensional und konventionell sind: z.b. der durchaus auch als wichtigstes Zukunftsziel genannten Sicherung von Fördermitteln (RE 2, RE 3), der Föderung nach Verbesserung der regionalen Qualifikationsstrukturen (RE 1, RE 6) oder einer allgemeinen high-tech-Orientierung (RE 4).

Bei den Entwicklungszielen bzw. "Wünschen an die Zukunft" findet auch der *"Faktor Kultur"* Erwähnung (RE 2, RE 7, RE 10), wobei er aber nur vereinzelt in einen größeren Kontext eingebettet wahrgenommen wird. In diesem Fall ist die implizite Intention wohl eine Stärkung der kulturellen Identität zur Kompensation wirtschaftlicher Probleme:

> "Das zweite ist 'ne Stärkung der kulturellen Identität durch 'nen Ausbau der kulturellen Leistung und 'ne verbesserte Vermittlung sozusagen dieser Leistung nach außen. Das ist meines Erachtens ein ganz wichtiger Aspekt, weil diese wirtschaftliche Krise der letzten 20 Jahre zwischen '60 und '80, ich würd' sagen: zwischen '60 und '85, doch nachhaltig Spuren hinterlassen hat, wo man sehr lange brauchen wird, um das wieder auszugleichen." (RE 7, S. 17 f.).

Ohne das darauf direkt verwiesen wird, spiegelt sich darin eine sehr aktuelle Debatte (vgl. 1.).

Zu 2.: "Leitbilder" der Regionalpolitik aus Sicht der Experten

In einem zweiten Zugriff auf die Zukunftsperspektiven der regionalpolitischen Experten sollen ihre eigenen Antworten auf unsere Frage nach Leitbildern oder umfassenderen Konzepten für die Regionalpolitik - sofern explizit vorhanden - dargestellt werden. (Das ist von unserem Versuch einer Typenbildung regionalpolitischer Perspektiven zu unterscheiden: vgl. 13.2).

Es mag wenig überraschen, daß die Experten in der Regel kein Leitbild bzw. keine Konzepte für die künftige Regionalentwicklung explizit erwähnen. Allerdings wird nur im Ausnahmefall ausdrücklich die Erstellung eines Leitbildes abgelehnt (RE 1). Bei denjenigen, die sich explizit für das

Verfolgen eines bestimmten Konzeptes aussprechen, kann zwischen regionalspezifischen und eher allgemeingültigen, auf die Region übertragenen Vorstellungen unterschieden werden. Zu letzterem wäre eine konsequente hochtechnologische Modernisierung der Region (RE 4) ebenso zu rechnen wie ein Ansatz, der auf die Ausstrahlungseffekte einer Freihandelszone im Emder Hafen - bei ausdrücklicher Ablehnung endogener Ansätze - vertraut (RE 5). Die regionalspezifischen Aspekte werden stärker in Vorstellungen beachtet, die "Bestandspflege" und qualitative Aspekte der Regionalentwicklung in den Mittelpunkt rücken (RE 7, RE 9). In diesen Konzepten wird auch auf regionalkulturelle Elemente insoweit eingegangen, als daß die besondere, oben schon dargestellte Verknüpfung von Leben und Arbeiten in Ostfriesland als ein spezifischer Vorteil gesehen wird, der im Schlagwort von der "Maßstäblichkeit der Region" seinen formelhaften Ausdruck findet (RE 9). Erwähnenswert ist hier darüber hinaus der zumindest latent ein spezifisches Konzept enthaltende Vorschlag, Ostfriesland als "Land", d.h. als "ländliche Gegend" mit spezifischen Qualitäten, zu profilieren, da dergleichen automatisch mit der Region assoziiert werde, wohingegen städtische Strukturen zurückstehen würden (RE 10).

13.1.6 Sonstiges

In der Schlußphase der Expertengespräche bestand die Möglichkeit, daß die Gesprächspartner Aspekte thematisierten, die vorher von den Interviewern bzw. den Experten selbst entweder gar nicht oder nach ihrem Eindruck unzureichend angesprochen worden waren. Wesentliche Gesichtspunkte aus dieser Gesprächsphase sollen hier erwähnt werden, um weitere Thematisierungspotentiale anzudeuten.

An erster Stelle ist hier zu erwähnen, daß mehrfach auf die Entwicklungen im Emsland Bezug genommen wird (RE 1, RE 7, RE 8). Dabei wird weniger auf faktische Verflechtungen Ostfrieslands mit dem Emsland eingegangen. Im Mittelpunkt stehen vielmehr Vergleiche mit Situation und Entwicklungen im Emsland, insbesondere dessen entwicklungs- und förderpolitischen Erfolge. Exemplarisch wird Papenburg hervorgehoben:

> "(...) aber ich will einfach 'mal an der Historisch-Ökologischen Bildungsstätte in Papenburg das deutlich machen. Das ist die Identifikation der Bewohner mit dem Projekt und damit, weil es ihre Geschichte darstellt, auch mit ihrer Geschichte. Und darüber wird 'ne Bildungsstätte aufgebaut und 'ne Beschäftigungsinitiative, 'ne

positive Problemlösung. Es werden überörtliche, überregionale Kontakte hergestellt. Es werden Arbeitsmarktprogramme dort definiert, die innovativ sind. Das ist 'nen Begriff geworden. Also sozusagen Papenburg/Arbeitsmarktpolitik/Beschäftigungspolitik und auch was in dem Bereich der Bildungsstätte geschieht. Das macht doch deutlich, daß man sozusagen 'nen Raum prägen kann und der wirklich randständig ist. Also deutlicher als Emden oder andere Orte im Küstenraum und der sehr positiv besetzt ist mit der Meyer-Werft als das Hochtechnologieunternehmen auf der Welt im Werftenbereich und eben diesem sozialpolitischen Engagement, umweltpolitischen Engagement, das auch beispielhaft ist. Da hat man 'nen Raum mit zwei Punkten besetzt, wo Personen sagen: das ist ein interessanter Ort." (RE 7, S. 9).

Erstaunlich ist, daß zwei weitere, die innerostfriesische Situation betreffende Aspekte zwar vereinzelt Erwähnung finden, aber nicht umfassend thematisiert werden: zum einen sind das die Folgen des Abbaus der Bundeswehr in der Region ("Standortkonversion"; RE 2/H); zum andern sind das die sozialen Auswirkungen der Strukturschwäche, insbesondere der Arbeitslosigkeit (RE 10).

Erwähnenswert ist auch die am Ende der Gespräche gelegentlich zum Ausdruck gebrachte Ratlosigkeit bei der Erklärung der wichtigsten Phänomene der Regionalentwicklung. Zum Teil drückt sich das als Einsicht in die - schon dargestellte - Widersprüchlichkeit der Argumentation, zum Teil als schlichte Frage aus:

"Man wüßte gern von solchen Leuten (Unternehmern; d.V.) 'mal, wieso kommt der dazu, ne? Wieso hat er anscheinend sehr schnell die Entscheidung getroffen (...)? (...) Was alles, wieso, was war für den ausschlaggebend und, und, und wieso sieht der da die Chance (...)?" (RE 6, S. 8).

13.2 Expertenperspektiven: "Typische" Wahrnehmungs- und Deutungsmuster

In diesem Teilabschnitt sollen die bisherigen Darstellungen in der Weise zusammengefaßt und verdichtet werden, daß Grundstrukturen der Wahrnehmungsmuster und Denkperspektiven der interviewten Experten zur künftigen Regionalentwicklung Ostfrieslands in Form einer Bildung von Typen herausgearbeitet werden. In diese Typenbildung können die Aussagen von elf Experten einbezogen werden, da sie umfassend genug sind, um grundlegende Deutungsmuster erkennen zu können. Die Aussagen der drei anderen Experten können nicht berücksichtigt werden, da durch ihre Rolle als "Zweitgesprächspartner" in den jeweiligen Interviews die Aussagen vom Umfang her sehr beschränkt blieben.

Entscheidend für die Bestimmung von Typen sind die Dimensionen, entlang derer die Typenbildung vorgenommen wird. In unserem Falle drängt sich eine - eher formale - Unterscheidung sofort auf: die wenigen Fälle, in denen den Expertenaussagen zur Regionalentwicklung erkennbar eine reflektierte "Philosophie" auf der Basis einer deutlich erkennbaren Analyse von wirtschaftlicher Entwicklung im allgemeinen und regionalen Prozessen im besonderen zugrunde liegt, unterscheiden sich sehr deutlich von den zahlreichen widersprüchlichen und diffusen Expertenperspektiven. Ein weiterer bemerkenswerter Unterschied zwischen diesen beiden Grundtypen besteht darin, daß die "elaborierten" Konzepte auf einige Grundprinzipien konzentriert sind, für die "klassische" Aspekte der regionalen Wirtschaftsförderung (z.B. Verkehrswegeausbau wegen der Randlage, Streben nach Industrieansiedlungen) fast keine Rolle spielen. Dagegen sind gerade diese Gesichtspunkte in unterschiedlicher Gewichtung für den anderen Typ sehr wichtig. Diese deutlichen Differenzen rechtfertigen es also, zwei "Grundtypen" zu unterscheiden:

I.   *Konzeptionell-strategische Ansätze*
II. *Diffuse, widersprüchliche Perspektiven*

Innerhalb dieser beiden "Grundtypen" lassen sich noch einmal Unterscheidungen treffen: Im Rahmen des Typs I. läßt sich ein Ansatz radikaler hochtechnologischer Modernisierung mit Orientierung an Weltmarktmaßstäben (Typ I.a) von einem Konzept unterscheiden, das den regionalen "Bestand" zum Ausgangspunkt einer Erneuerungsstrategie wählt, die auch "weiche" Faktoren einbezieht (Typ I.b). Innerhalb des Typs II. ist eine zwar widersprüchliche, doch insgesamt stark auf Infrastrukturausbau und Industrieansiedlung konzentrierte Perspektive konventionellen "Ansiedlungsdenkens" (Typ II.a) von diffusen, aber im Spektrum deutlich breiteren Vorstellungen zu trennen, deren Bezugspunkte vom Straßenausbau bis zur Förderung "kultureller Milieus" (Typ II.b) reichen.

Zusammengefaßt ergibt sich also folgende Typenbildung, die nachstehend kurz erläutert werden soll:

Typ I.a Hochtechnologische Modernisierung
Typ I.b Integrierte Modernisierung des Bestandes
Typ II.a Konventionelles "Ansiedlungsdenken"
Typ II.b Ambivalente Zukunftsoptionen

Im Mittelpunkt der Typenbildung muß immer die qualitative Differenzierung stehen. Daher sei ausdrücklich darauf hingewiesen, daß sich in quantitativer Hinsicht nur eine sehr kleine Zahl von Interviews dem Typ I. zuordnen läßt, während die weitaus überwiegende Mehrheit dem Typ II. zuzurechnen ist. Innerhalb beider Grundtypen gibt es jeweils eine annähernd gleiche Verteilung auf Variante a) und b), was aber eine hier vernachlässigbare Feststellung ist.

Typ I. Konzeptionelle-strategische Ansätze

Typ I.a Hochtechnologische Modernisierung

Das Ziel dieser regionalpolitischen Strategie ist eindeutig: Ostfriesland muß zu einer wettbewerbsfähigen Region in der "europäischen Marktgesellschaft" werden. Die Mentalität des Bewahrens, der Mangel an innovativem und kooperativem Handeln müßte dringend überwunden werden. Das sei in erster Linie ein Problem der "Eliten", aber auch der Bevölkerung insgesamt. Letztere lebe insoweit privilegiert, als die hohe Umweltqualität und die Netzwerke der informellen Ökonomie in Ostfriesland ausgeprägt seien, ohne daß das - und vor allem ihre behindernden Wirkungen - bewußt sei.

Dementsprechend seien Innovationen und Kooperationen jeder Art zu fördern, gerade auch mit Partnern aus anderen europäischen Regionen. Förderschwerpunkt solle der High-tech-Sektor sein, wobei über die zu schaffende hohe Qualifikation der Arbeitskräfte Aufträge auswärtiger Unternehmen eingeworben werden sollten. Die dadurch wachsende Bekanntheit Ostfrieslands und seiner Attraktivitätsfaktoren, zu denen auch Umwelt und Kultur zählten, könne langfristig auch entsprechende Ansiedlungserfolge hervorbringen. Exemplarisch für diese Orientierung ist folgendes Zitat:

> "(...) alles, was man aus Brüssel ersehen kann, daß inhaltlich zwar noch, noch Ausgleichabsichten, aber dann aber eben zu oder in der Beziehung der europäischen Großregionen zueinander. Und Ostfriesland ist dort eher eine Region, die längst vom Markte geregelt werden muß und nicht erst von Sonderfunktionen. (...)

Dann werden wir sagen: gut, wir sind jetzt eine Region in der europäischen Marktgesellschaft und haben (uns; d.Verf.) als wirtschaftlich ausreichend leistungsfähige Region am Markt, ja durchzusetzen (...)
Ich will niemanden daran hindern, seine Kartoffeln selbst anzubauen und sein Gemüse. Bloß in einer Landschaft, wo Wohngrundstücke so billig sind und man Häuser für ein Appel und ein Ei kaufen kann, da braucht man dieses nicht mehr zu pflegen und nicht zum Programmbestandteil der öffentlichen Politik zu machen. Da wissen die Leute schon, wie gemütlich und schön das ist (...)" (RE 4, S. 6, 9).

Typ I.b Integrierte Modernisierung des Bestandes

Ausgangspunkt der Überlegungen ist, daß weder konventionelle Ansiedlungspolitik noch abstrakte Diversifizierungskonzepte in einer Region wie Ostfriesland erfolgreich sein könnten. Deshalb sei vor allem eine Modernisierung der traditionell vorhandenen Sektoren mit dem Ziel hochqualifizierter Produktion erforderlich. Zu diesen Sektoren zählten in Ostfriesland Landwirtschaft und Schiffbau ebenso wie die Automobilindustrie.

Die Vorstellungen gehen aber über diese rein wirtschaftsstrukturpolitischen Überlegungen weit hinaus. Sie schließen die Forderung nach verstärkter, sektorale wie subregionale Grenzen in der Region überwindender, Kooperation ebenso ein, wie den Wunsch, zu einer konsensualen "Gesamtdarstellung" der Region nach außen - im Fremdenverkehrs- und Wirtschaftsfördermarketing ebenso wie in den relevanten Politikfeldern - zu kommen. Integratives Denken sollte aber auch die Verknüpfung verschiedener Ziele ermöglichen: so könnten z.B. über die Bewältigung von Umweltproblemen und die "Produktion von Umweltqualität" qualitative Verbesserungen in der Landwirtschaft, im Fremdenverkehr und im produzierenden Sektor erreicht werden:

"Also ich gehe noch viel eindeutiger als früher hin zur Bestandspflege, also das heißt nicht Subvention, sondern daß wir in den Bereichen, wo wir spüren, daß sich etwas entwickelt, daß Investitionsabsichten bestehen, daß wir die mitfinanzieren und unterstützen. Also das können ganz traditionelle Sektoren sein, wie die Grundstoffindustrie, wie die Werftindustrie, wie die Elektroindustrie oder Flugzeugbau. (...) Es kann sich aus diesen Branchen sozusagen, können sich neue Tätigkeitsfelder entwickeln (...)
Ich glaub, ein hervorragendes Merkmal ist die Bewältigung der Umweltprobleme (...) und das sind Sanierungsmaßnahmen in der Land-

wirtschaft, das ist Gewässerschutz, ist Verbesserung sozusagen der Luftqualität in der Region und der Schutz der Nordsee und ein Gelingen des Wattenmeernationalparkprojekt" (RE 7, S. 7, 17).

Darüber hinaus wird vorgeschlagen, regionale Besonderheiten der Geschichte und Kultur mehr als bisher für regionale Außendarstellungen und Marketing wie für die Bildung regionsbezogenen Selbstbewußtseins und regionaler Identität zu nutzen.

Typ II. Diffuse, widersprüchliche Perspektiven

Typ II.a Konventionelles "Ansiedlungsdenken"

Im Mittelpunkt der eher vagen Vorstellungen der Vertreter dieses Typs stehen der Infrastukturausbau (Verkehrswege) und die Industrieansiedlung im Sinne klassischen "Ansiedlungsdenkens". Zu diesem Zweck wird ein hoher Wert der weiteren Einwerbung von Fördermitteln für die Region, gerade angesichts der "Konkurrenz" im Osten, beigemessen.

Da die mangelnden Erfolge der früheren Politik dieser Ausrichtung durchaus bewußt sind, werden nicht einfach weitere Autobahnanschlüsse und Zweigwerksgründungen angestrebt. Vielmehr richtet sich in verkehrlicher Hinsicht große Hoffnung auf eine gewisse Umleitung der Güterverkehrsströme der Eisenbahnen; für die Industrieansiedlungsstrategie gibt es verschiedene "zeitgemäße" Varianten: z.B. Konzentration auf VW-Zulieferbetriebe oder aber Förderung von Produktion und Handel in einer Freihandelszone im Emder Hafen. Da die ökonomische Relevanz des Fremdenverkehrs auch deutlich gesehen wird, wird keine "bedingungslose" Industrialisierungspolitik verfolgt, sondern es sollen "saubere" Industrien angeworben werden:

> "Und dann müssen wir dann eben in bestimmten Schwerpunkten (...), wir haben Emden, wir haben Wilhelmshaven, Oldenburg möglicherweise, wo sich Industrie ansiedeln kann, von der auch die dazwischenliegenden Regionen, Kleinregionen profitieren können. (...) Hinzu kommt die Infrastruktur, vor allem die Verkehrsinfrastruktur. Man sieht's doch, wenn Sie von Jever gekommen sind, in der Nähe der Autobahn hat sich ja einiges angesiedelt. Je weiter Sie von der Autobahn weggehen, dann wird das schwieriger." (RE 2, S. 12 f.).

> "Ja, das ist an sich das schon, was ich, was ich sagte, das die Fördermittel, die wir bisher gekriegt haben, weiterfließen nach Ostfriesland hin, damit wir auch die Möglichkeit haben hier durch Voraussetzun-

gen, die wir Firmen geben können zum Ansiedeln, das heißt Erstellung von Industriegelände usw., daß die Gelder weiter fließen, (...) und das eben hier sich wirklich Firmen entschließen, nach Ostfriesland hinzukommen und hier zu produzieren." (RE 3, S. 8).

Typ II.b Ambivalente Zukunftsoptionen

Wesentliche Grundgedanken des Typs II.a gehören auch zu den Kernpunkten dieses Ansatzes. Er erscheint aber deshalb besonders widersprüchlich und nicht "zu Ende reflektiert", weil sich unterschiedliche Versatzstücke anderer Orientierungen darin wiederfinden. Zum einen sind das die Betonung der guten Umweltqualität und der niedrigen Lebenshaltungskosten in Ostfriesland. Zum andern ist das der Bezug auf die Föderung der Regionalkultur, der regionalen Identität und des regionalen "Ambientes".

Über diese durchaus gängigen Aspekte zeitgemäßer Wirtschaftsförderstrategien hinaus gibt es noch weitergehende Überlegungen: Demnach wäre es ein wichtiges Ziel, Ostfriesland als "maßstäbliche" Region (i.S. einer Region "mit menschlichen Maßstäben") zu verstehen und zu profilieren, in der Leben, Arbeiten und Freizeit im hohen Maße integriert sind. Das trage zur besonderen Lebensqualität der Region ebenso wie die hohe Bedeutung der Eigenarbeit bei. Diese prospektiven "Überlegungen" stehen aber völlig unverbunden neben den erwähnten Elementen eines konventionellen Ansiedlungsdenkens. Sie wirken teils wie eine normative Entscheidung für andere Entwicklungsvarianten, teils wie Resultate enttäuschter Hoffnungen auf eine großindustriell orientierte Förderpolitik. Diese Ambivalenz der Orientierung kommt in den folgenden Aussagen zum Ausdruck, die beide von demselben Gesprächspartner stammen:

> "Dennoch, wie gesagt, glaub ich eben diese, diese Maßstäblichkeit dieser Region, in allen Bereichen, ob das Wohnen, Arbeiten, Freizeit ist und Leben, die wird dieser Region auch ne Chance geben in der Zukunft. Wir haben nicht diese eklatanten Brüche wie das in anderen Dingen, Städten, ist, wo eben das ein Riesenunterschied ist, wo ich wohne und wie ich wohne und wo ich arbeite und wie ich arbeite, das ist auch der Grund meiner Ansicht nach, warum das Interesse stärker wird, hier hoch zu kommen. (...)
> Also diese Anbindung, die taugt meiner Ansicht nach nichts, wir müssen immer noch ein bißchen zu weit fahren, um hier etwas zu machen. Das ist das Problem übrigens der Region, vergessen nur die meisten Leute, (...) also wie gesagt: die Verkehrswege sind wirklich sehr entscheidend." (RE 9, S. 3, 33).

14 Zukunftsperspektiven für Regionalentwicklung und Lebensalltag - Überlegungen zu den Aus- und Wechselwirkungen regionaler Bewußtseinslagen

In mehreren Zwischenbilanzen wurden wesentliche Ergebnisse aus verschiedenen Teilstudien unter den grundlegenden Forschungsfragen nach typischen raumbezogenen Bewußtseinsformen (vgl. 4. u. 8.) und nach Deutungsmustern bezüglich der tiefgreifenden sozialökonomischen und kulturellen Veränderungen (vgl. 11) interpretiert. Darauf aufbauend diskutiert Kapitel 12 in einer vergleichenden Bilanz der alltagsweltlich orientierten Teiluntersuchungen mögliche Ansatzpunkte einer prospektiven Regionalentwicklung. Die dabei gewonnenen Einsichten sind nun mit den Ergebnissen aus der Expertenstudie (13) zusammenzuführen und unter der Frage nach Zukunftsperspektiven für Regionalentwicklung und Lebensalltag zu interpretieren. Dem wird eine pointierte Zusammenfassung der Zukunftsperspektiven der regionalpolitischen Experten vorangestellt (14.1). Sie ist als abschließende Auswertung der in Kapitel 13 vorgestellten Deutungsmuster zu verstehen.

14.1 Zukunftsperspektiven für Ostfriesland in der Wahrnehmung der Experten

Den meisten Experten ist die umbruchartige Veränderung der ökonomischen und politischen Rahmenbedingungen der Regionalentwicklung im nordwestlichen Niedersachsen sehr bewußt.[1] Die Auswirkungen dieses strukturellen Umbruchs für das peripher gelegene und strukturschwache Ostfriesland sind für die Experten aber schwer einzuschätzen. Am meisten verbreitet sind Befürchtungen eines Rückgangs der bisher recht umfangreichen Fördermittel und einer Verschärfung der räumlichen wie politischen "Randlage". In regionalpolitischer Hinsicht wird darüber hinaus die jahrzehntelang gültige Zielsetzung einer Förderung industrieller Ansiedlungen und darauf bezogenen Infrastrukturausbaus deutlich ambivalent, bisweilen

---

[1] Die wirtschaftliche Rezession in der ersten Hälfte der 90er Jahre spielte während der Expertengespräche in der ersten Hälfte des Jahres 1991 noch keine Rolle.

auch kritisch gesehen. Dafür dürften die Erfahrungen mit der Schließung im Rahmen dieser "nachholenden Industrialisierung" angesiedelter Zweigwerke ein entscheidender Grund sein.

Die Vorstellungen zur künftig erforderlichen Regionalpolitik lassen sich getrennt nach "formalen" und "inhaltlichen" Aspekten zusammenfassen. In formeller Hinsicht wird die Notwendigkeit von vermehrter und besserer Kooperation in der Region betont, wobei Unsicherheit darüber besteht, welches der geeignete Bezugsraum für regionalpolitisches Handeln sei. Die Grenzen des "alten" Ostfriesland müssen aber nach übereinstimmender Meinung überschritten werden, etwa durch regionalpolitische Zusammenarbeit auf der gesamten Ostfriesischen Halbinsel oder in noch größeren räumlichen Dimensionen. In inhaltlicher Hinsicht lassen sich zwei Gruppen voneinander unterscheiden (vgl. 13.2): zum einen eine sehr kleine Gruppe mit klaren, insgesamt deutlich modernisierungsorientierten Leitbildern, die durchaus die Beachtung kultureller "Besonderheiten" einschließen; zum andern eine sehr große Gruppe mit eher diffusen und widersprüchlichen Leitgedanken, in denen die Hoffnungen auf neue Ansiedlungserfolge und auf die Realisierung "postindustrieller" Lebensqualität recht unverbunden nebeneinander stehen. Darüber hinaus ist bemerkenswert, daß von vielen Experten eine soziale und kulturelle "Besonderheit" Ostfrieslands festgestellt wird, ohne sie präziser als mit allgemeinen Stereotypen beschreiben zu können.

Die Beurteilung dieser Ergebnisse muß ambivalent ausfallen. Angesichts der gravierenden Strukturprobleme Ostfrieslands, die in naher Zukunft noch deutlich schärfer sichtbar werden (vgl. 1.1 u. 17.2), ist die extreme Konzeptionslosigkeit der regionalpolitischen Experten als ein Problem der Regionalpolitik zu bewerten. Geht man von der (üblichen) Analyse aus, daß sich der "Wettbewerb der Regionen" verschärfen wird, und teilt man die Norm, daß dabei Ostfriesland "mithalten" solle, müßte man sich ernsthafte Sorgen um die Zukunft der Region ohne weiterhin wohlwollende Subventionierung von Seiten des Landes, des Bundes und der EU machen. Wenn man aber der Einschätzung zustimmt, daß vergangene Versuche konventioneller Regionalpolitik ("nachholende Industrialisierung") in Ostfriesland ebensowenig durchgreifend erfolgreich waren wie es künftige Varianten einer "Aufholjagd" sein werden, dann gibt es für "andere", regionalspezifische, integrative Gestaltungsoptionen für die Zukunft der Region in den Vorstellungen der Experten durchaus bemerkenswerte Anknüpfungspunkte. So machen sich überraschend viele Gedanken darüber, ob die (nicht aufzugebende) "Gleichwertigkeit der Lebensbedingungen" nur an quantitativen (Durchschnitts-)Standards gemessen werden sollte. Niedrige Lebenshaltungskosten, eine produktive informelle Ökonomie und gute Umweltqualität werden als kaum quantitativ faßbare Vorteile des Lebens in Ostfriesland gesehen. Die Formulierung eines Experten, daß Ostfriesland eine "maßstäbliche Region" sei, in der Leben und Arbeiten eine Einheit bilden würden (RE 9), kann als so ein latenter Anknüpfungspunkt für regionsspezifische Leitbilder und Konzeptionen der Regionalpolitik beispielhaft hervorgehoben werden.

Dieses ist zweifellos eine optimistische, aber nicht ganz unrealistische Interpretation. Daraus eine regionalpolitische Programmatik zu entwickeln, würde voraussetzen, daß entsprechende Elemente in den Wahrnehmungs- und Deutungsmustern der Experten nicht nur Resultate einer (unbewußten) Flucht angesichts des Versagens traditioneller Strategien bleiben. Vielmehr müßten sie als Ergebnis praktischen Alltagswissens und reflexiver Bewußtwerdung (von den Experten selbst) anerkannt werden, um daraus Grundlagen für ein neues, die Bedingungen und Chancen der Region integrativ reflektierendes Denken zu machen, das die Erarbeitung entsprechender Leitbilder und Konzepte ermöglichen würde.

14.2 "Geborgenheitsraum in der Modernisierung" - zu den Zukunftspotentialen einer regionstypischen Vorstellung

Eine vergleichende Gegenüberstellung der verschiedenen Teilstudienergebnisse zeigt die unübersehbar verbreitete Tendenz, Ostfriesland insgesamt oder ausschnitthaft als "Geborgenheitsraum in der Modernisierung" wahrzunehmen und erhalten zu wollen. Angesichts der komplexen Dynamik des allgemeinen gesellschaftlichen Wandels sowie der krisenanfälligen Wirtschaftsstruktur Ostfrieslands muß dieser Befund einerseits als sehr bedenklich gewertet werden.[2] Andererseits scheint es zumindest nicht ausgeschlossen, daß die weithin geteilte Wertschätzung eines "Geborgenheitsraumes in der Modernisierung" gleichermaßen zum Ausgangs- und Zielpunkt von

---

2 Schon aus der Betrachtung der jüngeren Wirtschaftsgeschichte Ostfrieslands (vgl. 1.1) ist unschwer zu erkennen, daß das Festhalten an überkommenen Strukturen und Strategien einer zukunftsträchtigen Regionalentwicklung tendenziell entgegenwirkt (vgl. 17.).

Strategien zur bewahrenden Fortentwicklung der Region und ihrer spezifischen Lebensqualitäten werden könnte (vgl. 14.1).

Eine solche Entwicklungsperspektive kann auch ohne diskursiv ausgehandelte Konzepte zur Entfaltung kommen, wie beispielsweise die Geschichte des Ardorfer Heimatvereins zeigt (vgl. 5.3.2). [3] Vor dem Hintergrund der Ergebnisse aus den anderen Teilstudien zeigt dieses Beispiel zugleich, daß eine Abschätzung der Zukunftsqualitäten, die in der Vorstellung vom "Geborgenheitsraum in der Modernisierung" liegen können, nur unter Berücksichtigung der typen- und gruppenspezifischen Wahrnehmung erfolgen sollte.

Bei einem solchen Unterfangen wird deutlich, daß die Auseinandersetzung mit der hier interessierenden Frage nach den Zusammenhängen zwischen Regionalbewußtsein und -entwicklung dort auf methodische und theoretische Grenzen stößt, wo vorausgehend das Wechselverhältnis zwischen verschiedenen Bewußtseinsformen differenziert analysiert werden müßte. Während in der eigenen Untersuchung die Kategorien "Experten-" und "Alltagsbewußtsein" relativ eindeutig verschiedenen Befragtengruppen zugeordnet werden konnten, läßt sich keine von beiden Bewußtseinsformen bruchlos als "diskursiv" oder "praktisch" definieren (vgl. 1.). Diese grundsätzliche Problematik kommt exemplarisch in folgendem - bisher nicht explizierten - Phänomen zum Ausdruck: auch regionalpolitische Akteure bzw. Experten sind in ihrer Bewußtseinsformung durch alltagsweltliche und biographische Eingebundenheit geprägt. Gerade Motivationen und thematische Sensibilitäten von Experten sind keinesfalls nur Resultat systemischer Zwänge und rationaler Überlegungen, sondern auch Ausdruck individueller Geschichte und Lebenskontexte (vgl. Aring u.a. 1989, S. 328 ff.). Diese Zusammenhänge aufzudecken, wäre Aufgabe einer umfassender verstandenen qualitativen Regionalforschung. Da dazu aber bisher weder Theoriekonzepte noch Grundlagenforschung vorliegen, hätte es eindeutig den Rahmen dieser Studie gesprengt, diese Zusammenhänge für die regionalpolitischen Experten in Ostfriesland zu untersuchen, so daß wir uns darauf beschränken müssen, die erhobenen und typisierten Formen des regionalen Alltags- und Expertenbewußtseins vergleichend zu betrachten.

---

3   Dies hervorzuheben, scheint nicht zuletzt deshalb angebracht, weil Studien zur Wahrnehmung und Bewältigung des sozialen Wandels regelmäßig in dem nicht unbegründeten Verdacht stehen, einseitig auf eine aufklärerische Diskursrationalität zu zielen (vgl. 18.).

Dabei fallen sowohl Parallelen als auch Unterschiede auf, aus denen sich Anhaltspunkte für den Verlauf und die Durchlässigkeit der Grenze zwischen Bevölkerungs- und Expertenebene sowie für das Zusammenwirken von "praktischen" und "diskursiven" Bewußtseinsformen in bzw. quer zu allen Bereichen ergeben.

Zum einen verweisen die in einigen Teilstudien herausgearbeiteten Wahrnehmungstypen (vgl. 5., 7., 13.) auf eine übergreifende Spannbreite von Deutungsmustern in bezug auf die regionale Wirklichkeit: Sie bewegt sich sowohl bei der Bevölkerung als auch bei den Experten zwischen einer "unreflektiert-genügsamen" und "reflektiert-gestaltungswilligen" Wahrnehmung des gesellschaftlichen Wandels, der auf Ostfriesland einwirkt.

Zum anderen läßt die vergleichende Auswertung eine Vielzahl differierender Bewußtseinsinhalte erkennen, die teilweise auf die strukturellen Unterschiede zwischen Experten- und Alltagsbewußtsein zurückzuführen sind. Zugleich kommt in einer Reihe von differenzierenden Befunden das alle Bewußtseins- bzw. Wahrnehmungsmuster durchziehende Phänomen der Inkonsistenz und (funktionalen) Selektivität zum Tragen.

Ein besonders deutliches Beispiel für die "Wahrnehmungsverengungen" der Experten ist der Themenbereich "Pendeln" (vgl. 10). Die soziale Realität des Pendelns wird in mehrfacher Hinsicht falsch eingeschätzt. Die meisten regionalpolitischen Experten gehen nach wie vor davon aus, daß es umfangreiches Fernpendeln, insbesondere in den süddeutschen Raum, gebe und daß ein wesentliches Motiv dafür die sonst unausweichliche Arbeitslosigkeit in Ostfriesland sei. Unsere umfangreichen Recherchen führten demgegenüber zu dem Ergebnis, daß das Fernpendeln an die Produktionsorte der süddeutschen Automobilindustrie keinen nennenswerten Umfang mehr hat. Viel wichtiger ist aber, daß die Motivstrukturen der gegenwärtig vorhandenen Pendler-Gruppen anders als vermutet sind. Von diesen arbeiten bemerkenswerterweise viele außerhalb, weil sie mit den dort (z.B. in Berlin) erarbeiteten höheren Löhnen angesichts der niedrigen Lebenshaltungskosten in Ostfriesland einen besonderen "Mehrwert" realisieren können. Diese spezifische Form der Wohlstandssteigerung widerspricht der Vermutung, "die Ostfriesen" würden "um jeden Preis" in der Heimatregion arbeiten wollen. Es soll nicht übersehen werden, daß auch hier die Strukturschwäche Ostfrieslands ein Grund für das Pendeln ist: aber eben nicht in Form eines reinen Arbeitsplatzmangels, sondern wegen eines Defizits an adäquater Entlohnung für qualifizierte Arbeit.

Eine ähnliche Diskrepanz zwischen den Wahrnehmungen bestimmter Lebensformen durch die Experten und den von uns empirisch ermittelten Bewußtseinsformen läßt sich auch für die "Bauern" (vgl. 9.) feststellen. Landwirtschaft - genauer: die Sozialgruppe der Bauern - spielt in den Expertengesprächen nahezu keine Rolle. Sie wird allenfalls als Sektor erwähnt, aus dem Arbeitskräfte ausscheiden und zusätzlich den Arbeitsmarkt der Region belasten. Daß Vertreter dieser Lebensform in ihren Bewußtseinsprägungen durchaus interessante Ansatzpunkte für prospektive Entwicklungsschritte aufweisen, kann daher nicht in das Blickfeld der Experten geraten.

Umgekehrt ist festzustellen, daß die Bevölkerungsseite beispielsweise die Handlungsmotivationen und -fähigkeiten der politischen Akteure (vgl. bes. d. A- und B- Typen) falsch einschätzt. Gleiches gilt für die Wahrnehmung des Fernpendelns (vgl. z.B. 6. und Zitat LW 4 in 9.5.1).

Insofern dieses Phänomen auch von den Experten nicht adäquat erfaßt wird (vgl. o.), ist hier beispielhaft auf inhaltliche Übereinstimmungen zwischen Alltags- und Expertenbewußtsein zu verweisen. Auch die weitgehende Ausblendung des regionalökonomisch und soziokulturell relevanten Problems der Erwerbslosigkeit in fast allen untersuchten Wahrnehmungsmustern (vgl. z.B. Typ B in 5., 7.1.2 und 13.) scheint theoretisch und empirisch relevante Überschneidungen zwischen Experten- und Alltagsbewußtsein zu belegen.

Daran anknüpfend lassen sich die skizzierten - gruppenspezifischen und -übergreifenden - "Wahrnehmungsverengungen" teilweise dahingehend interpretieren, daß in ihnen ein verbreitetes "Bedürfnis" zum Tragen kommt: "die maßstäbliche Region Ostfrieslands" (vgl. 14.1) - resp. ihre gruppen- bzw. typenspezifischen Subeinheiten - als "Geborgenheitsraum" zu sichern.[4]

Aus dieser Vorstellung vom "Geborgenheitsraum in der Modernisierung" leitet sich nicht umstandslos eine tragfähige Entwicklungsperspektive für die Region ab. Gleichwohl scheint in dieser weithin geteilten Vorstellung

---

4   Mit dieser Interpretation können die angesprochenen "Verengungen" auch deshalb nur teilweise erklärt werden, weil Alltagsbewußtsein die Umwelt prinzipiell nur ausschnitthaft abbildet (vgl. 1.).

eine Option auf, die bisher aber nur von wenigen als zu gestaltende und gestaltbare wahrgenommen wird (vgl. D-Typen und Experten Typ I.b).

Insofern zugleich von über- und innerregionalen, differenzierenden Modernisierungsprozessen, wie z.B. der Herausbildung neuer Arbeitszeitmodelle oder individualistischer Wahrnehmungs- und Lebensmuster (C-Typen), Impulse ausgehen, die die beschönigenden Assoziationen zum "Geborgenheitsraum" fraglich werden lassen, ist es nicht unmöglich, daß aus dem weithin geteilten Geborgenheitsbedürfnis schrittweise eine zukunftsträchtige Regionalentwicklungsstrategie erwächst.

Dabei könnte an einen durch die Geschichte Ostfrieslands gefestigten Erfahrungshintergrund angeknüpft werden: ob und inwieweit die immer wieder bewältigte Herausforderung der Landessicherung in Ostfriesland in der Erkenntnis mündet, daß nichts bleibt wie es ist, wenn nichts verändert wird.

15 Zwischen Genügsamkeit und Selbstbewußtsein - stilisiertes Ethos oder historisch-gewachsene Tönung einer regionalen Gesellschaft?

Nachdem die empirischen Ergebnisse eine verbreitete Disposition der Ostfriesinnen und Ostfriesen zum Rückzug in eine alltagsweltliche Geborgenheit gezeigt haben, steht die interessante Frage im Raum, ob sich dafür regionsinterne Entstehungsbedingungen finden lassen: Sind die Menschen in der regionalgeschichtlich greifbaren Entwicklung sozioökonomischer und sozialkultureller Strukturen gleichsam auf eine Neigung zu Selbstzufriedenheit unter "bescheidenen" Lebensverhältnissen hin geprägt?

Indem sich das Interesse hier der Frage nach dem möglichen Ursprung und der Genese einer solchen Bewußtseinsorientierung ("Geborgenheitsraum") zuwendet, entsteht eine gewisse Spannung zum bisherigen Erkenntnisprozeß und den daraus gewonnenen Ergebnissen. Denn bislang war der Untersuchungsansatz empirisch-kleinteilig angelegt und erbrachte dadurch eine ausdifferenzierte Beschreibung von für Ostfriesland typischen Lebensformen und Bewußtseinsstrukturen. Diesem sozialwissenschaftlich-hermeneutischen Vorgehen folgt jetzt eine stärker synthetisierende Darstellung der möglicherweise in Ostfriesland historisch gewachsenen Bewußtseinsprägung, gleichsam das Aufspüren eines "roten Fadens regionaler Gemeinsamkeit", der, aus historischen Wurzeln gesponnen, noch die gegenwärtige Lebensweise durchwirkt. Damit wird die qualitativ empirische Forschungsperspektive, aus lebensformspezifischen und lokalen Einzelfallstudien und deren Vergleich verallgemeinerbare Ergebnisse zu gewinnen, von einer Gesamtschau der prägenden Elemente ostfriesischer Besonderheit von früher bis heute abgelöst.

In Nachbardisziplinen, beispielsweise der Volkskunde, bemüht man sich stärker um derartig "ganzheitliche Sichtweisen" regionaler Eigenart. So wird am Beispiel des Ruhrgebietes von Lindner (1993) einer ähnlichen Fragestellung unter dem Thema "Das Ethos der Region" eindrucksvoll nachgegangen. Ausgehend von einer

> "Synthese anthropologischer und soziologischer Überlegungen" zielt das "Ethos-Konzept" auf "... den gewohnheitsmäßigen Charakter ...,

den Mitglieder einer Gesellschaft gemeinsam haben, meint weniger eine durch die Normen einer expliziten Ethik geprägte Haltung, als vielmehr jene Besonderung einer Kultur, wie sie in den Neigungen (und Abneigungen) ihrer Mitglieder zum Ausdruck kommt, meint weniger ihre Gesinnung als vielmehr ihren 'Sinn' für (oder gegen) etwas" (Lindner 1993, S. 178).

Im folgenden soll deshalb der Versuch unternommen werden, auch für Ostfriesland dem möglichen Entstehungskontext einer besonderen "Tönung" der Gesellschaft nachzugehen.

Dieses Anliegen wird unter den folgenden, miteinander verbundenen Fragen gesehen:
- Gibt es auch in Ostfriesland ein "regionales Ethos"?
- In welchen Ausprägungen läßt es sich beschreiben?
- Wie ist es möglicherweise entstanden?

15.1 Das Grundmuster: endogener Selbstbehauptungswille

Den bekanntesten Deutungsanker eines "ostfriesischen Ethos" findet man im Begriff der "Friesischen Freiheit". Ihr historischer Ursprung liegt in der Schaffung einer Selbsthilfeorganisation zur Abwehr der im 9. und 10. Jahrhundert die ostfriesischen Küstengebiete heimsuchenden Normannen. Dadurch war schon früh eine gemeinschaftliche Erfahrung der Selbstbehauptung entstanden. Sie wurde kontinuierlich wachgehalten in der Auseinandersetzung mit den Naturgewalten des eigenen Lebensraumes, vor allem mit dem Meer. Dessen kontinuierlichem Anstieg seit der Jahrtausendwende konnte nur in gemeinschaftlicher Anstrengung standgehalten werden: Der Deichbau ist so gesehen nicht nur Instrument und kulturelle Leistung zur Sicherung des Küstenraumes, sondern auch symbolische Verdichtung für ein notwendiges Gemeinschaftsbewußtsein zur individuellen Lebenssicherung:

> "Aus dieser gemeinsamen Verpflichtung zum Schutz des Lebensraumes, die sie selbst eingegangen waren, leitete sich die gemeinsame Berechtigung zur Freiheit des Eigenlebens her, die sie für sich beanspruchen konnten. So trafen die Grafen hier auf einen entwickelten und organisierten Selbstbehauptungswillen, den sie nicht mehr zu brechen im Stande waren." (van Lengen 1987, S. 46).

Diese, aus der Auseinandersetzung mit der Natur entstandene Haltung der Selbstbehauptung könnte somit ein wichtiges und andauerndes Erfahrungssubstrat sein, das, in das Bewußtsein der Menschen eingeschrieben, auch heute den Hang verständlich werden läßt, sich in die soziale Umwelt einzubinden, um dort Geborgenheit vor äußeren Veränderungen zu suchen, sei es um den Preis minderer materieller Erfolgsaussichten.

Eine solche regionalspezifische Erfahrung ist historisch gesehen nicht nur im Marschensaum gewachsen, sondern speist sich ebenso aus den entbehrungsreichen Erfahrungen der Moorkolonisation. Vor allem die Fehnerschließung dürfte eine Sozialisationsbedingung gewesen sein, unter der die Wirksamkeit intakter Sozialverbände besonders positiv wahrgenommen wurde:

> "Die einheitlichen Start- und Arbeitsbedingungen der Kolonisten waren die Grundlage für die gemeinsame Erfahrung des Gleichseins, des Sich-durchsetzen-müssens, des Auf-sich-allein-gestellt-seins" (Ommen 1992, S. 271).

Es ist wichtig, die Deutung des Phänomens "Geborgenheitsraum" an dieser existenziell-lebensräumlichen Wurzel des historischen Kontextes "Friesische Freiheit" anzusetzen. Denn in Anlehnung an van Lengen (1987) wie Schmidt (1992) ist zu betonen, daß dieser Begriff nicht die idealisierte Vorstellung einer demokratisch fundierten "Bauernrepublik Ostfriesland" trägt, die aus einer "kulturellen Stammesidentität" erwachsen wäre. Zwar haben sich im 11./12. Jahrhundert genossenschaftliche Verbände territorial arrondiert und zu autonomen Landesgemeinden entwickelt. Sie blieben aber eher eine "Notgemeinschaft der Friesischen Freiheit", die sich gegen erstarkende, herrschaftlich orientierte Kräfte zu wehren hatten, wobei letztere in der Häuptlingsherrlichkeit (14. Jahrhundert) und bis hin zur Inthronisierung der Cirksenas als Reichsgrafen (1464) die Oberhand gewannen:

> "Ostfriesland war eben nicht unter dem 'Upstalsboom', sondern aus dynastischen Initiativen erwachsen; so stand das Bild des Grafen sinnvoller für seine Existenz als jenes Freiheitsmal" (Schmidt 1992, S. 68).[1]

---

1 Unter dem "Upstalsboom", einem Versammlungsplatz nahe Aurich, trafen sich vom 12. bis 14. Jahrhundert Vertreter friesischer Landesgemeinden zur Beratung über Angelegenheiten des "ganzen Friesland".

Auch wenn in der Ostfriesischen Landschaft als einem Ständeparlament (bis 1924) ein demokratisches Repräsentationsprinzip (unter Ausschluß der nicht landbesitzenden Bevölkerung) erhalten blieb, waren demokratisch-genossenschaftliche Ansätze der mittelalterlichen Landgemeinden verlorengegangen. Denn die "Freien Friesen" am Upstalsboom haben in partikularistischem Interesse ihre Landgemeinden vertreten, nicht aber Demokratie im modernen Verständnis ausgeübt. Schmidt (1992, S. 68) sieht eher den bäuerlichen Selbstbehauptungswillen im Grafen Edzard I. symbolisiert, da die Ostfriesen dessen listige Durchsetzung politischer Unabhängigkeit in der "Sächsischen Fehde" (1514-1517) beeindruckte:

> "In jedem ostfriesischen Bauer stecke ein kleiner Edzard, fluchten fremde Landsknechte während der 'Sächsischen Fehde'."

Eine solche Orientierung an einer Autorität brauche nicht den herkömmlichen Freiheitstraditionen zu widersprechen, da das Verständnis der Ostfriesen von Freiheit auf eigenem Besitz und dem freien Umgang mit ihm gründe.

Geborgenheit in Ostfriesland erhält hier, neben der bereits angesprochenen Bedeutung der Vertrauen gebenden Sozialintegration, eine weitere Konnotation, die in zahlreichen empirischen Belegen der Untersuchung nachzuweisen ist: die Wertschätzung des eigenen Besitzes. Nicht nur die formale Eigentumsbindung, sondern vor allem die Entfaltungsmöglichkeit individueller Lebensinteressen auf eigenem Land führen dazu, daß viele Menschen in Ostfriesland Haus und Garten (inkl. Basteln und Heimwerken) zum lebenslangen Hobby erkoren haben. Selbst das Fehlen einer typischen urbanen Arbeiterkultur vor allem in Emden und seinem Umland dürfte damit zusammenhängen, daß durch den Hausbesitz auf dem Lande eine Symbiose von Industriearbeit und ländlichem Leben mit hohem Zufriedenheitswert besteht.

Verfolgt man die Geschichte Ostfrieslands vom 16. bis 19. Jahrhundert, wird deutlich, daß der Gedanke der "Friesischen Freiheit" eher in einen Selbstbehauptungswillen mutierte, der sich an den harten Lebensbedingungen notwendiger Raumerschließung und -nutzung schärfte, als daß er sich in einer nach außen getragenen regionalistischen Widerständigkeit artikuliert hätte.

Bereits zu Beginn des 30jährigen Krieges haben die Konflikte zwischen den ostfriesischen Reichsgrafen und den Ständen, aber auch die Streitigkeiten unter den Ständen und Landesgemeinden - man erinnere sich an die Kritik, die besagt, daß in Ostfriesland bis heute das "Kirchtumsdenken" nicht verloren gegangen sei - dazu geführt, daß "... nicht eine Synthese von Freiheit und Herrschaft ..." erreicht wurde, "... sondern ein Patt der beiden ... Gegenkräfte, das Ostfriesland in Ohnmacht fallen und zum Spielball auswärtiger Mächte werden ließ. Es war fortan nur noch Objekt der Geschichte" (van Lengen, 1987, S. 56).

Diese Außenbestimmtheit Ostfrieslands verläuft vor dem Hintergrund wechselnder territorialer Zugehörigkeit: 1744-1815 als preußische Provinz, 1815-1866 als Teil des Königreichs Hannover, 1866-1946 als Teil der preußischen Provinz Hannover, 1946 bis heute als Teil Niedersachsens, wobei Ostfriesland - erstmals seit der Entstehung der Reichsgrafschaft - kein eigenes Verwaltungsgebilde mehr darstellt, seit 1978 im Zuge der Bezirksreform der Regierungsbezirk Aurich aufgelöst wurde.

Die Außenbestimmtheit wurde und wird von nicht wenigen im Gefühl politischer Randständigkeit hingenommen und bestätigt sich auch in gewissen ökonomischen Entwicklungen: Ostfriesland ist stärker durch die Ansiedlung "verlängerter Werkbänke" mit geringerem qualifikatorischem Anspruchsniveau denn durch endogen gewachsene, stabile Wirtschaftszweige mit kreativem Entwicklungspotential geprägt. Und dort, wo eine solche im regionalspezifischen Erfahrungsfeld entstandene Unternehmensgründung, der Windkraftanlagenhersteller ENERCON, sich zu einem attraktiven Wirtschaftsfaktor Ostfrieslands zu entwickeln beginnt, wird dies von der zuständigen Industrie- und Handelskammer als untauglicher Versuch gesehen (vgl. OZ v. 08.07.94, S. 11).

Umgekehrt ist der Anteil der landwirtschaftlichen Beschäftigung bis weit in die Zeit nach dem 2. Weltkrieg überproportional hoch geblieben (1950 noch fast 50 % der Beschäftigten im Regierungsbezirk Aurich), so daß die an Boden und Landschaft gebundene Wertschöpfung für viele Menschen als enger Wahrnehmungs- und Handlungszusammenhang bis in die Gegenwart im Bewußtsein geblieben sein dürfte. Vor diesem Hintergrund wird verständlich, daß in zahlreichen Interviews behauptet wurde, man lasse sich nicht "verpflanzen". Diese "Bodenständigkeit" hat dabei durchaus den materiellen Aspekt, auf dem Land über preiswerten oder ererbten Baugrund zu verfügen, so daß Wohnen und Hauseigentum in Ostfriesland noch billig zu realisieren sind.

Man erkennt: Ein endogener, auf den erfahrbaren Alltagsraum konzentrierter Selbstbehauptungswille resultiert aus einer langen Geschichte, die von regionalpolitischen und regionalökonomischen Besonderheiten gleichermaßen geprägt war und ist.

15.2 Differenzierungen des Grundmusters: Selbstgenügsamkeit - Selbstbewußtsein

In der eigenen Untersuchung wurde das Teetrinken als besonders markante Manifestationsform des "Ostfriesisch-Seins" erkannt. Hinter dem Ritual alltäglicher Teekultur verbirgt sich - nach der feinsinnigen Interpretation Wassenbergs (1991) - ein komplizierter sozialpsychologischer Kontext, der einen Ansatz zu einer weiteren Entschlüsselung eines ostfrieslandtypischen Ethos bieten könnte. Danach habe das Teetrinken, das nach 1700 in Ostfriesland populär wurde, insofern eine regionale identitätsstiftende Rolle übernommen, als es als Ausdruck einer passiven Opposition gegen "kulturfremde Herrschaft" (vor allem Preußens) und "undemokratische Regierungsstile" (gemeint ist der obrigkeitliche Herrschaftsanspruch der ostfriesischen Reichsgrafen) gegolten habe:

> "Im ostfriesischen Begriff der Tee-Drogen-Kultur spiegeln sich die konfligierenden Bewußtseinsformen der beginnenden Neuzeit. Und die Tee-Kultur nimmt immer noch Bezug auf das Ganze der regionalspezifischen Ich-Identität und hält fest, daß das Problem individueller Freiheit und der damit verbundenen Affektkontrolle mit Hilfe einer Droge gelöst wurde." (Wassenberg 1991, S. 140).

Gemeint ist, daß mit dem Erstarken Emdens als Hochburg des niederländischen Calvinismus Mitte des 16. Jahrhunderts und seiner damit kurzzeitig verbundenen wirtschaftlichen Blüte eine neue, bürgerliche Freiheitsrechte einfordernde ideologische Stoßrichtung in Ostfriesland Einzug hielt, die sich von nun an mit der bereits vorhandenen konservativen, gräflich-obrigkeitlichen, dem lutherischen Glauben verbundenen Kultur machtmäßig, aber auch ideell zu messen begann. Die calvinistische Grundorientierung steht für Wassenberg (1991, S. 135-140) insofern im Zusammenhang mit der Droge Tee, als diese gegenüber dem in Ostfriesland verbreiteten Alkoholgenuß einen wachen, vernunftorientierten Bewußtseinsstand fördere, der dem neuzeitlichen Individualitätsverständnis des Calvinismus entspreche. Auch wenn "calvinistisch-pietistische Deutungsmuster nicht mehr zur offiziellen Schriftkultur durchdringen können, scheinen sie fest und lebendig zu sein" (S. 140). Selbst gegen die Interventionen des preußischen Staates, der das Teetrinken als hinderlich für die Durchsetzung autoritärer Herrschaft ansah, blieb es gerade in den minderprivilegierten armen Bevölkerungskreisen verbreitet. Wojak (1992, S. 46) betont, daß selbst bei den ärmsten Kolonatsfamilien im Hochmoor regelmäßig Tee getrunken wurde.

Wenn heute das ritualisierte Teetrinken als Merkmal eines bedächtigen und selbstgenügsamen Lebensalltags in Ostfriesland auch medial hochstilisiert wird, belegen doch Erinnerungen alter Moorbewohner, daß selbst Teile harter Alltagsarbeit von Bedächtigkeit geprägt waren, daß nicht selten zur Arbeit ein gemeinsames Lied angestimmt wurde, daß solche Stimmungen vor allem bei handwerklichen Verrichtungen wie dem häuslichen Matten- und Korbflechten die Atmosphäre prägten, weniger das zu tätigende Arbeitspensum, wie etwa beim Torfgraben oder der Hafenarbeit (a.a.O., S. 51).

An dieser Stelle wird es wichtig, die Tönung der ostfriesischen Gesellschaft zu differenzieren: Soziologisch in der Unterscheidung der privilegierteren bäuerlichen Schicht und der stets unter Armut leidenden Mehrheit, die auch politisch, im Gegensatz zum Hausmannsstand des flachen Landes, also der ersteren Gruppe, nicht im Ständeparlament der Ostfriesischen Landschaft vertreten war. Der sozialpsychologisch besetzte Grundtopos "Selbstbehauptungswille" differenziert sich hierdurch in Verbindung mit naturräumlich/ kulturlandschaftlicher Besonderung in zwei Richtungen: der Selbstgenügsamkeit und dem Selbstbewußtsein bzw. Stolz.

Selbstgenügsamkeit bezeichnet den Lebensmaßstab, der, historisch bis ins frühe Mittelalter zurückreichend, für die Bewohner der Geestdörfer charakteristisch gewesen ist, der seit der Neuzeit in radikalerer Form für die Kolonisten der ungeregelten Moorerschließung - "eine Schicht unterhalb bäuerlicher Selbstachtung" (Schmidt 1975, S. 356) - gegolten hat. Aufgrund der ökologisch diversifizierten Potentiale (Esch-Ackerfluren, Kämpe, Gemeinheitsflächen und sichere Siedlungslage zwischen Geest und Niederungsmoor) konnten die Geestbauern eine "bescheidene Autarkie mit vielfältiger Ausstattung" (Schultz 1962, S. 59), d.h. eine kontinuierlich funktionierende selbstgenügsame, Selbstversorgung entwickeln. Sie waren damit den Marschenbauern ökonomisch unterlegen, die vor allem auf dem dem Getreidebau förderlichen Hochland einen vielfachen Ertrag erzielen konnten und aufgrund der überschüssigen Produktion in Handel und Geldwirtschaft hineingewachsen waren. Gleichwohl waren trotz bescheidenem Lebensstandard auch die Herdbesitzer (Vollbauern) der Geestdörfer im ostfriesischen Ständeparlament repräsentiert.

Dies galt nicht für die Menschen, die unter dem preußischen Interesse der Peuplierung, d.h. der Vermehrung steuerpflichtiger Untertanen, übereilt und ungeplant um den Aufbau ihrer Kolonate im Hochmoor ringen mußten. Ihre Existenz, die sich, weit verbreitet, allein auf extensive und den Boden degradierende Buchweizenkultur (Moorbrandkultur) gründete, war notgedrungen auf Armut und äußerste Selbstgenügsamkeit beschränkt, an der auch die Verdingung auswärts in den Marschgebieten und Geestdörfern, so wie die Herstellung von Besen und Matten und das bis in die Nachkriegszeit reichende Wanderhändlertum kaum etwas ändern konnten. Deshalb wurden sie von den Geestbauern nicht als gleichwertige soziale Gruppe akzeptiert und oft - als Extrembeispiel die von den Nationalsozialisten unter den Folgen erbbiologischer Selektionspolitik besonders gepeinigte Moorkolonie Moordorf (Wojak 1992) - als sozial randständig ausgegrenzt.

Eine dritte unterprivilegierte und auf Selbstgenügsamkeit beschränkte Gruppe sind die Landarbeiter der Marschen gewesen, die in materieller Abhängigkeit von den "Polderfürsten" in bescheidenen Deichreihensiedlungen lebten.

Somit ist der Topos der Selbstgenügsamkeit ein gemeinsames Band an Alltagserfahrungen in Ostfriesland, der sich in jeweils unterschiedlichen wirtschaftshistorischen und naturräumlich-kulturlandschaftlichen Sozialisationskontexten entwickelt hat. Er hat insofern in der Modernisierung und Industrialisierung (v.a. im Pendlereinzugsbereich Emdens) eine Transformation durchlaufen, als ganze Kolonistenorte zu Arbeiterdörfern geworden sind, aber auch viele der Landarbeiter aus der Marsch ihren Haupterwerb über eine Beschäftigung im produzierenden Sektor gefunden haben. Gleichwohl ist für viele das ländliche Standbein, v.a. im Eigenbesitz unter Verschränkung von industrieller Erwerbsarbeit und landwirtschaftlichem Nebenerwerb oder Nebeneinkommen aus dem Fremdenverkehr, erhalten geblieben. Bei nicht wenigen Menschen in Ostfriesland kommen Aktivitäten im Bereich der informellen Ökonomie hinzu. Auch die Gruppe der Fernpendler stützt sich auf die Möglichkeit des preiswerten Eigenheims in Ostfriesland. Kommt die noch weitgehend erhaltene sozialintegrative Struktur von Nachbarschaft und Dorfgemeinschaft hinzu, so festigt sich das selbstgenügsame Lebensmuster, das sich in einem Interviewauszug der Untersuchung Ommens (1992, S. 187) plastisch ausdrückt:

"Ich sage, mehr essen als auf den Tisch kommt, kann ich nicht. Und damit bin ich zufrieden. Ich weiß nicht, wie das kommt. Ich meine, ich möchte auch Geld verdienen, aber nur, um mir ein Haus hinzusetzen, um eine Familie zu gründen, um hier zu bleiben."

Dieses Selbstbild ist - nach eigenen Untersuchungsergebnissen - auch nicht vom "Makel" der Arbeitslosigkeit zu erschüttern, solange der Betroffene in häuslich-familiärem Bereich fleißig ist und sich für die Erhaltung seines Besitzes einsetzt. Gerdes (1992, S. 188) sieht jedoch daher auch "Gefahren in einem möglicherweise defensiven Lokalismus der Selbstgenügsamkeit" liegen, was besagen will, daß dadurch die, für veränderungswillige Zukunftsperspektiven nötige Aufbruchstimmung in Ostfriesland gebremst sei.

Die zweite Konkretisierung des beschriebenen Selbsthauptungswillens liegt im Deutungsgehalt, der mit den Begriffen "Selbstbewußtsein/Stolz" umschrieben werden kann. Seinen Sozialisationshintergrund erhält diese Akzentuierung sowohl aus der Besiedlung der Marsch als auch des Moores. Beiden Siedlungsentwicklungen geht ein, die Gemeinschaftsarbeit betonender, planvoller Erschießungsweg voraus, bevor der individuelle Nutzen ausgeschöpft werden kann: Bei den Marschenbauern ist es die Leistung des Deichbauern, bei den Fehnsiedlungen der Gesamtzusammenhang der Organisation von Entwässerung, Torfabbau und -verschiffung und landwirtschaftlicher Kultivierung, der sich sogar materiell-formenhaft in den Plansiedlungen der Fehnorte mit Hauptkanal, kettenartiger Hofreihung und dem geometrischen Wiekensystem wiederspiegelt.

Durch den Deichbau haben die Marschenbauern eine Wohlstandschance nutzen können:

"Neben dem Risiko der Preisbewegungen, Mißernten, Sturmflutkatastrophen sowie der außerordentlichen Deich- und Siellasten steht hier die Möglichkeit des Reichtums. Sie ist eine Chance, die das kaufmännisch-spekulative Denken des Marschbauern meist zu nutzen weiß ... Voraussetzung für einen derartigen Wirtschaftsgeist ist aber nicht nur einseitiger Reichtum, sondern dazu eine ausgesprochene Freiheit und Beweglichkeit der Bewirtschaftung." (Schultz 1962, S. 59).

Damit war in der Marsch der Hang zu bäuerlicher Autonomie vielleicht am stärksten ausgeprägt und mit den Vorstellungen "friesischer Freiheit" assoziationsfähig. Das Image der wohlhabenden Marschenbauern hat dabei aber auch Züge des Besonders-Seins angenommen, die sich sowohl in Abgrenzung von den eigenen Landarbeitern als von der weniger respektierlichen freien Lebensart der Bewohner in den Sielhafenorten (a.a.O., S. 20 f.) äußerte, mit denen man dennoch wegen des Warenaustausches in und aus der Marsch funktionell verbunden war.

Selbstbewußtsein und Stolz auf die eigene Lebensführung, den eigenen Lebenserfolg zeichnet auch die "Fehntjer" aus, allerdings aus einem ganz anderen sozialpsychologischen Entstehungskontext. Es ist vor allem die, aufgrund des Anerbenrechts auf der Geest besitzlos gewordene, bäuerliche Bevölkerung, die sich im 17. Jahrhundert um Fehnkolonate bemühte:

> "Der Kolonatsnahme war in jedem Fall die Erfahrung der Entwurzelung vorausgegangen, anders als bei den Bauern, die in ihren Besitz hineingeboren wurden." (Ommen 1992, S. 8).

Um so mehr dürften sie sich, nach erfolgreicher Kolonisation und aufgrund von Notwendigkeit und Möglichkeiten beruflicher Differenzierung (Bauern, Torfschiffer, Werftunternehmer, Seeschiffahrt) zu sozialem Aufstieg und bescheidenem Wohlstand gekommen, eine stolze Sicht vor allem gegenüber den Geestbauern angewöhnt haben:

> "Es ist das Selbstbewußtsein der einmal zu kurz gekommenen. Damit haben sich Fehntjer entschädigt für die generationsweise Demütigung, die sie von den Bauerndörfern haben hinnehmen müssen." (a.a.O., S. 51).

Auch hier gilt, was bereits für andere regionsspezifische Sozialgruppen festgehalten wurde: Selbst, wenn viele Fehnbewohner bereits im 19. Jahrhundert durch die Schiffahrt dem bäuerlichen Leben entwuchsen, ein Prozeß, der sich im modernen Pendleralltag heute nicht anders darstellt, bleibt der Rückbezug zum Fehn, d.h. zum Erfahrungsraum der mühsamen Moorkolonisation auf dem Land, über den sorgfältig gehegten Haus- und Grundbesitz erhalten, so daß dem selbstbewußten Lebensgefühl dieser Zug der Bodenständigkeit anhaftet (s. Fallstudie Holterfehn, Kap. 6).

Zwei Schlußbemerkungen sind angebracht. Erstens: Durch alle drei Prägungen ostfriesischer Eigenart - Selbstbehauptungswille, Selbstgenügsamkeit und Selbstbewußtsein - zieht sich ein gemeinsamer Erfahrungshintergrund: die Notwendigkeit und Wertschätzung der "Gemeinschaft". Es ist dies ein Merkmal ostfriesischer Lebensqualität, das in der bereits genannten IWG-Studie (IWG 1989; vgl. Kap. 1.2) pointiert als Hang der ostfriesischen Bevölkerung zum Leben in intakten "Sozialverbänden" für die Gegenwart behauptet wird. Zweitens: Das Band gemeinsamer Besonderheiten ostfriesischer Mentalität, die regionsspezifische Tönung, die als Zusammenhang von endogenem Selbstbehauptungswillen, Selbstgenügsamkeit und Selbstbewußtsein gedeutet wurde, ist in seiner landschaftlichen Prägung insbesondere auf Moor und Marsch bezogen.

Die Geest scheint ein unauffälligeres, normaleres Sozialisationsfeld historisch gewachsenen Alltagsbewußtseins darzustellen, das auch weit vom Küstensaum entfernt in anderen Gegenden verbreitet ist. Moor und Marsch hingegen sind extremere und existenziellere Erfahrungsräume im Grenzbereich von Ökumene und Anökumene gewesen. Es sind einprägsamere, weil intensiver über das Alltagshandeln gewachsene Identifikationen, getragen von Menschen, die sich über Generationen einem harten Aneignungsprozeß der Natur ausgesetzt sahen. Dieser Bezug zur Natur, der vor allem im Bild der Weite von Marsch und Moor kulminiert - und das heißt auch, der die nie abschließbare Vereinnahmung von Land und Meer durch den Menschen symbolisiert -, ist Alltagswahrnehmung vieler Ostfriesinnen und Ostfriesen (auch solcher, die in der Stadt leben; s. Fallstudie Leer, Kap. 7). Sie ist gleichzeitig Grundbestand der Werbung mit und für Ostfriesland geworden (z.B. die Broschüre "Henri Nannen: 'Mein Ostfriesland'" oder die Werbung der Jever-Brauerei). Überhaupt wird zugunsten einer stärkeren Tourismusentwicklung geradezu die "Ländlichkeit" in ihrer Mischung von herber Natur und vielfältig-kleinteiliger Kultur als Attraktionspotential vermarktet.

Insgesamt also wurde, sofern man von einem realistisch auf unterschiedlichen Erfahrungen aufbauenden "Ostfriesland-Ethos" sprechen will, dieses vor allem aus ländlicher Alltagswelt begründet. Tatsächlich dürfte für Ostfriesland als Besonderheit gelten, daß, abgesehen von der angesprochenen Blütezeit Emdens im 16. Jahrhundert und beginnendem 17. Jahrhundert als dominierender Handels- und Reedereiplatz mit bürgerlich-calvinistisch begründeten Freiheitsansprüchen, das Städtewesen keine herausragende identifikationsstiftende Rolle gespielt hat. Dies läßt sich - verallgemeinernd gesprochen - bis heute vor allem darin erkennen, daß die ostfriesischen Städte (wiederum mit Ausnahme einiger Emder Kultureinrichtungen, insbesondere der Kunsthalle) keine dem Land deutlich überlegene urbane Kultur entwickeln konnten. Viele der heute als "Highlights" apostrophierten kulturellen Einrichtungen und Aktivitäten sind ländlichen Ursprungs und finden sich auf dem Lande. Vorzugsweise sind es die berühmten romanischen Kirchen und die Orgellandschaft, aber auch vielfältige sozialkulturelle Aktivitäten.

Möglicherweise ist es dieses unspektakuläre "Gleichmaß" in der Prägung von Kulturlandschaft und Alltag, dem sich die Menschen in Ostfriesland bis heute anvertrauen.

16 Sozialwissenschaftliche Theoriebildung zum Verständnis von Regionalbewußtsein

In diesem Kapitel sollen die Ergebnisse der empirischen Untersuchungen in Ostfriesland in ein Verhältnis zur sozialgeographischen Diskussion zum Thema "Regionalbewußtsein" und zu nachbarwissenschaftlichen Diskussionen über damit in Zusammenhang stehende Themenfelder gesetzt und vor diesen Hintergründen noch einmal reflektiert werden (für wesentliche Begriffsklärungen ist auf Kap. 1 zu verweisen). Vorab wird die aktuelle Relevanz der Thematik erörtert.

Ein wesentlicher Impuls für sozialgeographische Diskussionen und Untersuchungen zum Thema "Regionalbewußtsein" war der Entwurf eines Forschungsprogramms durch Blotevogel/Heinritz/Popp (1986, 1987). "Regionalbewußtsein" wurde dabei als "Bewußtsein der Zugehörigkeit zu einem bestimmten Raum" verstanden (Blotevogel/Heinritz/Popp 1987, S. 409), also weitgehend im Sinne unserer Definition von "raumbezogenem Bewußtsein" (vgl. Kap. 1). Ein wesentliches Ziel der "Erfassung des regionalen Zugehörigkeitsbewußtseins der Bevölkerung" sollte eine "kulturgeographische Raumgliederung unseres Landes aus der Insider-Perspektive" sein (a.a.O., S. 410).

Dieser Vorschlag hat zwar viele empirische Studien angeregt, war aber auch heftigster Kritik ausgesetzt. Ein wesentliches Argument der Kritik war, daß es homogene Kulturräume allenfalls in segmentären, nicht aber in funktional differenzierten Gesellschaften gegeben habe bzw. gebe (vgl. Bahrenberg 1987, S. 151). Moderne, funktional differenzierte Gesellschaften seien im wesentlichen Kommunikationssysteme, die unabhängig von räumlichen Strukturen und standörtlichen Bezügen funktionierten (vgl. z.B. Hard 1987, S. 426, Weichhart 1990, S. 6).

Diese Argumentation erfaßt aber die gegenwärtige gesellschaftliche Dynamik nicht adäquat. Denn unabhängig von der unterstellten und sicher auch gegebenen disziplinpolitischen Motivation, die Sozialgeographie auf aktuelle Themen auszurichten, ist die Aufmerksamkeitssteigerung für raumbezogene Bewußtseinsformen (sowie "lokale/regionale Identität") in Politik, Gesellschaft und anderen wissenschaftlichen Disziplinen ein offenkundiges

Phänomen (vgl. z.B. Ipsen 1993, Lindner 1994). Dabei wird in aller Regel die "gegenwärtige Bedeutungszunahme territorialer Bindungen ... als kompensatorische Reaktion auf die Entfremdungserfahrungen, die Sinnkrisen und die 'Unübersichtlichkeit' der Moderne" erklärt (Weichhart 1992, S. 33; vgl. auch Ipsen 1993, S. 9, Pohl 1993, S. 18 ff.):

> "Je umfassender die Globalisierung voranschreitet, um so bedeutender werden die regionalen und lokalen Handlungskontexte zur Erhaltung oder Schaffung von Seinsgewißheit." (Werlen 1992, S. 23).

Wenn man dieser ersten Analyse des Phänomens zustimmt, bleiben vor einer genaueren, theoretisch reflektierteren Erfassung der Zusammenhänge noch verschiedene Aspekte zu klären. Dazu gehören insbesondere folgende Fragekomplexe:

- Welche Rolle spielen räumliche Bezüge für die Konstitution und Ausprägungsformen des Alltagsbewußtseins oder die Ausbildung personaler und kollektiver Identitäten?
- In welchem Verhältnis stehen die physisch kopräsente Interaktion von Personen und die mediale Beeinflussung im Hinblick auf die Ausbildung von (raumbezogenen und anderen) Bewußtseinsformen?
- Gibt es eine "Maßstabsebene", die für die Bildung des Alltagsbewußtseins oder von Identitäten besonders relevant ist? Ist auch hier von einem Bedeutungsgewinn der regionalen Ebene zu sprechen oder sind etwa lokale Lebenszusammenhänge fundamentale Bezugsfelder?
- Kann in einer ausdifferenzierten, postmodernen, "vielfältigen" Gesellschaft überhaupt noch von relativ konsistenten oder zumindest im Zustand des "Fließgleichgewichts" befindlichen Formen des Alltagsbewußtseins und der Identität gesprochen werden oder werden vielmehr fragmentierte Bewußtseinsformen und erzwungene "Nicht-Identitäten" immer bedeutsamer, von denen sich allenfalls gewisse Teilaspekte empirisch erfassen lassen?
- Welcher Zusammenhang besteht zwischen Formen regionalen Bewußtseins, d.h. sowohl raumbezogenen Bewußtseins als auch regionaler Varianten des Alltagsbewußtseins, und der sozioökonomischen Regionalentwicklung? Welche Bedeutung haben "Raumbilder" als symbolische Ausdrucksformen und latente Leitbilder bestimmter Typen regionaler Entwicklung?

Diese Fragen sollen in den folgenden Teilen dieses Kapitels erörtert und entsprechende Überlegungen - soweit möglich - auf Ergebnisse unserer empirischen Arbeit bezogen werden. Die ersten drei Fragekomplexe zu räumlichen Aspekten der Bewußtseinsbildung werden in 16.1 erörtert, während Grundfragen "postmoderner Identitäts- und Bewußtseinsformen" in 16.2 angesprochen werden. Zum Abschluß erfolgt, auch als Überleitung zu unseren regionalpolitischen Analysen und Schlußfolgerungen (Kap. 17), eine Diskussion der Relevanz dieser Aspekte für die sozioökonomische Regionalentwicklung (16.3).

16.1 Sozialgeographische Debatte um die Entstehung und Bedeutung von Regionalbewußtsein

Wesentliche aktuelle Beiträge zur Beantwortung der drei oben zuerst genannten Fragekomplexe können Überlegungen von Pohl (1993), Weichhart (1990/92) und Werlen (1992) leisten. Die Fragen sollen im folgenden primär aus der alltagswissenschaftlichen und interaktionstheoretischen Perspektive, also der, aus der unsere empirischen Studien erfolgt sind, diskutiert werden.

Im Hinblick auf die Bedeutung "des Raumes" für Bewußtseins- und Identitätsbildung ist an das oben bereits angesprochene Phänomen zu erinnern, daß der Raumbezug sozialer Prozesse im allgemeinen, die territoriale Komponente von Prozessen der Bewußtseins- und Identitätsbildung im besonderen, wachsende Beachtung - gerade auch außerhalb der Sozialgeographie - finden (vgl. besonders: Giddens 1988, Läpple 1991). Pohl (1993, S. 26) meint sogar feststellen zu können, daß "die segmentär-räumliche Orientierung gegenüber a-räumlichen, funktionalen Strukturen ... eine zunehmend größere Rolle" spiele. Allerdings könne in diesem Zusammenhang nicht "dem Raum" bzw. räumlich-materiellen Strukturen "an sich" eine Bedeutung zugesprochen werden:

> "Denn jeder Versuch, die immaterielle subjektive und sozial-kulturelle Welt von Werten, Normen usw. mittels räumlicher Kategorien erfassen zu wollen, wird einerseits zu einer unangemessenen Homogenisierung der sozial-kulturellen Welt und andererseits zu einer unangemessenen 'Kollektivierung'." (Werlen 1992, S. 17).

Dieses gilt sowohl in allgemeiner Weise wie speziell im Hinblick auf "sozialräumliche Bindungen" bzw. "Vergemeinschaftungen". Präziser ist vielmehr zu formulieren, daß sich "sozialräumlich ausgeprägte Gruppenkohäsion", also Gruppenloyalität in räumlicher Hinsicht, "auf symbolische Gruppen und symbolische Gemeinschaften" bezieht. Es wird dabei

> "einfach unterstellt, daß eine räumlich abgrenzbare Gemeinschaft, ein Gruppenzusammenhang auf lokaler oder regionaler Basis gegeben sei. Man reagiert so, *als ob* ein Primärgruppenzusammenhang bestehen würde und hat damit eine 'handliche' symbolische Bezugsgröße zur Verfügung, auf die ein mehr oder weniger ausgeprägtes 'Wir-Gefühl', bzw. eine Art Gruppenloyalität ausgerichtet werden kann." (Weichhart 1990, S. 70; Herv. i. Orig.).

Für die Ausbildung von Gruppenkohäsion und sozialräumlichen Bindungen spielen Symbole eine wichtige Rolle. Das Spektrum möglicherweise in diesem Sinne relevanter Symbole ist bekanntlich breit: Es reicht von Ortsnamen über spezifische soziokulturelle Praktiken und Gegebenheiten (Sprache, Sportarten, Kleidung etc.) bis zu physisch-materiellen Gebilden (Bauwerke, Landschaftsformen usw.) (vgl. a.a.O., 1990, S. 71 f.). Symbole, z.B. Raumbezeichnungen, vermitteln Bedeutungsgehalte, die auf frühere Handlungen und Handlungskontexte verweisen:

> "Der Ort oder besser: der Bedeutungsgehalt der Ortsbezeichnung, wird zum Symbol und zum Anlaß der Erinnerung für jene Handlungen, die hier von mehreren Subjekten mit denselben Sinngehalten durchgeführt wurden. (...) Der Ort, die Orts- oder die Regionalbezeichnung wird derart zum *Vehikel* des kollektiven Gedächtnisses, des gemeinsamen Erinnerns, der Repräsentation." (Werlen 1992, S. 20; Herv. i. Orig.).

In diesem Sinne ist der Raum also "nur" in symbolisch vermittelnder Weise für die Bildung von Bewußtseins- und Identitätsformen relevant. In unserer Teilstudie zu "Manifestationsformen" des Regionalbewußtseins (vgl. Kap. 3, 4) wurde deutlich, daß in Ostfriesland gerade bestimmte soziokulturelle Praktiken (Teetrinken, Boßeln und Klootschießen, Gebrauch der plattdeutschen Sprache) eine hohe symbolische Bedeutung für die Ausbildung von "Gruppenkohäsion" und "sozialräumlichen Bindungen" haben.

Die nächsten beiden Fragekomplexe gelten den Entstehungsweisen und Maßstabsbezügen "raumbezogener Bewußtseinsformen". Im Vordergrund steht dabei die Frage, ob Formen des raumbezogenen Bewußtseins prinzipiell auf im Kontext personaler Interaktion entstandenen Deutungsmustern beruhen oder grundsätzlich auch anders "produzierbar" sind.

In Anlehnung an alltagstheoretische Grundüberlegungen betont Werlen (1992), daß face-to-face-Situationen für die Konstitution intersubjektiv gültiger Bedeutungen, als "Basis der Seinsgewißheit", zentral sind. Alle Formen der Bewußtseins- und Identitätsbildung knüpften letztlich an der Konstitution von Bedeutungen im Rahmen personaler Interaktionen in "Kopräsenz" an:

> "Entscheidend ist ..., daß ... in Situationen der Kopräsenz die Basis zur Erlangung der Seinsgewißheit bzw. die Voraussetzung zur Erlangung der Möglichkeit intersubjektiver Bedeutungskonstitutionen (zu sehen ist), die gemäß der hier entwickelten Argumentation ... die Kernelemente kultureller Identität bilden." (a.a.O., S. 24).

Wenn man dem Gedanken folgt, daß Interaktion in Kopräsenz für die Bewußtseins- und Identitätsbildung maßgeblich ist, kommt man quasi selbstverständlich dazu, daß der lokalen Ebene ein Primat bei der Bildung raumbezogener Bewußtseins- und Identitätsformen zukommen muß. Personale Interaktion findet vor allem im lokalen Kontext statt, viel seltener - und sehr selektiv nach Sozialgruppen und Lebensformen - im regionalen Maßstab. Somit wird

> "aus der Perspektive des Individuums eindeutig die *lokale Maßstabsebene* als primäre Referenzgröße wirksam. (...) Dieser Kernbereich der subjektiven Lebenswelt ist der räumliche Brennpunkt der Grundfunktionen raumbezogener Identität." (Weichhart 1990, S. 77; Herv. i. Orig.).

Auf diese Weise läßt sich auch die Entstehung etwa von Regionalbewußtsein genauer erklären - inkl. des Sachverhaltes, daß viele Studien zum Regionalbewußtsein die primäre Relevanz lokaler Bezüge ermitteln (vgl. z.B. Aring u.a. 1989, Kap. 5, Reuber 1993, Kap. G, sowie hier Kap. 5). Somit läßt sich

> "die These vertreten, daß die auf der lokalen Ebene raumbezogener Identität gewonnenen subjektiven Erfahrungen vom Individuum durch Abstraktions- und Generalisierungsprozesse auf höherrangige Bezugsobjekte *übertragen* werden können." (Weichhart 1990, S. 77; Herv. i. Orig.).

In diesem Sinne ist anzunehmen, daß

> "*durch den psychischen Prozeß der Übertragung und durch Ähnlichkeitsgeneralisierungen die auf den engeren Lebensraum geprägten Emotionen und Identifikationen in spezifischen Handlungskontexten*

auf größere räumliche Einheiten (wie Region oder Nation) ausgeweitet werden können. Es findet also ein *Transfer* typischer Einstellungen, Attribuierungen und emotionaler Bindungen von der lokalen Ebene auf höherrangige Maßstabsbereiche statt." (a.a.O., S. 78; Herv. i. Orig.).

Pohl (1993, S. 88 ff.) kritisiert die "Übertragungshypothese" von Weichhart (1990/92) und die "Kopräsenz-These" von Werlen (1992) dahingehend, daß sie allenfalls einen Teil der Bildung von Regionalbewußtsein erfassen könnten, wesentlichen Spezifika der Bewußtseinsbildung auf regionaler Ebene aber aufgrund ihrer theoretischen Voreinstellungen nicht gerecht werden könnten. In modernen, ausdifferenzierten Gesellschaften mache das soziale Geschehen im Kontext von Interaktionssystemen nur einen kleineren Teil der sozialen Prozesse aus, so

"daß der Zugang über Interaktionen nur Teile des Sozialgeschehens thematisieren kann. Etwas wie die kollektive Identität, die Regionalkultur, das Regionalbewußtsein kann nicht unter der strikten Forderung der Kopräsenz existieren." (Pohl 1993, S. 90).

Auf der regionalen Ebene, auf der personelle Interaktionen prinzipiell nur einen kleinen Teil des Sozialgeschehens ausmachen könnten, müsse

"automatisch die Realisierung, Erneuerung und auch die Fortentwicklung der Identität auf andere Weise vonstatten gehen als im alltäglichen Sprachspiel." (a.a.O., S. 91).

Als wesentlicher Faktor für die Erzeugung von Regionalbewußtsein wird vielmehr, in Anlehnung an Rohe (1984), die Existenz einer regionalen "Deutungskultur" angesehen (Pohl 1993, S. 94 ff.). Rohe (1984, S. 126 ff.) unterscheidet eine "gelebte" regionale Soziokultur von einer Deutungskultur als "Überbau der Regionalkultur", womit die Funktion von Medien, Politik, "Eliten" usw. bei der Entstehung von Regionalbewußtsein hervorgehoben wird.[1] Für Pohl (1993, S. 95) verläuft die Trennung zwischen Soziokultur

---

[1] Bemerkenswerte Beispiele für die Funktionsweise regionaler Deutungskulturen im Sinne einer "invention of tradition" finden sich z.B. bei Briesen/Gans (1992). Sie verweisen darauf, daß regionale Identitäts-Konstruktionen oft die Funktion haben, "zur moralischen, psychischen und sozialen Absicherung von Menschen" im sozialen Wandel beizutragen (a.a.O., S. 63). Analog könnte man sagen, daß auch manche der Ostfriesland-Stereotype (z.B. Groschupf 1991) die Funktion haben, ökonomische Defizite durch "mentale Eigenarten" zu erklären, dabei aber die Bevölkerung der Region zugleich sich selbst und anderen als "liebenswert" und "einzigartig" erscheinen zu lassen.

und Deutungskultur allerdings "weniger zwischen Gruppen oder Klassen, sondern sie verläuft innerhalb des Individuums". Hiermit seien zwei grundsätzlich unterscheidbare Dimensionen eines territorial bezogenen Bewußtseins angesprochen: eine "sozialintegrative" und eine "systemintegrative Komponente" (a.a.O., S. 98).[2] Die sozialintegrative Komponente ist dabei nicht mit "regionalem Alltagsbewußtsein" gleichzusetzen. Vielmehr bestehe der "alltagsweltliche Teil des Regionalbewußtseins" darin, daß "Region" im "Denken der Mitglieder thematisiert wird" (a.a.O., S. 101).[3] In diesem Sinne könnte eine Region auch nicht "Heimat" von Individuen sein. Dieser systemintegrativen Komponente wären politischer Regionalismus, Regionalmarketing, regionales "Identitätsmanagement" usw. zuzurechnen, wie sie z.B. Briesen/Gans (1992) oder Kerscher (1992) untersucht haben. Für Pohl (1993, S. 241) besteht - in Anlehnung an systemtheoretische Konzeptionen - die Aktualität der Thematik darin, daß

> "die Region als ein räumlicher Code verwendbar (ist), mit dessen Hilfe die Komplexität der modernen Weltgesellschaft besser strukturiert werden kann.".

Die Kritik von Pohl (1993) an der "Kopräsenzthese" kann allerdings nicht vollständig überzeugen, möglicherweise beruht sie teilweise auf einem Mißverständnis. Kollektive Bewußtseinsformen sind nach interaktionistischem Verständnis keinesfalls an aktuelle Kopräsenz gebunden, wie Pohl (1993, S. 90) annimmt. Die alltagsweltliche Interaktion in Kopräsenz führt vielmehr zur Etablierung intersubjektiver Bedeutungszusammenhänge und grundlegender Deutungsmuster, "die ihrerseits wiederum die Basis der Seinsgewißheit bilden" (Werlen 1992, S. 21). Zugleich bilden sie die Anknüpfungspunkte für die Wirksamkeit von (z.B. medial vermittelten) Raumabstraktionen:

> "Der beschriebene Prozeß der Übertragung bezieht sich aber nicht auf die Produktion, sondern auf die Akzeptanz und Internalisierung derartiger Raumabstraktionen. Er bietet also einen Erklärungsansatz nur dafür, daß sich das Individuum die extern produzierten Identifikationsangebote mit der notwendigen emotionalen und affektiven Verankerung auch zu eigen machen kann." (Weichhart 1990, S. 79).

---

2   Pohl (1993, S. 100) verweist darauf, daß auch in der Alltagssprache zwischen "Heimatgefühl" und (bewußtem) "politischen Regio-/Nationalismus" unterschieden werde.

3   Entgegen Pohls (1993, S. 101) eigener Distanzierung kann man dieses Konzept von "Regionalbewußtsein" schon als relativ "kognitivistisch" bezeichnen.

Anders formuliert: Auf den in der kopräsenten Interaktion "abgesicherten" Bewußtseinselementen

> "bauen sowohl die abstrakteren als auch anonymeren Bedeutungszuweisungen auf. Denn alle Formen der mittelbaren Erfahrung der Sozialwelt, die bis hin zu anonymen institutionellen Wirklichkeiten reichen, sind ... als Ableitungen aus unmittelbarer Erfahrung zu begreifen." (Werlen 1992, S. 21).[4]

Durch die medial vermittelten Bilder bzw. Raumabstraktionen kann jedoch eine Bestätigung und ggf. Idealisierung der alltagsweltlich entstandenen Deutungsmuster erfolgen.[5]

Für diese Zusammenhänge bieten die Ergebnisse unserer Untersuchungen zu "Manifestationsformen" eines "ostfriesischen Regionalbewußtseins" gute Beispiele (vgl. Kap. 3, 4). Die hier vor allem hervortretenden und als regionalspezifisch bezeichneten Alltagspraktiken (Teetrinken, Boßeln und Klootschießen, Gebrauch der plattdeutschen Sprache) sind einerseits symbolische Bezugspunkte eines "oberflächlichen Einheitsbewußtseins". Andererseits verweisen gerade diese - mehr als andernorts wichtige Symbole wie z.B. Bauwerke und Landschaftsformen - auf das Zusammenspiel von Bewußtseinsbildung in kopräsenter Interaktion und medialer Verstärkung. Es sind soziokulturelle Praktiken im lokalen, z.B. kleinsträumigen Kontext, die dort immer wieder als "typisch" und sozial bedeutsam erlebt und bestätigt werden. Sie sind insoweit selbstverständlich akzeptierte Elemente des Alltagslebens. Zugleich und gerade deshalb werden sie durch Medien und Kulturarbeit immer wieder erfolgreich als regionaltypische Elemente des Alltagslebens dargestellt, sind symbolische Ausdrucksformen für eine symbolische "regionale Gemeinschaft". Eine zusätzliche Verstärkung erfolgt darüber, daß sie auch "von außen" als Ostfriesland kennzeichnende Merkmale kli-

---

4 Über die Notwendigkeit dieser Anknüpfung besteht insbesondere im Marketingbereich kein Zweifel. Ein prägnantes Beispiel dafür benennt Alberti, Leiterin einer Thüringer Werbeagentur und "Unternehmerin des Jahres 1994", im Hinblick auf Werbung in Ostdeutschland: "Wer Pizza verkaufen will, arbeitet gemeinhin mit dem italienischen Lebensgefühl: *bella Italia* und *o sole mio* und all solche Schnullis. Wenn ich mir aber ansehe, wer im Supermarkt die preiswerte Pizza kauft: ... die wissen nicht, was italienisches Lebensgefühl ist und werden es vermutlich auch kaum erfahren. D.h., sie blocken erstmal ab, weil sie sauer sind, daß sie nicht nach Italien können. ... Die muß man anders ansprechen" (Menge 1994, S. 55).

5 In diesem Zusammenhang ist auf eine Differenzierung bei Ipsen (1993, S. 12) hinzuweisen, der die "eigenen", alltäglich angeeigneten von den "besonderen Orten", die "von Einheimischen und Fremden (zugleich; d.V.) als herausgehoben begriffen" werden, unterscheidet.

scheehafte Verwendung finden. In diesem Zusammenhang wäre es einer genaueren Untersuchung wert, daß die regionalpolitischen Experten für ihre "sachliche" Charakterisierung der Region ähnliche Stereotype verwenden, an deren Formulierung bzw. medialer Verstärkung sie vermutlich häufig selbst beteiligt waren (vgl. Kap. 13.1).

Die bisherige Argumentatonslinie zusammenfassend läßt sich also sagen: Der Raum "an sich" ist nicht identitätsstiftend oder bewußtseinsbildend. Raumbezogene Bewußtseinsformen (als eine Dimension des Alltagsbewußtseins) beruhen auf grundlegenden Deutungsmustern, die in personaler Interaktion in Kopräsenz entstehen. Durch Politik, Medien usw. "gemachte" und verbreitete Raumabstraktionen können ihre Wirksamkeit nur auf dieser - über lange Zeiträume entstandenen - Basis entfalten.

16.2 Sozialer Wandel und Regionalbewußtsein - Plausibilität und Grenzen sozialwissenschaftlicher Theoriebildung

Bei der Untersuchung des Regionalbewußtseins in Ostfriesland konnten vor allem solche Bewußtseinsinhalte erkannt werden, die unter dem Begriff "Geborgenheitsraum" interpretierbar sind (Kap. 14.2 u. 15). Gemeint ist eine Akzentuierung eines Regionalbewußtseins, das es ermöglicht, besser mit unsicheren Verhältnissen umgehen zu können, um kompensatorisch eine sozialpsychologische Stabilisierung gegenüber einer zunehmend globalen und anonym wirkenden Außensteuerung der Lebensbedingungen vor Ort zu erreichen. Vor allem die in den Ortsstudien als "Beschöniger" bzw. "zufriedener Ostfriese" ausgemachten B-Typen (vgl. 5.2.2 und 7.2.3) tendieren zu einer einseitigen Identitätssicherung über die lokale Alltagswelt.

Gleichwohl haben nicht alle befragten Personen in gleicher Weise eine Bewußtseinsorientierung, unter der sie Ostfriesland als Geborgenheitsraum sehen. Eine Minderzahl zieht sich nicht nur aus der nicht (mehr) verstehbaren ökonomischen und sozialen Außenwelt zurück, sondern verzichtet auch auf die Möglichkeiten kollektiver Selbstvergewisserung wie sie beispielsweise eine Dorfgemeinschaft oder Nachbarschaft anbieten. Der Rückzug aus dem sozialräumlichen Kommunikationshorizont endet in Privatheit und dem Erinnern an die bessere Vergangenheit. Vertreter dieser in ihrem Lebenssinn verunsicherten Menschen sind vor allem unter den typologischen Kennzeichnungen "Nostalgiker" und "ostfriesischer Nesthocker" beschrieben worden (vgl. 5.2.1 u. 7.2.2).

Als Gegenpol einer entweder idealisierten Identifizierung mit einer sozialen Gruppe und ihrem Lebensraum oder eines identitätsbedrohenden Rückzugs auf das eigene Ich werden postkonventionelle Identitätsprägungen diskutiert[6]. Darunter werden in soziologischer Deutung unter dem Thema Individualisierung und Lebensstildifferenzierung solche individuellen Wahrnehmungs- und Handlungsmuster verstanden, in denen gleichermaßen subjektiv-biographische und kollektiv-geteilte Orientierungen wirksam werden (vgl. Hitzler/Honer 1988). Diese, auch als "Patchwork-Identität" (Fabian 1989, S. 14) bezeichnete Aufspreizung eines homogenen Identitätsmusters in die Teilhabe an unterschiedlichen sozialen Bedeutungs- und Handlungswelten, bedarf aber immer noch der Selbstvergewisserung an allgemeinen Grundhaltungen:

"Jede Lebensform ist eingebunden in ein übergreifendes Lebensprinzip, das normative Orientierungen und darauf beziehbare kollektive Handlungsdispositionen vermittelt ... [Sie] funktionieren als transversale Elemente, als gemeinsame Bewußtseinsgehalte und Handlungsleitlinien, unter denen Individuen andererseits an unterschiedlichen 'kleinen Lebenswelten' teilhaben können." (vgl. Krüger 1991, S. 142).

Die in der Untersuchung aufgefundenen C-Typen (vgl. 5.2.3 u. 7.2.4) tendieren in eine solche Richtung, wobei für sie unter gegebenen lokalen und regionalen Bedingungen die Erfüllbarkeit einer auf sich selbst zentrierten Selbstverwirklichung im Vordergrund steht, weniger aber eine Identifizierung mit einem sozialräumlich gebundenen Kollektiv. Auch der nur als kleine Minderheit vertretene Typ des "Reformers" (vgl. 5.2.4) geht über eine statische Inbeziehungsetzung seiner Lebensinteressen zum tradierten Deutungsbestand des lokalen Alltags hinaus. Bei ihm führt eine reflektierte Orientierung an sozialen und ökologischen Wertmaßstäben zu Entwicklungsvorstellungen, in denen der Lebensraum durch qualitative Veränderungen ein facettenreiches Identifikationspotential vermitteln kann.

---

6   Postkonventionelle Identität bewährt sich in Situationen, in denen überkommene Strukturen fragwürdig werden. Dann muß das Individuum "seine Identität sozusagen hinter die Linien aller besonderen Rollen und Normen zurücknehmen und allein über die abstrakte Fähigkeit stabilisieren, sich in beliebigen Situationen als derjenige zu repräsentieren, der auch angesichts inkompatibler Rollenerwartungen ... der Forderungen nach Konsistenz noch genügen kann. Die Ich-Identität des Erwachsenen bewährt sich in der Fähigkeit, neue Identitäten aufzubauen und zugleich mit den überwundenen zu integrieren." (Habermas 1982, S. 95).

Die beiden letztgenannten Minderheitspositionen sind allerdings insofern privilegiert, als sie sich nur dann realisieren lassen, wenn ihre Vertreter über entsprechende Ressourcen an ökonomischem oder kulturellem Kapital verfügen. Führt man diesen Gedanken weiter, kann man sich umgekehrt fragen, ob es historische, soziale und ökonomische Bedingungen gewesen sind, die die Mehrzahl der Ostfriesinnen und Ostfriesen auf ein Lebensmuster hin orientiert haben, das sich auf ein Auskommen mit bescheidenen Existenzmitteln einläßt. Diese Fragestellung ist im Kap. 15 ausführlicher unter einem sozialwissenschaftlichen Erkenntnisinteresse diskutiert worden, das die Herausbildung sozialer Verhältnisse in der Auseinandersetzung mit physisch-materiellen Lebensbedingungen thematisiert. Gleichsam ging es um die Beschäftigung mit der Frage, ob und inwieweit die regionale Spezifik und Entwicklung eines Gesellschafts-Natur-Verhältnisses letztlich zu einer besonderen Tönung des Regionalbewußtseins führt. Damit wäre der Rückzug in einen Bewußtseinsstand, in dem Ostfriesland als Geborgenheitsraum gedeutet wird, nicht nur als aktuelle Reaktionsweise auf einen gegenwärtigen Modernisierungsschub interpretiert, sondern um die Dimension eines regionalgeschichtlichen Entstehungshintergrundes ergänzt.

In Anlehnung an zum Felde (1993, S. 373-378 u. S. 396) könnte es ein noch weitergehendes Erklärungsangebot für den diskutierten Sachverhalt geben:

> "Aus der Dialektik des Raumes als Produkt und Produzent sozialer Prozesse emergiert ... ein drittes Moment, das mit Heidegger und Bollnow als 'Räumlichkeit des Daseins' apostrophiert wurde." (S. 396, Anm. 1).

Das Verhältnis Mensch/Gesellschaft - Raum wird hier - als ontologische Kategorie verstanden - jenseits sozialwissenschaftlicher Theoriebildung unter einem existentialistisch-phänomenologischen Theorieverständnis gesehen. Bollnow (1963) verabsolutiert jedoch nicht die ontologische Qualität, die dem Raum-Mensch-Verhältnis eigen sei. Nach ihm (1963, S. 274-83) verschränken sich drei Raumbegriffe: der konkrete Raum, der Gegenstände und Personen enthält (Raum als Behälter; Läpple 1991, S. 38 f.); der Raum intentionalen Handelns, der also erst durch die Existenz der Menschen seine besonderen Qualitäten entwickelt; schließlich der Raum als Räumlichkeit, als eine Art des grundsätzlichen "In-der-Welt-seins". Unter der Metapher des "wahren Wohnens" will Bollnow darlegen, wie der Mensch aus dem Zustand des in In-die-Welt "Geworfen-seins", der nur anfangs als

Urvertrauen, dann aber als verunsichernde Konfrontation mit einer feindlichen Umwelt erlebt wird, zur schutzgewährenden Qualität des Wohnens gelangen kann:

> "Wohnen bedeutet ... einen Eigenraum des Hauses zu haben, in dem der Mensch sich vor der bedrohlichen Außenwelt zurückziehen kann." (a.a.O., S. 277).

Dabei ist unter Eigenraum der "umschließende Raum überhaupt" (S. 286) gemeint, der nicht mehr durch feste Grenzen bestimmt ist. Der Mensch soll sich von diesem größeren Raum aufnehmen lassen, wodurch dieser vom bedrohenden zum schützenden Raum werde (zum Felde 1993, S. 377). Es mag einleuchtend erscheinen, daß dieses ontologische Raumverständnis eine - fast verführerische - Interpretationskraft für das für Ostfriesland thematisierte Phänomen "Geborgenheitsraum" entfaltet.

Zum Felde (1993, S. 377 f.) selbst wendet sich - sensibilisiert durch die empirischen Befunde einer sich dynamisch differenzierenden Lebensstilvarianz in Vierteln der Großstadt Hamburg - entschieden gegen ein Konzept normativ-existentialistisch gedeuteter "rigider, raumbezogener Identitätssicherung". Er plädiert stattdessen für eine offene Identitätsarbeit und stilisiert diese Offenheit als Vermögen selbstreflexiv begabter Individuen, statt konsistenter dauerhafter mit ephemeren Raumbezügen vorlieb zu nehmen. Damit wäre eine Einwurzelung an einem Ort für die Menschen entbehrlich, die "... ihrer selbst so sicher sind, daß sie sich dem großen Ganzen anzuvertrauen wagen" (a.a.O., S. 378).

Es wäre überzogen, diesen Gedanken changierender Identitätsbezüge wegen der gegenwärtig noch bescheidenen Lebensstildifferenzierung in Ostfriesland als alternative Strukturierung regionalen Bewußtseins auf die eigenen Untersuchungsergebnisse zu übertragen. Immerhin kann man auf Tendenzen postkonventioneller Regionalbewußtseinsprägungen hinweisen, wenn man beispielsweise an den Typus des "bedürfnisorientierten Pragmatikers" oder des "ostfriesischen Fortschreitenden" (vgl. 7.2.5), aber auch an "die Lebensform Pendler" (vgl. 9) denkt.

Angesichts der eigenen empirischen Ergebnisse, nach denen die Mehrzahl der Befragten in Ostfriesland noch eine vertrauensgewährende Identifizierung mit gewohnten Alltagsstrukturen und medial vermittelter Symbolik besitzen, scheint die Kritik zum Feldes an konventionellen Identitätskonzepten kaum zuzutreffen. Denn sein Plädoyer für ein offeneres Verhältnis von Individuum, Kollektiv und Raum geht von der Annahme aus, daß überkommene Konzepte der Identitätsfindung dem Individuum gleichsam eine "Identitätslast" als überhöhten Anspruch aufdrücken, an der das Subjekt, anstatt Verhaltenssicherheit zu gewinnen, scheitert. Die Verarbeitung der im forcierten gesellschaftlichen Wandel sich verändernden sozialen, ökonomischen, aber auch materiell gestalteten Umwelt mißlingt. Das Individuum verliert sich selbst oder hängt sich an Ersatzidentitäten, die Konsum und inszenierte Kultur bereitstellen.

Gestützt wird eine solche kritische Sicht auf konventionelle Identitätsleistungen durch Ipsens (1993, S. 16) Warnung vor dem doppeldeutigen Charakter jeglicher Identifikationsprozesse. So sehr Seins-Vergewisserung im lokalen Alltagskontext oder in regionaler Lebenswelt eine schützende und verhaltenssichernde Qualität besitzt, ist ihr gleichzeitig eine Vorurteilsstruktur eigen (vgl. 18.1):

"Alle Identitätsprozesse, die sich auf Räume beziehen, unterstellen nicht nur äußere Grenzen und bestimmen mit darüber, wer innen und wer außen ist. Sie unterstellen auch eine gewisse innere Homogenität der Überzeugungen und Verhaltensweisen in und für einen Raum. Damit wird der innere Fremde produziert, der im Raum ist, aber nicht dazugehört ... Gerade das Sich-Finden führt also zu inneren und äußeren Abgrenzungen, zur Produktion des Fremden und der Entfremdung. Räumliche Identitäten verschärfen diesen Prozeß, da die Grenzen dinglich bestimmbar erscheinen."

Als Konsequenz derartiger Überlegungen kann sich die Einsicht bilden, daß auch die Spannweite der bisherigen theoretischen Erklärungsansätze über bisher rezipierte sozialwissenschaftliche Theorieansätze hinausgreifen könnte oder sollte. Die Notwendigkeit hierfür scheint für komplexere gesellschaftliche Strukturen - beispielsweise großstädtische Lebensräume und ihre soziale Differenzierung - vordringlicher als für das sich der Modernisierung in kleinen Schritten öffnende Ostfriesland. Damit stellt sich allerdings auch die Frage, welche Theorien - beispielsweise aus dem Fundus anthropologischer, psychoanalytischer und ästhetischer Theorieentwürfe - geeignet sein können, um gesellschaftlich etablierte Identitätskonzepte zu hinterfragen, zu dekonstruieren, Differenz als Chance zur radikalen Offenheit zu sehen, in der das Individuum auch Zuständen der Nicht-Identität ausgesetzt wird.

16.3 Regionalbewußtsein und Regionalentwicklung

Der Zusammenhang von Regionalbewußtsein (insbesondere regionalem Alltagsbewußtsein) und Regionalentwicklung wird seit einiger Zeit in der Regionalforschung intensiver, wenn auch längst nicht umfassend, thematisiert (vgl. Danielzyk 1995, Kap. 3.1.1). Das Interesse für "außerökonomische Faktoren" der Regionalentwicklung ist nicht zuletzt durch die unzureichende Erklärungskraft "harter" Standortfaktoren für die Standortwahl von Haushalten und Unternehmungen und für spezifische regionale Entwicklungsmuster geweckt worden. Insbesondere im Rahmen der Analyse des in den 80er Jahren viel zitierten "Süd-Nord-Gefälles" in der (alten) BRD, wurden "die *Wechselwirkungen* zwischen den teilräumlichen Entwicklungen der *Produktionsbedingungen* und regionsspezifischen *Verhaltensweisen*" als wichtiger Erklärungsfaktor erkannt (Sinz/Strubelt 1986, S. 33; Herv. i. Orig.). Da diese Thematik weder überzeugend konzipiert noch angemessen empirisch erfaßt bzw. erfaßbar sei, wurde von der künftigen Regionalforschung eine stärkere Hinwendung zu diesen Faktoren gefordert (a.a.O., S. 34 ff.).

Dieses hat etwa zur - auf nachbarwissenschaftlichen Theoriebildungen aufbauenden - regionalwissenschaftlichen Konzeptualisierung eines regionalen "Entwicklungsbewußtseins" durch Derenbach (1988) geführt.[7] Dabei geht es vor allem um die Frage, ob und inwieweit "sozialpsychologische Größen" wie Informiertheit, Entwicklungsbewußtsein und Handlungsbereitschaft regionale Entwicklungen fördern oder hemmen (a.a.O., S. 258). Dieses, z.T. sehr normativ orientierte Konzept wurde bisher allerdings empirisch u.W. nicht umgesetzt.

Umfassende empirische Studien zur regionalen Differenzierung der Wirtschafts- und Arbeitskultur in der BRD wurden bisher insbesondere vom Institut Wirtschaft und Gesellschaft Bonn durchgeführt, u.a. auch in Ostfriesland (vgl. IWG 1989, 1991, 1994). Die empirischen Untersuchungen beziehen sich dabei auf folgendes "Modell" einer (rückgekoppelten) "Wirkungskette" (vgl. IWG 1991, S. 16 ff.): (1.) Dauerhafte (z.B. Klima, räumliche Lage), langfristige (z.B. Geschichte, Konfession) und aktuelle (z.B. gegenwärtige Politik und Rechtsordnung) Faktoren (2.) "beeinflussen indi-

---

7 Ein frühes Beispiel eines ähnlichen Ansatzes ist die "Untersuchung der Beziehungen zwischen Kultur und regionaler Fehlentwicklung" in drei Regionen der Schweiz von Guindani/Bassand (1982).

viduelle und kollektive Denk- und Anschauungsweisen (Mentalitäten)" (a.a.O., S. 17). Diese können regional verschieden sein und drücken sich (3.) in "regional unterschiedlichen Neigungen und Verhaltensweisen zu Beruf, Familie, Nachbarschaft, Einkommen usw." aus (ebd.). Diese wiederum könnten sich zu regional differenzierten (4.) "Wirtschafts- und Arbeitskulturen" verdichten, die "stärker oder schwächer erwerbswirtschaftlich geprägt sein können" (ebd.). Mit letzterem ist der Stellenwert erwerbswirtschaftlicher Leistungen im Präferenzsystem der regionalen Bevölkerung gemeint. Die nicht unmittelbar empirisch erfaßbaren Wirtschafts- und Arbeitskulturen würden durch die Untersuchung (5.) "regional unterschiedlichen wirtschafts- und beschäftigungspolitischen Handelns von Einzelpersonen und Gruppen" deutlich.

Die Ergebnisse der empirischen Untersuchungen fallen scheinbar eindeutig aus. In allgemeiner Formulierung (bezogen auf je 13 wirtschaftsstarke und wirtschaftsschwache Landkreise in der "alten" BRD):

"Gleichgültig, welche Bereiche untersucht wurden: Sozialverhalten, Erwerbsverhalten, Intelligenz, Kreativität, Kompetenz, Mobilität, Flexibilität, Neigung zu beruflicher Selbständigkeit, Innovationsbereitschaft oder unternehmerisches Verhalten - überall weisen die Vergleichsgruppen charakteristische Abweichungen auf, die in ihrer Gesamtheit zwei unterschiedliche Neigungs- und Verhaltensprofile erkennen lassen. (...)

Schon in ihrem Sozialverhalten zeigen die Erwerbspersonen der starken Gruppe ein individualistischeres, leistungsorientierteres und in gewisser Weise aktiveres Seinsverständnis als die Erwerbspersonen der schwachen Gruppe. Erfolg definieren sie eher materiell, und sie suchen ihn zielstrebiger und mit größerem Einsatz als die Menschen der schwachen Gruppe.

In der schwachen Gruppe spielt hingegen die Gemeinschaft eine etwas wichtigere Rolle. Familie, Freunde, Nachbarn - alle haben für den einzelnen größere Bedeutung als in der starken Gruppe. Der einzelne ist schwächer motiviert, aus der Gemeinschaft herauszutreten. Geschieht dies dennoch, so verbessert er dadurch - anders als in der starken Gruppe - seinen Sozialstatus nur mäßig." (IWG 1991, S. 92).

Ähnliche Resultate erbrachte auch der Vergleich eines ostfriesischen mit einem süddeutschen Arbeitsamtsbezirk:

"Die Leeraner legten größeren Wert als die Balinger auf intakte Sozialverbände wie Familie, Freundeskreis, Arbeitskollegen oder Nachbarschaft. Im Konfliktfall waren sie eher bereit, materielle Vorteile oder berufliches Fortkommen den Interessen dieser Sozialverbände unterzuordnen. (...) Allerdings fühlten sie sich in ihren Sozialverbänden auch wohler und geborgener als die Menschen im Süden, was nicht zuletzt zu ihrer größeren Bodenständigkeit und Heimatverbundenheit beigetragen haben dürfte. (...) Stärker als im Süden befriedigten sie z.B. auf den Wegen von Familien- und Nachbarschaftshilfe Bedürfnisse, die anderenfalls durch Erwerbsarbeit hätten befriedigt werden müssen." (a.a.O., S. 10).[8]

In diesen Studien wurden z.T. weitreichende Schlußfolgerungen für regionalpolitische und unternehmerische Strategien gezogen, da "außerökonomische Faktoren" sehr langfristig wirksam und unmittelbarem politischem Einfluß entzogen seien:

"Das aber heißt: Wenn die Politik Denk- und Anschauungsweisen nur bedingt steuern kann, kann sie - wenn von ihnen die wirtschaftliche Entwicklung in erheblichem Umfang abhängt - auch nur bedingt auf die Wirtschafts- und Beschäftigungslage einwirken. Damit kann sie aber auch nur bedingt für die Herstellung und Gewährleistung gleicher materieller Lebensbedingungen in die Pflicht genommen werden." (IWG 1991, S. 121 f.).

In diesem Sinne wird daher eine "Relativierung des ökonomischen Primats" in der Politik und die Entfaltung gesellschaftlicher Gruppen "gemäß ihrer Prägungen" gefordert (a.a.O., S. 125).

Eine Einschätzung der IWG-Studien muß zweifellos ambivalent ausfallen. Sie sind ein bedeutender Beitrag zur Weiterentwicklung der Regionalforschung, da hier explizit der "wirtschaftende Mensch" (IWG 1991, S. 117) in den Mittelpunkt gerückt wird, um rein ökonomistische Betrachtungsweisen zu überwinden. Zudem ist der komparative Ansatz des Vergleichs von Regionen unterschiedlicher Entwicklungsdynamik positiv zu werten. Die eingesetzte Methodik und der Umgang mit den erhaltenen Ergebnissen können hingegen nicht überzeugen. Auf die Problematik demoskopisch-massenstatistischer Untersuchungsmethoden und die weitgehende Ausblendung der ertragreichen Alltagsforschung braucht hier nicht näher eingegangen zu werden. Selbst wenn man aber die methodische Kritik ignoriert, bleibt die Interpretation der erhaltenen Ergebnisse höchst problematisch. Denn mit

---

[8] Vgl. auch Kap. 1.2.

dem gewählten Ansatz lassen sich allenfalls Korrelationen, aber keine "Wirkungsketten" im eigentlichen Sinne ermitteln,

> "da nicht entscheidbar ist, ob die ermittelten Einstellungs- und Verhaltensunterschiede eine Ursache ökonomischer Disparitäten oder eine Reaktion auf die wirtschaftliche Situation darstellen." (Tempel 1993, S. 1).

Auf eine andere Möglichkeit der Interpretation der erhaltenen Ergebnisse sei hier nur hingewiesen: Die stärker auf "soziale Werte" orientierte Variante der Wirtschafts- und Arbeitskultur könnte auch als Ausdruck einer postkonventionellen Moral und als Wertschätzung des "guten Lebens" verstanden (vgl. für Ostfriesland: Kap. 1.2, 17.3 sowie Gerdes 1990) oder aus einer spezifischen Sozialgeschichte heraus erklärt werden (vgl. Kap. 15).

Eine stärker an die sozialwissenschaftliche Alltagsforschung anknüpfende sozial- und wahrnehmungsgeographische Arbeitsrichtung, zu der auch die vorliegende Studie zu zählen ist, stellt die "Konstruktion regionaler Wirklichkeit" in den Mittelpunkt des Forschungsinteresses (vgl. Helbrecht u.a. 1991, S. 231):[9]

> "Als zentrale Wirklichkeitsebene bildet die alltagsweltliche Lebenswirklichkeit in ihrer natürlichen Einstellung des 'praktischen Bewußtseins' die Basis aller anderen Einstellungen und Sinnwelten. In ihr ist nicht nur die Welt der Laien bzw. Planungsbetroffenen, sondern auch die der planungspolitischen Experten verankert." (Aring u.a. 1989, S. 123).

Im Rahmen dieser Arbeitsrichtung werden bei empirischen Studien einerseits die sozioökonomische Situation und Entwicklung in der jeweiligen Untersuchungsregion sowie planungspolitische Strategien zur Bewältigung des regionalen Wandels untersucht. Andererseits steht die qualitative Erforschung der in der Region vorfindbaren Deutungsmuster und Bewußtseinsformen auf den Ebenen der Bevölkerung und der planungspolitischen Experten bzw. Akteure im Mittelpunkt des Interesses.

Ein verallgemeinerungsfähiges Resultat vieler Fallstudien dieser Arbeitsrichtung ist - in Übereinstimmung mit Ergebnissen der Alltagsforschung - die hohe Bedeutung von "problemlastenden Deutungs- und Denkrouti-

---

9 Vgl. z.B. die Einzelfallstudien von Aring u.a. 1989, Chai u.a. 1986, Danielzyk/Wiegandt 1985, Droß/Drücker 1993, Junker 1992, Wood 1994.

nen" (Aring u.a. 1989, S. 358) sowie die eher kleinräumige Orientierung alltagsweltlicher Bewußtseinsformen. Durch diesen Untersuchungsansatz können die "mentalen Barrieren" bzw. Entlastungsstrategien sowie die soziokulturellen Potentiale für Regionalentwicklung und regionalpolitische Konzepte herausgearbeitet werden. Allerdings zeigt sich vielfach, daß die in der jeweiligen Untersuchungsregion gegebenen Bewußtseinsformen nicht unmittelbar Anknüpfungspunkte etwa für endogene Strategien der Regionalentwicklung erkennen lassen (vgl. für eine Zusammenfassung der Ergebnisse dieser Studie insbesondere Kap. 14.2).

Zwei wichtige Fragekomplexe blieben im Rahmen dieser Arbeitsrichtung bisher allerdings weitgehend ungeklärt. Zum einen waren die Untersuchungen meist auf einzelne Regionen bezogen, so daß interregionale Vergleiche zur regionalen Spezifik der erhobenen Deutungsmuster kaum möglich sind. Zum anderen konnte wegen der meist fehlenden wirtschaftshistorischen und "mentalitätsgeschichtlichen" Einbindung das Wechselverhältnis von längerfristiger ökonomischer und soziokultureller Dynamik höchstens thesenhaft thematisiert werden (vgl. allerdings in unserer Studie einen entsprechenden Versuch in Kap. 15).

Die hier skizzierte Thematik gewinnt gegenwärtig dadurch zusätzlich besondere Aktualität, daß im Rahmen des gegenwärtigen sozioökonomischen Umbruchs - wenn man so will: vom "Fordismus" zum "Postfordismus" - soziokulturellen Faktoren allgemein und insbesondere im Hinblick auf die Erfolgsträchtigkeit regionaler Entwicklungspfade besondere Relevanz zugesprochen wird. Die "Flexibilisierung" als herausragendes Kennzeichen neuerer Produktions- (und auch: Polititik-)formen erfordert "Kreativität" und "Innovationsfähigkeit" als besonders wichtige Eigenschaften regionaler Strukturen. In diesem Zusammenhang ist "Innovation" nicht rein technologisch zu verstehen, sondern als sozialer Prozeß mit organisationellen und sozialpsychologischen Komponenten. Für die Prosperität einer Region ist demnach ein "innovatives regionales Milieu" eine wichtige Voraussetzung (vgl. Läpple 1991a):

> "Das regionale Milieu umfaßt Akteure (Unternehmer, Politiker, Arbeitskräfte, Organisationen) sowie materielle und finanzielle Ressourcen - und als wichtigstes und soziokulturelles Element ein Savoir Faire, eine Kultur der Konkurrenz, Kooperation und Kommunikation, d.h. Kompetenzen im Sinne des Verfügens über produktions-

relevantes Wissen, Regeln der Interaktion und gegenseitiges Vertrauen der Akteure." (Häußermann/Siebel 1993, S. 220).[10]

In dieser Konzeption wird somit nicht nur die soziokulturelle Dimension der Regionalentwicklung besonders betont, sondern es scheint dort geradezu ein neues wirtschaftstheoretisches und wirtschaftspolitisches (und damit potentiell auch regionalwissenschaftliches) Paradigma auf: die Interpretation des wirtschaftlichen Geschehens auf betrieblicher, regionaler, nationalökonomischer oder weltwirtschaftlicher Ebene als "sozialer Prozeß".

Ein anderes Konzept, das wesentliche Aspekte des Zusammenhangs von Formen raumbezogener Bewußtseinsbildung, soziokulturellen Deutungsmustern und sozioökonomischer Regionalentwicklung thematisiert, ist das Modell der "Raumbilder" von Ipsen (vgl. 1986, 1993). Dabei wird, in teilweiser Anlehnung an Kategorien des Regulationsansatzes, folgender Zusammenhang entworfen:

"Es existiert also ein Dreieck, das auf der einen Seite von gesellschaftlichen Entwicklungskonzepten und Regulationsweisen gebildet wird. Das sich zum zweiten auf die Erscheinungsformen des Raumes und der Raumnutzung bezieht, und drittens, der Raumwahrnehmung entspricht. Raumbild soll ein ganzheitlicher Begriff sein, der alle drei Komponenten in ihrem Zusammenspiel umfaßt. In dem o.g. Beispiel steht München für das Konzept einer postindustriellen Entwicklung, das im Moment positiv bewertet wird. Die Identität eines Bewohners von München bezieht sich in jedem Fall auf diesen Zusammenhang und kann eventuell die positiven Bewertungen des Raumbildes auf die persönliche Identität übertragen. Auf diese Art verbindet sich das Konzept des Raumbildes mit dem der Identität." (Ipsen 1993, S. 12).

"Raumbilder" und raumbezogene Identitäten werden also im engeren Zusammenhang mit dem jeweiligen spezifischen Paradigma der (regionalen) ökonomischen und technologischen Entwicklung gesehen:

"Der subjektiv gemeinte Sinn und die funktionale Bedeutung regionaler Identität wird durch den Modus der Entwicklung, auf den sie sich bezieht, mitbestimmt." (a.a.O., S. 15).

---

10 Die empirische Umsetzung dieses Konzeptes findet erst ansatzweise statt (vgl. z.B. Läpple 1991a, KWI 1992).

Somit sind "Raumbilder" und raumbezogene Identitäten sowohl als Voraussetzungen als auch Ausdrucksformen spezifischer regionaler Entwicklungspfade verstehbar. Wegen der engen Verknüpfung mit dem jeweiligen Entwicklungsparadigma setze die Ablösung alter und Durchsetzung neuer Entwicklungskonzepte eine "Bildzerstörung" voraus. In einer Übergangszeit sei somit eine plurale Situation gegeben, in der verschiedene Entwicklungskonzepte und alte sowie Keimformen neuer "Raumbilder" parallel existierten. Als Folge dieser Konkurrenzsituation entstehende Unsicherheiten könnten zu "Formen regressiver oder aggressiver Identität" führen (ebd.).

Ipsen (1986, 1993) kann eindrucksvolle Beispiele für die Artikulation des Zusammenhangs von ökonomisch-technologischen Entwicklungsmodellen und soziokulturellen Deutungsmustern und Identifikationsformen in der Gestalt von "Raumbildern" präsentieren (z.B."postindustrielles München/ Oberbayern"). Die gesellschaftstheoretische Verankerung und Tragfähigkeit des Konzeptes bleiben ebenso offen wie die Frage, ob für eine größere Zahl oder gar für alle Regionen definierbare "Raumbilder" existieren.[11] Zudem stellt sich die Frage, ob "Raumbilder" die Prozeßhaftigkeit von Regionalentwicklung angemessen erfassen können.

Die Ermittlung eines "Raumbildes" für Ostfriesland war kein eigenständiges Ziel unserer empirischen Studien. Ein im strengen Sinne paradigmatisches "Raumbild" für Ostfriesland hat sich auch weder aus unserem empirischen Material heraus noch aus unseren sonstigen Bezügen zu der Region "aufgedrängt". Gleichwohl scheint es lohnend, zu erörtern, ob ein derartiges "Raumbild" oder einzelne Facetten davon zumindest latent existieren.

Dieses soll entlang der drei, im obigen Zitat unterschiedenen Dimensionen (vgl. Ipsen 1993, S. 12) geschehen:

1) Im Hinblick auf die wirtschaftliche Entwicklung ist Ostfriesland eindeutig als Region zu kennzeichnen, die in den letzten Jahrzehnten in industriell-gewerblicher Hinsicht stark von exogenen Faktoren bestimmt war und ist ("verlängerte Werkbänke", Niedergang der Hafenwirtschaft und Landwirtschaft usw.), somit viele Kennzeichen einer "fordistischen Peripherie" aufweist. Diese wirtschaftliche Situation, ein-

---

11 Vgl. aus anderer theoretischer Perspektive bzw. ohne Theoriebezug als Beispiele für gegenwärtig weitverbreitete Untersuchungen und Konzeptionen zum "Regionalmarketing" und "regionalen Identitätsmanagement": Maier/Troeger-Weiß 1990, Schneider 1993.

schließlich der vorhandenen Abhängigkeit von Transferzahlungen, hat kaum zu artikuliertem politischem Widerstand, etwa i.S. eines politischen Regionalismus, gegen die gegebenen Verhältnisse oder zu eigenen Gestaltungsansätzen geführt. Gegenwärtig weist lediglich der Tourismus im nennenswerten Umfang eine vielfältige Nutzung endogener Potentiale und neue, kleinteiligere Wirtschaftsstrukturen auf.

2) Das Erscheinungsbild des Raumes, d.h. der Gesamteindruck der regionalen Kulturlandschaft, wird vor allem und fast flächendeckend durch landwirtschaftliche Nutzungen und ländliche Siedlungsweise geprägt. Die visuell sichtbare, baulich-physische Gestalt vieler Dörfer und Kleinstädte, insbesondere der Häuser, Gärten und Straßen aus neuerer Zeit, erinnert an "suburbane" Siedlungstypen. Industrielle Werke und größere Städte sind in der Region eher "Inseln" geblieben.

3) Als dominantes Wahrnehmungsmuster wurde "Ostfriesland als Geborgenheitsraum im Prozeß der Modernisierung" ermittelt, wobei darin Aspekte der "Selbstgenügsamkeit" und des "Selbstbewußtseins" zu unterscheiden sind (vgl. Kap. 15).

Diese Elemente lassen sich mit aller Vorsicht vielleicht zu einem "Raumbild" unter dem Motto "maßstäbliche Region"[12] zusammenfügen, wobei dabei, neben den damit geweckten positiven Assoziationen, auch die ökonomischen Probleme einer, aus Sicht der Zentren der ökonomischen Entwicklung, "rückständigen" Region gesehen werden müssen.

Es ist allerdings durchaus offen, ob diese Skizzierung eines "Raumbildes" für Ostfriesland gemäß des Konzeptes von Ipsen (1986, 1993) einen bedeutsamen Erkenntnisfortschritt bringt, zumal es sich in diesem Fall eher um ein latentes Bild handelt, das nicht wie im Falle des "postindustriellen München/Oberbayern" offensiv als Leitkonzept verwendet und bewußt in der Marketingarbeit eingesetzt wird.

Letztlich thematisieren Versuche, das "Ethos" bzw. die "Tönung" einer Region (vgl. Lindner 1993 und Kap. 15), das spezifische "Raumbild", regionale Wirtschafts- und Arbeitskulturen i.S. von IWG (1991) oder aber dominante Deutungsmuster und Bewußtseinsformen (wie hier in den Kap. 3 -

---

12 In Anlehnung an die Charakterisierung Ostfrieslands durch einen Experten (RE 9, vgl. Kap. 13.1.5).

14) herauszuarbeiten, nicht auf gleiche, aber auf ergänzende Weisen den Zusammenhang von Regionalkultur und Regionalentwicklung. Der hier verwendete Ansatz zeichnet sich dabei vor allem durch umfangreiche, über einen längeren Zeitraum entwickelte und differenzierte empirische Vorgehensweisen aus. Die komplexe Konzeptualisierung des gesamten Zusammenhangs steht allerdings noch aus. Die hier genannten Ansätze sind aber wichtige Beiträge in dieser Richtung.

17 Regionalpolitische Strukturen und Entwicklungen

Im ursprünglichen Untersuchungsplan war vorgesehen, neben der Erforschung der Wahrnehmungs- und Deutungsmuster regionalpolitischer Experten, eine eigene Teilstudie den Organisationsformen und Handlungsstrukturen der Regionalpolitik in Ostfriesland zu widmen. Diese Untersuchung konnte aufgrund der nur eingeschränkten Mittelbewilligung nicht durchgeführt werden (vgl. 2.). Da die Erarbeitung regionalpolitischer Schlußfolgerungen (17.3) nur mit Bezug auf die vorhandenen regionalpolitischen Strukturen in Ostfriesland sinnvoll ist, soll hier dennoch auf diese eingegangen werden (17.1). Quellen dieser Darstellung sind zahlreiche interne und offizielle Unterlagen ("graue Literatur"), Zeitungsberichte sowie Erfahrungen aus eigener Beteiligung als wissenschaftliche Berater, Moderatoren usw. (allerdings nicht im Sinne systematischer "teilnehmender Beobachtung"). Außerdem ist es für die Erarbeitung regionalpolitischer Folgerungen unerläßlich, gegenwärtig absehbare Tendenzen der wirtschaftlichen Entwicklung Ostfrieslands zu skizzieren (17.2).

17.1 Regionalpolitische Strukturen

In Ostfriesland gibt es eine Vielzahl regionalpolitischer Organisationsformen, die zum Teil erst in den letzten Jahren entstanden bzw. zu politischer und öffentlichkeitswirksamer Bedeutung gelangt sind.[1] Daher haben diese Organisationsformen im Rahmen unserer im Frühjahr 1991 geführten Expertengespräche zum größeren Teil keine besondere Rolle gespielt.

---

1 Die jüngsten Entwicklungen sind ein Ausdruck der in letzter Zeit stark betonten Bedeutung der regionalen Ebene für wirtschaftliche Entwicklung und Wirtschaftsstrukturpolitik sowie der damit zum Teil in Zusammenhang stehenden Regionalisierungspolitik der niedersächsischen Landesregierung; vgl. Danielzyk 1994a.

17.1.1 Regionale Organisationsformen

Ostfrieslandkonferenz

Auf Anregung der früheren niedersächsischen Landesregierung (CDU/FDP) wurde mit einer Auftaktveranstaltung am 31.10.1987 eine "Ostfrieslandkonferenz" gegründet, die im Sinne einer nicht näher bestimmten "endogenen Entwicklungsstrategie" Vertreter der Kommunen und großer gesellschaftlicher Organisationen aus dem Bereich des ehemaligen Regierungsbezirks Aurich zur Einigung auf gemeinsame regionale Initiativen versammelte (vgl. Garen 1988). Die programmatischen Erklärungen zu Beginn der Arbeit betonten die Bedeutung des Ausbaues "klassischer" Infrastruktur und die Förderung des tertiären Sektors, insbesondere des Fremdenverkehrs. Außerdem wurden auch einige innovative Akzente gesetzt, so z.B. die Notwendigkeit einer Pflege des historischen Erbes und eines "Zusammenspiels von Kultur und Technik" betont (Hirche 1988).

Nach ca. fünfzehnmonatiger Arbeit unter der Moderation des Rektors der FH Ostfriesland wurde Anfang 1989 ein "Maßnahmenkatalog" von der Ostfrieslandkonferenz verabschiedet (vgl. Lenkungsausschuß 1989). Darin werden für die Bereiche Regionale Entwicklungspolitik, Infrastruktur, Technologiepolitik, Fremdenverkehr und Kulturpolitik Projektvorschläge dargestellt. Die überwiegende Mehrzahl der Vorschläge wirkt eher konventionell. Ein verbindendes Leitbild oder Entwicklungskonzept wurde nicht erarbeitet.

Nur ein kleinerer Teil der Vorschläge wurde bisher weiter verfolgt oder realisiert. Ein Grund dafür ist, daß mit dem Wechsel der Landesregierung nach der Landtagswahl 1990 eine Neubestimmung der regionalen Strukturpolitik in Niedersachsen vorgenommen wurde.

Regionale Strukturkonferenz Ost-Friesland

Die neue niedersächsische Landesregierung (1990-1994: SPD/Grüne) hatte programmatisch die "Regionalisierung" zu einem wichtigen Aspekt der Landespolitik erklärt. Das galt insbesondere für die Wirtschaftsstrukturpolitik und Raumordnung (vgl. zum Kontext Danielzyk 1994a, Nedden 1994), aber z.B. auch für Arbeitsmarkt-, Gesundheits- und Weiterbildungspolitik. Im Koalitionsvertrag, der die Grundlage der Regierungstätigkeit darstellte, wurde das Wirtschaftsministerium beauftragt, "Vorschläge für die institutionelle Gestaltung der Regionalisierung der Wirtschaftsförderung (zu) entwickeln". Diese sollten das Ziel haben, "im Zusammenwirken zwischen den Kommunen, den regionalen Trägern der Wirtschaftsentwicklung und den Hochschulen, Gewerkschaften und Umweltverbänden, die Mobilisierung regionaler Potentiale zu gewährleisten. - Als erster Schritt soll eine Regionalgesellschaft als Modellvorhaben in einer Region Niedersachsens entwikkelt werden" (Koalitionsvertrag 1990, S. 16; es galt als recht wahrscheinlich, daß das "Modellvorhaben" in Ostfriesland eingerichtet würde).

Später änderte sich aber die Regierungspolitik dahingehend, daß nicht regionale Entwicklungsgesellschaften initiiert werden sollten, sondern daß sich in den "Regionen des Landes" die "verantwortlichen Akteure" aus Verwaltung, Wirtschaft, Gewerkschaften, Wissenschaft, Umweltverbänden usw. nach den Prinzipien der Freiwilligkeit und der Selbstorganisation zusammenfinden sollten, um "Kommunikation" und "Kompromißfähigkeit" in den Regionen zu verbessern (Fischer 1991, S. 11 ff.): "Für die offene Kommunikation sind Regionalkonferenzen ein geeignetes Instrument" (MW 1993, S. 3; vgl. grundsätzlich MI 1993).

Ein Regionalisierungsprozeß diesen Typs wurde in zwei niedersächsischen Regionen schon recht früh begonnen: Ab August 1991 wurde in Südniedersachsen die Gründung eines Regionalverbandes als Verein vorbereitet (vgl. Huebner 1994), dem inzwischen Gebietskörperschaften und weitere Institutionen angehören. Im Dezember 1991 wurde auf der Ostfriesischen Halbinsel nach langwierigen Vorbereitungen - vor allem auf Initiative sozialdemokratischer Politiker, die auf Landes- wie auf regionaler Ebene einflußreiche Rollen innehaben - die "Regionale Strukturkonferenz Ost-Friesland" gegründet. Die besondere Schreibweise der Regionsbezeichnung soll zum Ausdruck bringen, daß der Zuständigkeitsbereich der vorhergehenden "Ostfrieslandkonferenz" um die Stadt Wilhelmshaven und den Landkreis Friesland erweitert wurde.[2]

---

2 Der Vollständigkeit halber sei erwähnt, daß schon länger eine andere regionalpolitische Organisationsform für die gesamte Ostfriesische Halbinsel existiert: der "AK Wirtschaftsförderung und Fremdenverkehr". Im Rahmen dessen arbeiten die Leiter der Wirtschaftsförderungsämter der Landkreise und Kreisfreien Städte der Halbinsel mit anderen regionalpolitischen Fachleuten zusammen. Diese sich regelmäßig treffende, eher informelle Gruppe dient dem Informationsaustausch, der gemeinsamen Meinungsbildung und dem Initiieren von Vorhaben. Hauptthemen sind Fremdenverkehrsförderung, Werbemaßnahmen, EU-Förderprogramme usw. Die Arbeitsgruppe ist ein sehr effektiv arbeitendes Gremium und ein wesentlicher Faktor regionaler Kooperation auf der "Arbeitsebene", dessen Wirksamkeit nicht zuletzt ein gemeinsam ge-

Dem zentralen Koordinierungsausschuß der Strukturkonferenz gehören 24 Mitglieder aus Landkreisen und kreisfreien Städten, Wirtschaftskammern, Gewerkschaften, Umweltverbänden, Hochschulen und "Landschaften" an. In zunächst acht und später - nach der zweiten Sitzung des Koordinierungsausschusses im Juli 1992 - elf thematisch orientierten Arbeitsgruppen wurde versucht, zu einem "regionalen Konsens" über Entwicklungsoptionen und Projekte zu gelangen (vgl. OZ vom 19.12.91, S. 4; OZ vom 26.6.92, S. 3). Aus Landessicht gilt

> "Ost-Friesland jetzt, neben einem ähnlichen Projekt im Raum Göttingen, als Modellregion in Niedersachsen, als Vorbild für weitere Zusammenschlüsse zur Stärkung der Wirtschaftskraft im kommenden europäischen Markt" (HAZ vom 19.12.91, S. 12).

Eine umfassende Würdigung der Arbeit der Strukturkonferenz ist zu diesem Zeitpunkt noch nicht möglich (vgl. z.B. Krüger 1993a). Zunächst einmal ist auffällig, daß eindeutig vermieden werden soll, daß hiermit eine selbständige regionale Institution entsteht. Die gesamte "Konstruktion" und die Besetzung von Vorstand und Geschäftsführung machen deutlich, daß die starke Stellung der Landkreise und kreisfreien Städte möglichst wenig tangiert werden soll. Dementsprechend gibt es auch Klagen von Vertretern anderer Institutionen, von wichtigen internen Meinungsbildungsprozessen ausgeschlossen zu sein. Die Vielfalt der Themen und konkreten Projektvorschläge ist groß, was im Sinne eines breiten Spektrums von Optionen positiv zu bewerten ist. Lange Zeit wurde nicht der Versuch unternommen, durch die Erarbeitung einer Zielvorstellung oder gar eines "Leitbildes", Kriterien für die Beurteilung einzelner Anregungen zu gewinnen bzw. deren Interdepedenzen zu diskutieren.[3] Die bislang öffentlich bekannt gewordenen

---

teiltes Unbehagen über die Ineffizienz ausschließlich lokaler Strategien etwa im Fremdenverkehrsbereich zugrunde liegt. Allerdings bleiben weiterreichende Aktivitäten notwendigerweise auf die Zustimmung der Spitzenvertreter der Gebietskörperschaften angewiesen, die z.T. von anderen Präferenzstrukturen ausgehen (müssen).

3   In dieser Hinsicht scheint jedoch inzwischen ein Sinneswandel eingekehrt zu sein, möglicherweise aufgrund "sanften Drucks" der Landespolitik: "Wir arbeiten an einer Aufarbeitung der Vorzüge und Nachteile der Region, um ein Leitbild zu entwickeln. (...) Das ist das allerwichtigste, was man bei Regionalpolitik lernt" (Theuerkauf, Geschäftsführer der Strukturkonferenz, in: OZ vom 02.07.94, S. 4; vgl. dazu auch Hincke 1994, S. 5). Das mittlerweile (im September 1994) vorgelegte "Regionale Entwicklungskonzept für die Region Ost-Friesland (1. Arbeitsentwurf)" erfüllt allerdings keineswegs die Kriterien einer halbwegs konsistenten Leitvorstellung für die Regionalentwicklung (vgl. REK OF-E 1994). Zudem wurde es nicht

Projektvorschläge sind teilweise zweifellos der Kategorie "Schubladenprojekte" zuzuordnen bzw. wären auch ohne Existenz der Strukturkonferenz entstanden (vgl. OZ vom 03.02.94, S. 4, und Hincke 1994). Offen ist bis heute auch noch, wie von der Landesregierung mit konsensual verabschiedeten Vorschlägen umgegangen wird. Eine Selbstverpflichtung auf eine besondere Präferenz für derartige Vorschläge gibt es nicht.

Es wäre wünschenswert, wenn der durch die Gründung der Strukturkonferenz in Gang gesetzte Prozeß eine derartige Eigendynamik gewinnen würde, daß sektorale und lokale Egoismen im Interesse einer regionalen Betrachtungsweise überwunden werden und über das daraus folgende stärkere politische Gewicht der Strukurkonferenz auch eine Selbstbindung der Landesebene erreicht werden könnte (vgl. auch 17.3). Ob es dazu kommt, ist heute noch nicht vorherzusagen.

Strukturkonferenz Land Oldenburg

Anfang 1993 wurde, vor allem auf Initiative sozialdemokratischer Landes- und Kommunalpolitiker, eine Regionalkonferenz im Oldenburger Land gegründet. Diese Regionalkonferenz umfaßt kommunale Einheiten aus dem Gebiet des früheren Landes bzw. Verwaltungsbezirkes Oldenburg, mithin auch den Landkreis Friesland und die Stadt Wilhelmshaven. Daß die Überschneidung der Gebiete zweier Strukturkonferenzen effizienzsteigernd ist, ist sehr unwahrscheinlich (Organisationsstrukturen und Ziele dieser Konferenz sind bisher im Detail nicht bekannt geworden).

17.1.2 Subregionale Organisationsformen

Wirtschaftskonferenz Wilhelmshaven/Friesland

Der Raum Wilhelmshaven gilt aus wirtschaftsstrukturpolitischer Perspektive als das problematischste Teilgebiet der Ostfriesischen Halbinsel, dessen Schicksal über die enge funktionale Verflechtung mit dem Landkreis Wittmund auch im "alten" Ostfriesland spürbare Auswirkungen hat bzw. haben wird. Die Verkleinerung der Marinekapazitäten (und der angelagerten Wirtschaftsbereiche), die Bedrohung von Teilen der Maschinenbauindu-

---

mit relevanten Akteuren diskursiv erarbeitet (vgl. 17.3.2.), sondern wird als "geheime Kommandosache" behandelt (Theuerkauf in: AH vom 01.10.94, S. 5).

strie, vor allem aber die spätestens Ende 1991 als unabwendbar absehbare Schließung des Zweigwerkes von AEG-Olympia in Roffhausen, bestimmen in letzter Zeit die Problemkonstellation in diesem Raum. Auf maßgebliche Initiative lokaler Politiker (insbesondere aus der CDU) und im Zusammenspiel mit dem Bundeswirtschaftsminister wurde daher im Februar 1992 eine "1. Wirtschaftskonferenz Wilhelmshaven/Friesland" durchgeführt (vgl. OZ vom 22.02.92, S. 7). Das Verhältnis dieser Konferenz zur Regionalen Strukturkonferenz Ost-Friesland blieb ebenso unklar wie der Status der dabei vorgetragenen Ideen und Vorschläge.[4]

Da die zweifellos außerordentlichen Strukturprobleme dieses Raumes sowohl in der Regionalen Strukturkonferenz Ost-Friesland als - vermutlich - auch in der Strukturkonferenz Land Oldenburg behandelt werden, ist ein eigenständiger Stellenwert der Wirtschaftskonferenz Wilhelmshaven/Friesland sehr zweifelhaft.

Wirtschaftsförderkreis Harlingerland

Bei der Darstellung der Organisationsformen, in denen regionalpolitisches Handeln in Ostfriesland stattfindet, darf eine kleine subregionale, aber überlokale Institution im Landkreis Wittmund nicht übersehen werden: der Wirtschaftsförderkreis Harlingerland e.V. Dieser Kreis ist durch die Initiative einzelner Persönlichkeiten insbesondere aus der Wirtschaft, aber auch aus Politik und Verwaltung im Jahre 1988 entstanden und wird von deren Engagement maßgeblich getragen. Sein Ziel ist die Förderung der Wirtschaft in diesem - nach herkömmlichen regionalwissenschaftlichen Indikatoren - strukturschwächsten Landkreis auf der Ostfriesischen Halbinsel. Zur Überwindung dieser Situation wurde offensichtlich die übliche administrative Wirtschaftsförderung auf kommunaler Ebene als unzureichend angesehen. Neben Beratungtätigkeit und Lobbyarbeit, insbesondere auch für außergewöhnliche Projekte wie eine Biogasanlage in Wittmund, versucht der Wirtschaftsförderkreis vor allem die Kooperation und Kommunikation zwischen den Akteuren im Kreisgebiet, aber auch darüberhinaus, durch Veranstaltungsangebote und ähnliches (z.B. das "Langeooger Forum" im

---

4   Aus Anlaß dieser Konferenz wurde sowohl über die unausgegorenen Regionalisierungsbestrebungen milde gespottet ("Regionalisierung allenthalben das neue Zauberwort") als auch über parteipolitische Konkurrenzen bei der Gründung beider Konferenzen spekuliert (vgl. OZ vom 07.01.92, S. 3).

Herbst jeden Jahres; vgl. Wirtschaftsförderkreis Harlingerland e.V. (o.J.)) zu fördern.

Diese private, überlokale Initiative zur Wirtschaftsförderung ist vor allem auch wegen ihrer verhältnismäßig realistischen, nicht mehr an bedingungsloser Ansiedlungsakquisition orientierten Zielsetzungen zu begrüßen. Die bisher erst kurze Dauer ihrer Existenz macht eine differenzierte Beurteilung allerdings unmöglich. Für die nahe Zukunft ist es eine vordringliche Aufgabe, das Verhältnis des Wirtschaftsförderkreises zu anderen Organisationsformen der Wirtschaftsförderung und Wirtschaftsstrukturpolitik zu klären.

17.1.3 Bilaterale Organisationsformen

Ems-Dollart-Region (EDR)

Die EDR ist die nördlichste "Perle" in der Kette deutsch-niederländischer Grenzregionen, die zur Überwindung der trennenden Wirkung der Grenze und nachteiliger Folgen der (bisher) peripheren, grenznahen Lage der Gebiete beiderseits der Grenze ins Leben gerufen wurde. Die EDR wurde 1977 gegründet und umfaßt gegenwärtig auf deutscher Seite Gebietskörperschaften aus den Landkreisen Emsland, Leer, Aurich und die Stadt Emden sowie auf niederländischer Seite aus den Provinzen Groningen und Drenthe. Die EDR hat nicht die Tradition und Fülle von Aktivitäten wie etwa die südlich angrenzende "Euregio" aufzuweisen. Ein Grund dafür mag in der bisher schwachen funktionalen Verflechtung zwischen den Gebieten beiderseits der Grenze liegen (vgl. 13.1.2). Ein Zeichen für diese erst relativ späte Wahrnehmung der Bedeutung grenzüberschreitender Zusammenarbeit ist der erst vor kurzem erfolgte Ausbau der deutschen Geschäftsstelle in Leer, die - als Ausdruck immer engerer Integration - 1993 mit der niederländischen Geschäftsstelle zusammengelegt wurde, so daß nun ein gemeinsames Büro in Nieuwschanz existiert (vgl. OZ vom 17.09.1993, S. 9).

Große Relevanz erhält die EDR für die wirtschaftspolitischen Akteure seit die EU mit Hilfe spezieller grenzüberschreitender Förderprogramme (gegenwärtig: "Interreg") erhebliche Fördermittel bereitstellt:

> "Nichts gegen Folklore, aber die Zeit ist vorbei, als die Ems-Dollart-Region sich vor allem um den Austausch von Volktanz-Gruppen zu kümmern brauchte. Jetzt geht es um Geld." (OZ vom 29.5.92, S. 3).

Bei der Förderung gilt das Prinzip der "Kofinanzierung": die EU finanziert Maßnahmen meist zu 50%, der restliche Teil ist vor allem vom Land Niedersachsen und den Kommunen aufzubringen. Dabei fällt auf, daß im gegenwärtigen Förderzeitraum ein hoher Anteil der Mittel für die Vorbereitung und Durchführung "harter" Infrastrukturmaßnahmen aufgebracht wird (vgl. Liste a.a.O. sowie EDR (o.J.)).

Gewisse Probleme bereitet der Gebietszuschnitt im niedersächsischen Teil der EDR. Strukturell ist der Landkreis Emsland sicherlich stärker mit der zur Euregio gehörenden Grafschaft Bentheim als mit Ostfriesland verflochten (daher bilden z.B. beide eine gemeinsame Raumordnungsregion im Rahmen der Laufenden Raumbeobachtung der Bundesforschungsanstalt für Landeskunde und Raumordnung). Zudem gibt es traditionell deutliche Unterschiede in der (partei-)politischen Orientierung des Emslandes und Ostfrieslands, was die Kooperation sicher nicht vereinfacht. Es gibt Bestrebungen, die EDR in nordöstlicher Richtung zu erweitern (Landkreise Wittmund, Friesland, Stadt Wilhelmshaven). Dabei ist das Ziel, für den gesamten Aktionsbereich der Regionalen Strukturkonferenz Ost-Friesland eine einheitliche EU-Fördergrundlage zu erreichen (vgl. OZ vom 27.10.92, S. 3, und vom 03.02.94, S. 4).[5]

Eine Beurteilung der EDR muß den Eigenwert politischer und kultureller Kooperationen über nationale Grenzen hinweg betonen. Hier gibt es große Verdienste der EDR. Das Urteil über die Effizienz der wirtschaftlichen Kooperationsbeziehungen muß bisher eher ambivalent ausfallen (vgl. 13.1.2). Unbefriedigend ist auch der Gebietszuschnitt, wobei neben den oben skizzierten Bestrebungen nicht außer acht gelassen werden sollte, daß adäquate Kooperationspartner für niederländische oberzentrale Einrichtungen auf deutscher Seite meist in der nicht zur EDR gehörenden Stadt Oldenburg zu finden sind. Die gegenwärtige Existenz der EDR scheint

---

5   Einen wiederum abweichenden Zuschnitt hat der Bezugsraum der "Ziel 5b"-Förderung im Rahmen der EU-Regionalpolitik. Er umfaßte bisher die Landkreise Ammerland (ohne Bad Zwischenahn), Aurich (ohne Stadt Aurich), Cloppenburg (ohne Stadt Cloppenburg), Emsland (ohne Altkreis Lingen), Leer (ohne Stadt Leer) und Vechta (ohne Stadt Vechta) (vgl. AG TechnoPartner/GfL 1989, S. 7). Inzwischen hat sich dieser Gebietszuschnitt verändert. Er umfaßt jetzt im westlichen Niedersachsen die Landkreise Wittmund, Cloppenburg (ohne Stadt Cloppenburg), Ammerland (ohne Bad Zwischenahn), Leer (ohne Stadt Leer), Emsland (ohne Lingen, Meppen, Papenburg), Friesland (ohne Varel), Aurich (ohne Stadt Aurich und einige Stadtteile Nordens), Grafschaft Bentheim (ohne Nordhorn und Schüttorf) sowie Vechta (ohne Stadt Vechta und Lohne); vgl. esfa 2/94, S. 5.

stark von der Möglichkeit, die umfangreichen Interreg-Mittel zu verteilen, bestimmt zu sein. Ob sie darüber hinaus ausreichend eigene Bedeutung hat, wird nicht zuletzt die künftige "Konkurrenz" mit der "Neuen Hanse Interregio" zeigen.

Neue Hanse Interregio (NHI)

Im Jahre 1991 wurde als eine weitere grenzüberschreitende Organisationsstruktur die NHI gegründet. Sie ist ein Zusammenschluß auf Landes- bzw. Provinzialebene. Ihr gehören die Länder Niedersachsen und Bremen sowie die vier nordost-niederländischen Provinzen an (vgl. OZ vom 27.10.92, S. 3; MI 1993, Anlage 2). Ein Grund dafür dürfte gewesen sein, daß die niederländischen Provinzen die deutschen Bundesländer als adäquate Kooperationspartner betrachten, für den Austausch bisher aber keine geeignete "Plattform" vorhanden war. Die NHI hat Arbeitsgruppen für die Bereiche Wirtschaft, Verkehr, Fremdenverkehr, Forschung/Entwicklung, Wattenmeer, Umwelt, Landwirtschaft, Kultur, Bildung und Europastrategie gebildet und schon erste gemeinsame Projekte und politische Optionen definiert.

Die genauen Aufgabenstellungen und Vorgehensweisen dieser wenig öffentlichkeitswirksam arbeitenden Organisationsform lassen sich allerdings gegenwärtig nicht genau darstellen. Dieses wird auch aus den eigenen Unterlagen der NHI deutlich:

"In vielerlei Hinsicht ist die NHI noch immer ein Wunschbild, ein Ziel, für das der Staat, die Einrichtungen und der geschäftliche Sektor sich in der Überzeugung einsetzen wollen, daß dieses Bild Realität wird." (NHI 1992, S. 4).

Recht unklar ist bisher die Abgrenzung von Aufgaben und Kompetenzen der NHI im Verhältnis zur EDR. Unproduktive Überschneidungen sind offenkundig. Es wird deshalb unvermeidlich sein, schon in naher Zukunft das Verhältnis der NHI zu anderen Organisationsformen der Wirtschaftsförderung und Wirtschaftsstrukturpolitik zu klären. Positive Aspekte der NHI könnten in einer Abstimmung niedersächsischer bzw. bremer und niederländischer Aktivitäten gegenüber der EU bestehen.

17.1.4 "Alternative" Organisationsformen

Arbeitskreis Eigenständige Regionalentwicklung (AKER)

Im Frühjahr 1991 ging - parallel zur politischen Diskussion über die Einrichtung der Regionalen Strukturkonferenz Ost-Friesland - von einzelnen Mitarbeitern der VHS Leer sowie der Universitäten Oldenburg und Osnabrück/Vechta die Initiative aus, die Gedanken des Ansatzes der "Eigenständigen Regionalentwicklung" in der Region Ostfriesland zu vermitteln (vgl. Ahlers 1991, Mose 1991). Als Folge mehrerer Wochenendseminare zu diesem Thema wurde im Herbst des Jahres "eine Arbeitsgemeinschaft Eigenständige Regionalentwicklung ins Leben gerufen, die sich aus Vertreter/innen von vierzehn Initiativen, Projekten und Einrichtungen der ostfriesischen Halbinsel zusammensetzt" (OZ vom 26.11.91). Ziel des Arbeitskreises ist die "engere Vernetzung der vielen dezentralen Initiativen" im Interesse einer sozial-, umwelt- und regionsverträglichen Regionalentwicklung. Dieser Arbeitskreis hat inzwischen seine Arbeit in thematisch orientierten Arbeitsgruppen organisiert und eine "Sprechergruppe" bestimmt. Inwieweit die bisher sehr lockere Organisationsform in verbindliche Strukturen, etwa als Verein oder Verband, überführt werden kann, ist offen. Davon wird wesentlich abhängen, ob der Arbeitskreis künftig seinem Anspruch gerecht werden kann, öffentlichkeitswirksam Stellung zu regionalpolitischen Initiativen und insbesondere zu Arbeit und Ergebnissen der Regionalen Strukturkonferenz zu beziehen[6] sowie eigene Initiativen zu entwickeln oder ob er die Organisation von Veranstaltungen der Weiterbildung und Vernetzung von Initiativen in den Mittelpunkt stellt. Über einzelne Mitglieder, z.B. aus den Umweltverbänden, ist ein guter Informationsstand über die Aktivitäten der Regionalen Strukturkonferenz gegeben.

Ein wesentliches, auf den ersten Blick vielleicht überraschendes Problem besteht darin, daß die beteiligten Gruppen und Initiativen sich selbst zunächst einmal über spezifische sektorale Interessen definieren (alternative Landwirtschaft, Förderung regenerativer Energie, "Sanfter Tourismus" usw.). Sich selbst als "Beitrag" zur bzw. Akteur der Regionalentwicklung und Regionalpolitik wahrzunehmen, ist offensichtlich ein Lernprozeß, der Zeit erfordert. Nur wenn diese Regionsorientierung stärker geleistet und

---

6 Vgl. den Entwurf eines Memorandums zu "sozialökologischen Perspektiven" für die ostfriesische Wirtschaft aus der AG Wirtschaft des AKER: AG Wirtschaft (1994).

zugleich akzeptable, bindende Organisationsstrukturen begründet werden können, kann die Arbeitskreis mittelfristig selbst ein "Faktor" der Regionalpolitik in Ostfriesland werden. Ansonsten bleibt er ein sicher auch notwendiges, aber nur beschränkt wirksames Diskussionsforum.

17.2 Absehbare Perspektiven der Regionalentwicklung in Ostfriesland

In Kap. 1 sowie von Danielzyk (1989) und von Danielzyk/Krüger (1990) sind die grundlegenden Rahmenbedingungen und Strukturen der Regionalentwicklung in Ostfriesland ausführlicher dargestellt worden. An dieser Stelle soll es daher nur darum gehen, einige gegenwärtig absehbare Tendenzen und Aspekte der kurz- und mittelfristigen Regionalentwicklung in Ostfriesland zu skizzieren, um den Bezugsrahmen für unsere regionalpolitischen Schlußfolgerungen (17.3) zu verdeutlichen.

Grundsätzlich kann festgestellt werden, daß auch in den zurückliegenden Jahren positiver konjunktureller Entwicklung die Strukturschwäche der Region keinesfalls grundsätzlich überwunden, sondern allenfalls etwas kompensiert werden konnte, weshalb sich über mehrere Jahre hinweg die Arbeitsmarktsituation etwas günstiger darstellte. Vor allem im *Osten* der Ostfriesischen Halbinsel, wo die Arbeitslosenquoten schon heute über dem Durchschnitt der Quoten in den fünf neuen Bundesländern liegen, dürften sich die Probleme erheblich verschärfen (vgl. 17.1.2):

> "... spitzt sich die Beschäftigungssituation im Raum Wilhelmshaven dramatisch zu. Bis 1995 drohen schätzungsweise 7000 Arbeitsplätze allein bei der Marine und Olympia verloren zu gehen, hinzu kommen weitere Einbußen aufgrund der damit verbundenen negativen Einkommenseffekte." (Huebner u.a. 1991, S. 42).

Schwerer einschätzbar ist dagegen die künftige Entwicklung im *Westen* der Ostfriesischen Halbinsel. Dort ist eindeutig das VW-Werk der dominante Wirtschaftsfaktor, der

> "ein Viertel des gesamten Sozialproduktes in Ostfriesland bestimmt. Wenn dort auch nur ein Teil der Lampen ausgeht, wird es in Ostfriesland insgesamt recht finster." (Wieting 1992).

Aufgrund der Absatzprobleme der Automobilindustrie im allgemeinen und der Produktivitätsschwäche des VW-Konzerns im besonderen ist ein Arbeitsplatzabbau auch im VW-Werk Emden unvermeidlich. Die Zahl der Arbeitsplätze wurde von 12.500 (Ende 1991, früher noch höher) auf 9.500 (Mitte 1994) reduziert. Ein weiterer Abbau wird angestrebt.[7] Um die Jahreswende 1992/93 wurde erstmals für mehrere Wochen Kurzarbeit angesetzt. Andere wichtige Wirtschaftsfaktoren in Emden (Schiffbau, Hafenwirtschaft) kommen wegen der allgemeinen Rezession und spezifischer Sektoralkrisen für eine Kompensation der Arbeitsplatzverluste bei VW keinesfalls in Frage. Ob infolge der Restrukturierung der Automobilindustrie durch die Realisierung neuer Produktions- und Organisationsprinzipien einzelne Zulieferbetriebe ("just in time"-Lieferbeziehungen) in Werksnähe angesiedelt und damit Arbeitsplatzverluste zum Teil aufgefangen werden können, ist gegenwärtig nicht eindeutig absehbar. Politische Bestrebungen mit dieser Orientierung sind erkennbar, würden aber keinesfalls die sektorale Monostruktur auflockern.

Bei der Erörterung der Zukunftsaussichten für den Westen der Ostfriesischen Halbinsel ist auch zu berücksichtigen, daß in der Stadt Norden mittelfristig mehrere hundert Arbeitsplätze in der Spirituosenproduktion und bei der Küstenfunkstelle Norddeich Radio gefährdet sind (vgl. OZ vom 04.06.92, S. 7, OZ vom 12.03.93, S. 9). Darüber hinaus läßt sich das innovative Konzept der Gemeinnützigen Ausbildungsgesellschaft Norden mit seinen positiven Auswirkungen auf Beschäftigung und Qualifizierung in der Region nicht langfristig aufrecht erhalten (s. u.; vgl. OZ vom 01.09.92, S. 7).

Zwei weitere allgemeine politische und ökonomische Tendenzen sind für die Abschätzung der künftigen wirtschaftlichen Entwicklung in Ostfriesland relevant: zum einen werden die Auswirkungen der EU-Agrarpolitik und Veränderungen auf den globalen Agrarmärkten zu weiteren Arbeitsplatzverlusten in der *Landwirtschaft* führen, die in Ostfriesland immer noch eine überdurchschnittliche Bedeutung hat. Eine quantifizierende Prognose zur Zukunft der Landwirtschaft in Ostfriesland ist selbstverständlich kaum möglich. Es ließ sich aber im Rahmen unserer qualitativen Untersuchungen auch nicht feststellen, daß in Ostfriesland etwa eine besondere strukturelle

---

7 Vgl. OZ vom 04.07.92, S. 13, OZ vom 12.02.93, S. 3, OZ vom 24.03.94, S. 5. Eine adäquate Größenordnung von ca. 6.000 Arbeitsplätzen wurde schon in Studien erwähnt (vgl. OZ vom 12.02.93, S. 3, Süddeutsche Zeitung vom 29.10.93, S. 31, sowie Weser-Kurier vom 27.09.94, S. 20).

Resistenz oder erfolgversprechende "Gegenstrategien" in außergewöhnlichem Umfang vorhanden wären (vgl. 9.).

Zum anderen ist auf die Auswirkungen des Abbaus von militärischen und zivilen Arbeitsplätzen bei der *Bundeswehr* infolge der veränderten sicherheitspolitischen Rahmenbedingungen hinzuweisen. Die Bundeswehr ist an verschiedenen Standorten auf der Ostfriesischen Halbinsel vor allem mit Einheiten aus den Teilstreitkräften Marine und Luftwaffe vertreten und damit zumindest teilweise ein bedeutender Wirtschaftsfaktor. Aufgrund der für die Öffentlichkeit und gerade auch für die Kommunen sehr undurchsichtigen Planungspolitik der Bundeswehr bzw. des Bundesministeriums für Verteidigung ist es problematisch, den Arbeitsplatzabbau vom Umfang und Verlauf her genau vorherzusehen. Es wird geschätzt, daß auf der Ostfriesischen Halbinsel mindestens 1600 zivile und militärische Dienstposten in naher Zukunft wegfallen werden.[8] Die gravierendsten wirtschaftlichen Folgen dürften dabei in Wilhelmshaven und auf der Insel Borkum entstehen.[9]

Nach dem gegenwärtigen Eindruck scheint nur ein wichtiger Wirtschaftszweig in Ostfriesland recht positive Zukunftsaussichten zu haben: der *Fremdenverkehr*. Die Trends zum Inlands-, Kurz- und Zweiturlaub wirken sich ausgesprochen positiv für die Fremdenverkehrswirtschaft in der Region aus. (So haben die Übernachtungszahlen in Beherbergungsbetrieben zwischen 1985 und 1991 in den ostfriesischen Landkreisen zwischen 41% und 58% zugenommen; vgl. Jung 1992, S. 164.) Damit haben sich Befürchtungen in den 80er Jahren, daß Diskussionen um die Verschmutzung der Nordsee den Fremdenverkehr im Küstenbereich beeinträchtigen würden, nicht bestätigt. Die vielfältigen (indirekten) ökonomischen Effekte des Fremdenverkehrs sind bekanntlich im einzelnen schwer (quantitativ) nachzuzeichnen. Unbestritten ist allerdings auch die Einschätzung, daß der Fremdenverkehr nur in unterdurchschnittlichem Maße dauerhafte Vollzeitarbeitsplätze schafft. So wurden am 30.06.1991 "nur" ca. 5700 sozialversicherungspflichtig Beschäftigte im Gast- und Beherbergungsgewerbe in den Gebietseinheiten des "alten" Ostfrieslands verzeichnet (vgl. a.a.O., S. 166).

---

8   Ohne Marinearsenal Wilhelmshaven und Wehrpflichtige; vgl. Protokoll der 3. Sitzung der AG 6 der Strukturkonferenz Ost-Friesland vom 20.05.92, S. 1.

9   So hat eine Untersuchung über die Arbeitsmarktfolgen des Truppenabbaues für den Bezirk des Landesarbeitsamtes Niedersachsen-Bremen ergeben, daß "die arbeitsmarktliche Bedeutung der Bundeswehr in Wilhelmshaven mit Abstand am größten" ist (Gersdorf 1992, S. 226).

Selbstverständlich entstehen durch den Fremdenverkehr darüber hinaus zahlreiche nicht sozialversicherungspflichtige Möglichkeiten der Einkommenserzielung und werden durch ihn auch Arbeitsplätze in anderen Wirtschaftszweigen (z.B. im Einzelhandel) zusätzlich stabilisiert oder gar neu geschaffen. Gleichwohl muß hervorgehoben werden, daß eine noch so positive Entwicklung des Fremdenverkehrs keinesfalls ausreicht, um die ökonomische Strukturschwäche Ostfrieslands zu überwinden - zumal sich schon "Grenzen des Wachstums" des Fremdenverkehrs auf den Inseln und an der Küste zeigen.[10] Außerdem wird zunehmend befürchtet, daß an der ostdeutschen Küste attraktive Konkurrenzangebote für ähnliche Zielgruppen entstehen (vgl. NWZ vom 23.08.94).

Zum Abschluß der Diskussion von Faktoren künftiger Wirtschaftsentwicklung soll noch auf einen weiteren Aspekt hingewiesen werden, der gerade in Ostfriesland besondere Relevanz hat: die Rücknahme der *Arbeitsmarktfördermittel* der Bundesanstalt für Arbeit bzw. ihre Verlagerung in die ostdeutschen Bundesländer wird gerade in Ostfriesland erhebliche Folgen haben, da in den vergangenen Jahren umfangreiche Mittel mit deutlichen arbeitsmarktentlastenden Effekten in die Region transferiert worden sind. So wurden alleine im Arbeitsamtbezirk Leer im Jahr 1991 mit ca. 60 Mio. DM durchschnittlich fast 2000 ABM-Stellen gefördert, was die Arbeitslosenquote durchschnittlich um 2,4% reduzierte (vgl. OZ vom 04.02.92, S. 5, u. OZ vom 08.05.92, S. 6)![11] Im Jahr 1992 standen zu diesem Zweck nur noch 25 Mio. DM zur Verfügung. Im Dezember 1993 gab es im Arbeitsamtsbereich Leer trotz des Einsatzes überplanmäßiger Mittel nur noch 748 ABM-Stellen (vgl. OZ vom 06.01.94, S. 3). Dennoch war im Bezirk des Landesarbeitsamtes Niedersachsen-Bremen der Einsatz der verschiedenen arbeitsmarktpolitischen Instrumente in den ostfriesischen Arbeitsamtsbezirken quantitativ am erfolgreichsten: die Arbeitslosenquoten konnten dadurch um 3,5 % (Emden) bzw. 3,0% (Leer) gesenkt werden (vgl. OZ vom

---

10 Nach vielen Jahren stetigen Wachstums der Übernachtungszahlen hat es 1994 erstmals einen leichten Rückgang gegeben. Aus dieser Einsicht heraus gibt es Bestrebungen, die fremdenverkehrliche Erschließung des Binnenlandes und eine höhere Qualität (mit entsprechend erhöhten pro-Kopf-Umsätzen) zu fördern. Entsprechende Vorhaben sind die Regionalagentur für Kulturtourismus der Ostfriesischen Landschaft und das Beratungsbüro für umweltbewußte und regionalkundliche Gastlichkeit im Landkreis Wittmund; vgl. Danielzyk 1992b, Heil 1992, 1994, Schäfer 1992.

11 Insgesamt hatte das Arbeitsamt Leer 1991 einen Jahresetat von knapp 400 Mio. DM (vgl. OZ vom 08.05.92, S. 6)!

07.01.94, S. 5)! Das zeigt die weiterhin große Relevanz von Transfermitteln für die Regionalökonomie Ostfrieslands in einer Zeit, in der die Arbeitslosenquoten lange nicht mehr gekannte Werte erreichen: 16,3 % (Emden) bzw. 15,5 % (Leer) im Januar 1994 (vgl. OZ vom 09.02.94, S. 3). Im Kontext der bisher umfangreichen Fördermaßnahmen sind auch einzelne sehr komplexe und innovative Projekte mit positiven qualitativen und quantitativen Folgen für die Regionalwirtschaft entstanden. Herausragendes Beispiel dafür ist die Gemeinnützige Ausbildungsgesellschaft Norden mit ihrem europaweit fachlich anerkannten Telematikzentrum. Dieses Konzept wird sich wegen der veränderten Rahmenbedingungen mittelfristig nicht fortsetzen lassen, sondern aufgrund des Fördermittelrückganges modifiziert werden müssen (vgl. OZ vom 01.09.92, S. 7).

Zusammenfassend ist festzuhalten, daß - abgesehen von den relativ guten Entwicklungstendenzen im Fremdenverkehr - die ökonomische Strukturschwäche Ostfrieslands gegenwärtig und in naher Zukunft wieder deutlicher als in den vergangenen Jahren (und auch deutlicher als z. Zt. unserer Expertengespräche; vgl. 13.) hervortritt bzw. hervortreten wird. Die Zeit der günstigen konjunkturellen Entwicklungen ist nicht für einen grundlegenden Strukturwandel genutzt worden (erfreuliche Ausnahmen, wie etwa die Expansion des Auricher Windenergieanlagen-Produzenten "Enercon", bestätigen diese Regel nur).[12] Ein neues Leitbild mit neuen Akzenten zur Überwindung der strukturellen Schwächen - innerhalb des konventionellen wirtschaftspolitischen Rahmens oder gar darüber hinaus - zeichnet sich nicht ab. Die Vorstellung einer "Aufholjagd" mittels industrieller Ansiedlungen wird nach den Erfahrungen der Vergangenheit zwar teilweise durchaus kritisch gesehen (vgl. 13. und 14.), bleibt aber angesichts fehlender Alternativen weiterhin ein "verführerisch" naheliegendes Wunschbild.

In solchen Zeiten besteht die Gefahr, daß man die "Schuld" für Probleme ganz woanders sucht - und sei es bei ökologisch motivierten Geschwindigkeitsbegrenzungen für den Autoverkehr:

---

12 Vgl. OZ vom 18.12.93, S. 3. - Ein gutes Beispiel für die hohe Relevanz des "konventionellen Ansiedlungsdenkens" in Ostfriesland und die Unfähigkeit zu rationaler Zukunftsgestaltung liefert die IHK für Ostfriesland und Papenburg, die den Ausbau der Windenergie in der Region vollkommen stoppen, den Ausbau der Verkehrswege aber forcieren will (vgl. OZ vom 08.07.94, S. 11, 13, sowie IHK 1994)! Folgerichtig denkt "Enercon", einer der wenigen expandierenden Betriebe in der Region, über eine Verlagerung der Produktion nach ...

"Eines scheint sicher: sowohl neue Belastungen als auch generelle Geschwindigkeitsbegrenzungen treffen am ehesten Autofahrer in abgelegenen Regionen wie Ostfriesland. Noch bevor ihre jahrelang geforderten und propagierten Autobahnanschlüsse fertig sind, könnten damit endlich erlangte bessere Strukturen schon wieder dahin sein." (Penning 1992).

Welche Schlußfolgerungen lassen sich aus den Ergebnissen unserer verschiedenen Teilstudien und aus unseren eigenen Überlegungen demgegenüber für Regionalentwicklung und Regionalpolitik in Ostfriesland ziehen?

17.3 Regionalpolitische Schlußfolgerungen

Unsere Schlußfolgerungen für die künftige Gestaltung der Regionalpolitik in Ostfriesland sind vor dem Hintergrund der vor allem in den Kap. 1, 13, 14.1 und 17.1 bzw. 17.2 dargestellten Situation zu sehen. Es war nicht Aufgabe des Forschungsprojektes, Vorschläge für neue formale Strukturen und inhaltliche Orientierungen der Regionalpolitik auszuarbeiten. Die Ergebnisse unserer empirischen Untersuchungen sowie die auch unabhängig davon im Rahmen anderer wissenschaftlicher, pädagogischer und beratender Aktivitäten gewonnenen Erkenntnisse bieten aber die Grundlage für einige Hinweise zu wesentlichen Aspekten der künftigen Regionalpolitik in Ostfriesland.

17.3.1 Bezugsraum

Zunächst ist der geeignete *Bezugsraum* der Regionalpolitik zu erörtern. Wenn der räumliche politisch-administrative Rahmen, politische Strukturen und inhaltliche Aspekte in einem halbwegs konsistenten Verhältnis zueinander stehen sollen, ist die gesamte Ostfriesische Halbinsel sinnvollerweise zu einem regionalpolitischen Handlungsraum zusammenzufassen.[13] Aus wirtschafts- und sozialgeographischer Sicht ist die Ostfriesische Halbinsel zweifellos als ein Funktionsraum zu sehen, in dem die Arbeitsmärkte, aber auch andere funktionale Beziehungen durch die beiden industriell gepräg-

---

13 Dieses wurde in regionalpolitischer Hinsicht erstmals durch die "Regionale Strukturkonferenz Ost-Friesland" geleistet (vgl. 17.1.1). Dieser "Zuschnitt" wurde auch für den Vorschlag Regionaler Kooperationsräume im Entwurf des Niedersächsischen Landesraumordnungsprogrammes (LROP-E 1992, Anlage zu C 1.2.04) sowie für jüngere wissenschaftliche Studien (z. B. Huebner u. a. 1991) zugrunde gelegt.

ten Zentren Emden und Wilhelmshaven bestimmt werden. Vor allem bestehen recht enge Verflechtungen zwischen dem Landkreis Wittmund und den zentralörtlichen Einrichtungen und Arbeitsstätten in Wilhelmshaven bzw. Friesland, so daß die historische ostfriesisch-oldenburgische Grenze, die hier mit der Grenze zwischen den Landkreisen Wittmund und Friesland identisch ist, in dieser Hinsicht kaum eine Rolle spielt. Auch unter dem Kriterium "Homogenität der Strukturen" ist die Ostfriesische Halbinsel als relativ einheitlicher Raum aufzufassen. Küstenbezogene Wirtschaft, Fremdenverkehr, Landwirtschaft und Kleingewerbe sind für die ländlichen Bereiche der gesamten Halbinsel strukturprägend und weisen unabhängig von historischen Grenzen ähnliche Probleme und Chancen auf. In diesem Zusammenhang ist hervorzuheben, daß gerade im besonders zukunftsträchtigen Wirtschaftszweig Fremdenverkehr die historische Grenzziehung insbesondere in der Wahrnehmung auswärtiger Gäste und Reiseveranstalter keine relevante Rolle spielt, da sie sich wohl eher am Bild der Kulturlandschaft orientieren. Intraregionale Differenzierungen wären eher nach den unterschiedlichen Landschaftstypen (mit ihren jeweiligen Potentialen und Problemen z. B. für Landwirtschaft und Fremdenverkehr) oder nach den Einflußbereichen der mittelzentralen Orte vorzunehmen (vgl. Danielzyk 1994c).

Allerdings darf nicht übersehen werden, daß die oldenburgisch-ostfriesische Grenze ihren Niederschlag auch in den Zuständigkeitsbeziehungen regionalpolitisch relevanter Institutionen findet. So folgen etwa die Zuständigkeitsbereiche der Industrie- und Handelskammern, der "Landschaften" und anderer Organisationen den historischen Vorgaben. Das muß regionalpolitische Kooperation nicht prinzipiell erschweren, erhöht aber in jedem Fall die Zahl der notwendigerweise zu beteiligenden Akteure.

In unseren Expertengesprächen (vgl. 13.1.3) ist deutlich geworden, daß fast alle interviewten Personen eine Ausdehnung des regionalpolitischen Bezugsraumes über die Abgrenzung des historischen Ostfrieslands hinaus für dringend erforderlich halten. Dabei ist weitgehend unbestritten, daß "Ost-Friesland" *ein* geeigneter Kooperationsraum ist. Zum Teil wird die Zusammenarbeit in diesem räumlichen Bezugsrahmen schon länger realisiert, so etwa in dem schon vor der Regionalen Strukturkonferenz gegründeten "Arbeitskreis Wirtschaftsförderung und Fremdenverkehr" (vgl. 17.1.1, Anm. 2). Die in den Expertengesprächen häufig geäußerte Ansicht, daß der regionalpolitische Handlungsraum auch die Grenzen der Ostfriesischen

Halbinsel überschreiten müsse, ist eher diffus geblieben. Dafür zeichnet sich aus unserer Sicht auch keine überzeugende Realisierungsform ab. Zwischen dem Emsland und den ostfriesischen Gebietseinheiten gibt es gravierende Unterschiede in den gegenwärtigen Wirtschaftsstrukturen, in der (historisch begründeten) politischen Kultur und in den regionalpolitischen Zielsetzungen (vgl. Krüger 1993b). Ebenso gibt es deutliche, wenn auch nicht ganz so gravierende strukturelle Unterschiede zu angrenzenden oldenburgischen Gebietseinheiten. Darüber hinaus dürfte ein Kooperationsraum, der etwa den gesamten oder nur den nördlichen Weser-Ems-Bezirk umfaßt, für regionalpolitisches "Alltagshandeln", vor allem im Sinne einer Aktivierung endogener Potentiale, schlicht zu groß sein und aufgrund erheblicher politischer Interessensdifferenzen auch kaum ein einheitliches Profil entwickeln können.[14]

Ein Problem derartiger Abgrenzungsdiskussionen ist zweifellos, daß die Grenzziehung so sehr in den Mittelpunkt gerückt wird, daß fast vergessen wird, daß spezifische, Regionsgrenzen übergreifende Kooperationen selbstverständlich auch nach einer verbindlicheren Regionalisierung wegen sachlicher Verknüpfungen oder historischer Traditionen sinnvoll sind, eine Region also kein "Gefängnis" ist. In diesem Sinne ist noch einmal daran zu erinnern, daß PROGNOS (1990) für den Weser-Ems-Bezirk teilräumlich grenzüberschreitende Entwicklungsschwerpunkte in einer durchaus geeigneten Weise in den Räumen Osnabrück, Oldenburg/Bremen und Emden/Leer/Papenburg/Groningen definiert hat (wobei unverständlicherweise Wilhelmshaven ignoriert wurde).[15] Der letztgenannte Entwicklungsschwerpunkt weist daraufhin, daß Regionalisierung im westlichen Niedersachsen immer auch die Verbindungen zu den niederländischen Nachbarregionen wahrnehmen und verstärken muß.

---

14 "Eine integrale Entwicklungsstrategie für den Regierungsbezirk Weser-Ems als Ganzes zu formulieren, ist nach den Ergebnissen dieser Untersuchung nicht möglich" (PROGNOS (Kurzfassung) 1990, Pkt.4.4).

15 Im Rahmen der seit 1991 "wiederbelebten" Gemeinsamen Landesplanung Bremen/Niedersachsen wird seit Ende 1992 ein Regionales Entwicklungskonzept (REK) für den südöstlich an Ost-Friesland angrenzenden Planungsraum Bremen/Bremerhaven/Oldenburg erarbeitet (die Raumabgrenzung entspricht dem Vorschlag für einen Regionalen Kooperationsraum Oldenburg-Unterweser in LROP-E 1992, Anlage zu Ziffer C.1.2.04). Dieses REK könnte in gewisser Weise für andere niedersächsische Kooperationsräume modellhaft sein (vgl. GLP 1993, FORUM 1994).

Das häufig im Zusammenhang mit der Bildung von Regionen vorgetragene Argument, es seien EU-weit Aufmerksamkeit findende Räume abzugrenzen, ist zu relativieren. Zum einen sind Zielsetzung und Verlauf des Regionalisierungsprozesses in der EU noch sehr diffus und ohne einheitlichen Ansatz (es werden bisher vor allem für sektorale Politikbereiche "Programmregionen" geschaffen und grenzüberschreitende Regionen gefördert). Zum anderen beanspruchen gerade in der Bundesrepublik die Bundesländer, "europäische Regionen" zu sein und entsprechend in den EU-Organen vertreten zu sein, so daß es schwer vorstellbar ist, welchen Platz andere Regionen in diesem Feld einnehmen sollen (vgl. dazu Bullmann 1994).

17.3.2 Verfahrensweise

Im Hinblick auf die regionalpolitische *Verfahrensweise* dürfte es aus verschiedenen Gründen unbestritten sein, daß ein diskursiver Ansatz zu wählen ist, der die zahlreichen Institutionen, Initiativen und Akteure in die politischen Diskussionen einbezieht, ohne auf externe Anregungen zu verzichten. Die Erfahrungen in anderen Regionen und die allgemeine regionalwissenschaftliche Diskussion haben ausreichend deutlich gemacht, daß die Erstellung eines regionalen Entwicklungsprogrammes, etwa durch eine Behörde in einem bürokratisch geregelten Verfahren, der komplexen Problematik von Regionalentwicklung nicht gerecht werden kann und keine zielgerichteten Ergebnisse hervorbringt. Zum einen muß es allgemeiner Grundsatz sein, daß die Akteure, die für die Zielerreichung relevant sind, an der Zielformulierung selbst beteiligt werden. Zum anderen hat sich gerade in Ostfriesland gezeigt, daß die bisherige extern formulierte (aber durchaus mit regionsinternem Einverständnis realisierte) Regionalpolitik den Problemen und Chancen der Region nicht gerecht wurde: So wurde der "Umbau der Industriestruktur in den 70er und 80er Jahren verpaßt" (Huebner u. a. 1991, S. 42). Die bisherige Politik war weder flexibel noch der Situation angemessen.

Hier ist nicht der Ort, die gegenwärtige fachwissenschaftliche und politische Diskussion über die Regionalisierung staatlichen Handelns und die Reform raumbezogener Politikbereiche, die gerade in Niedersachsen sehr intensiv geführt wird,[16] umfassend auf mögliche Schlußfolgerungen für unseren Untersuchungsraum zu überprüfen. Weitgehende Zustimmung dürfte aber die Feststellung finden, daß die bisherigen Formen der Regionalpolitik nicht nur den Problemstrukturen der jüngeren Vergangenheit nicht angemessen waren, sondern angesichts der veränderten politischen, ökonomischen und sozialen Konstellationen der Gegenwart und Zukunft als weitgehend inadäquat einzuschätzen sind. Wünschenswert wäre zweifellos eine konsequentere Regionalisierung weiter Bereiche staatlichen Handelns bei Vorgabe gewisser politischer Grundsatzentscheidungen und der Prüfung interregionaler Verträglichkeit dezentralen Handelns durch die Zentralinstanzen. Noch dringlicher wäre die Förderung eines besseren regionsbezogenen Zusammenwirkens verschiedener Politikbereiche, insbesondere von Raumordnung, Wirtschaftsstrukturpolitik und Beschäftigungspolitik.

Konkretere Schlußfolgerungen für unsere Untersuchungsregion sollten mit diesen "Fernzielen" vereinbar sein, zugleich aber auf vorhandene Strukturen und relativ kurzfristig realisierbare Möglichkeiten Bezug nehmen. In diesem Sinne ist aus unserer Sicht die Einrichtung der "Regionalen Strukturkonferenz Ost-Friesland" ein erster wichtiger Schritt in die richtige Richtung. Diese Organisationsform muß aber um einige Elemente ergänzt werden, um mittelfristig sichtbare Wirksamkeit zu entfalten:

- Wichtigstes Ziel der Strukturkonferenz sollte nicht (wie bisher) die Erarbeitung sektoraler, durch politischen Kompromiß gefundener "Wunschzettel" sein (das heißt: Listen mit förderungswürdigen Projektvorschlägen), sondern die gemeinsame Diskussion über und Verpflichtung auf ein "Leitbild" für die künftige Entwicklung der Region Ost-Friesland. In diesem *Leitbild* sollten in kurzgefaßter Form politische Grundsatzaussagen zur wünschenswerten Zukunft der Region als Ergebnis gründlicher Diskussionen im Sinne gemeinsam geteilter Vorstellungen der wichtigsten Akteure zusammengestellt sein. Dieses Leitbild wäre das erste und politisch entscheidende Element eines Regionalen Entwicklungskonzeptes. Aus dem Leitbild wären in der folgenden Zeit ein präzi-

---

16 Vgl. z.B. NIW 1991, VER 1992, Krafft/Ulrich 1993, Nedden 1994, Danielzyk 1994a, Krumbein 1994.

ser formulierter *Orientierungsrahmen* und *konkrete Projekte*[17] für einzelne Handlungsfelder abzuleiten. Diese drei Elemente würden zusammen das Regionale Entwicklungskonzept (REK) darstellen. Sobald das Leitbild die Zustimmung der Regionalen Strukturkonferenz gefunden hätte, wäre es als eine politisch verbindliche Festlegung zu betrachten, die auch durch rechtliche Wirkungen entfaltende Politikbereiche, z.B. Regionale Raumordnung, regionale Wirtschaftsförderung, Fachplanungen, umgesetzt werden müßte. Nur am Rande sei bemerkt, daß ein derartiges Leitbild auch eine geeignete Grundlage für Regionsmarketing und Werbemaßnahmen, z.B. im Fremdenverkehr, darstellt. (Um keine Mißverständnisse entstehen zu lassen: Ein REK ist kein Regionalplan, der flächendeckend Aussagen für alle denkbaren Sachbereiche trifft. Im Sinne einer differenzierten Aussagenintensität sind thematisch und räumlich Schwerpunkte zu setzen, aber auch "Lücken" möglich.)

- Eine *Regionalkonferenz*, in die ein breites Spektrum von Institutionen und Akteuren einbezogen ist, ist ein sehr geeigneter Ort zur Diskussion und Entscheidungsfindung über die Zukunft der Regionalentwicklung und Regionalpolitik. Gleichwohl beschränken die weitgehend informellen Strukturen, die nur periodische Öffentlichkeitswirksamkeit und der ehrenamtliche Charakter der Geschäftsführung Effizienz und Wahrnehmbarkeit des regionalen Gestaltungswillens in einschneidender Weise. In diesem Sinne wäre es - wenn regionale Kooperation einen angemessenen Ausdruck finden *soll* - wünschenswert, wenn eine kontinuierlich besetzte Stelle mit einer professionellen Geschäftsführung geschaffen würde. Dieses *Regionalbüro* wäre in erster Linie Geschäftsstelle der Regionalkonferenz, zugleich aber eine "Adresse" für Anfragen und Anregungen zur Regionalentwicklung aus der Region und "von außen". Die Schaffung einer derartigen Einrichtung würde den Willen zum Ausdruck bringen, auf einer verbindlicheren Stufe regionale Kooperation durchzuführen. Es sollte der weiteren Diskussion überlassen bleiben, ob dieses Regionalbüro noch weitgehender als regionale Moderationsinstanz verstanden werden oder gegebenfalls weitere Aufgaben (Außendarstellung, Beratung etc.) übernehmen sollte. Es könnte,

---

17 Da grundsätzliche Leitbild-Debatten notwendig, aber oft abstrakt sind und eine gewisse Zeit erfordern, sollten frühzeitig konkrete Pilotprojekte initiiert werden, um den Nutzen regionaler Kooperation konkret erfahrbar werden zu lassen.

muß aber nicht der "Vorläufer" eines aus landesplanerischer Sicht erstrebenswerten "Regionalen Planungsverbandes" sein.[18]

- Es ist allerdings nicht nur von den regionalen Akteuren zu fordern, sich auf eine stärkere Verbindlichkeit der regionalen Kooperation einzulassen. Analog dazu wäre eine *Selbstverpflichtung der Landesregierung* wünschenswert, die regional definierten Leitbilder und konsensual abgestimmten Projektvorschläge, sofern sie gewissen landespolitisch definierten Grundsatzkriterien entsprechen, zu respektieren, in eigene Planungen zu übernehmen und finanziell zu unterstützen.[19] Ebenso wäre von der Landesregierung zu erwarten, daß sie die proklamierte Absicht einer Regionalisierung des staatlichen Handelns z.B. durch eine "Anschubfinanzierung" modellhafter Regionalbüros unterstützt. Die Realisierung einer regionalpolitischen Vorgehensweise in der skizzierten Form dürfte allerdings ein länger währender Prozeß sein, da damit zwangsläufig Veränderungen von Macht- und Kompetenzverhältnissen verbunden sein werden.[20] Außerdem ist immer wieder daran zu erinnern, daß das Handlungspotential der regionalen Ebene in einer globalisierten Ökonomie begrenzt ist, also kein Anlaß für eine "Regionalisierungseuphorie" besteht.

17.3.3 Inhaltliche Orientierung

Nach den Überlegungen zum Bezugsraum und zur Verfahrensweise der Regionalpolitik in Ostfriesland bzw. Ost-Friesland sollen einige Anregungen zu inhaltlichen Aspekten gegeben werden. Diese werden aus zwei Gründen nicht sehr konkret ausfallen können: zum einen war eine intensive Auseinandersetzung mit den Strukturen der regionalen Ökonomie nicht Gegenstand unseres Forschungsprojektes, was allerdings die Voraussetzung

---

18 Vgl. LROP-E 1992, Erläuterung zu C 1.2, sowie vor allem Fürst (1991), der eindrucksvoll die potentielle Komplementarität von Regionalkonferenzen und Regionalverbänden darstellt.

19 Man kann hier von einem landespolitisch definierten "Korridor" sprechen. Wenn sich innerhalb dessen die autonomen Entscheidungen und Vorschläge der Regionalkonferenzen bewegen, sind sie zu unterstützen. Am Beispiel: wenn die Landesregierung für den "Ausstieg aus der Atomenergie" votiert, kann eine Region nicht erwarten, für den Wunsch nach Ausbau von Atomkraftwerken Unterstützung zu erhalten.

20 Vgl. zu Erfahrungen mit innovativen Formen der Regionalpolitik in anderen Regionen z.B. Danielzyk 1994b, Fürst/Kilper 1993, MWMT 1992.

für genauere Aussagen wäre. Zum anderen widerspricht es dem Verständnis einer (oben angedeuteten) diskursiven Form regionalpolitischer Entscheidungsfindung, "Empfehlungen" im Stile eines Entwurfs für ein regionales Entwicklungsprogramm durch externe Wissenschaft und Politikberatung vorzugeben. Vielmehr sollten "von außen" Anregungen für die politische Diskussion in der Region gegeben werden. Diese Diskussion könnte dann wiederum zu einer Modifikation bzw. Revision dieser Anregungen führen, wodurch in einem interaktiven Prozeß in der Tat z.B. ein "Leitbild" entstehen könnte. Dieses Vorgehen wäre allerdings nur im Rahmen eines eigenen Projektes möglich.

An dieser Stelle soll daher unsere Anregung zunächst einmal dahingehen, künftige Entwicklungsmöglichkeiten der Region in *alternativen Optionen* darzustellen, anhand derer über Wünschbarkeit und Realisierbarkeit von Entwicklungsoptionen diskutiert werden könnte. Aus unserer Sicht sind zwei Orientierungen vorstellbar: 1. Fortsetzung der herkömmlichen konzentrierten Wachstums- und Industrialisierungspolitik, 2. eine Strategie "optimaler Lebensqualität in kleinteilig-dezentralen Strukturen". Diese sollen hier in groben Zügen skizziert werden.

Zu 1.

Eine Fortsetzung der Industrialisierungspolitik ist keineswegs als bruchlose Verlängerung der "nachholenden Industrialisierung" der 70er Jahre denkbar, da sich die Rahmenbedingungen inzwischen grundlegend geändert haben. Die Ansiedlung von Gewerbe und Industrie allein aufgrund des verfügbaren Arbeitskräftepotentials scheint langfristig unmöglich, vielmehr müßte auf die (wenigen) anderen vorhandenen Standortqualitäten (aus Sicht industrieller Investoren) gesetzt werden. Dabei ist zunächst einmal an die Hafenstandorte in Emden und insbesondere in Wilhelmshaven (einziger deutscher Tiefwasserhafen) zu denken, die für die hafenbezogene Wirtschaft attraktiv sein könnten. Allerdings wären zur Erzielung gewisser Erfolge in dieser Hinsicht ohne Zweifel qualitative Aufwertungen ganz erheblichen Umfanges erforderlich. Ein Schritt in dieser Richtung könnte etwa die Etablierung eines "Freihafengebietes" (sog. Zollausland) sein.

Weitere Aspekte einer erneuerten Industrieansiedlungspolitik wären in der Anknüpfung an vorhandene industriell-gewerbliche Potentiale, ebenfalls vor allem in Emden und Wilhelmshaven, zu sehen. Im Sinne einer "Modernisierung des Bestandes" bzw. auch einer "Standortkonversion" könnten aus dem Potential des ehemaligen AEG-Olympia-Werkes und des Marinearsenals in Wilhelmshaven bzw. der Werften und des VW-Werkes in Emden mit Hilfe sehr gezielter sektoraler Strukturpolitik und Standortförderung neue Produktionslinien, z.B. im Maschinen- und Fahrzeugbau, entstehen. Diese könnten durch Tochterunternehmen der Konzerne oder neue selbständige Klein- und Mittelbetriebe realisiert werden. Im Zusammenhang mit dem VW-Werk wäre ein sinnvoller (Zwischen-) Schritt die Ansiedlung von Zulieferbetrieben in der Region, die aber angesichts der Strukturkrise der Automobilindustrie von vornherein die Möglichkeit des Aufbaus weiterer Produktionslinien in diesen Betrieben zumindest als Potential beinhalten müßte.

Als weiterer Industrieansiedlungsort käme in Ost-Friesland sonst allenfalls noch Leer in Frage, das sehr günstig im Schnittpunkt von Verkehrsachsen liegt. Diese Achsen werden allerdings bisher nicht besonders intensiv genutzt, da sie "Pole" bzw. Verdichtungsräume verknüpfen, die wenig dynamisch sind und bisher auch kaum untereinander interregionalen Austausch aufweisen. Verfügbare Flächen und das gefällige Ambiente der Stadt können diese Nachteile nicht kompensieren.

Es dürfte deutlich geworden sein, daß eine Industrialisierungspolitik dieser Art zu einer weiteren intraregionalen Zentralisierung führen würde, die vor allem den Ausbau der intraregionalen Verkehrswege zu den Ansiedlungsschwerpunkten erforderlich machen würde. Eine Politik dieser Art könnte vor allem Arbeitsplätze für die von Arbeitsplatzverlusten bedrohte männliche (qualifizierte) Industriearbeiterschaft bieten. Ob sie die drohenden Verluste in den bisherigen Produktionsschwerpunkten kompensieren kann, ist fraglich. Auf keinen Fall wird sie Arbeitsplätze für bisher unterdurchschnittlich erwerbstätige Frauen, ausscheidende Landwirte und nachrückende Berufsanfänger in ausreichendem Umfange bereitstellen können.

Angesichts der erheblichen Konkurrenz von Standorten mit ähnlichen Qualitäten wie Emden und Wilhelmshaven im europäischen Wirtschaftsraum und des beschränkten Ansiedlungspotentials ist sicher ein erheblicher Mitteleinsatz zur Profilierung der Standorte notwendig. Dabei besteht auch die Gefahr, daß zur Gewinnung von Standortvorteilen vergleichsweise hohe Umwelt- und Sozialstandards unter Druck geraten. Auf diese Weise könnten "Bastionen" relativ moderner Industrie entstehen, die auch gewisse regionale Multiplikatoreffekte aufweisen würden. Es ist unwahrscheinlich, daß dann noch ausreichend Mittel für andere Entwicklungsstrategien in anderen Teilen der Region zur Verfügung stehen würden.

Unbenommen ist davon ein Ausbau des Fremdenverkehrs in der bisher üblichen Weise, der in naher Zukunft bei entsprechend kontinuierlicher Modernisierung fast ein "Selbstläufer" zu sein scheint. Eine Konzentration auf Inseln und Küstenbadeorte dürfte nicht zu sehr umfangreichen Konflikten mit den "Industriebastionen" führen.

Zu 2.

Ein entscheidender Unterschied der zweiten Entwicklungsstrategie zur Industrialisierungspolitik besteht darin, daß "Entwicklung" umfassender als im Sinne einer Schaffung von industriellen Vollzeitarbeitsplätzen (und darauf bezogener Infrastruktur) verstanden wird. Den gedanklichen Hintergrund für diese Strategie bildet ein Konzept von "Lebensqualität", das sich nicht auf deren Erfassung in quantitativen sozioökonomischen Indikatoren beschränkt, sondern die Frage nach dem "guten Leben" auch qualitativ stellt.[21]

Sektorale Schwerpunkte einer derartigen Strategie wären z.B. Landwirtschaft und Nahrungs- und Genußmittelindustrie, diverse Zweige der Dienstleistungen sowie hochtechnologische innovative Produktionen verschiedenster Art:

Im Bereich der Landwirtschaft wäre auf die gegenwärtige Strukturkrise mit einer "Konversion" zu einem ökologisch orientierten Landbau zu antworten, der seine Produkte zum einen stärker direkt vermarkten müßte, zum andern hochwertige "Rohstoffe" für die Nahrungs- und Genußmittelindustrie liefern würde. Diese - auch in der Region vorhandene - Industrie könnte sich dann stärker an der differenzierten Nachfrage immer größerer Verbrauchergruppen nach hochwertigen, unbedenklichen, wohlschmeckenden Lebensmitteln orientieren.

Die Entwicklung innovativer Dienstleistungen könnte zum einen aus dem vorhandenen, aber noch auszubauenden Forschungspotential der Region, zum andern aber auch aufgrund von Neuorientierungen der Fremdenver-

---

21 Vgl. dazu allgemein z.B. von Gleich 1992 sowie erste Ansätze für Ost-Friesland, auf die die folgenden Gedanken zurückgreifen, bei Huebner u.a. 1991, S. 44 ff., sowie bei Krüger 1988, 1993a.

kehrspolitik erfolgen. Eine veränderte Perspektive auf den Fremdenverkehr, die sich von einer Fixierung auf das Wachstum der Hauptbadeorte lösen müßte, würde zeigen, daß viele fremdenverkehrsbezogene Dienstleistungen "Knotenpunkte" wirtschaftlicher Verflechtungen sind (vgl. Heil 1992, Schäfer 1992). So könnten mit Hilfe neuer Organisations- und Finanzierungsformen hochwertige Dienstleistungseinrichtungen sowohl für den Gesundheits-, Bildungs-, Kongreß- und Kulturtourismus wie auch durch die einheimische Bevölkerung genutzt werden. Eine konsequente ökologische Orientierung bedeutender Segmente des Fremdenverkehrs erhöht die Nachfrage nach den Produkten ökologischen Landbaus und nach hochwertigen Nahrungs- und Genußmitteln, aber etwa auch nach innovativen Strukturen für den Öffentlichen Personennahverkehr im dünn besiedelten ländlichen Raum. Im Rahmen dieser fremdenverkehrswirtschaftlichen Orientierung ergeben sich auch Chancen der Erhaltung des gefährdeten ländlichen Baubestandes. Ein spezifisches Element könnte es sein, z.B. frühere "Touristen" als künftige Einwohner zu gewinnen, das heißt u.a auch an den umfangreichen Wanderungen zahlungskräftiger Ruheständler in der Bundesrepublik zu partizipieren. Gerade diese erwarten neben einem attraktiven Wohnumfeld auch hochwertige soziale Dienstleistungen (vgl. Huebner u.a. 1991, S. 46).

Am schwierigsten dürfte die Aufgabenstellung vermutlich bei der Entwicklung innovativer hochtechnologischer Produktionslinien verschiedenster Art sein. Zwar gilt abstrakt zunächst einmal, daß hochqualifizierte Beschäftigte in derartigen Produktionen attraktive Umweltbedingungen (insbesondere gute Wohn- und Freizeitmöglichkeiten) als wichtigen Standortfaktor schätzen. Diese Aspekte sind in Ost-Friesland sehr gut (Natur, Landschaft, Wohnen, Sportmöglichkeiten) oder zumindest in spezifischer Weise ("urbanes Ambiente" in der Kleinstadt Leer) gegeben. Offenkundig noch nicht ausreichend entwickelt ist ein "innovatives Milieu", das entsprechende Betriebsgründungen und -verflechtungen ermöglicht. Das dürfte nicht nur mit dem unzureichenden Ausbau regionaler Hochschulen, sondern auch mit mangelnder Nachfrage nach hochtechnologischen Spitzenprodukten in der Region und der großen Entfernung zu anderen Absatzmärkten zu begründen sein.

Ein wichtiger Aspekt der hier grob skizzierten Strategie ist, daß sie Arbeitsgelegenheiten für ein breiteres Spektrum an Arbeitskräften als die Industrialisierungspolitik anbietet: eben auch für landwirtschaftlich Beschäftigte, hochqualifizierte Akademiker, Frauen mit "traditioneller" Berufsausbildung usw. Darüber hinaus wird durch diese Strategie die Kombination verschiedener Formen von Erwerbstätigkeit, wie in Landwirtschaft und Fremdenverkehr ja schon bekannt, gefördert. Ein weiteres Element könnte außerdem die gezielte Förderung von Tätigkeiten im informellen Sektor sein, der bekanntlich auch in erheblichem Umfang "Wohlstand" produziert und soziale Integration leistet (vgl. Jessen u.a. 1987).

In raumstruktureller Hinsicht dürfte deutlich geworden sein, daß diese Entwicklungsvariante dezentraler orientiert ist als die Industrialisierungsstrategie und dabei auch dem ostfriesischen Binnenland Perspektiven bietet: Ein wichtiges Teilziel sollte dabei die Belebung der Kooperation in dem dichten Netz funktionsfähiger Mittelzentren mit dem Ziel sein, ein "Städtenetz" zu entwickeln. Das würde allerdings von manchen politischen Akteuren verlangen, "über den eigenen Schatten zu springen" und den (scheinbaren) Konkurrenten bestimmte Einrichtungen zukommen zu lassen, die man auch gerne am eigenen Orte gesehen hätte.

Diese Überlegung führt zu einem entscheidenden Aspekt bei der Realisierung dieser Strategie: Die Bereitschaft von Eliten und Bevölkerung in der Region, sich zu diesem Konzept zu bekennen und dafür auf bestimmte, mit der "nachholenden Industrialisierung" verbundene Vorstellungen zu verzichten. Diese Bereitschaft kann nur aus der Überzeugung entstehen, den "richtigen" Weg zu wählen, nicht aus temporärer Enttäuschung über das Versagen konventioneller Instrumente.[22] Unsere empirischen Untersuchungen zeigen in der weithin geteilten Vorstellung vom "Geborgenheitsraum in der Modernisierung" (vgl. 14.2) gewisse Anknüpfungspunkte für einen derartigen Weg und für die Bereitschaft, ihn zu gehen. Sie offenbaren zugleich aber auch ein erhebliches Maß an Abwehr von Veränderungen und Innovationen, was für den hier skizzierten Weg eindeutig ein Hemmnis ist.[23] Oft sind erst tiefgreifende Krisenerfahrungen erforderlich, um mentalen und strategischen Wandel möglich zu machen. Die empirischen Studien haben zugleich auch gezeigt, daß es kaum möglich ist, generalisierte Aussagen zu dieser Thematik zu machen. Vielmehr haben auch die sehr spezifischen Ergebnisse für Teilregionen und Lebensformen deutlich gemacht, daß

---

22 Was hier sehr aktiv und intentional formuliert wird, kann man auch als Prozeß der Zerstörung eines paradigmatischen "Raumbildes" i.S. von Ipsen (1993) bezeichnen (vgl. 16.3).

23 Vgl. auch die diesbezüglich ambivalenten Ergebnisse der Studie des IWG (1989).

Anknüpfungspunkte für eine innovative Regionalpolitik jeweils anders - wenn man so will: kontext-spezifisch - gesucht werden müßten. Bei allen Überlegungen dieser Art ist selbstverständlich immer darauf hinzuweisen, daß die regionalen Handlungsspielräume in diesen Fragen begrenzt sind. Ein gewisser Bewußtseinswandel und eine Neukonzipierung der sektoralen Planungen und Förderprogramme auf staatlicher bzw. gar europäischer Ebene sind ebenso notwendige Rahmenbedingungen. Die Abschätzung der Realisierbarkeit einer derartigen strategischen Option ist kaum möglich. Einerseits wird darauf verwiesen, daß in einer globalisierten Ökonomie gerade ländliche Regionen immer weniger Chancen für "eigenständige" Wege hätten und im Rahmen der interregionalen Konkurrenz eher funktionalisiert würden (vgl. statt vieler Stiens 1992). Andererseits wird davon ausgegangen, daß neue symbiotische Beziehungen zwischen "traditionellen" und "postmodernen" Arbeits- und Lebensstilen entstehen können, die "zu einer neuerlichen Inwertsetzung von Teilen des ländlichen Raumes", etwa im Sinne eines "Stadt-Land-Verbundes", führen können (vgl. z.B. Ipsen 1991, S. 142).

17.3.4 Dialektik von internen Potentialen und externen Anregungen

Die Ausführungen zu den Realisierungschancen einer dezentralen Entwicklungsstrategie verweisen auf einen Aspekt, der erst langsam, nicht zuletzt dank der Ergebnisse einer, das "Alltagsbewußtsein" berücksichtigenden, qualitativen Regionalforschung, in das Blickfeld rückt:[24] Das Vertrauen von Strategien "eigenständiger" Regionalentwicklung (vgl. z.B. Kleine-Limberg/Knieling 1991) bzw. einer "Raumplanung von unten" (Voss 1986) in die endogenen Potentiale und insbesondere in die Kreativität und Aktivität der regionalen Bevölkerungen, erscheint sowohl angesichts struktureller Beschränkungen alltagsweltlicher Perspektiven generell als auch aufgrund regionsspezifischer Faktoren im Hinblick auf Ost-Friesland als eindeutig überzogen. Es kann hier offen bleiben, zu welchen Teilen das von uns empirisch ermittelte dominante Verständnis der alltäglichen Lebensumwelt als "Geborgenheitsraum" durch die Relevanzstrukturen alltagsweltlichen Bewußtseins oder die (scheinbare) landschaftliche und soziale "Idylle" Ost-

---

24 Vgl. statt vieler Aring u.a. 1989, Kap. 7, sowie allgemein Danielzyk 1991, Häussermann/ Siebel 1993, Krüger 1991.

frieslands begründet ist. In jedem Fall ist deutlich geworden, daß es nicht reicht, "die Leute nur einfach machen zu lassen", wie es manche partizipatorischen Ansätze suggerieren.

Vielmehr liegt der Schlüssel zu einer endogen orientierten Strategie in einem gelungenen Verhältnis von externen Anregungen und internen Strukturen und Prozessen.[25] Externe "Experten" sollten Anregungen für Verfahren sowie für inhaltliche Aspekte der Regionalentwicklung geben, dabei aber so zurückhaltend und selbstreflexiv sein, daß sie nicht ihr eigenes Wunschdenken zum Leitbild des Planungsraumes machen. Dabei wird das Verhältnis von externer Anregung und internem Engagement je nach Thema, Teilregion und beteiligten Sozialgruppen sehr unterschiedlich sein. Teilweise dürfte es genügen, wenn sich die "Externen" auf die Rolle von Moderatoren konzentrieren, die bei der Vernetzung engagierter Einzelpersonen und Initiativen mitwirken, aber sich weitgehend auf eine Koordination vorhandener inhaltlicher Vorstellungen beschränken. Darüber hinaus kann Beratung bei Finanzierungsmöglichkeiten und Organisationsformen notwendig sein. In anderen Fällen werden erst sensibel Ansätze und Potentiale aufzuspüren und deren (Selbst-) Formulierung zu unterstützen sein, ehe politische Optionen ernsthaft diskutiert werden können.

Auch die Ebenen der Verschränkung externen und internen Engagements können sehr unterschiedlich sein. Der oben (17.3.2) skizzierte Prozeß der Erarbeitung eines Regionalen Entwicklungskonzeptes ist sehr stark von den politischen Strukturen und der Innovationsbereitschaft vorhandener Entscheidungsträger und artikulationsfähiger Interessensgruppen abhängig. Dabei wird nicht zuletzt auch die Veränderungsbereitschaft der politischen Eliten gefordert sein. Bei der Arbeit an konkreten Projekten (z.B. im Bereich eines ökologisch orientierten Tourismus) wird das gemeinsame Lernen von Beschäftigten, lokalen/regionalen Planern und externen Beratern im Mittelpunkt stehen, das in seiner Summe zu vielleicht für alle unerwarteten Ergebnissen führt.

Diese Überlegungen verweisen letzlich auf eine Problematik, die zwangsläufig im Mittelpunkt einer Reflexion der Dialektik von externer Anregung und internen Potentialen und Handlungsformen stehen muß und als Grund-

---

25 Die wohl differenzierteste Strategie dieser Orientierung ist die "Internationale Bauausstellung Emscher Park" im Ruhrgebiet; vgl. MSWV 1988, Siebel 1992; Häußermann/Siebel 1993.

problem schulischer Bildungsabsichten bekannt ist: die "Erziehung zur Mündigkeit".[26] Damit ist der strukturell widersprüchliche Prozeß gemeint, durch den Individuen durch entsprechende äußere (z.B. schulische) Anregungen der Weg eröffnet werden soll, selbstbestimmte und kontext-adäquat handlungsfähige "Subjekte" zu werden. Dabei sollen Institutionen, die prinzipiell Schranken setzen, "Befreiung" ermöglichen.

Im Rahmen dieser Überlegungen gewinnt die Wissenschaft, insbesondere die anwendungsorientierte Regionalforschung und das regionale Hochschulwesen, neue, zusätzliche Relevanz, die zugleich veränderte Anforderungen erzeugt (vgl. 18.2). Es geht nicht nur um das Erfassen von Strukturen, das Aufspüren von Potentialen, das Entwerfen von Plänen bzw. den Aufbau von F- und E-Potential und die Ausbildung der regionalen Schulabgänger, sondern vielmehr und gerade auch um die Gestaltung von Kommunikation und Reflektion, durch die Orientierung und Zielformulierung ermöglicht werden.[27] Dazu gehören die Moderation von Prozessen der Konsens- und Dissensfindung ebenso wie die Akzeptanz von Ausdifferenzierungen. Dabei ist es das Ziel, daß Individuen, Initiativen und Gruppen in der Lage sind, ihre Interessen im Hinblick auf Regionalentwicklung zu artikulieren und miteinander auszuhandeln, um eine Strategie zu finden, die Gemeinsamkeiten und Differenzen lebbar macht.

---

26 In der Bildungstheorie wird diese Thematik unter dem Stichwort "pädagogisches Paradox" diskutiert; vgl. z.B. von Brachel 1985.

27 Im Kontext der hier dargestellten sozialgeographischen Ostfriesland-Forschung in Oldenburg sind zwei Vorhaben entstanden, die sich die Realisierung dieses Verständnisses von regionsbezogener Wissenschaft zum Ziel gesetzt haben: Zur Förderung des Fremdenverkehrs im Landkreis Wittmund das "Beratungsbüro für umweltbewußte und regionalkundliche Gastlichkeit" (BURG) und zur Realisierung einer anwendungsorientierten Regionalforschung und regionalen Politikberatung in Nordwestdeutschland das "Forschungsinstitut Region und Umwelt an der Carl von Ossietzky Universität Oldenburg" (FORUM).

*18 Schlußbemerkungen: Ambivalenzen der Forschung zu
Regionalbewußtsein und Regionalentwicklung*

Eine Studie zum Zusammenhang von Regionalbewußtsein und Regionalentwicklung darf, angesichts der gesellschaftlichen Situation unserer Zeit, nicht abgeschlossen werden, ohne sich mit zwei Fragekomplexen auseinander gesetzt zu haben, die sich auf die normativen Grundlagen und Orientierungen unserer Arbeit beziehen: zum einen muß sich jede Untersuchung zum Regionalbewußtsein bzw. zur regionalen Identität der Frage stellen, ob sie nicht letztlich - gewollt oder ungewollt - kulturelle Differenzierungen betont und kulturelle Identitäten konstruiert, die angesichts anderer sozio-ökonomischer Entwicklungen marginal sind oder gar als Legitimation für Formen sozialer Diskriminierung (bis hin zur Fremdenfeindlichkeit) verwendet werden (18.1). Zum anderen müssen sich Studien zur Wahrnehmung und Bewältigung des sozialen Wandels immer wieder zu recht fragen lassen, ob in ihnen nicht latent normative Modernisierungskonzepte wirksam werden, deren geheimes Leitbild der "aufgeklärt - dynamische Reformer", also quasi unser D-Typ (vgl. 5.2.4 und 7.2.5), ist, sie damit aber eben gerade nicht der alltäglichen Lebenswirklichkeit der Mehrheit der Bevölkerung gerecht werden (18.2). Auf diese beiden, sehr ausführlich bearbeitbaren Fragenkomplexe soll im folgenden zumindest knapp - nicht zuletzt im Interesse einer Verdeutlichung unserer eigenen Perspektive - eingegangen werden.

18.1 Regionalbewußtsein als Ausdruck von Partikularismus?

In unserer Studie haben wir explizit kein Konzept "kollektiver Identitätsbildung" verwendet. Dennoch muß sich auch hier die Erforschung raumbezogener Bewußtseins- und regionalspezifischer Kulturformen die Frage gefallen lassen, inwieweit für funktional ausdifferenzierte Gesellschaften letztlich marginale Phänomene der territorial bestimmten sozialen "Besonderheit" überbetont oder gar konstruiert werden. Es ist nicht ausreichend, auf diesen Einwand nur zu antworten, daß es nach aller empirischen Erfahrung und politischen Realität dergleichen doch offenbar gebe: regional besondere Denk- und Handlungsmuster und die (Wiederentdeckung der) Spezifik regionaler Kulturen. Selbst wenn man im streng interaktionistischen Sinne feststellen kann, daß es sich dabei nicht um "reale", sondern um "symbolische Gemeinschaften" handele[1], ist das, angesichts der zur Zeit eher zunehmenden Bedeutung soziokultureller Differenzierungen in Politik und Gesellschaft (mit der Extremform der offenen und gewalttätigen Fremdenfeindlichkeit), keine ausreichende Form der Thematisierung. Denn wo und wie auch immer diese Fragen erörtert werden, findet dieses im Kontext von "Einschließung und Ausgrenzung" statt:

> "Wo immer Identitätskonstrukte entstanden sind, die eine heterogene Menge von Personen unter einem gemeinsamen Namen vereinigen, da sind zugleich Kriterien der Ausgrenzung entstanden, mittels derer andere Personen und Gruppen auf Distanz gehalten wurden." (Assmann 1992, S. 1).

Die gegenwärtig beobachtbare Aufwertung kollektiver Identitäten und die "Ethnisierung des Politischen" können dabei als Reaktionsformen auf Orientierungskrisen in Folge struktureller soziökonomischer Umbrüche interpretiert werden (vgl. im Sinne einer "Soziologie der Minderheiten" z.B. Imhof 1993). In ähnlicher Weise sieht Ipsen (1993, S. 15) "Formen regressiver oder agressiver Identität" als Folge von soziökonomischen und soziokulturellen Unsicherheiten, die - regulationstheoretisch formuliert - auf die noch nicht entschiedene Konkurrenz verschiedener Entwicklungsparadigmen zurückzuführen seien.

So plausibel diese Überlegungen aktuelle Tendenzen erklären mögen, so verbirgt sich darin auch eine grundsätzliche Ambivalenz der Moderne. Einerseits wird durch sie

> "betont, daß Würde etwas ist, das allen Bürgern im gleichen Maße zukommt, und die ihrem Inhalt nach auf die Angleichung und den Ausgleich von Rechten und Ansprüchen zielt." (Taylor 1993, S. 27).

Andererseits ist aus den universalistischen Prinzipien der Moderne auch

> "eine Politik der Differenz hervorgegangen. Auch diese Politik hat eine universalistische Basis, so daß es zu Überschneidungen und Verwirrungen zwischen beiden kommt. Dieser Auffassung zufolge soll jeder Mensch um seiner unverwechselbaren Identität willen an-

---

[1] Vgl. mit ausführlicher Herleitung aus den Debatten um "symbolische Ethnizität" Weichhart 1990, S. 67ff.

erkannt werden. Aber Anerkennung bedeutet hier etwas anderes als im ersten Fall. Während die Politik der allgemeinen Würde auf etwas Universelles zielt, auf etwas, das für alle gleich ist, auf ein identisches Paket von Rechten und Freiheiten, verlangt die Politik der Differenz, die unverwechselbare Identität eines Individuums oder einer Gruppe anzuerkennen, ihre Besonderheit gegenüber allen anderen." (a.a.O., S. 28).

Damit aber verlangen letztlich universalistische Prinzipien
"Anerkennung und Status für etwas, das nicht universell ist und an dem nicht jeder teil hat" (a.a.O., S. 29).

Diese Spannung innerhalb einer universalistischen Ethik ist kaum auflösbar. Im Hinblick auf unsere Thematik erklärt sie die Ambivalenz des Regionalismus. Diesen kann man als Verlangen nach der allgemeinen Anerkennung regional besonderer Strukturen und Kulturen verstehen. In einer Analogie zu den gerade dargestellten Überlegungen kann der Regionalismus, ähnlich wie der Historismus, als Realisierung des Universalismus (der aufklärerischen Moderne) verstanden werden, da er faktisch Pluralität einfordert. Zugleich enthält er auch eine partikularistische, abgrenzende Dimension, die letzlich auch die Gültigkeit allgemeiner Prinzipien bedroht (vgl. Pohl 1993, S. 39 f.).

Diese in letzter Zeit verschärft in der politischen und philosophischen Diskussion wahrgenommene Spannung ist ein fundamentaler Grundzug der Moderne. Für den klassischen Universalismus und Liberalismus scheint das auf den ersten Blick kein großes Problem zu sein, da in einer "prozeduralen Ethik", wie sie etwa Habermas (1983) formuliert, nur Verfahrensregeln für die Beteiligung an "Diskursen" über Zielsetzungen und an Entscheidungen, aber nicht materielle Ziele (im Sinne etwa einer Definition des "guten Lebens") relevant sind. Dieses Konzept wurde in den letzten Jahren immer häufiger als "Ausdruck eines bestimmten Spektrums von Kulturen", eben der nordamerikanisch-westeuropäischen Demokratievorstellungen, kritisiert (vgl. Taylor 1993, S. 57, der bemerkenswerterweise den "Regionalismus" der frankophonen kanadischen Provinz Quebec zur Erläuterung seiner sozial-philosophischen Überlegungen heranzieht):

"Der strenge prozedurale Liberalismus könnte sich in der Welt von morgen rasch als untauglich erweisen" (a.a.O., S. 56).

Habermas (1993, S. 150 ff.) kritisiert diese Unterscheidung verschiedener Varianten des Liberalismus als unangemessen:[2]

> "Die Identität des Einzelnen ist mit kollektiven Identitäten verwoben und kann nur in einem kulturellem Netzwerk stabilisiert werden, das so wenig wie die Muttersprache selbst als ein privater Besitz angeeignet wird. Deshalb bleibt zwar das Individuum ... der Träger von entsprechenden 'Rechten auf kulturelle Mitgliedschaft'; aber daraus ergeben sich im Zuge der Dialektik von rechtlicher und faktischer Gleichheit weitreichende Statusgarantien, Rechte auf Selbstverwaltung, infrastrukturelle Leistungen, Subventionen usw. . (...)
> Insofern braucht die gleichberechtigte Koexistenz verschiedener ethnischer Gruppen und ihrer kulturellen Lebensformen nicht durch die Sorte von kollektiven Rechten gesichert zu werden, die eine auf individuelle Bezugspersonen zugeschnittene Theorie der Rechte überfordern müßte. Selbst wenn solche Gruppenrechte im demokratischen Rechtsstaat zugelassen werden könnten, wären sie nicht nur unnötig, sondern normativ fragwürdig. Denn der Schutz von identitätsbildenden Lebensformen und Traditionen soll ja letzlich der Anerkennung ihrer Mitglieder dienen; er hat keineswegs den Sinn eines administrativen Artenschutzes." (Habermas 1993, S. 172 f.).

Dieser kurze Einblick in eine wichtige und grundsätzliche Debatte, die eines der wesentlichen Probleme unserer Zeit thematisiert, zeigt, daß hier sichere Ergebnisse nicht zu erwarten und voreilige Stellungnahmen fehl am Platze wären. Unsere Studie ist zwar ein Versuch, in sensibler Weise empirisch gewonnene Kenntnisse zu dieser hochkomplexen Thematik beizutragen. Sie wäre aber überfordert, wenn sie einen grundsätzlichen Beitrag zur Lösung der Problematik leisten sollte. Gleichwohl ist nachdrücklich darauf hinzuweisen, daß Untersuchungen zum Regionalbewußtsein und zur Regionalkultur für die hier aufgeworfenen Fragen besonders sensibel sein müssen und nicht, etwa als Folge eines unreflektierten Empirismus, regionale Kulturen und Identitäten als Artefakte produzieren dürfen. Wenn diese dann ernst genommen würden, könnte das zur Verschärfung gesellschaftlicher Konflikte beitragen.

In diesem Sinne ist Assmann (1994, S. 32) zuzustimmen:

> "Kulturelle Differenz muß gesichert und gezähmt werden durch einen normativen Universalismus, der keine anderen Werte mehr

---

2 Vgl. zum Verhältnis von universalistischen Prinzipien und kontext-spezifischen (lokalen) Vorstellungen vom "guten Leben" ausführlich Habermas (1983).

enthält als einen Minimalkanon zwischenmenschlich und zwischenstaatlich wechselseitiger Rechte und Pflichten".

18.2 Regionalentwicklung als Modernisierung?

Die gerade vorgetragenen Überlegungen thematisieren auf eine spezifische Weise das Verhältnis der Wissenschaft zu ihren Gegenständen, was in unserem Falle heißt: zur Untersuchungsregion, den dort existenten kulturellen Formen, letztlich zur dort lebenden Bevölkerung. Im Rahmen unserer Fragestellung hat diese Thematik neben der gerade erörterten Problematik kollektiver Identitätsbildungen einen weiteren Akzent: die Frage nach der Existenz einer (möglicherweise unvermeidlichen) latenten Leitvorstellung für die künftige Entwicklung Ostfrieslands, die - bewußt oder unbewußt - Ergebnisse und Einschätzungen normativ präjudizieren würde. Gerade wenn man der Fiktion einer "wertfreien Wissenschaft" nicht anhängt, sondern einer hermeneutischen Konzeption nahesteht, ist die Forschung besonders explizit zur Reflexion über die eigene "Voreinstellung" aufgerufen.

Die Folgen spezifischer normativer Einstellungen für die Interpretation durchaus vielschichtiger Ergebnisse komplexer Studien lassen sich am Beispiel der IWG-Untersuchungen zur regionalen Differenzierung von Wirtschaft- und Arbeitskulturen aufzeigen (vgl. IWG 1989, 1991). In bemerkenswerter Weise und anhand einer Fülle von Detailergebnissen wird dort die Relevanz soziokultureller Faktoren für regionalwirtschaftliche Entwicklungen dargestellt.[3] Die Vielfalt möglicher Interpretationen wird bei den gesellschaftspolitischen Schlußfolgerungen (vgl. IWG 1991, Kap. 9) stark reduziert: Es wird erst gar nicht in Betracht gezogen, daß für unterschiedliche regionalkulturelle Situationen differenzierte staatliche Handlungsansätze zu wählen sind. Vielmehr wird - einem (ordoliberalen) Prinzip folgend, das sich wohl als "maximale marktwirtschaftliche Individualkonkurrenz" bezeichnen läßt - nur ein Fazit formuliert: daß in Regionen mit stärkerer Orientierung auf Einbindung in Gemeinwesen und Sozialverbände staatlicher Mitteleinsatz keine besonderen positiven Effekte auf wirtschaftlichen Erfolg *und* Zufriedenheit der Bevölkerung haben wird, der ökonomi-

---

3   Auf die notwendige methodische Kritik an den IWG-Studien, insbesondere gerade auch an derjenigen mit spezifischen Aussagen über Ostfriesland (IWG 1989), sei hier noch einmal hingewiesen; vgl. 1.2.

sche, politische und soziale Nutzen öffentlicher Mittel also gering zu veranschlagen ist.

Ein gleichermaßen hermeneutisch orientierter wie politisch ambitionierter Forschungsansatz im Sinne einer "engagierten Geographie" (vgl. Kap. 1) wird demgegenüber zurückhaltender in den Schlußfolgerungen sein und zunächst einmal das Spektrum der Interpretationsmöglichkeiten möglichst breit halten. Dieses ist zumindest der Anspruch. In dieser Studie legen allerdings möglicherweise manche Formulierungen nahe, daß wir einerseits latent einer recht simpelen Modernisierungskonzeption anhängen, andererseits auf difuse Weise "Sympathie" für eine "besondere Regionalkultur" hätten (vgl. z.B. Kap. 1). Dieses wäre allerdings ein Mißverständnis. Unser Ziel ist vielmehr, anspruchsvoll formuliert, zur "Aufklärung" über die regionalen Gegebenheiten beizutragen. Wir gehen davon aus, daß sich moderne, funktional differenzierte Gesellschaften in einem stetigen Wandel befinden, der maßgeblich durch ökonomisch-technologische Veränderungen beeinflußt wird, mit denen in unterschiedlicher Weise (verdrängend, reaktiv, usw.) "umgegangen" werden kann. Dabei gibt es selbstverständlich keine "Modernitätsleiter", die soziale Gruppen oder Regionen zu erklimmen hätten, sondern der Wandel äußert sich zunehmend in einer Ausdifferenzierung der Entwicklungspfade. Aufgaben der "engagierten" Regionalforschung sind in diesem Zusammenhang, zum einen die allgemeinen Kenntnisse über die (regionalspezifischen) soziokulturellen Verarbeitungsformen des Wandels zu erweitern und zu vertiefen, zum anderen ein "Bild" der jeweiligen Untersuchungsregion zu zeichnen, das der regionalen Bevölkerung und den regionalen Entscheidungsträgern Reflexion und Kommunikation über ihre Situation in Zukunft ermöglicht. Das wären notwendige Vorstufen, damit Bevölkerung und "Eliten" einer Region zur bewußten Wahl eines "eigenen" Weges, einer selbstbestimmten Form des Umgangs mit dem strukturellen Wandel gelangen können. Genau dieses ist gemeint, wenn im vorliegenden Bericht gelegentlich mit normativem Unterton von "innovativen" Denk- und Handlungsmustern gesprochen wird: in eigener Weise immer wieder "neu" mit dem gegebenen Wandel umgehen!

Die hier formulierte Perspektive wirkt zweifellos ambitioniert-aufklärerisch und "rationalistisch". In der Tat gibt sie sich mit dem schlichten Nachvollzug differenzierter Situationen und einem kulturellem Relativismus (im Sinne des Historismus oder Regionalismus), der gegebene Unterschiede immer nur bestätigt, nicht zufrieden. Diese Perspektive hält die Idee der aufgeklärten politischen Auseinandersetzung mit sozioökonomischen Veränderungen und Versuche einer aktiven Einflußnahme - nach wie vor - für sinnvoll und notwendig. Die scheinbare Selbstsicherheit stoischen Gleichmuts oder schlichter Verdrängung als (vorfindbare) Formen der "Bewältigung" bleibt eben scheinbar und wird in aller Regel nicht dauerhaft sein können. Spiel und Sabotage als ebenfalls denkbare und gelegentlich propagierte Verhaltensweisen sind sicher individuell reizvoll, aber kaum verallgemeinerungsfähige Formen politisch-gesellschaftlichen Handelns. Gleichwohl ist selbstverständlich, daß das hier verteidigte Prinzip aktiven und bewußten Umganges der Individuen, Gruppen und politischen Institutionen mit dem Wandel letztlich eine regulative Idee bleiben muß, da die Realität von Politik und Alltag immer auch durch eine Vielzahl "unbewußter" bzw. fraglos hingenommener Strukturen und Faktoren bestimmt bleiben wird.[4] In dem hier skizzierten Sinn versteht sich unsere Studie also als ein Schritt zur Erweiterung und Vertiefung des wissenschaftlichen Wissens über den Zusammenhang von Regionalkultur und Regionalentwicklung, wie auch als ein Beitrag zur "Selbstaufklärung" der Region, quasi als Spiegel, in dem sich Bevölkerung und Entscheidungsträger Ostfrieslands betrachten können, aber nicht müssen. Somit könnte diese Untersuchung ein Teil der "exogenen Impulse" sein, die eine reflektierte Strategie der Regionalentwicklung immer auch benötigt.[5] Dabei ist einzuräumen, daß die hier vorliegende Form der Ergebnisdarstellung letztlich stärker den Anforderungen der wissenschaftlichen Fachöffentlichkeit als denen einer regionalen Öffentlichkeits- und Bildungsarbeit entgegen kommt. Darüber hegen wir keine Illusionen. Unser eigenes Engagement bei öffentlichen Veranstaltungen der Politik, der Erwachsenenbildung usw. in Ostfriesland ersetzt sicher keine systematische Form der öffentlichen und weithin verständlichen Darstellung unserer Ergebnisse. Dafür wären eigene Formen anregender Publikation und Öffentlichkeitsarbeit (z.B. bis hin zu Zukunftswerkstätten) zu wählen. Dieses - und insbesondere der damit verbundene Arbeitseinsatz - läßt sich im Rahmen öffentlich finanzierter Grundlagenforschung in der BRD derzeit

---

4   Vgl. die Unterscheidung von diskursivem und praktischem Bewußtsein sowie dem "Unbewußten" bei Giddens 1988, S. 91 ff.
5   Vgl. zur "Dialektik von internen Potentialen und externen Anregungen" Kap. 17.3.4.

nicht leisten.[6] Insoweit reflektiert sich in diesem Defizit unserer Arbeit auch die grundsätzliche Trennung von "Wissenschaft" und "Gesellschaft" (im Sinne einer Sphäre der öffentlichen Diskussion von Politik). Da bleibt nur das Vertrauen auf die informelle Verbreitung des wissenschaftlichen Wissens!

---

6   Eigene Finanzierungsformen wären dafür zu finden, die bisher nur höchst selten, etwa in besonders aufgeschlossenen und modellhaften regionalen Planungsvorhaben, gegeben sind; vgl. z.B. Knieling 1992, Selle 1994.

Literaturverzeichnis

AG TECHNO-PARTNER/GESELLSCHAFT FÜR LANDESKULTUR: Plan der Ziel-5b-Region Weser-Ems im Rahmen der integrierten EG-Strukturfonds EAGFL, ESF und EFRE. Entwurf. (Ms.) Oldenburg, Bremen 1989.

AG WIRTSCHAFT: Sozialökologische Perspektiven der regionalen Wirtschaftsentwicklung in Ost-Friesland. Diskussionspapier der AG Wirtschaft des AK Eigenständige Regionalentwicklung. Entwurf. (Ms.) Aurich, Leer 1994.

AHLERS, E.: Eigenständige Regionalentwicklung - neue Chancen für die Nordwestregion? In: Ostfriesland-Journal Heft 4/1991, S. 19-22.

ARBEITSAMT LEER (Hg.): Daten zum Arbeitsmarkt. Ausgabe 1990. Leer 1990.

ARING, J./B. BUTZIN/R. DANIELZYK/I. HELBRECHT: Krisenregion Ruhrgebiet? Alltag, Strukturwandel und Planung. Oldenburg 1989 (= Wahrnehmungsgeogr. Studien zur Regionalentwicklung Heft 8).

ASSMANN, A.: Zum Problem der Identität aus kulturwissenschaftlicher Sicht. (Ms.) Essen 1992.

ASSMANN, A.: Zum Problem der Identität aus kulturwissenschaftlicher Sicht. In: R. LINDNER (Hg.): Die Wiederkehr des Regionalen: Über neue Formen kultureller Identität. Frankfurt a.M., New York 1994, S. 13-35.

AUGUSTIN, M./F. JOHANNSEN: Vom Boßeln, Klootschießen und vom Bowlplaying. St. Peter-Ording 1978.

BAHRENBERG, G.: Unsinn und Sinn des Regionalismus in der Geographie. In: Geographische Zeitschrift 75, 1987, S. 149-159.

BARTELS, D.: Lebensraum Norddeutschland? Eine engagierte Geographie. In: ders.: Lebensraum Norddeutschland. Kiel 1984, S. 1-34 (= Kieler Geographische Schriften Band 61).

BECK, U.: Risikogesellschaft. Auf dem Weg in eine andere Moderne. Frankfurt 1986.

BLOTEVOGEL, H.-H./G. HEINRITZ/H. POPP: Regionalbewußtsein. In: Berichte zur deutschen Landeskunde 60, 1986, S. 103-114.

BLOTEVOGEL, H.-H./G. HEINRITZ/H. POPP: "Regionalbewußtsein". Zum Stand der Diskussion um einen Stein des Anstoßes. In: Geographische Zeitschrift 77, 1989, S. 65-88.

BMBAU: Bundesministerium für Raumordnung, Bauwesen und Städtebau: Raumordnungspolitischer Orientierungsrahmen. Leitbilder für die räumliche Entwicklung der Bundesrepublik Deutschland. Bonn 1993.

BOBEK, H.: Stellung und Bedeutung der Sozialgeographie. In: Erdkunde 2, 1948, S. 118-125.

BOESCH, M.: Engagierte Geographie. Zur Rekonstruktion der Raumwissenschaft als politik-orientierte Geographie. Stuttgart 1989 (= Erdkundliches Wissen Heft 98).

BOLLNOW, O.F.: Menschen und Raum. Stuttgart 1963.

BRACHEL, H.U. von: Was heißt Handeln unter Widersprüchen? Pädagogische und therapeutische Paradoxien. In: H.U. von BRACHEL/N. METTEL (Hg.).: Kommunikation und Solidarität. Münster 1985, S. 284-299.

BRIESEN, D./R. GANS: Regionale Identifikation als "Invention of Tradition". Wer hat und warum wurde eigentlich im 19. Jahrhundert das Siegerland erfunden? In: Berichte zur deutschen Landeskunde 66, 1992, S. 61-73.

BUCHHOLZ, H.J.: Formen des städtischen Lebens im Ruhrgebiet, untersucht an sechs stadtgeographischen Beispielen. Paderborn 1970 (= Bochumer Geogr. Arbeiten Heft 8).

BÜNSTORF, J.: Die ostfriesische Fehnsiedlung als regionaler Siedlungsform-Typus und Träger sozial-funktionaler Berufstradition. Aurich 1966 (= Abhandlungen und Vorträge zur Geschichte Ostfrieslands Bd. XLV).

BULLMANN, U. (Hg.): Die Politik der dritten Ebene. Regionen im Europa der Union. Baden-Baden 1994.

CHAI, E./D. HAGEN/J. HASSE/R. KRÜGER: Heimat im Matscher-Tal. Eine kulturgeographische Untersuchung zu Alltag und Identität in einem abgelegenen Hochtal Südtirols. Oldenburg 1986 (= Wahrnehmungsgeogr. Studien zur Regionalentwicklung Heft 4).

COOKE, P. (ed.): Localities. The Changing Face of Urban Britain. London 1989.

DANIELZYK, R.: Arbeitslosigkeit in Ostfriesland. In: P. FRIEDRICHS u.a. (Hg.): "... und raus bist Du ... " - Arbeitslos in Ostfriesland. Bunde 1989, S. 98-105.

DANIELZYK, R.: Alltagsroutine als limitierender Faktor einer "Planung von unten". Überlegungen zur Planungspolitik an Beispielen aus dem Ruhrgebiet. In: Nachrichten des Arbeitskreises für Regionalforschung Heft 4-5/1991, S. 3-17.

DANIELZYK, R.: Niedersachsen im Umbruch - Probleme und Perspektiven der Regionen und der Regionalpolitik. In: VEREIN EIGENSTÄNDIGE REGIONALENTWICKLUNG IN NIEDERSACHSEN/STIFTUNG LEBEN UND UMWELT (Hg.): Wer entwickelt die Region? Ansätze des sozialen und ökologischen Umbaues. Hannover 1992a, S. 9-30.

DANIELZYK, R.: Vorschläge für die künftige Gestaltung der Fremdenverkehrspolitik in "Ost-Friesland". (Ms.) Oldenburg 1992b.

DANIELZYK, R.: Regionalisierung der Ökonomie - Regionalisierung der Politik in Niedersachsen: Zur Aktualität geographischer Regionalforschung. In: Berichte zur deutschen Landeskunde 68, 1994a, S. 85-110.

DANIELZYK, R.: Regionale Zusammenarbeit im Raum Bremen/Bremerhaven/Oldenburg: Situation und Perspektiven. In: ÖKOSTADT e.V. (Hg.): Gemeinsame Landesplanung Bremen/Niedersachsen - ohne uns? Tagungsdokumentation. Bremen 1994b (i. Dr.)

DANIELZYK, R.: Regionales Bewußtsein und regionale Kooperation als Voraussetzungen eines "Regionalmarketing Ostfriesland". Vortrag beim 19. Friesenkongreß am 27.05.1994 in Leeuwarden. (Ms.) Oldenburg 1994c.

DANIELZYK, R.: Neuorientierung der Regionalforschung auf der Basis des Regulationsansatzes? Oldenburg 1995 (i. Dr.).

DANIELZYK, R./I. HELBRECHT: Ruhrgebiet: Region ohne Gegenwart? Ansätze zu einer qualitativen Regionalforschung als Kritik. In: P. SEDLACEK (Hg.): Programm und Praxis qualitativer Sozialgeographie.

Oldenburg 1989, S. 101-147 (= Wahrnehmungsgeogr. Studien zur Regionalentwicklung Heft 6).

DANIELZYK, R./R. KRÜGER: Ostfriesland: Regionalbewußtsein und Lebensformen. Ein Forschungskonzept und seine Begründung. Oldenburg 1990 (= Wahrnehmungsgeogr. Studien zur Regionalentwicklung Heft 9).

DANIELZYK, R./C.C. WIEGANDT: Lingen im Emsland: Dynamisches Entwicklungszentrum oder "Provinz"? Ansätze zu einer qualitativen Methodik in der Regionalforschung. Paderborn 1985 (= Münstersche Geogr. Arbeiten Heft 22).

DANIELZYK, R./C.C. WIEGANDT: Niedersächsische Raumordnungspolitik und die jüngere Entwicklung der Stadt Lingen (Ems). In: Neues Archiv für Niedersachsen 35, 1986, S. 107-135.

DANIELZYK, R./C.C. WIEGANDT: Regionales Alltagsbewußtsein als Faktor der Regionalentwicklung? Untersuchungen im Emsland. In: Informationen zur Raumentwicklung 1987, S. 441-449.

DERENBACH, R.: Regionales Entwicklungsbewußtsein und Handlungsbereitschaft. Modelle, Konzepte und instrumentuelle Konsequenzen. In: Raumforschung und Raumordnung 46, 1988, S. 258-264.

DORFERNEUERUNG ARDORF: Stadt Wittmund (Auftraggeber); Ingenieurbüro Thalen (Bearbeiter): Dorferneuerung Ardorf (Dorferneuerungsplan i.d.F.v. 11.1986; Ms.). Wittmund 1986.

DROSS, M./A. DRÜCKER: Lüchow-Dannenberg. Möglichkeiten und Bedingungen eigenständiger Regionalentwicklung in einem ländlich-peripheren Raum. (Dipl. Arb.) Münster 1993.

ENGLISCH, F.: Sprachkulturen im Tennisklub. In: A. ELTING-CAUMS/ H. MEULEMANN (Hg.): Lebensverhältnisse und soziale Konflikte im neuen Europa. 26. Deutscher Soziologentag Düsseldorf 1992, Abstract-Band. Düsseldorf 1992.

ESFA: europäischer sozial fonds aktuell Nr. 2/1994. Beilage zu: arbeits markt politik aktuell, Informationsdienst der Landesgesellschaft zur Beratung und Information von Beschäftigungsinitiativen mbH. Hannover 1994.

FABIAN, A.: Zum Verhältnis von kollektiver und individueller Identität. Oldenburg 1989 (= Oldenburger Vor-Drucke Heft 64/89).

FELDE, W. zum: Erzwungene Nachbarschaft. Zu den Voraussetzungen und Folgen der räumlichen Nähe divergierender Soziallagen und konfligierender Lebensstile. Eine empirische Untersuchung mit qualitativen Methoden in vier innenstadtnahen Stadtteilen Hamburgs. (unveröff. Diss.) Hamburg 1993.

FISCHER, P.: Rede zur Gründungsversammlung des Regionalverbandes Südniedersachsen e.V. am 19.08.1991 in Göttingen. (Ms.) Hannover 1991.

FLICK, U. u.a. (Hg.): Handbuch Qualitative Sozialforschung. Grundlagen, Konzepte, Methoden und Anwendungen. 2 Bde. München 1991/1992.

FORUM: Forschungsinstitut Region und Umwelt an der Carl von Ossietzky Universität Oldenburg: Regionales Entwicklungskonzept für den Raum Bremen/Bremerhaven/Oldenburg. Teil 1: Entwurf. Oldenburg 1994.

FRIEDRICHS, P. (Hg.): "...und raus bist Du..." - Arbeitslos in Ostfriesland. Bunde 1989.

FÜRST, D.: Grundsatzfragen und Organisationsformen der übergemeindlichen Zusammenarbeit. In: NIEDERSÄCHSISCHES INSTITUT FÜR WIRTSCHAFTSFORSCHUNG (Hg.): Zur Neuorientierung der regionalen Wirtschaftspolitik. Hannover 1991, S. 57-72.

FÜRST, D./H. KILPER: Die Innovationskraft regionaler Politiknetzwerke. Nordrhein-westfälische Ansätze politischer Modernisierung im Vergleich. Gelsenkirchen o.J. (1993).

GAREN, W. (Hg.): Ostfriesland-Konferenz '87. Der Auftakt. Emden 1988.

GARZ, D./K. KRAIMER: Qualitativ-empirische Sozialforschung im Aufbruch. In: dies. (Hg.): Qualitativ-empirische Sozialforschung: Konzepte, Methoden, Analysen. Opladen 1991, S. 1-33.

GERDES, D.: Regionalentwicklung oder: Ist bei den Ostfriesen Hopfen und Malz verloren? In: Ostfriesland-Journal Heft 4/1990, S. 9-11.

GERDES, D.: "Ländliche" oder "regionale" Kulturarbeit? Ein Diskussionsbeitrag. In: KULTURPOLITISCHE GESELLSCHAFT (Hg.): Ferne Nähe - zur Intensivierung ländlicher Kulturarbeit. Hagen 1992, S. 185-189 (= Dokumentation 41).

GERSDORF, N.: Auswirkungen der Truppenreduzierung und Rüstungskonversion in Niedersachsen und Bremen. In: U. BLIEN u.a.: Folgen von Truppenreduzierungen und Rüstungskonversion für den Arbeitsmarkt. Nürnberg 1992, S. 221-259 (= Beiträge zur Arbeitsmarkt- und Berufsforschung 158).

GIDDENS, A.: Die Konstitution der Gesellschaft. Grundzüge einer Theorie der Strukturierung. Frankfurt a.M., New York 1988.

GLEICH, A. von: Surfen auf der Modernisierungswelle? Über Ansätze und Möglichkeiten einer ökologisch orientierten regionalen Industriepolitik. In: W. FRICKE (Hg.): Jahrbuch Arbeit und Technik 1992. Bonn 1992, S. 79-92.

GLP: Gemeinsame Landesplanung Bremen/Niedersachsen: Gremien und Arbeitsgrundlagen (hrsg. vom Niedersächsischen Innenministerium und dem Senator für Umweltschutz und Stadtentwicklung Bremen). Bremen, Hannover 1993 (= Veröffentlichungen der Gemeinsamen Landesplanung Bremen/Niedersachsen Nr. 1-93).

GROSCHUPF, J.: Wenn der Kandis in der Tasse klimpert. Eine Wallfahrt durchs gelobte Land der Teetrinker. In: Die Zeit, Nr. 7 v. 08.02.91, S. 65.

GRÜNEWALD, R.: Kultur, Symbole, Traditionen: welche Rolle spielen weiche Standortfaktoren? In: forum loccum Heft 2/1992, S. 19-22.

GUINDANI, S./M. BASSAND: Regionale Identität und Entwicklungsmentalität. In: Informationen zur Raumentwicklung 1982, S. 485-493.

HABERMAS, J.: Können komplexe Gesellschaften eine vernünftige Identität ausbilden? In: ders.: Zur Rekonstruktion des historischen Materialismus. Frankfurt a. M. (3. Aufl.) 1982, S. 92-126 (=stw 154).

HABERMAS, J.: Moralbewußtsein und kommunikatives Handeln. Frankfurt a. M. 1983 (= stw 422).

HABERMAS, J.: Anerkennungskämpfe im demokratischen Rechtsstaat. In: Ch. TAYLOR: Multikulturalismus und die Politik der Anerkennung. Frankfurt a. M. 1993, S. 147-196.

HÄUSSERMANN, H.: Lebenskulturelle Leitbilder oder: Die unerträgliche Leichtigkeit des Seins. Regionalpolitik als Auseinandersetzung um kulturell-ökologische Werte. In: Die Mitbestimmung 35, 1989, S. 681-685.

HÄUSSERMANN, H./W. SIEBEL: Die Kulturalisierung der Regionalpolitik. In: Geographische Rundschau 45, 1993, S. 218-223.

HAGEN, D./J. HASSE/R. KRÜGER: Bestand und Veränderungstendenzen räumlicher Identität (Heimatbewußtsein) angesichts bevorstehender Umweltveränderungen durch den Neubau eines Seedeiches innerhalb der Ortslage des Sielhafenortes Ditzum. Oldenburg 1984 (= Wahrnehmungsgeogr. Studien zur Regionalentwicklung Heft 2).

HARD, G.: "Bewußtseinsräume". Interpretationen zu geographischen Versuchen, regionales Bewußtsein zu erforschen. In: Geographische Zeitschrift 75, 1987, S. 127-148.

HASSE, J.: Nationalparkorientierter Tourismus auf der Nordseeinsel Juist. In: I. MOSE (Hg.): Sanfter Tourismus konkret. Zu einem neuen Verhältnis von Fremdenverkehr, Umwelt und Region. Oldenburg 1992, S. 159-182 (= Wahrnehmungsgeogr. Studien zur Regionalentwicklung Heft 11).

HEIL, D.: Umweltbewußte und regionalkundliche Gastlichkeit im Landkreis Wittmund. In: I. MOSE (Hg.): Sanfter Tourismus konkret. Zu einem neuen Verhältnis von Fremdenverkehr, Umwelt und Region. Oldenburg 1992, S. 143-158 (= Wahrnehmungsgeogr. Studien zur Regionalentwicklung Heft 11).

HEIMATVEREIN ARDORF: "Ardorf: Du mein Heimatdorf". (unveröffent. Ms.) Wittmund-Ardorf 1989.

HEIMATVEREIN SATZUNG: Satzung des Heimatvereins Ardorf i.d.F.v. 18.02.1987. (Ms.) Wittmund-Ardorf 1987.

HEIMATVEREIN: 6. Erntefest: Programm für das 6. Erntedankfest, 05. u. 06.10.1991 in Ardorf. (Ms.) Wittmund-Ardorf 1991.

HEIMATVEREIN: Niederschrift über die konstituierende Sitzung zur Gründung des Heimatvereins Ardorf am 08.05.1985. (Ms.) Wittmund-Ardorf 1985.

HEINZE, Th.: Qualitative Sozialforschung. Erfahrungen, Probleme und Perspektiven. Opladen 1987.

HELBRECHT, I./R. DANIELZYK/B. BUTZIN: Wahrnehmungsmuster und Bewußtseinsformen als qualitative Faktoren der Regionalentwicklung (Fallstudie Ruhrgebiet.) In: Raumforschung und Raumordnung 49, 1991, S. 229-236.

HINCKE, E.: Strukturkonferenz "Ost-Friesland". Ein Zwischenbericht. In: Wirtschaft in Ostfriesland und Papenburg Heft 3/94, S. 4-5.

HIRCHE, W.: Hauptreferat I. In: GAREN, W. (Hg.): Ostfriesland-Konferenz '87. Der Auftakt. Emden 1988, S. 13-24.

HIRSCH, E. Chr.: Wenn Witze wandern. Die unendliche Geschichte der Ostfrieslandkalauer. In: Merian Ostfriesland Heft 4/1988, S.76-77.

HITZLER, R./A. HONER: Der lebensweltliche Forschungsansatz. In: neue praxis 1988, S. 496-501.

HONER, A.: Die Perspektive des Heimwerkers. Notizen zur Praxis lebensweltlicher Ethnographie. In: D. GARZ/K. KRAIMER (Hg.): Qualitativ-empirische Sozialforschung: Konzepte, Methoden, Analysen. Opladen 1991, S. 319-341.

HUEBNER, M.: Entwicklungschancen dezentraler Kooperation: Regionalisierung der Regionalpolitik am Beispiel des Regionalverbandes Süd-Niedersachsen e.V. In: Neues Archiv für Niedersachsen Heft 1/1994, S. 81-97.

HUEBNER, M./A. KRAFFT/G. ULRICH: Beschäftigung und Infrastruktur auf der Ostfriesischen Halbinsel. (Ms.) Oldenburg 1991.

HÜLSEWEDE, M.: Butzen und Briee. Jennelt - Ostfriesisches Dorfleben im Spiegel deutscher Geschichte. Leer 1989.

IHK: Industrie- und Handelskammer für Ostfriesland und Papenburg (Hg.): Statistisches Handbuch 1991. Die wirtschaftliche Entwicklung. Aurich 1991.

IHK: Industrie- und Handelskammer für Ostfriesland und Papenburg: Regionaldenkschrift 1994. Positionen und Ziele. Emden 1994.

IPSEN, D.: Raumbilder. Zum Verhältnis des ökonomischen und des kulturellen Raumes. In: Informationen zur Raumentwicklung 1986, S. 921-931.

IPSEN, D.: Stadt und Land - Metamorphosen einer Beziehung. In: H. HÄUSSERMANN u.a.: Stadt und Raum. Soziologische Analysen. Pfaffenweiler 1991, S. 117-156 (= Stadt, Raum und Gesellschaft Band 1).

IPSEN, D.: Regionale Identität. Überlegungen zum politischen Charakter einer psychosozialen Raumkategorie. In: Raumforschung und Raumordnung 51, 1993, S. 9-18.

ILLIEN, A./U. JEGGLE: Leben auf dem Dorf. Zur Sozialgeschichte des Dorfes und zur Sozialpsychologie seiner Bewohner. Opladen 1978.

IMHOF, K.: Nationalismus, Nationalstaat und Minderheiten. Zu einer Soziologie der Minoritäten. In: Soziale Welt 44, 1993, S. 327-357.

IWG: Institut für Wirtschaft und Gesellschaft Bonn e.V.: Der Einfluß außerökonomischer Faktoren auf die Beschäftigung. Dargestellt an den Arbeitsamtsbezirken Leer und Balingen (verfaßt von K.D. GRÜSKE/J. LOHMEYER). (Ms.) Bonn 1989.

IWG: Institut für Wirtschaft und Gesellschaft Bonn e.V./Bertelsmann-Stiftung (Hg.): Wirtschafts- und arbeitskulturelle Unterschiede in Deutschland. Zur Wirkung außerökonomischer Faktoren auf die Beschäftigung (verfaßt von M. MIEGEL unt. Mitw. v. R. GRÜNEWALD und K.D. GRÜSKE). Gütersloh 1991.

IWG: Institut für Wirtschaft und Gesellschaft Bonn e.V. (Hg.): "... von Natur tätig und industriös...": Die Wirtschafts- und Arbeitskultur der Erwerbsbevölkerung Sachsens (verfaßt von R. MÜLLER-SYRING unt. Mitw. v. R. GRÜNEWALD, A. OTTNAD und S. WAHL). Leipzig 1994.

JELDEN, H.: Kulturarbeit der Ostfriesischen Landschaft. In: KULTURPOLITISCHE GESELLSCHAFT (Hg.): Ferne Nähe - zur Intensivierung ländlicher Kulturarbeit. Hagen 1992, S. 57-58 (= Dokumentation 41).

JESSEN, J. u. a.: Arbeit nach der Arbeit. Schattenwirtschaft, Wertewandel und Industriearbeit. Opladen 1987.

JÖRCHEL, D.: Lokale Strukturen im gesellschaftlichen und politischen Umbruch: Kontinuitäten und Brüche in Aurich und Emden zwischen 1928 und 1953. (Diss.) Oldenburg 1989.

JUNG, H.U.: Regionalbericht 1987/88. Aktuelle wirtschaftliche Entwicklung in den Regionen Niedersachsens und den übrigen norddeutschen Küstenländern (u. Mitarb. v. K.J. HENTSCHEL). Hannover 1989.

JUNG, H.U.: Regionalbericht 1989/90/91. Aktuelle wirtschaftliche Entwicklung in den Regionen Niedersachsens und den angrenzenden Hansestädten (u. Mitarb. v. K.J. HENTSCHEL). Hannover 1992.

JUNKER, S.: Wochenendpendler aus dem Landkreis Freyung-Grafenau. Theoretische Annäherungen und qualitative Einzeluntersuchungen. Nürnberg 1992 (= Beiträge zur Arbeitsmarkt- und Berufsforschung 164).

KBZ: Ostfriesische Landschaft, Pädagogische Fachstelle: "Zurück - lieber heute als morgen": Gastarbeiter im eigenen Land! Hinweise zur Arbeit mit einer ZDF-Fernschreportage im Unterricht. Aurich 1990 (= Materialien zur Regionalentwicklung Heft 1).

KERSCHER, U.: Raumabstraktionen und regionale Identität. Eine Analyse des regionalen Identitätsmanagements im Gebiet zwischen Augsburg und München. Kallmünz/Regensburg 1992 (= Münchener Geographische Hefte Nr. 68).

KLEINE-LIMBERG, W./J. KNIELING: Eigenständige Regionalentwicklung. Instrument des sozial-ökologischen Umbaus "von unten". In: Raum-Planung Nr. 54, 1991, S. 156-160.

KNIELING, J.: Umwelt- und sozialverträgliche Wirtschaftsentwicklung in ländlichen Räumen am Beispiel der Gemeinde Schwafördern. Wiesbaden 1992.

KOALITIONSVERTRAG 1990: Koalitionsvertrag vom 19.06.1990. In: Grüne Illustrierte Niedersachsen, Heft 7/8-1990, S. 3-38.

KÖLSCH, O.: Die Lebensform Landwirtschaft in der Modernisierung. Frankfurt u.a. 1990 (= Europäische Hochschulschriften: Reihe 22, Soziologie, Band 200).

KRAFFT, A./G. ULRICH: Chancen und Risiken regionaler Selbstorganisation. Erfahrungen mit der Regionalisierung der Wirtschaftspolitik in Nordrhein-Westfalen und Niedersachsen. Opladen 1993.

KRÖMER, E.: Kleine Wirtschaftsgeschichte Ostfrieslands und Papenburgs. Norden 1991 (= Bibliothek Ostfriesland Band IX).

KRÜGER, R.: Die Geographie auf der Reise in die Postmoderne? Oldenburg 1988 (= Wahrnehmungsgeogr. Studien zur Regionalentwicklung Heft 5).

KRÜGER, R.: Perspektiven differenzierter Raumentwicklungen. Eine Herausforderung an die Sozialgeographie. In: Geographische Zeitschrift 79, 1991, S. 138-152.

KRÜGER, R.: Die neuen Regionalisierungsansätze als Chance für Ostfriesland? Aurich 1993a (= Perspektiven Ostfrieslands Heft 4).

KRÜGER, R.: Situation und Entwicklungsperspektiven der deutschen Ems Dollart Region. In: Norderbreedte (Hg.): Grenzenlos. Die Identität der Landschaft in der Ems Dollart Region. Groningen 1993b, S. 33-38.

KRUMBEIN, W.: Industrie- und Regionalisierungspolitik in Niedersachsen. Koordinierungsprobleme bei der Konzeptionierung und Umsetzung von Reformvorhaben. In: U. BULLMANN (Hg.): Die Politik der dritten Ebene. Regionen im Europa der Union. Baden-Baden 1994, S. 364-377.

KURBJUWEIT, D.: Viel bleibt auf der Strecke. Warum Ostfriesen in Stuttgart schaffen, aber dort nicht leben wollen. In: Die Zeit, Nr. 53 v. 25.12.1987, S. 17-19.

KWI: Wissenschaftszentrum Nordrhein-Westfalen: Verbundprojekt: Industrieregionen im Vergleich. Gesellschaftliche, kulturelle und ökonomische Potentiale. (Ms.) Essen o.J. (1992).

LÄPPLE, D.: Thesen zum Zusammenhang von ökonomisch-technologischem Strukturwandel und regionaler Entwicklung. In: S. BUKOLD/P. THINNES (Hg.): Boomtown oder Gloomtown? Strukturwandel einer deutschen Metropole: Hamburg. Berlin 1991, S. 15-28.

LAMMERT, N.: Ferne Nähe - zur Intensivierung ländlicher Kulturarbeit. In: KULTURPOLITISCHE GESELLSCHAFT (Hg.): Ferne Nähe - zur Intensivierung ländlicher Kulturarbeit. Hagen 1992, S. 23-40 (= Dokumentation 41).

LANDESPLANERISCHES RAHMENPROGRAMM: Der Regierungspräsident: Landesplanerisches Rahmenprogramm für die Gemeinde Ardorf, Landkreis Wittmund (23.01.1969). (Ms.) Aurich 1969.

LEER 1987/88: Ostfriesischer Stadtplanverlag (Hg.): Stadt- und Veranstaltungsführer Leer 1987/88. Aurich-Haxtum 1988.

LENGEN, H. van: Geschichtlicher Überblick. In: Ostfriesland - Natur, Geschichte, Wirtschaft. Leer 1987, S. 43-65 (= Schriftenreihe der Niedersächsischen Landeszentrale für politische Bildung, Landschaften Niedersachsens und ihre Probleme, Folge 5).

LENKUNGSAUSSCHUSS DER OSTFRIESLANDKONFERENZ (Hg.): Ostfriesland-Konferenz '89. Die Maßnahmen. Leer 1989.

LINDNER, R.: Das Ethos der Region. In: Zeitschr. f. Volkskunde 89, 1993, S. 169-190.

LROP-E: Landesraumordnungsprogramm Niedersachsen. Entwurf 1992. Hannover 1992.

MAIER, J./G. TROEGER-WEISS: Marketing in der räumlichen Planung. Ansätze und Wege zu einer marktorientierten Regional- und Kommunalplanung/-politik. Hannover 1990 (= Akademie für Raumforschung und Landesplanung, Beiträge 117).

MAYRING, P.: Qualitative Inhaltsanalyse. Grundlagen und Techniken. Weinheim, Basel 1983.

MEIER, V.: Frauen - Leben im Calancatal. Cauco/Gr. 1989.

MEIER-DALLACH, H.-P.: Regionalbewußtsein und Empirie. In: Berichte zur deutschen Landeskunde 61, 1987, S. 5-29.

MEIER-DALLACH, H.-P./S. HOHERMUTH/R. NEEF: Soziale Strukturen und räumliches Bewußtsein: von der Analyse zu Postulaten regionaler Politik. Bern, Stuttgart 1985 (= Publik. d. Schweiz. Nationalfonds aus dem nationalen Forschungsprogramm Band 29).

MEISSNER, R.: Lebensqualität und Regionalbewußtsein. Objektive Lebensbedingungen und subjektive Raumbewertung im Kreis Leer (Ostfriesland). In: Berichte zur deutschen Landeskunde 60, 1986, S. 227-246.

MENGE, M.: Pizza für Apolda. In: Die Zeit, Nr. 33 v. 12.08.1994, S. 55.

MEUSER, M./U. NAGEL: Expertinneninterviews - vielfach erprobt, wenig bedacht. Ein Beitrag zur qualitativen Methodendiskussion. In: D. GARZ/K. KRAIMER (Hg.): Qualitativ-empirische Sozialforschung: Konzepte, Methoden, Analysen. Opladen 1991, S. 441-470.

MI: Niedersächsisches Innenministerium: Regionale Strukturpolitik in Niedersachsen. Handlungskonzept der Landesregierung zur Regionalisierung der Strukturpolitik. (Ms.) Hannover 1993.

MÖHLMANNN, G.: Ostfriesland. In: G. SCHNATH u.a.: Geschichte des Landes Niedersachsen. Würzburg 1988, S.88-106.

MOSE, I.: Regionale Strukturkonferenz Ost-Friesland - ein Weg zur eigenständigen Entwicklung der Region? In: Ostfriesland-Journal Heft 9/1991, S. 18-19.

MSWV: Minister für Stadtentwicklung, Wohnen und Verkehr des Landes Nordrhein-Westfalen: Internationale Bauausstellung Emscher-Park. Werkstatt für die Zukunft alter Industriegebiete. Memorandum zu Inhalt und Organisation. Düsseldorf 1988.

MÜLLER, G.: Flächennutzungsplanung in kleinen Gemeinden des ländlichen Raums. Unter besonderer Berücksichtigung der Gemeinde Ostrhauderfehn. (Dipl.arb.) Oldenburg 1991.

MW: Ministerium für Wirtschaft, Technologie und Verkehr: Thesen zur Regionalisierung der Wirtschafts- und Strukturpolitik in Niedersachsen. (Ms.) Hannover 1992.

MW: Ministerium für Wirtschaft, Technologie und Verkehr: Regionalisierung der Wirtschafts- und Strukturpolitik in Niedersachsen. (Ms.) Hannover 1993.

MWMT: Ministerium für Wirtschaft, Mittelstand und Technologie des Landes Nordrhein-Westfalen (Hg.): Prozessuale Begleitforschung der Regionalisierung der Strukturpolitik in Nordrhein-Westfalen. Kurzfassung der Ergebnisse. Düsseldorf 1992.

NEDDEN, B.: Der Unterweserraum im Kontext der Regionalisierungsdiskussion in Niedersachsen. (Ms.) Hannover 1994.

NIEDERSÄCHSISCHES LANDESVERWALTUNGSAMT - STATISTIK (Hg.): Statistische Monatshefte Niedersachsen Heft 4/1991. Hannover 1991.

NHI: Neue Hanse Interregio: Liste aktueller Projektvorschläge. (Ms.) Bremen o.J. (1991).

NIW: Niedersächsisches Institut für Wirtschaftsforschung (Hg.): Zur Neuorientierung der regionalen Wirtschaftspolitik. Hannover 1991.

OMMEN, E. Die ostfriesischen Fehntjer - eine regionale Studie. Göttingen 1992.

OSTFRIESISCHE LANDSCHAFT: Dossier zum Hearing des Europarates über Kultur und Region in Ostfriesland. Aurich, 7.-11. September 1987. (Ms.) Aurich 1987.

PENNING, A.: "Mit und ohne". In: OZ v. 15.02.92, S. 3.

POHL, J.: Regionalbewußtsein als Thema der Sozialgeographie. Theoretische Überlegungen und empirische Untersuchungen am Beispiel Friaul. Kallmünz/Regensburg 1993 (= Münchener Geographische Hefte Nr. 70).

POPPINGA, O./H.M. BARTH/H. ROTH: Ostfriesland: Biographien aus dem Widerstand. Frankfurt 1977.

PROGNOS: Wirtschaftliche Entwicklungsmöglichkeiten des Landes Niedersachsen bis zum Jahre 1980. Untersuchung im Auftrag des niedersächsischen Ministers für Wirtschaft und Verkehr. (Ms.) Basel 1967.

PROGNOS: Die Entwicklungsperspektiven des Regierungsbezirks Weser-Ems. Untersuchung im Auftrag der Wirtschaftskammern des Regierungsbezirks Weser-Ems, des Landes Niedersachsen und der Bundesrepublik Deutschland. (Ms.) Basel 1990.

PROTOKOLL DER DRITTEN SITZUNG DER ARBEITSGRUPPE 6 (Standortkonversion) der Strukturkonferenz Ost-Friesland am 20.05.1992. (Ms.) Wilhelmshaven 1992.

REK O-F: Regionales Entwicklungskonzept für die Region Ost-Friesland. Erster Arbeitsentwurf. (Ms.) Aurich 1994.

REUBER, P.: Heimat in der Großstadt. Köln 1993 (= Kölner Geographische Arbeiten Heft 58).

RIZZARDO, R.: East Frisia - from culture to development. Strasbourg 1988 (= Council of Europe, project no. 10, culture and region, no 7).

ROHE, K.: Regionalkultur, regionale Identität und Regionalismus im Ruhrgebiet: Empirische Sachverhalte und theoretische Überlegungen. In: W. LIPP (Hg.): Industriegesellschaft und Regionalkultur. Köln u.a. 1984, S. 123-153 (= Schriftenreihe der Hochschule für Politik in München Band 6).

SCHÄFER, B.: Kreativität, Behutsamkeit und Vernetzung als Voraussetzungen und Resultate zukunftsträchtiger touristischer Entwicklungen - Impulse aus einem anwendungsorientierten Forschungsprojekt im Landkreis Wittmund. In: I. MOSE (Hg.): Sanfter Tourismus konkret. Zu einem neuen Verhältnis von Fremdenverkehr, Umwelt und Region. Oldenburg 1992, S. 113-141 (= Wahrnehmungsgeogr. Studien zur Regionalentwicklung Heft 11).

SCHMIDT, H.: Politische Geschichte Ostfrieslands. Leer 1975 (= Ostfriesland im Schutze des Deiches 5).

SCHMIDT, H.: Geschichte als Element regionaler Identität. In: KULTURPOLITISCHE GESELLSCHAFT (Hg.): Ferne Nähe - zur Intensivierung ländlicher Kulturarbeit. Hagen 1992, S. 63-81 (= Dokumentation 41).

SCHNEIDER, U.: Ein Marketingkonzept für die Stadt- und Regionalpolitik. In: Neues Archiv für Niedersachsen Heft 2/1993, S. 89-104.

SCHÖPS, H.J.: "Wie die Türken aus dem Norden". In: Der Spiegel, Heft 42/1987, S. 128-143.

SCHULTZE, A.: Die Sielhafenorte und das Problem des regionalen Typus im Bauplan der Kulturlandschaft. Göttingen 1962 (= Göttinger Geogr. Abhandlungen Heft 27).

SEDLACEK, P. (Hg.): Programm und Praxis qualitativer Sozialgeographie. Oldenburg 1989 (= Wahrnehmungsgeogr. Studien zur Regionalentwicklung Heft 6).

SELLE, K.: Expositionen. Eine Weltausstellung als Mittel der Stadtentwicklung? Dortmund, Hannover 1994 (= Werkbericht 32 der Arbeitsgruppe Bestandsverbesserung).

SIEBEL, W.: Festivalisierung der Politik und die Unsichtbarkeit der Städte. In: A. BRANDT/W. JÜTTNER/S. WEIL (Hg.): Das EXPO-Projekt. Weltausstellung und Stadtzukunft. Hannover 1991, S. 39-51.

SIEBEL, W.: Die Internationale Bauausstellung Emscher Park - Eine Strategie zur ökonomischen, ökologischen und sozialen Erneuerung alter Industrieregionen. In: H. HÄUSSERMANN (Hg.): Ökonomie und Politik in alten Industrieregionen Europas. Basel usw. 1992, S. 214-231 (= Stadtforschung aktuell 36).

SINZ, M./W. STRUBELT: Zur Diskussion über das wirtschaftliche Süd-Nord-Gefälle unter Berücksichtigung entwicklungsgeschichtlicher Aspekte. In: J. FRIEDRICHS/H. HÄUSSERMANN/W. SIEBEL (Hrsg.): Süd-Nord-Gefälle in der Bundesrepublik? Opladen 1986, S. 12-50.

STIENS, G.: Regionale Entwicklungspotentiale und Entwicklungsperspektiven. In: Geogr. Rundschau 44, 1992, S. 138-142.

STROHMANN, M.: Regionale Berichterstattung von Zeitungen in Peripherge-
bieten dargestellt am Beispiel Ostfrieslands. Marburg/L. 1991 (=
Marburger Geographische Schriften Heft 119).

TACKE, A.: Stagnation der Industrie - Krise der Region. Am Beispiel von
Branchen- und Industriestudien im Raum Ostfriesland-Oldenburg-
Emsland. Frankfurt a.M., New York 1982.

TAYLOR, Ch.: Die Politik der Anerkennung. In: ders.: Multikulturalismus
und die Politik der Anerkennung. Frankfurt a.M. 1993, S. 13-78.

TEMPEL, G.: Regionale Kulturen in Deutschland. Ergebnisse einer Sekun-
därauswertung von Umfragedaten. Bremen 1993 (= Universität Bremen, ZWE Arbeit und Region, Arbeitspapiere Nr. 11).

VER: Verein eigenständige Regionalentwicklung Niedersachsen/Stiftung
Leben und Umwelt (Hg.): Wer entwickelt die Region? Ansätze des
sozialen und ökologischen Umbaues. Hannover 1992.

VOESGEN, H.: Regionale Kulturförderung - zwischen Shanty und Rap. Der
Modellversuch Kultur und Region in Ostfriesland. In: KULTURPOLI-
TISCHE GESELLSCHAFT (Hg.): Ferne Nähe - zur Intensivierung ländli-
cher Kulturarbeit. Hagen 1992, S. 191-201 (= Dokumentation 41).

VOESGEN, H. (Hg.): Ganz nah dran. Kulturarbeit in der Region. Hagen
1994 (= Dokumentation 48).

VOSS, A.: Raumplanung von Unten. Dortmund 1986.

WASSENBERG, K.: Tee in Ostfriesland. Vom religiösen Wundertrank zum
profanen Volksgetränk. Leer 1991.

WEICHHART, P.: Raumbezogene Identität. Bausteine zu einer Theorie räum-
lich-sozialer Kognition und Identifikation. Stuttgart 1990 (= Erdkundliches Wissen Heft 102).

WEICHHART, P.: Heimatbindung und Weltverantwortung. In: geographie
heute Nr. 100, 1992, S. 30-44.

WERLEN, P.: Regionale oder kulturelle Identität? Eine Problemskizze. In:
Berichte zur deutschen Landeskunde 66, 1992, S. 9-32.

WIETHOLD, F.: Probleme bei der Industrialisierung einer ländlichen Region.
Die Arbeitsmarktentwicklung in Ostfriesland nach dem 2. Weltkrieg.
(Diss.) Marburg 1972.

WIETING, R.: VW-Arbeitsplatzabbau hat gravierende Folgen für Ostfriesland. In: OZ v. 16.07.1992, S. 4.

WILKE, R.: Staat und Kulturförderung. Zehn Jahre regionale Kulturpolitik des Landes Niedersachsen. Sögel 1985.

WIRTSCHAFTSFÖRDERKREIS HARLINGERLAND e.V. (Hg.): Landwirtschaft im Wandel - Niedergang oder Chance? 3. Langeooger Gespräch 16./17.12.1991. Wittmund o.J. (1992).

WOJAK, A.: Moordorf. Dichtungen und Wahrheiten über ein ungewöhnliches Dorf in Ostfriesland. Bremen 1992.

WOOD, G.: Die Umstrukturierung Nordost-Englands. Wirtschaftlicher Wandel, Alltag und Politik in einer Altindustrieregion. Dortmund 1994 (= Duisburger Geographische Arbeiten 13).

Abkürzungen für Zeitungen/Zeitschriften:

AH	=	Anzeiger für Harlingerland
HAZ	=	Hannoversche Allgemeine Zeitung
NWZ	=	Nordwest-Zeitung
OJ	=	Ostfriesland-Journal
OMA	=	Ostfriesland-Magazin
OZ	=	Ostfriesen-Zeitung